归零

中国航天质量的核心方法

李京苑 主 编
胡 云 副主编

首都经济贸易大学出版社
Capital University of Economics and Business Press
·北京·

图书在版编目（CIP）数据

归零：中国航天质量的核心方法 / 李京苑主编. --
北京：首都经济贸易大学出版社, 2022.10
ISBN 978-7-5638-3351-1

Ⅰ. ①归… Ⅱ. ①李… Ⅲ. ①航天工业—质量管理—
研究—中国 Ⅳ. ①F426.5

中国版本图书馆CIP数据核字（2022）第077595号

归零——中国航天质量的核心方法
李京苑 主 编 胡 云 副主编

责任编辑 杨丹璇
封面设计 风得信·阿东 FondesyDesign
出版发行 首都经济贸易大学出版社
地　　址 北京市朝阳区红庙（邮编 100026）
电　　话 （010）65976483 65065761 65071505（传真）
网　　址 http://www.sjmcb.com
E-mail publish@cueb.edu.cn
经　　销 全国新华书店
照　　排 北京砚祥志远激光照排技术有限公司
印　　刷 唐山玺诚印务有限公司
成品尺寸 170毫米×240毫米 1/16
字　　数 524千字
印　　张 31
版　　次 2022年10月第1版 2024年9月第3次印刷
书　　号 ISBN 978-7-5638-3351-1
定　　价 98.00元

图书印装若有质量问题，本社负责调换

CONTENTS 目录

0 绪论——质量问题归零原理

0.1 面向用户、产品、过程和体系
0.2 应用结构化、流程化的方法
0.3 针对问题的根本原因采取措施
0.4 以科学的问题观和零缺陷文化为指导
0.5 掌握规律，预防问题发生

1956年，在“一穷二白”的基础上自力更生发展航天事业，中国航天人一开始就要比别人面临更多的困难和问题。在不确定性因素很多的情况下，要将当时属于高科技产品的导弹研制成功，困难很大。运载火箭或导弹武器装备是一个不断发展的大系统，探索性很强，不断面临新概念、新知识、新要求、新材料、新器件、新科学、新技术、新专业、新工艺的挑战，其复杂性和风险性导致产品的研制是一个复杂、探索的过程，质量问题也因此具有复杂性和探索性。实践表明，一些问题的彻底解决需要经历多次失败，花费多年的时间。

质量工作首先面临的是飞行试验结果的评定标准，如导弹精度的评估，产品合格的标准，飞行试验成功的判据，以及在研制过程中不断发生的产品故障、系统的失败，等等。历史上质量问题发生的原因，大体上可分为以下几类：一是方案问题，即虽然使用了相对成熟或充分验证的技术或产品，但系统设计方案不协调、存在漏洞；二是技术不成熟，特别是系统局部技术的不成熟或产品的不可靠导致的系统失败问题；三是系统的设计裕度和工艺裕度未能包容单机、单元的性能偏差或制造散差，以及环境散差带来的问题；四是系统、分系统对于一些产品、技术应用不专业，质量保证不充分带来的问题；五是设计、工艺、操作、检验等工作差错导致的问题等。质量工作不仅包括差错、误差、缺陷等传统质量问题，还包括技术流程或研制流程中出现的一些不成功的技术问题及可靠性工程问题，这些问题不仅具有复杂性，还具有探索性，体现了中国航天产品研制过程中定义质量问题的特殊性。

为了解决导弹武器装备这样复杂系统的研制管理问题，航天一院（中国运载火箭技术研究院）的首任院长钱学森创立了系统工程。系统工程是用于产品实现的跨学科方法，是一种有效组织和管理复杂工程系统的规划、研究、设计、制造、试验和使用的技术，其中解决质量问题的方法、流程、分工和对质量问题的管理一直是系统工程的一个组成部分，在20世纪90年代，这种方法得到了系统的发展，逐步成为以问题为导向的质量与可靠性工作方法，以“归零”为名加以规范，并固化在中国航天的研制流程和工作体系中，是中国航天人从事工程技术研究和航天产品研制的基本实践活动。

与其他工程管理活动的发展一样，质量问题归零也经历了从产生到发展并逐步完善的过程，本书试图在对这个过程的认识和总结中从五个维度来理解质量问题归零，说明其基本的规律，即质量问题归零的五项基本原理：

第一，面向用户、产品、过程和体系；

第二，应用结构化、流程化的方法；

第三，针对问题的根本原因采取措施；

第四，以科学的问题观和零缺陷文化为指导；

第五，掌握问题发生规律，预防问题发生。

因此，质量问题归零不仅是解决具体质量问题的方法，也是以问题为导向的质量与可靠性工作方法，是体系化、系统化、流程化和知识化的过程，它不仅使参与质量问题归零的人的心灵得到洗涤、技术素养得到提升，也使组织的管理更加规范和有效，基础保障能力得到提升，因而质量问题归零也是组织进步的哲学。

0.1 面向用户、产品、过程和体系

马克思认为问题是普遍存在的，认识问题和解决问题是人类社会实践的基本活动。中国航天在创业阶段，从基本的理论、基本的设计准则和依据、基础的材料、基本的工艺手段入手开始导弹系统设计和研制，始终以积极的态度面对问题和挫折，总结完善解决问题的方法，特别是解决质量问题的方法。20世纪90年代初，已经出现了质量问题归零的说法，但当时的基本含义是对发生的质量问题要有明确的处置结论，尚未建立系统的管理机制，如评审机制，对问题处置的科学性和有效性的关注程度不是很高。这一时期航天型号研制过程不断出现一些故障，特别是在火箭发射场出现的质量问题比较多，表现为运载工具以及飞行器的一些基础元器件失效，以及工艺问题和操作问题等。在经历了型号飞行试验失败之后，这些问题的处理直接受到决策层的关注。那么，应当如何处理好这些问题，才能做到保证型号任务的圆满成功，做到万无一失？于是，首先提出的是处理质量问题的标准问题。

当时，航天系统已经建立了比较完善的质量问题处理程序和相关的工作基础，如推行了3F工作，即FMEA、FTA和FRACAS①，有一批长期从事型号可靠性工程研究的专家，要对失效的元器件或材料进行失效分析，工程分析或决策要建立在失效物理分析的基础上，要求质量系统介入重大质量问题分析，特别是组织专业技术机构、专家参与故障分析，有了比较好的工作基

① FMEA指失效模式与影响分析，FTA指故障树分析法，FRACAS指故障报告、分析及纠正措施系统。

础。1995年8月，航天工业总公司质量司明确了“定位准确、机理清楚、问题复现、措施有效、举一反三”的技术归零标准。1996年，由于两次运载火箭飞行失败，中国航天的发展陷入低谷期。在这个大背景下，质量问题归零工作得到了进一步落实，航天人逐步认识到在质量问题归零工作中还存在比较大的问题，就是对质量问题的管理因素和产生原因的重视不够，没有采取针对性的措施，导致产品质量问题不断发生。于是，1997年11月，航天工业总公司系统司明确了针对质量问题的管理因素实行管理归零的标准，即“过程清楚、责任明确、措施落实、严肃处理、完善规章”。之后，航天工业总公司进一步明确了质量问题技术归零和管理归零的概念并发布了标准。

早期提出的归零主要针对产品故障，特别是交付产品的故障，其理念和工作流程客观上主要局限在可靠性工程的范畴，即从技术上研究故障发生的原因，并采取有效的纠正措施。随着归零工作的深入，特别是管理归零标准的明确，归零工作开始面向组织的全部质量问题，包括已经造成后果的产品的故障、失效问题，以及未造成后果的不合格、缺陷等问题，特别是过程和体系中存在的人、机、料、法、环、测等问题，只有过程受控，组织体系要求落实，才能彻底解决产品的质量问题。面向用户，体现的是用户的需求与现实的差距，用户需求的不断进步是驱动质量进步的源动力，体现的是问题导向和目标导向的原理。因此，质量问题归零一方面是面向用户的问题，满足用户需求是解决质量问题的出发点和根本标准；另一方面是面向产品、过程和体系的问题，也就是面向质量的载体（产品、过程和体系）的问题。2018年，航天科技集团公司提出开展“三个面向”的质量分析，是对质量问题归零工作的深化要求，强调了质量问题归零过程中要面向产品、过程和体系开展工作，对已经归零的问题，要面向产品、过程和体系开展后评估，检查纠正措施的落实情况，并增强质量意识，实现思想和质量文化的升华，为组织发展打好基础。

问题是一个广义的概念，通常在构建人工系统的过程中主观认识和现实的差距就是问题，我们把不满足质量标准和要求的问题称为质量问题，质量要求包括明示的和潜在的。在一个组织内部，如何管理质量问题是有明确的目标和方针的，并不是所有的质量问题都需要归零，这由组织质量体系的流程和责任分配所决定，对不同层级、不同阶段、不同性质的质量问题规定了不同责任人的职责和权限。例如，对于合格率控制指标之内的次品，在没有非预期的失效模式（例如，出现断裂等功能性缺陷，则需要判定材料是否满足要求）的情况下，操作者和检验人员将其报废就可以了，但是，如果这个合格率不再被接受，或次品数量超出了合格率要求，则需要向车间报告，并由车间来解决这个问题。可以按照既定的程序进行审理，查明原因，并采取纠正措施，如果涉及因素超出了车间管理范围，投入资源较大，或问题性质比较严重，也可以纳入归零程序进行处置。如果不合格品交付到用户手里，并造成比较严重的后果，就要进行归零。如果合格率的提升涉及设计方案或产品结构的改变，如落后的技术应用导致手工作业，造成合格率提升困难，则需要更高一层组织协调设计单位一同开展归零工作。因此，通常纳入组织归零的问题是系统性的、后果严重的、经常发生的、验收或交付使用环节中发生的一类质量问题，要由组织的质量体系文件做出明确规定。

综上，质量问题归零是面向用户、产品、过程和体系，解决来源于用户、产品、过程和体系的质量问题的一种高级形式（见图0–1）。

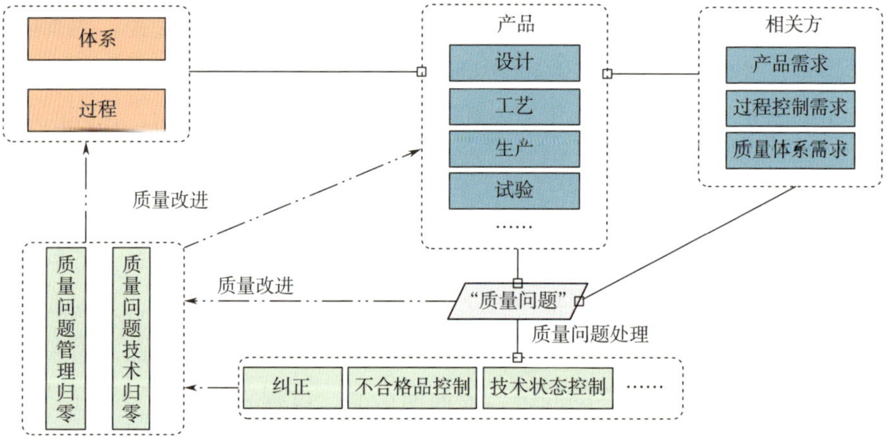

图0–1　面向用户、产品、过程和体系的质量问题解决

0.2　应用结构化、流程化的方法

方法论的顶层属于哲学范畴，马克思主义的唯物辩证法是指导我们认识问题和解决问题的思想方法或根本方法，其次是科学方法、技术方法和工程方法。科学活动的核心是发现自然界的事物运动发展的内在机理，技术活动的核心是发明，工程活动的核心是构建新的人工系统。科学、技术、工程是三个内涵有所不同的概念，又有着不可分割的联系和部分交叉，工程方法论离不开技术方法论和科学方法论。

航天工程是人类研制运载工具、飞行器来探索宇宙的创造性的实践活动，是人类根据对自然规律的认识进行的一项特殊的、复杂的物化劳动。由于航天工程的探索性，航天工程不仅研究工程方法的应用，也研究科学理论和技术知识的应用，而且是涉及众多技术与非技术因素的复杂、综合的实践过程。系统工程是复杂系统研制管理的方法论，质量问题归零是在航天系统工程管理实践中逐步总结、完善形成的解决质量问题的方法，因而属于系统工程的范畴，或者从某种意义上讲，系统工程是解决复杂系统、复杂问题的方法论，也是质量问题归零的最基本的方法论。

质量问题归零首先是一个组织解决质量问题的结构化、流程化和标准化的方法，这种方法的特点就是遵循了“双五条”归零标准[①]，使方法本身及方法的应用具有科学性、系统性、规范性和严谨性，是周恩来总理针对航天事业提出“严肃认真、周到细致、稳妥可靠、万无一失”十六字工作方针在解决质量问题方面的具体落实。

当然，归零作为一种解决质量问题的方法具有普适性和兼容性。一方面，航天系统工程研制形成的方法可以应用于其他工程研制领域，航天领域创新的质量方法，如飞行成功子样数据包络分析、测试覆盖性分析、试验充分性分析、交集分析方法等，都可以用来识别风险，查找薄弱环节，用于质量问题归零；另一方面，归零也可以综合运用其他领域解决质量问题的方法，如QC（质量控制）的新老七种工具、六西格玛方法、TRIZ（发明问题的解决理论）等。

归零方法的主要特点是在归零过程中坚持“双五条”归零标准，从而保证归零过程科学严密、措施正确有效，并取得预期的效果。其中，“双五条”归零标准的严格执行依赖于质量体系的严密性和有效性，依赖于组织的文化或质量文化的严谨性，否则，归零就容易流于形式，并不能从本质上解决问题，甚至是假归零。

为了有效落实归零标准，2010年，航天一院提出了“眼睛向内、系统抓

① 即前文所说的“定位准确、机理清楚、问题复现、措施有效、举一反三”和“过程清楚、责任明确、措施落实、严肃处理、完善规章”。

总、层层落实、回归基础、提升能力”的归零组织原则，是对组织开展归零工作的原则要求。其中，“眼睛向内”强调的是主体责任意识，查找和解决自身薄弱环节，而不是把问题和责任推向外部环境或协作的上、下游单位；“系统抓总”强调总体的抓总责任、对问题归零的顶层管理，目的是实现系统要求的可靠闭合；“层层落实”要求落实相关各层次的责任制，消除质量管理整体能力中的短板；“回归基础”强调注重深层次问题的解决，加强标准、规范、技术基础和保障条件的建设，形成持续改进的机制；“提升能力”明确质量问题归零的最终目标是提升组织持续成功的整体能力。

归零遇到的主要困难是解决重复性问题。例如，在一个单位解决了的问题却又在另外一个单位发生了，一个曾经解决的问题因为人员变化又重复发生了。因此，归零不但要完善质量问题的预防机制，也要解决归零所形成的知识固化与传承问题。

2013年，为了解决质量问题归零过程形成的知识积累与传承，实现知识的有效应用，研究质量问题的发生规律，航天一院又提出了“梳理模式、提炼准则、统计分析、完善基线、积累数据”的归零知识原则，是对组织开展归零工作的知识管理的原则要求。其中，“梳理模式”就是规范故障或失效模式，强调的是对数据进行规范管理；“提炼准则”就是针对防止问题发生总结应注意的技术准则或技术禁忌，强调的是进行知识积累；“统计分析”强调对归零数据的系统分析，进一步查找问题规律；“完善基线”就是总结和发布一类产品在一个时期的问题规律，作为举一反三的依据；“积累数据”就是通过归零为预防问题发生而进行的正向分析（如FMECA①等）和仿真研究积累数据，强调的是知识的应用。

综上所述，技术归零的五条标准是对一个具体质量问题在技术层面归零准确性和有效性的约束；管理归零的五条标准是对一个具体的质量问题在管理层面归零准确性和有效性的约束；归零的五条组织原则是一个组织开展归零工作所应把握的工作准则；归零的五条知识原则是在问题归零的基础上研究一个时期、一类产品的问题规律，并对问题归零进行后评估，总结应用归零知识的原则要求（见图0–2）。

---

① FMECA：故障模式、影响及危害性分析。

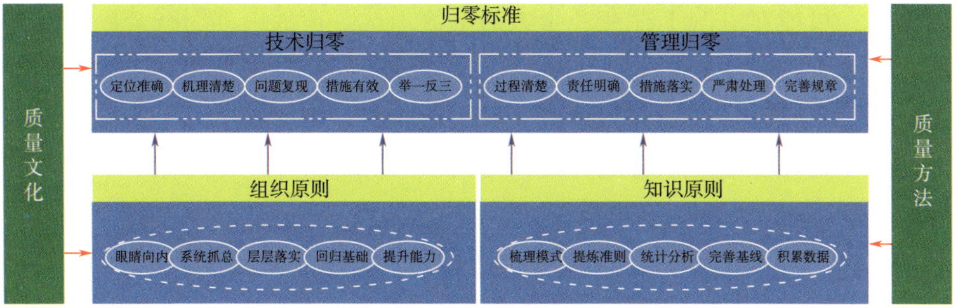

图0–2　以标准、原则的应用和结构化方法实现问题的解决

0.3　针对问题的根本原因采取措施

世界是普遍联系的，一个质量问题经常是由多种不同层次的原因引发的结果。也就是说，一些原因会影响另外一些原因，最终形成可见的问题。原因可以划分为以下类别：一是症状或现象，被看作现存的问题或问题的表现形式，通常并不被认为是真正的原因。例如，发烧导致身体不舒服，体温不高了就认为问题解决了。这是大家常说的治标不治本。二是直接原因，指直接导致问题的原因。例如，通过血的化验知道发烧是身体炎症造成的。通过X光检查，判断是得了肺炎，这是间接原因。通过进一步的检查和化验，综合各方面的数据，找出根本原因——肺炎是病毒感染引起的。针对病毒感染采取治疗措施，才能彻底解决发烧的问题。这些不同层次的原因构建了一个因果链条，根本原因是“链条底部的恶魔”，它导致了问题的整个因果链。一些问题往往有多个原因，其中最深层次的原因称为根原因，根原因是导致故障或事故发生的基本的、潜在的、系统性的原因。

质量问题归零的前提是找到导致问题的根原因，根原因具有相对性。首先，就技术归零而言，通过故障树、事件树等方法，列出导致故障的所有底事件，找出导致故障的底事件以及相关底事件的组合，进而排查这些底事件发生的所有原因，以保障根原因被识别。这对于复杂工程系统是十分困难的。例如，火箭飞行姿态失稳是控制系统指令中断引起的，指令中断是计算机没有输出引起的，计算机没有输出是元器件内部引线连接点开路引起的，因此，一个火箭的飞行失败定位在一个元器件上。进一步分析元器件失效的原因：可能在系统上存在一个大的电流干扰，造成内部引线烧断，是外因，是元器件的误用失效；也可能是元器件内部连接工艺不过关出现的开路，则是内因，是元器件的本质失效。根原因分析要求所有可能引起失效的原因都经过调查和证实，直到确认一个或多个原因为引起失效的主要原因。

至此，我们找到的导致火箭姿态失稳的直接原因是元器件的本质失效，直接原因是客观因素，直接原因背后的原因则是间接原因，是主观因素和能力因素。例如，元器件失效，可能是元器件的生产工艺不合格，而采购方质量保证部门控制不到位，导致有隐患的元器件装机；采购方质量部门没有控制到位，是因为选择元器件的设计师没有明确元器件的质量标准、等级或相关质量保证要求。总之，一系列的责任单位都需要改进自己的工作。就上述技术方面的因素看，设计师选用元器件的质量标准不明确是导致本次故障的根原因。但是，进一步深入分析会发现，在元器件选择方面出现的问题是单位质量体系存在缺陷、没有元器件选择的相关制度或文件要求、对元器件针对特定失效模式的检查标准不明确、缺乏相应的选用评审机制等因素造成的，这些都是管理不到位引起的，相对技术原因而言，这些管理原因就是这次故障的根原因。

管理缺陷引起的质量问题常常表现在局部，局部问题可能受到相互之间、与外部环境之间复杂关系的影响。例如，一个操作问题可能是因为人员的失误，而背后的原因可能是工艺不量化、设计考虑不周、设备状态不良，也可能是工作任务繁重造成的疲劳、规章制度不全、过程管理松懈，甚至是单位的工作作风不严、纪律涣散等。如果“只见树木，不见森林”“头痛医头、脚痛医脚”，就事论事地认识和解决问题，只会重蹈问题的覆辙。克劳斯比认为，“管理阶层失职才是造成质量不良的最大原因”，“高级管理人员对质量问题和一切后遗症，应负百分之百的管理责任”。

质量问题归零不仅要在技术上找到导致质量问题的根原因，还要查明管理因素，因为管理因素才是导致质量问题的根本原因。质量问题“双归零”就是要在技术上和管理上（管理原因相对技术原因是根原因）找到导致质量问题的根本原因，并采取纠正措施和预防措施，这就是解决质量问题的系统思维，体现了认识问题和解决问题的整体观点（见图0–3）。

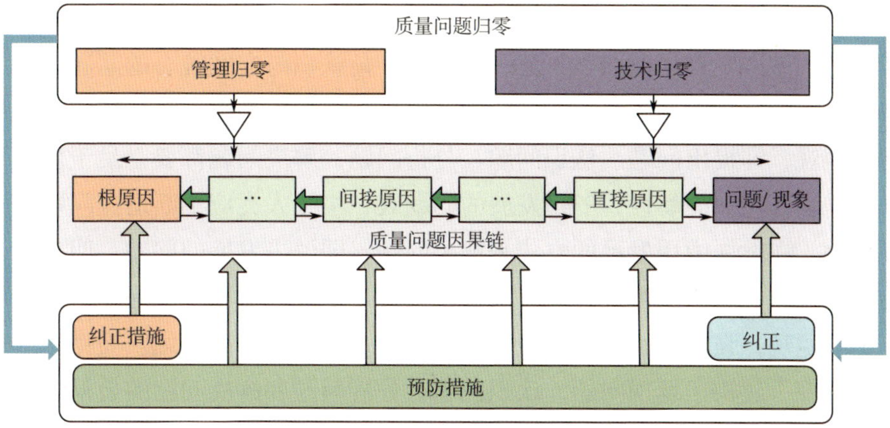

图0–3　基于根原因的质量问题解决系统思维

0.4　以科学的问题观和零缺陷文化为指导

归零要解决的质量问题是多种多样的：技术上，小到一个具体的元器件存在质量问题，大到一枚火箭飞行失败；管理上，小到一个组织流程的节点责任分配存在缺陷，大到一个组织面临危机。复杂系统的问题具有复杂性，解决复杂系统质量问题需要科学的方法论。此外，复杂系统的形成过程涉及多个责任主体，一些责任主体习惯于回避问题或回避自己的责任，使问题的复杂性进一步加剧。因此，正确地解决质量问题需要正确的问题观和质量意识，一个组织需要严谨、有担当的文化，尤其需要零缺陷的质量文化。

人们对待问题的态度和解决问题的立场、观点及方法所形成的体系，称为“问题观”。经常关注问题、思考问题，尤其注意发现非常隐蔽、不易被人发现的问题，久而久之，便可以养成问题意识。人们对待问题的态度、认识观点，以及处理问题的方法，称为“问题风格”。各种人对待问题的态度、认识、观点和处理问题的方法不同，因而形成了各种不同的问题观和形形色色的问题风格。其中至关重要的是培养问题意识，有了强烈的问题意识，才能谈得上树立正确的问题观，并形成正确的问题风格。《孟子·告子上》所谓“心之官则思，思则得之，不思则不得也”和明代陈献章所谓“学贵有疑，小疑则小进，大疑则大进”都强调了问题意识在治学方面的重要性。《吕氏春秋·不苟论·自知》云：“败莫大于不自知。”失败了，要先从自身查原因，找问题。

马克思号召人们“思考一切”，马克思主义的问题观是指导我们解决质量问题的基本观点，包括以下五个方面：一是认识与实践统一的问题观，主张在实践的基础上达到解决认识问题和解决实践问题的统一；二是实事求是的问题观，即提出问题、认识问题、分析问题，解决问题都要立足于现实条件，并发挥主观能动性；三是发展的问题观，主张人类应不断适应问题的发展变化，在发展中用发展的方式来解决问题，即解决发展的问题；四是辩证的问题观，主张运用辩证思维方法，一分为二地去分析和解决问题；五是系统的问题观，强调全面、系统地理解、认识、分析和解决问题。马克思主义的问题观，建构了发现问题、认识问题、分析问题和解决问题的最根本的方法论。

成功与失败是对立统一的，成功中含有失败的成分，失败中也包含成功的因素，“失败是成功之母”，要不断认识和解决有可能导致失败的问题。早在航天创业初期，航天一院火箭总装厂就提出了“不制造缺陷、不接受缺陷、不传递缺陷”的零缺陷理念，航天一院在与质量问题的斗争中不断塑造其质量文化，在失败与挫折中不断探索保证型号成功的规律，形成了以把成功作为信仰为核心理念的质量文化，是“两弹一星”精神、航天传统精神、载人航天精神的具体体现。

航天一院质量文化八条核心理念包括：

一是弘扬科学、求真、务实、民主、创新的文化。

二是培育第一次把事情做对、做好的理念。

三是健全预防为主、系统管理、持续改进的工作体系。

四是坚持全面、精细、全过程量化的工作方法。

五是强化执行坚决、落实彻底、工作到位、主动担当的工作作风。

六是养成事事对标、时时对标的工作习惯。

七是牢记引领航天、追求卓越的企业使命。

八是让成功成为每一名一院人的神圣信仰。

解决质量问题的方法体系包括问题观、零缺陷质量文化、质量问题归零原则、质量问题归零标准、解决质量问题的具体方法等。实践证明，没有正确的问题观和零缺陷的质量文化，质量问题归零标准将得不到有效的贯彻和执行，就会出现归零不彻底甚至假归零的问题，因此，航天一院提出的思想归零的概念主要是完善组织文化，规范人的行为，促进责任制的落实。质量问题归零的层次示意图见图0–4。

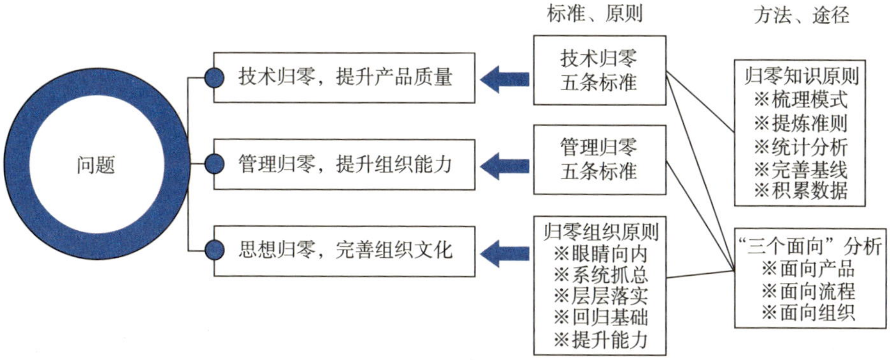

图0–4 质量问题归零的三个层次

0.5 掌握规律，预防问题发生

工程技术人员的知识大体可分为隐性知识和显性知识：隐性知识是隐藏于人们大脑之中的，体现在心理和行为中的抽象性、逻辑性、经验性、技能性的知识，往往表现为人的能力或素养，可以概括为长期积累的经验；显性知识是指以书面的文字、图表和数学公式加以表达的知识，比如各种设计规范、标准、流程等。工程系统的研制是设计特性分解展开和逐级闭合的过程，既要充分运用显性知识，也要运用隐性知识。质量问题归零要解决“知其然”和“知其所以然”的问题，在解决问题的过程中，不仅要不断完善已经存在的显性知识，同时也要让知识由隐性向显性转化，总结经验教训，对归零形成的知识加以系统的研究，总结归纳质量问题的形成规律，发现质量问题的预防规律。例如，一个不影响装配效果的配件，其尺寸短了1mm，表面上看是工人看错了图纸，深入分析发现，设计图纸存在设计基准与加工基准不一致的问题，加工时需要转换基准，这项工作应当由工艺人员明确，但工艺人员并没有明确。进一步分析，可以总结出“同一尺寸链原则上有一个或尽可能少的设计基准，并且与加工基准一致，当加工基准与设计基准不一致时，工艺人员要负责明确加工基准及转换的加工尺寸”的经验。

此外，我们在解决问题的过程中，可以就解决问题的具体方法形成规律性的认识，例如：问题的答案隐藏在问题的现象中，必须保护好问题的现场，确认和准确记录问题的现象；失效物理分析是问题机理的基本诊断手段，为进一步查找问题原因提供了依据，特别要区分是自身问题还是使用环境或应用不当的问题；故障，特别是开路故障，往往发生在接口；故障都是有前兆的，包括飞行失败；判断是否存在系统性问题的前提是失效机理，并且应有物理的试验验证和统计数据支撑；判断是否存在关联性的依据是故障的机理；操作性问题的背后往往是工艺不量化；工艺问题背后往往存在设计不可靠的问题。质量问题归零知识管理见图0–5。

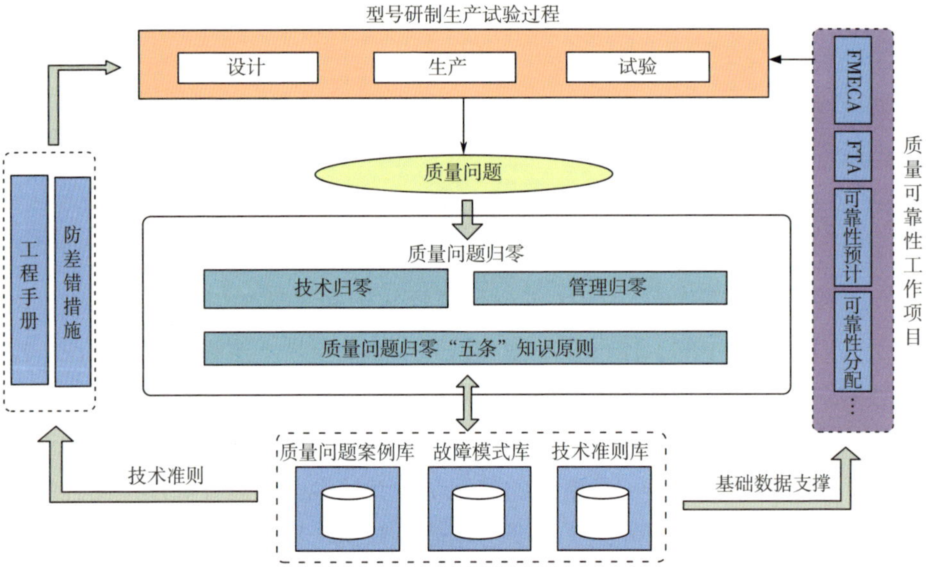

图0–5　质量问题归零知识管理

对于运载火箭而言，为了摆脱地球的引力，需要远远高于诸如汽车、飞机能量密度的动力以及很高的结构质量效率，这种高性能带来的可靠性和安全性问题就是，系统的高性能对于参数的不确定性和制造的缺陷很敏感，此外，天地环境的差异性始终存在，这就是航天工程系统具有极端的复杂性和风险性的根本原因。一个复杂的工程系统不大可能在地面完成全部天上真实环境的模拟试验，我们的设计始终会有一部分内容是经验性的，通常面临风险或者会遇到新问题，因此，系统和应用环境的复杂性和变化决定了质量问题归零的层次性和长期性。问题是不断深入的、无止境的，质量问题归零也是没有终点的，人类对于问题的认知程度越高，其收获往往越大。关于已知问题和未知问题的关系见图0–6。

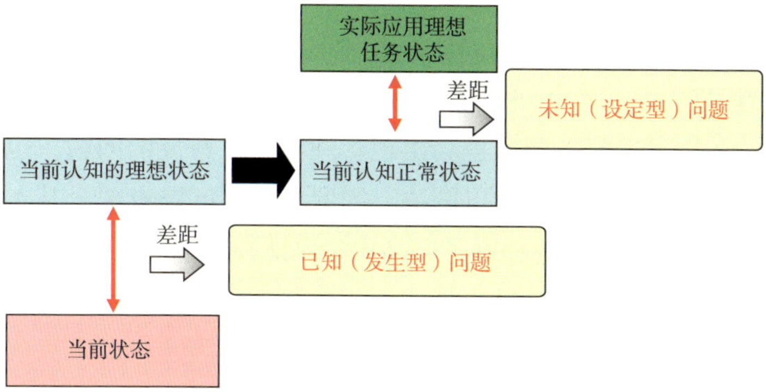

图0–6　已知问题和未知问题的关系

质量工作的问题导向和目标导向是紧密相关的，新的需求产生新的目标，质量目标的提升产生新的问题，问题的解决提升组织的能力。例如，早期运载火箭的成功目标就是不惜代价取得飞行试验的成功；后来，发展到按时发射，取得飞行试验的成功；之后又发展到准时发射成功，并取得较大的经济效益。质量工作的功能也从控制缺陷转变为促进工程的价值增值。

质量问题归零最初阶段的任务是解决一个又一个的具体问题或故障，是一个被动的过程。在处理具体故障的同时，经过对质量问题的分析，质量问题归零过渡到解决一类或若干类别的质量问题，如控制或消除某一类失效模式，其过程也不再是被动的，而是一个主动的预防过程，其效果也大于第一种方式，这是质量问题归零的第二种方式。质量问题归零的第三种方式，是对组织存在的影响任务成功的所有问题进行系统分析，开展整改及质量提升的过程，是探索提高组织和任务的质量与可靠性的工作，即建设高可靠的组织来实现持续成功的目标。综上，质量问题归零分为三种基本方式：第一种是解决具体的故障或问题；第二种是解决一类问题或对某种失效模式的控制；第三种是围绕组织成功目标，针对存在的系统性问题特别是基础问题，采取的整改及综合性的质量提升。

如前所述，运载火箭的质量工作是系统工程的一个相对独立的组成部分，具体分为两个主要内容：一是产品质量保证，其特点是针对确定的、可控制的缺陷模式和问题模式，依据显性的知识或标准，利用充分和必要的资源来保证产品满足需要；二是技术风险控制，其特点是针对技术认识、形成过程的资源保证的不确定性以及缺陷模式和问题模式不确定性带来的风险进行控制，使风险控制在可接受的范围内。产品质量保证过程出现的问题往往是能够做好而没有做好的问题，是技术管理问题；技术风险控制过程中发生的质量问题往往是不完全知道能否做好而没有做好的问题，是技术认识问题，当然，在技术风险控制中也会出现管理不到位造成的问题，也需要管理体系的完善和责任制的落实加以解决。因此，质量问题有两个基本的分类，解决了这两个问题就意味着提高了产品质量保证和技术风险控制的有效性。

综上所述，归零的最终目标是什么？对组织而言，技术归零的最终目标是吃透技术，把握技术规律；管理归零的最终目标是完善对于工程系统研制的管理，就是完善系统工程，其主要内容是产品质量保证和技术风险控制，以及完善组织的质量管理体系；思想归零的最终目标是强化人们的质量意识，统一人们的价值观，完善组织文化。通过对质量问题深入程度的认识，以及三种方式和两类问题的分析，可以得出一个基本的结论：质量问题归零就是航天系统结合实际率先开展的以问题为导向的质量工作方法（见图0–7）。

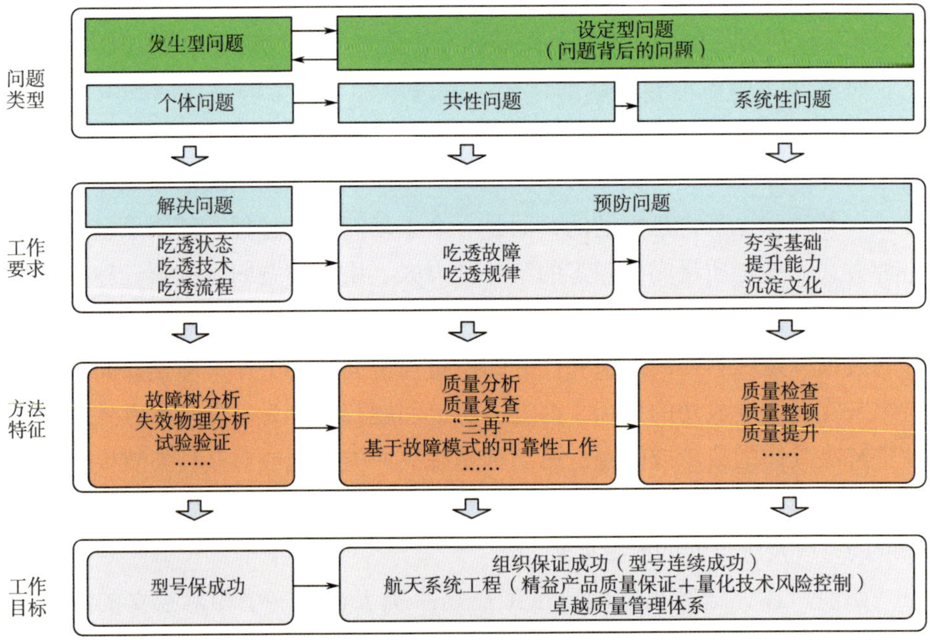

图0–7　以问题为导向的质量工作方法

以上是对质量问题归零原理的粗浅认识，是实现问题归零应当把握的规律性的认识。本书的全部内容都是围绕这五个基本原理加以展开的，质量问题归零是航天质量管理最具特色的、自主创新的内容，基本代表了中国航天的质量管理，也就是以问题为导向的质量工作方法，其概念自确立以来，在航天型号科研生产实践中不断地发展和完善。

1 质量问题归零产生的必然性

运载火箭和导弹武器装备的系统复杂性、探索性和风险性，决定了从事航天事业必须严肃地对待质量问题，这是质量问题归零产生的根本原因。质量问题归零是中国航天的成功哲学，也是航天精神、航天文化的一个重要组成部分，更重要的是，中国航天的成功哲学、质量文化是质量归零得以有效应用的基础，两者之间的相互作用是中国航天事业发展的基本保证。

质量问题归零是中国航天创立的质量方法，是中国航天质量管理自主创新发展的一个标志，是马克思主义唯物辩证法在航天工程领域的具体应用，是在中国传统文化的传承和社会主义建设理论的指导下的工作实践，是航天系统工程管理的一个重要组成部分。

1.1 传统文化与中国式质量工作的传承

1.1.1 中国传统文化包含的现代质量管理思想

1.1.1.1 《考工记》的工艺概念与质量目标

明末顾炎武、王夫之等人提出“经世致用”，事实上，重视借鉴历史一直是中华民族的传统。华夏民族创造出辉煌灿烂的中华文明，也孕育了朴素的中国传统质量精神与思想。《考工记》又称《周礼·冬官考工记》，作者不详，成书于春秋至秦之间，详细记载了先秦时期一些具体的工艺制造技术，涵盖木工、金工、皮革、染色、刮磨、陶瓷等六大类三十个工种的内容，涉及制车、兵器、礼器、乐器、钟磬、练染、水利、建筑等手工业技术，还涉及天文、生物、数学、物理、化学等自然科学知识，是反映中国古代科学技术发展的里程碑式著作。

更可贵的是，《考工记》不仅是当时手工业发展的经验总结，对一些技术、技巧和规则的认识达到了很高的水平，而且在生产实践中也形成了先进的设计理念。其“和合”设计思想可以分为两部分理解：当人们对于自身审视与认识之后，将人与自然和器物联系在一起的时候，人与物之间的关系可以看作“和”，即和谐、和睦，就是将多样性统一在一个平衡的状态下，这是人与物相“和”；当关注点在于造物本身之时，物与物之间体现的关系是“合”，即联合、结合，就是将各部件在一定条件下相互有效地契合，最终形成统一的整体，而这个整体可以更好地为人所服务，这是物与物相

“合”。“和合”二字放在一起，就产生了不同要素相互联系构成统一整体的设计理念，或许这就是早期的系统思想。

其中，“天有时，地有气，材有美，工有巧，合此四者，然后可以为良。材美工巧，然而不良，则不时，不得地气也”，实际是提出了“天时、地气、材美、工巧”综合性质量目标。“材美”，指材料本身必须符合器物基本性能与功能的要求，在此基础之上，注重材料的质感与功能的统一。“工巧”指“制器”和“尚数”：所谓“制器”，是指在制作器物过程当中遵循的一些技术法则，可以理解为“制作之法”；“尚数”是在器物制造之时对器物本身的尺寸以及比例或材料的成分比例进行限制，运用数字定义的方式让器物达到完美的使用效果。“尚数”可看作“制器”设计思想的延伸，尤其是组装思想，在制造工艺和质量控制方面，只有按照规定好的比例去实施，才能达到良好的效果。

1.1.1.2 预防的思想

“亡羊补牢”“曲突徙薪”“防微杜渐”等成语体现了中国古代朴素的质量管理理念。

“亡羊补牢”是指出现问题应及时采取措施进行补救，以防止问题的再次发生或扩大，出自《战国策·楚策四》：“见兔而顾犬，未为晚也；亡羊则补牢，未为迟也。”

“曲突徙薪”是指把烟囱改建成弯的，把灶旁的柴草搬走，以防止失火，比喻事先采取预防措施，才能防止灾祸，出自《汉书·霍光传》：“臣闻客有过主人者，见其灶直突，傍有积薪。客谓主人：‘更为曲突，远徙其薪，不者，且有火患。’主人嘿然不应。俄而家果失火，邻里共救之，幸而得息。”

“防微杜渐”是指当错误的思想和行为刚有苗头或征兆时就加以预防与制止，坚决不让它继续发展，出自《后汉书·丁鸿传》：“若敕政责躬，杜渐防萌，则凶妖消灭，害除福凑矣。”

1.1.1.3 细节决定成败

《鬼谷子》曰：“即欲捭之贵周，即欲阖之贵密。周密之贵微，而与道相追。”意思是运用手段使其联合或分化，策划要周到、严密，注重细节才能成功，就像“道”一样归于无形。“图难于其易，为大于其细。天下难事，必作于易；天下大事，必作于细”出自老子《道德经·第六十三章》，提醒人们处理艰难的事情必须先从细易处着手，体现了老子的朴素辩证法思想，它不仅暗含难与易、大与细对立统一的法则，而且隐含由量变到质变的飞跃的思想。成语“千里之堤，溃于蚁穴”，也指出了不注重细节的后果。

1.1.1.4 工匠精神与诚信

诚信是儒家思想的重要内涵，孔子曰“人而无信，不知其可”，中华传统文化强调道德自律性，在悠久发达的手工业中孕育了传统工匠精神，锻造了传统中国商业组织和个体较为强烈的诚信意识。我国传统的“仁、义、礼、智、信”的道德规范，对维护产品和服务的质量发挥了重要的作用。

秦朝已要求明码标价，《秦律》规定“有买及卖也，各婴其贾；小物不能各一钱者，勿婴”，意思是，除了不到一钱的小物件外，其他都应用木签明码标价。

“北有同仁堂，南有庆余堂”，同仁堂创立于1669年，形成了“同修仁德，济世养生”的价值观，以义为上、义利共生是同仁堂的生存哲学。“炮炙虽繁必不敢省人工，品味虽贵必不敢省物力”的制药原则，是创办人乐凤鸣在《同仁堂药目序》中写下的关于制药的承诺。

胡庆余堂是清末胡雪岩于1874年创建的，地处杭州。创业伊始，大厅内高悬“真不二价”金字匾额以及“戒欺”篇（见图1-1），其云：“凡百贸易均着不得欺字，药业关系性命尤为万不可欺……”“采办务真，修制务精……”，反映了胡庆余堂的职业道德和对质量的执着追求。

图1-1 胡庆余堂“戒欺”匾额

1.1.1.5 质量责任制

自春秋开始，古人就十分重视生产者的责任和出售者的诚信。从商鞅变法开始，秦国在兵器上实施物勒工名制度，吕不韦重视物勒工名，明确了物勒工名的质量责任制。《吕氏春秋》曰："物勒工名，以考其诚，工有不当，必行其罪，以穷其情。"郑玄注："勒，刻也。刻工姓名于器，以察其信，知其不工者致。工不当者，取材美而器不坚也。"由此可见，物勒工名的目的是考核工匠的技艺或产品的质量，奖优罚劣，这是最早的质量追溯和责任制。

1.1.1.6 系统工程思想

现存的中国古代工程中蕴涵丰富的"东方见解"，见证了中国古人对质量功能系统的重视，体现了传统系统工程质量观。水利、桥梁、建筑等大型工程相比单一产品，涉及工程整体设计、材料选择、结构、人员协作和施工管理等多个要素，任何一个要素存在缺陷，都会影响质量水平。中国古代文明进程中涌现了一大批工程精品，如都江堰、赵州桥、大运河、万里长城、故宫等，有的成为世界奇迹，有的至今还发挥着功用。这些工程的成就离不开科技的发展和传统质量管理，例如，古代规划设计水利工程时要对地理、地貌特征进行充分调查，土方施工时要研究土料性质与施工质量的关系，石方施工时要讲究砌石打凿的尺寸，并改进石块间黏结和金属固结材料及施工方式。古代已有完善的水利管理专门法规，其分类完备、规范细密的施工、检验、维护技术规范体现了中国古代的科技和质量管理的成就。

都江堰位于四川省都江堰市、岷江上游，是目前世界上唯一存留的以无坝引水为特征的古代水利工程，至今已运行2 200余年。战国秦昭王时蜀郡守李冰借鉴前人治水经验，巧妙利用当地特殊的水文和地形特点，科学解决了江水自动分流、自动排沙、控制灌溉需水量等问题，将水患变为水利。工程设计蕴含科学的设计理念和系统的工程理念，保证了工程的质量。首先，都江堰工程秉承"因势利导、因时制宜"的原理，顺应了自然规律，巧妙利用了自然规律，达到了工程与自然的高度和谐；其次，都江堰工程属耗散结构的工程系统，三大主体工程相互配合，形成一个有机整体；最后，管理维护机制使都江堰不断与外界进行物质和能量交换，实现从不平衡向平衡的转化，使得工程能够长久运行，是高质量、高可靠工程系统的典范。

1.1.1.7 现场管理

唐铭鸿认为清代李毓秀（1647—1729）所著《弟子规》是5S[①]的最早起源，后来日本人在工厂实践中加以完善，形成5S。只不过，《弟子规》的相关内容用于日常生活和做人，5S用于生产作业的现场管理。表1–1是5S与《弟子规》中相关内容的比较。

表1–1 《弟子规》与5S的比较

弟子规	含 义	5S	含 义
亲所好，力为具，亲所恶，谨为去	凡是父母喜欢、需要的东西，要尽力替他们准备好；凡父母讨厌的东西，要小心地处理掉	整理	需要的各种物料、工具、设备等要准备好，不需要的处理掉
置冠服，有定位，勿乱顿，致污秽	脱下来的衣服和帽子，要放置在一个固定的地方，不能到处乱丢，以免把衣帽弄脏	整顿	物料、工具、设备等要放在固定的位置，目的是使下次寻找的时间为零
房室清，墙壁净，几案洁，笔砚正	房间里要收拾清扫，摆放整齐，墙壁要保持干净。桌子要保持清洁，笔墨纸砚等文具要摆放端正	清扫	作业场所要清扫，作业工具要保持干净，摆放端正，不歪斜
见人恶，即内省，有则改，无加警	看到了别人的恶行，要立刻反省自己。如果发现自己也有，就要马上改正；如果没有，也要引起警惕	清洁	不仅要做到物品、环境上的清洁，同时，员工本身也要保持清洁
圣与贤，可驯致	人只要努力学习，均能达到圣人与贤人的境界	素养	养成习惯，持续改进

1.1.1.8 总结经验教训

古人很早就善于总结教训，并从教训中谋求发展和进步之路。西汉贾谊的《过秦论》从多方面分析秦朝的过失，总结秦朝速亡的历史教训，作为西汉治理国家的借鉴："是以君子为国，观之上古，验之当世，参之人事，察盛衰之理，审权势之宜，去就有序，变化因时，故旷日持久社稷安矣。"《鬼谷子·决篇》中说"于是度之往事，验之来事，参之平素，可则

① 5S即"整理、整顿、清扫、清洁、素养"，由于日语中这五个词的罗马拼音均以"S"开头，因此被称为5S。

决之”，意思是研究以往的事，预判未来的事，参考日常的事，综合判断可行，就做出决策。

中国农业、茶叶、丝绸、瓷器等传统优势产业领域中累积的质量管理经验，是中国古人面向生产全过程、全员、全要素进行质量控制和质量持续改进的宝贵成果，并发展为现代质量管理中以顾客为焦点、全员积极参与、持续改进、第三方质量监督、统一计量和标准化管理等基本思想。

尽管古代中国与西方工业发达国家质量管理的基本理念和思想内容相同，但缺乏系统性总结与提炼，同时以经验传承为主的手工业发展模式也与西方工业化时代以量化分析为代表的科学发展模式不同。质量经验的积累在文化的开放性和融合性方面的局限性，导致中国传统质量管理模式和方法在近代早期工业体系中未能得到足够的重视和发展。

1.1.2　中华人民共和国成立后的质量管理

1.1.2.1　“鞍钢宪法”的全面质量管理

中华人民共和国成立以后，随着社会主义建设的发展，中国式质量管理方法在社会实践中不断创新和发挥作用，先后提出了“鞍钢宪法”、“毛泽东号”机车组、“三老四严”、“四个一样”、“五到现场”、“岗位责任制”等质量管理方法，这些方法继承了中国共产党在长期军事斗争中积累的经验，在中华人民共和国成立初期中国工业体系建设中发挥了重要的作用。

“鞍钢宪法”诞生于1960年3月，它是以毛泽东同志为代表的中国共产党人在探索中国工业化道路的过程中提出的具有中国特色的工业企业管理制度，包含深刻的民主和创新思想，对于保证产品质量起到了重要的作用，同时还影响了西方的管理科学，特别是质量管理。它的主要内容包括：坚持政治挂帅和党的领导，倡导“两参一改三结合”思想，开展群众性的技术革新和技术革命运动等，党委领导下的厂长（经理）负责制，企业职工代表大会制度。“鞍钢宪法”的实质就是人民当家作主，社会主义国家就是人民当家作主的国家，人民是国家的主人。要真正实现人民当家作主，就必须给他们提供管理国家、管理社会和管理企业的权力。“鞍钢宪法”的核心内容是“两参一改三结合”，即：工人参加管理，干部参加劳动，改革不合理的规章制度，实行工人群众、技术人员、领导干部三结合。“鞍钢宪法”在我国工业企业中得到了广泛的学习和贯彻，并收到了显著的效果。在推广“鞍钢宪法”的过程中，我们党又不断地总结经验，使其得到了新的发展。

“鞍钢宪法”的思想通过日本等国传向西方，其中日本全面质量管理和QC（质量控制）小组的思想方法来自中国的“鞍钢宪法”，其思想对日本的质量管理思想曾产生过直接的影响。例如，“鞍钢宪法”影响了丰田公司的丰田工作法和后福特制。20世纪60年代日本“质量圈”运动的倡导者石川馨指出，“TQM（全面质量管理）是一种人际关系，是一种人生哲学，是学习和借鉴‘鞍钢宪法’文本的产物”。他认为：“日本的QC小组，实际上也借鉴了中国的‘鞍钢宪法’。”日本经团联会长、新日铁社社长稻山嘉宽说：“办日铁社，就是采取‘两参一改三结合’的办法，就是向‘鞍钢宪法’学习的。”改革开放后，东风日产公司在产能减退的时候被中方接手生产管理，公司利用技术竞赛、干部下车间、做思想工作等方法使生产效率显著提高，从而保持了市场份额，“鞍钢宪法”的精神通过这个中日合资公司得到了诠释。

QC小组之所以在航天领域得到长期的坚持，也是中国航天长期坚持自主发展质量管理的结果。航天工业自建设之初就开始学习推行“鞍钢宪法”，形成了QC小组活动的基本思想与环境，“工业学大庆”等思想和精神也都融入航天工业的建设中。“鞍钢宪法”诞生于本土并与中国传统文化相适应，它蕴含的经济民主等先进管理理念使其作为一种组织治理范式在历史上发挥了重要的作用。当国内对“丰田生产方式”“全面质量管理”“QC小组”等西方公司治理理论无限崇尚时，实际上，这些治理原则的精神母体——“鞍钢宪法”在我国早已产生并发挥作用。又如，我们在积极推行ISO 9000系列标准的八项质量管理原则之首——以顾客为关注焦点时，却淡忘了毛泽东同志提出的为人民服务的思想境界，它实际超越了顾客至上的质量管理原则。

1.1.2.2 “三老四严”“四个一样”的工作标准

1960年，在松辽盆地上掀起了一场波澜壮阔的石油大会战，大庆油田的建设不仅奠定了我国工业建设的基础，也诞生了大庆精神、铁人精神，助力了我国在计划经济时期的工业建设。“三老四严”（对待革命事业，要当老实人、说老实话、做老实事；干革命工作，要有严格的要求、严密的组织、严肃的态度、严明的纪律）和“四个一样”（夜班和白班执行制度一样，坏天气和好天气执行制度一样，领导不在场和领导在场执行制度一样，没人检查和有人检查执行制度一样）是大庆油田早期建设的文化产物，最初是落实岗位责任制的工作标准，后来成为大庆人工作的行为模式、经验，乃至大庆精神、铁人精神的重要组成部分，在全国多行业产生了广泛而深远的影响。“三老四严”“四个一样”也是我国计划经济时期质量工作的指导精神，大庆油田在二次创业中提出了“靠大庆精神保证质量，以三老四严取信用户”的质量方针，就是讲诚信、讲标准，是新时期大庆精神的发扬光大。大庆精神及“三老四严”“四个一样”对于研究我国计划经济时期的质量管理及其传承有重要的参考价值。

大庆油田有钻井、作业、采油、运输、供水、基建、安装、后勤等众多的行业和工种。油田南北长140公里，东西宽70公里，萨尔图等40多个规模不等的油气田分布在5 600平方公里的土地上，最远一个采油站离中区10余公里远，钻井队、采油站遍布油田各个角落。可以说，油田工作点多面广、门类多、战线长，且有很多岗位需要单独顶岗，昼夜值班。在这种情况下，落实岗位责任制的实质就是靠自觉，靠岗位责任心，靠广大石油职工为国家奉献的主人翁精神。因此，大庆会战工委发出了“严细成风、狠抓管理”的号召。

“三老四严”发源于大庆三矿四队，即现在的大庆油田采油一厂第三油矿中四队，其前身是中区综合四队。该队1960年建队，曾发出“天塌我们顶，地陷我们填，钢铁意志英雄胆，不创标杆非好汉”的誓言，建队当年就被命名为“钢铁采油队”，1961年又被授予“政治思想好、完成任务好、技术训练好、集体作风好、生活管理好”的“五好标兵采油队”荣誉称号。1962年，随着油田开发建设，钢铁采油队被分成三个队。老队长辛玉和与12名工人被分到新区，组建了三矿四队。

队长辛玉和带领12名同志抬着两块床板，带着一把菜刀奔赴新区。辛玉和从第一口油井清蜡开始，就用放大镜一寸一寸地检查每口井长达1 500多米的清蜡钢丝，确认合格后才交给岗位工人使用。一天，辛玉和到井上检查，看见徒工小孙拿着一个新刮蜡片急匆匆地往井上赶，有点纳闷：小孙井上的刮蜡片前两天刚换过，怎么又领新的了？他走回材料库，从材料员那里得知，原来小孙早晨清蜡时没有仔细检查就关闭了清蜡阀门，把刮蜡片挤扁了，还让材料员帮他保密。辛玉和深知“小洞不补，大洞尺五”，于是第二天就在小孙这口井上召开了事故现场分析会，并把这个变了形的刮蜡片挂在会议室里，让大家天天看到、时时想到，吸取教训。党支部因势利导，在全队开展“当老实人、说老实话、办老实事，严格要求，严明纪律”的“三老两严”活动，认真干工作的风气在全队形成。在三矿四队，法兰不能缺一颗螺丝，阀门不能有一滴渗漏，报表不能有一处涂改。

这个队建队三年共录取3万多个数据，无一差错，在用设备台台完好，井井站站达到一类，连续多年被评为油田标杆单位。1964年2月20日，三矿四队在石油部召开的全国油田电话会议上做了经验介绍。大庆党工委做出了《关于开展向采油三矿四队学习的决定》，开展“学三矿四队、赶三矿四队、超三矿四队”的群众运动。同年5月，石油部在召开的第一次政治工作会议上把在实践中摸索并创造的一些经验概括为“三老四严”的革命作风。这一号召在大庆会战职工中达成了共识，随后涌现出了一批典型，其突出的代表就是地处油田边缘的李天照井组。这个井组的典型性，不仅在于它投产30个月从未发生一次事故，井场上各种管线和设备没有一处漏油、漏气，大小工具无一件损坏丢失，所记录的上万个生产数据无一差错，更在于做到了“四个一样”，即“夜班和白班执行制度一样，坏天气和好天气执行制度一样，领导不在场和领导在场执行制度一样，没人检查和有人检查执行制度一样”。

1.1.2.3　“郝建秀”的工作法

1951年，新中国第一代纺织工人、16岁的郝建秀在全国“红五月”劳动竞赛中创造出一套高产、优质、低耗的细纱工作法，被纺织工业部命名为“郝建秀工作法”。中华人民共和国成立初期，像上海这样全国纺织业的龙头城市，皮辊花率也在 1.5%上下，1950年起，郝建秀在劳动竞赛中就屡创新高，值车数从300锭逐步增至600锭，而白花却始终保持在0.2%至0.3%。郝建秀工作法内容为：一是有正确的劳动态度，工作认真负责；二是虚心学习，肯动脑筋，努力提高技术；三是工作有计划，善于分配劳动时间，能分轻重缓急地进行操作；四是不浪费劳动时间与劳动力，做到一切以减少断头为中心、以少出皮辊花为目的。“郝建秀工作法”提高了生产效率，降低了差错率，被全国纺织系统大力推广，这是群众创新实践的重要体现。

综上不难看出，在中国社会主义建设的早期，产品质量工作就注重在思想文化、质量意识、工作作风、工作标准和工作方法上下功夫，充分发挥广大人民群众的主人翁意识和创造力，取得了明显的成效。

1.2 航天工程复杂性和风险性的客观要求

系统可以分为简单系统、复合系统和复杂系统：简单系统在结构上直接由一个或多个单元组成，各单元间的联系是确定的、可描述的；复合系统是由一些在功能与结构上各异的简单系统组成的多层次系统，其输入和输出关系是确定的、可描述的，可完成特定的功能；复杂系统是由大量相互作用或相互分离的子系统结合在一起的，不同优先级的各种可变化的子任务要同时满足，或依次满足性能指标，复杂系统的本质特征在于它的复杂性，其具有非线性结构与参数的不确定性。虽然复杂系统表现形态方式千差万别，但具有以下共同特征：

①构成系统的单元种类和数量繁多。

②要素之间具有强关联性或耦合性。

③所占的时间长，空间范围广。

④任务要求复杂，系统的目的不是单一的，而是多目标的。

⑤系统是开放的，也就是说与环境关系密切，对环境有很大的影响，同时又承受环境的影响。

复杂系统的风险性主要是由其系统的复杂性和环境的复杂性所决定的，当然还包括系统形成过程中的一系列风险。

航天工程具备复杂系统的特征，以美国阿波罗登月工程为例，具有以下特征：

①大科学。载人航天技术除了运载火箭、飞行器技术的主要技术特点外，还需要保障人员生命安全，提供生活、操作、研究所需要的环境，涉及的相关学科包括空气动力学、天文学、气象学、材料学、电子学、人体工程学、生理学、心理学、医学等几乎全部的自然科学学科。

②大协作。参与工程的有2万多家企业、200多所大学和80多个科研机构。

③大空间。工程环境从太平洋面直到月球表面。

④大政治。美苏的登月之争是为了满足政治需要，而非科学研究。

⑤大投入。该工程耗资250亿美元，1966年多达59.3亿美元，占当年国民

收入的5%。

⑥大工程。成功的关键不是科学或技术原理的突破，而是工程设计方案的正确可靠，土星五号运载火箭的运载能力仍然是历史最高的，起飞重量为3 038.5吨，总推力达3 408吨。而苏联的N–1火箭，由于动力系统设计过于复杂，一级30台发动机的推力无法有效平衡，连续4次发射失败，直接导致苏联登月计划破产。

⑦大探险。太空环境具有地球上所不具备的失重、真空、超低温、强磁场、强辐射等环境。这次登月是人类与太空环境的首次全接触。尽管从阿波罗1号至10号进行多次不载人飞行试验、载人地面试验，但是美国人还是准备了首次登月失败的预案，如果宇航员不能飞离月球，将会切断他们与地球的通信，让他们悄然消失在月球上。

1.2.1 运载火箭的复杂性与风险性

运载火箭是一个能量密度很大、结构很轻、强度和效率很高的一个高性能的系统，具有复杂性和危险性。有资料报道，如果定义每公斤质量产生的功率为功率密度的话，汽车发动机的功率密度为0.54，火箭发动机则达到了879。如果将小汽车发动机制造成和火箭发动机相同的能量密度和效率，那么其重量只有0.1公斤。对结构效率的要求也非常苛刻，如果要使易拉罐具有和火箭推进剂贮箱一样的效率，那么它的壳体厚度也只有现有厚度的1/3。

对于系统的性能要求越高，系统对于设计和性能参数的不确定性的敏感度就越高，并且会催生一些不尽人意的相互影响。系统性能的提高使得设计、工艺、验证和操作的挑战性呈现出非线性的增长，即要求我们投入更多资源来满足系统的要求。总之，高性能的需求导致了高能量密度和敏感性，为了获得成功，就需要严密统筹，寻找并控制好系统的平衡点。

1.2.1.1 产品结构复杂

运载火箭系统主要包括总体、箭体结构、动力、测量、控制、利用、发射支持等分系统。总体设计就是大系统的技术综合，必须将运载火箭的各个分系统视为一个密切关联、有机融合的整体，才能促使火箭整体性能达到最优。运载火箭结构如图1–2所示。

图1-2　运载火箭结构示例图

单就火箭动力系统而言就非常复杂。例如，液体火箭发动机中应用最广、最有代表性的是双组元泵压式液体火箭发动机。这种发动机一般由推力室、涡轮泵、燃气发生器、自动器等部分组成。增压输送系统一般由气源、增压阀、减压器、电磁阀、压力信号器、保险阀、排气阀、各种单向阀、手动开关、增压与测压管、加注与泄出阀、液位指示器、溢出管、加注与泄出管、信号电缆、输送管路、启动阀等单元组成。

液体火箭发动机在总体结构上是一个包含多层次子系统的复杂系统。可以将发动机在结构上分解为发动机级、子系统级以及元件级等若干层次。发动机故障的影响最大，而且其复杂的工作环境和苛刻的工作条件也常使它成为整个火箭系统中故障最多发的部位之一。据统计，20世纪70年代，美国发射了上千枚中远程导弹及运载火箭，其中发动机系统故障造成的飞行失败约占 22%。欧洲“阿里安”火箭的5次发射失败，全部都是由发动机发生故障引起的。1986年1月28日，美国“挑战者”号航天飞机在升空1分13秒之后由于发动机发生故障爆炸，七名宇航员全部丧生。1999 年日本 H-2 型运载火箭因第一级发动机发生故障而失败。2002 年“阿里安 5ECA”型火箭因主级发动机 Vulcain-2发生故障，在起飞 456 秒后自毁。另外，2006 年印度地球同步轨道卫星运载火箭在发射印度星 4A 后不久，发动机推进剂调节器发生故障而在空中爆炸。2010 年12月25日，印度地球同步轨道卫星运载火箭（GSLV）F06

型发射时，4台发动机中有1台出现故障，导致在发射升空 63 秒后自毁。

以某大型运载火箭为例，运载火箭所包含的产品数量和种类繁多，详见表1–2。箭体结构中，新研结构部段有20种，贮箱焊缝总长1 971m，火工品有274个；动力系统使用三种发动机，既有液氧煤油发动机，也有氢氧发动机，其中阀门种类116种、阀门数量626个；电气系统中，控制系统单机有29种137个，电气系统元器件数量为55 000个，测量系统单机数量为145个，传感器和变换器的数量为1 013个。

表1–2　某型运载火箭产品统计表

	技术指标或产品类别	指标或数量
总体	起飞重量（t）	867
	起飞推力（t）	1 078
	推进剂重量（t）	776
	低温推进剂总重（t）	615
	最大直径（m）	5
	体积容量（m^3）	1 932
	重大关键技术项目（个）	14
	研制试验项目数量（初样）	565
结构	新研结构部段数量（个）	20
	贮箱焊缝总长（m）	1 971
	火工品个数（个）	274
动力	阀门种类（种）	116
	阀门数量（个）	626
电气	控制系统单机数量（个）	137
	电气系统元器件数量（个）	55 000
	测量系统单机数量（个）	145
	两器数量（个）	1 013
地面	活动发射台规模（吨）	1 800

1.2.1.2　产品专业技术复杂

老一代火箭专家谢光选院士曾总结道，运载火箭涉及70多种专业技术。某运载火箭组成及关键技术如图1–3所示。

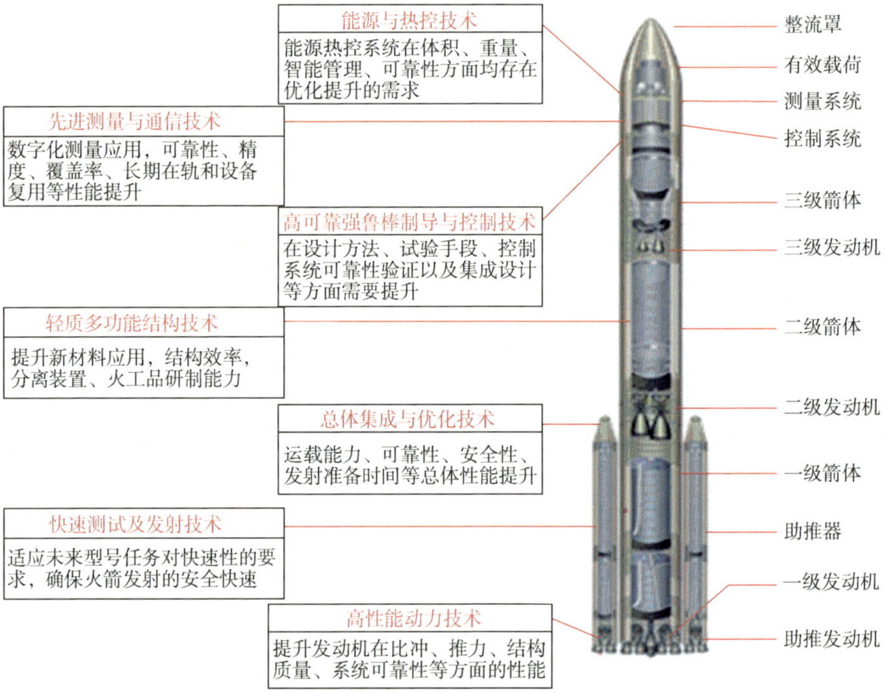

图1–3　运载火箭组成及关键技术简图

这些技术不仅复杂，而且需要彼此密切配合。例如，总体参数优化设计就是为了寻找满足总体性能要求而可能采取的技术途径，并对多种技术途径进行技术分析，以确定最佳的总体方案和参数。总体方案和参数确定之后，火箭的结构形式和主要特性就基本确定了。总体设计包含总体参数、气动特性、弹道、载荷、稳定性等总体参数的设计。这些参数设计的最优性不仅影响运载火箭总体性能，决定系列化构型是否合理、总体指标能否实现，而且影响研制成本与进度，决定飞行试验的成败。这一工作需要总体参数、气动特性、弹道、载荷、稳定性等方面的专业知识、系统的专业工具以及多学科优化理论。

又如，运载火箭环境预示及优化技术将通过开展基于声振耦合、理论分析的力学环境预示技术、力热学环境精细化测量与预示技术、力热学环境预示及验证技术、力热学环境预示的有效性评估和研究，实现火箭力热学环境的准确预示和合理优化，以提高火箭飞行的可靠性。

再如，液体火箭主发动机工作条件恶劣，实现重复使用的难度不在于飞行控制，而在于必须区分发动机中需要替换的少部分一次性使用组件和大部分多次重复使用组件。对一次性使用的组件，可以利用现有的设计与考核手段对其进行优化；对重复多次使用的发动机组件则需要开展深入的基础研究，解决多项关键技术，主要包括高温组件热结构抗疲劳寿命评估及延寿技术、运动组件摩擦磨损控制技术、结构动载荷控制与评估技术、快速检测评估与维修维护技术、健康监控与故障诊断技术、二次或多次起动技术与大范围推力调节技术等。

1.2.1.3　产品制造过程复杂

运载火箭产品的结构及其制造过程复杂、要求精度高，其总体装配和测试难度大。单就安溢活门而言，由于技术状态固化在早期的机械反馈式原理状态，它的结构和制造过程就十分复杂。安溢活门是运载火箭增压输送系统的重要单机，用于加注时贮箱放气和飞行时贮箱超压保护。为了达到高精度和高可靠性的要求，安溢活门设计结构复杂，一般由指挥阀和主阀两部分组成（见图1-4），包括壳体、主活阀、小活阀、阀座、导向杆、导向盘、敏感元件（膜盒、波纹管、膜片）、硬心、主弹簧、弹簧罩、连通管、转向接头、接管嘴、控制腔、堵盖、拉杆、调节杆、调节螺母、锁紧螺母、调整盘、垫片、O形圈、润滑脂、保险丝等几十个零件。安溢活门附件包括保护盖、备用堵盖等，涉及的材料包括铝合金（不同牌号）、不锈钢（不同牌号）、弹簧钢、阀门钢、纯铝、弹性合金、氟塑料等。

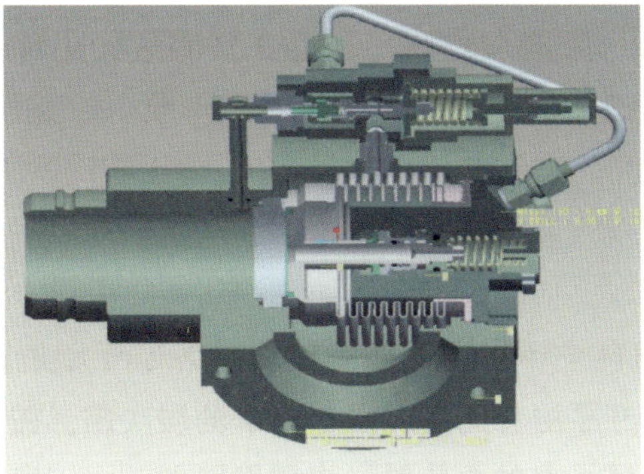

图1-4　运载火箭增压输送系统安溢活门结构示意图

安溢活门结构的复杂性以及小批量研制手段的局限性决定了它的生产制造与组装过程的复杂性，由于组件和单元特性难以完全实现精准的控制，控制生产的波动成为保持产品合格率和减少故障的关键。壳体等零件在机加车间生产，敏感元件在冲压车间生产，活阀等零件在非金属车间加工，螺母等零件由标准件车间配套。其中，多数零件需要粗加工到精加工的多道流程，还需要热处理、表面处理以及焊接等多道工序，最后零组件才汇总至装配车间。在装配成整阀的过程中，需要进行装配间隙、开度、空程、动作灵活性等测试。装配完成后，还需要进行阀门性能测试，包括开启点压力测试、密封性能测试以及不同流量测试。验收合格后，同批次抽取例行检验产品，再进行高温试验、低温试验和振动试验。全部合格后再交付总装，进行总装测试。

1.2.1.4 供应链管理复杂

供应链是指由上下游企业所形成的，在不同的流程或者活动中，以终端用户或消费者所持有产品和服务的形式展现生产价值的整体功能的网络结构，是连接供应商和用户的物料链、信息链、资金链等。航天供应链是以总体单位为牵引，由产品设计单位、生产单位、总装单位、配套物资供应商以及相关服务部门（加工测试、试验、质量保证等）构成的网络结构，目前，更关注的是供应商和总体单位的联系以及产品的质量。

（1）航天供应链的特点

中国航天事业发展一直借助举国体制优势，充分体现了依靠国家集中力量办大事。在运载火箭研制过程中，全国2 300多家协作单位的数十万科研生产人员参与其中，是国防科技工业实力乃至整个国家工业基础能力的体现。航天供应链呈现出以下五个特点：

①运载火箭涉及专业或产品门类众多，从火箭研制到发射任务的完成是一个庞大的系统工程，形成了网状的协作网络或供应链，由科研协作网络、制造协作网络、物资协作网络、发射场协作网络等四大协作网络构成。

②就运载火箭产品配套而言，自上而下的层次多，按照运载火箭产品结构，由总体、分系统、交付总装单机、零部组件（含工序加工、检测与试验等）、物资等五级组成；从单机承研单位开始统计协作配套关系，涉及零部组件配套、工序协作、检测与试验服务供应商。一般来说，组成运载火箭的

产品涉及供应商数百家，单机供应商数十家。

③航天供应商企业性质复杂，包括航天科技集团内部供应商、军工国企、非军工国企、科研院所及高校、军方单位、民营企业等。

④与社会上一般制造企业的供应链相比，航天供应链的形成过程受计划经济和历史分工影响较大，供需关系相对牢固，供应链上端联系密切，下端相对松散。

⑤供应链中存在单点，独家供应商的产品质量、进度决定了整个供应链的质量和进度，供应链上企业产品的价值要靠整个供应链的最终任务成功来实现。

（2）航天供应链的主要做法

供应链管理从系统的观点出发，以集成思想对供应链中的信息流、物流、资金流进行设计、规划和控制，提高运营过程的确定性和速度，通过整体最优来提高竞争力。航天供应链管理的主要做法包括以下三个方面：

①有重点地开展供应商风险分析。针对合作三次及以上的供应商，重点检查质量控制要求的传递落实情况；针对核心产品供应商，重点开展过程质量控制情况检查与确认；针对新增供应商，重点审查任务需求分析和技术状态控制情况；针对独家供应商等，重点分析供应和质量保证风险。

②加强供应商的集中管理。集中不是目的，加强管控才是目的。应建立健全科学、可量化的供应商评价体系，研究形成供应商评价模型，实现对供应商科学分类和分级管理。同时加强对计划完成情况的考核，以计划执行、产品质量为基础开展供应商绩效评价，形成优胜劣汰的供应商动态管理机制。

③构建“纵向贯通、运行高效”的供应商管理体系，以影响成败的产品、问题多发的产品、不可检测的产品和特殊过程为切入点，将管控延伸至末次供应商，实施穿透式管理；将外包产品质量控制点进一步前移，强化事前的管控、量化要求以及精细化的过程控制；将型号产品验收模式由以结果审查为重点逐步向以研制方案审查、生产过程检查确认为重点转变，提前辨识外包产品研制风险。

1.2.2　运载火箭工作环境的复杂性

运载火箭在运输、测试、飞行直至入轨的过程中，需要经历复杂的力学环境、热环境等。环境因素将直接影响火箭的各项性能甚至火箭飞行成败。因此，火箭的力、热等环境设计是航天系统工程中一个非常重要的研究专题。由于空气有黏性，运载火箭在大气层中飞行时，火箭外表面与周围空气发生摩擦，紧靠壁面的一层空气被阻滞减速，形成附面层。附面层中的空气运动被阻碍，动能转变为热能，使空气温度升高，进而导致箭体壁面温度升高。另外，当火箭高速飞行时，气流遇到头部或迎面拐角时将受到突然压缩，在超声速情况下会形成激波。气流经过激波后，速度降低，压力、密度变大，温度升高，运载火箭壳体壁面被加热，壁面温度将升高。火箭在低速飞行时气动加热现象不明显，但在超声速飞行时，气流相对于火箭表面的速度和能量却很高，气动加热将变得非常严重。这会使火箭壳体温度迅速升高，严重时会烧坏火箭的壳体，甚至会烧坏火箭内部的仪器，导致火箭发射任务失败。因此，气动加热的物理本质比较复杂，影响因素也比较多，不仅受到大气密度等外部环境的影响，也会受到飞行轨道参数、火箭结构外形、火箭结构的材料和气体流动条件等诸多因素的影响，给气动加热预示的精确性带来了很大的困难。

运载火箭在跨声速（$0.8<Ma\leqslant1.2$）飞行时，火箭横截面面积急剧变化的部位（如锥柱外形肩部、锤头外形收缩段）会出现气流分离、激波振荡。强激波/边界层相互作用且相互干扰，极易诱导流动分离，引发激波前后的不规则移动，形成脉动压力，并激起火箭抖振响应和产生巨大的噪声，严重影响火箭的气动、稳定和操纵性能，加速结构疲劳，干扰火箭内部的敏感元件，导致产生错误信号，干扰箭内装载的精密仪器的正常工作。若发射载人飞船，抖振会严重影响飞船内的力学环境，降低宇航员的乘坐舒适性，挑战宇航员的生理极限等。因此，脉动压力是火箭空气动力设计中必须考虑的主要问题；而开展跨声速压力脉动的研究难度很大，它对测量仪器、分析方法和数值算法等都提出了很高的要求。

在运载火箭初始飞行阶段，火箭底部会受到喷流的辐射加热。当火箭飞行高度增加到一定程度后，大气密度和压力降低，发动机喷流膨胀加剧，发动机多个喷管喷流间相互碰撞，产生复杂的膨胀波和膨胀波间的相互干扰，迫使一部分喷流向发动机底部回流，这种高温回流在底部形成对流加热。底部喷流加热的严重程度与底部喷流流场的结构密切相关，取决于许多因素（如飞行高度、飞行速度、燃气参数、喷管形状、摆动方向、多喷管排列方式和底部结构形式等），给底部热环境预示带来更大的挑战。火箭底部喷流加热致使箭体底部结构温度急剧升高，由此可能降低结构的强度和刚度，如果在设计中对这些因素估计不足，就可能导致结构的破坏，从而使飞行失败。

当运载火箭冲出大气层后，暴露于外层空间的仪器设备受到真空环境下的太阳辐射、地球反照、地球红外辐射加热等作用，同时，还会受到箭体向真空深冷环境散热的综合作用。宇宙空间气体极为稀薄，物体基本上不能靠气体分子间的碰撞获取能量，而主要靠吸收辐射来获取热流。宇宙空间背景辐射对物体的辐射能量极小，辐射能量仅为约10^{-5}W/m^2，相当于3K的绝对黑体辐射。因此，处于真空状态下的仪器及设备、结构等还要向宇宙空间辐射热流。

运载火箭是由不同的封闭圆筒段、锥段组合而成的，如卫星的整流罩、仪器舱等。封闭的结构在外界环境发生变化时会产生一系列的问题。例如，在运载火箭飞行过程中，随着火箭的迅速爬升，火箭外界的环境压力急剧下降，火箭相应舱段的外界压力也随之急剧下降。如果火箭舱内的压力保持不变，火箭的外壳会受到很大的内压，当超过火箭外壳所能承受的极限时，火箭结构就会被破坏。火箭的排气孔是为了防止内外压差破坏火箭结构而专门设计的。

运载火箭飞行期间，箭体各部位承受着发动机和外界各种扰动源激起的静、动态载荷，这些静、动态载荷便构成了各舱段内仪器设备的力学环境。一般情况下，严重的瞬态激励包括火箭发动机的点火、关机、级间热分离、POGO振动和火工品起爆等；同时，还必须考虑切变风、阵风和跨音速抖振的激励问题等。此外，发动机噪声、气动噪声和发动机机械随机振动的传递构成了各舱段内稳态振动的主要振源。在地面运输中，不同路面、车速及整箭垂直运输激起的响应也是箭上设备的重要振源。

1.2.3 宇宙航行的风险性

1.2.3.1 运载火箭的发射失败

自1957年10月4日苏联卫星号运载火箭把世界上第一颗人造地球卫星送入预定轨道运行以来，至2020年12月31日，世界航天共发射火箭6 033次，成功5 520次，失败513次，成功率为91.5%。世界各地区的发射情况如下。

欧洲火箭发射274次，成功257次，成功率为93.8%。在役火箭成功率为97.03%，退役火箭成功率为91.91%。按成功连续性统计，火箭连续成功达98

次，按系列成功连续性统计，阿里安火箭连续15年成功87次（阿里安4火箭有2次，其余是阿里安5火箭）。

俄罗斯（含苏联）火箭发射3 339次，成功3 108次，成功率为93.1%，在役火箭成功率为95.2%，退役火箭成功率为91.89%。按成功连续性统计，火箭连续成功达117次，按系列成功连续性统计，R-7火箭连续成功133次、联盟U火箭连续成功100次。

美国运载火箭（含航天飞机）发射1 763次，成功1 576次，成功率为89.39%。11型在役火箭发射478次，成功460次，成功率为96.23%。按成功连续性统计，火箭连续成功86次，按系列成功连续性统计，德尔它2火箭连续成功100次。

中国运载火箭发射379次，成功352次，成功率为92.88%。其中，航天一院运载火箭连续成功57次。

综上所述，苏联实现连续117次成功，欧洲达到98次，美国达到86次，苏联117次连续成功是在1 728次发射基础上取得的。通过比较可以看出，连续成功的目标是对航天工业集成设计、抓总管控能力的全面挑战。

2011年到2020年期间，世界进行了火箭发射904次，失败37次，部分失败11次，导致失败的质量问题分析如图1-5所示。

火箭发射失败的特征和原因分析如下：

①动力系统问题导致的失败或部分失败达24次，比例最大。

②设计可靠性、工艺、操作、软件等基础问题突出，具体包括环境适应性、测试覆盖性分析不到位，多余物控制不到位等。

③实现过117次连续成功的俄罗斯的成熟型号连年失败，达18次。其中不少是技术状态控制不到位、不按设计规范制造、误操作等引起的，反映出俄罗斯在航天人员培养、质量文化传承、质量控制等方面的问题。

1.2.3.2 阿波罗13号载人登月飞船的历险

在人类探索太空的历程中，有一句众所周知的名言：“这是个人的一小步，却是人类的一大步。”这是1969年7月21日凌晨2点56分，尼尔·阿姆斯特朗的左脚踏上月球时说的话。不过，还有一句名言，“休斯顿，我们有麻烦了”，是1970年4月13日阿波罗13号飞船在飞往月球时发生爆炸，指令长吉姆·洛弗尔向地面指挥中心报告事故时说的。

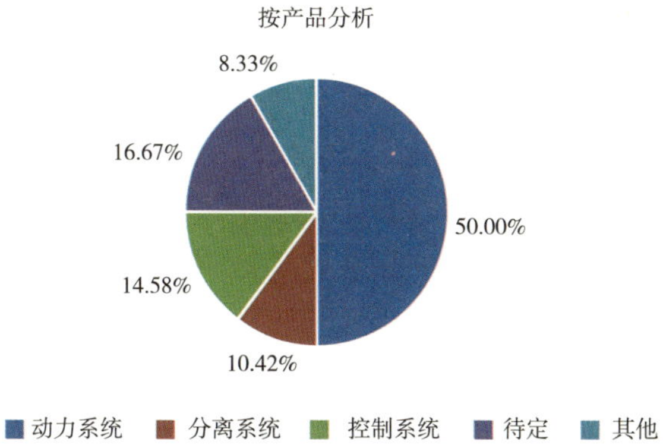

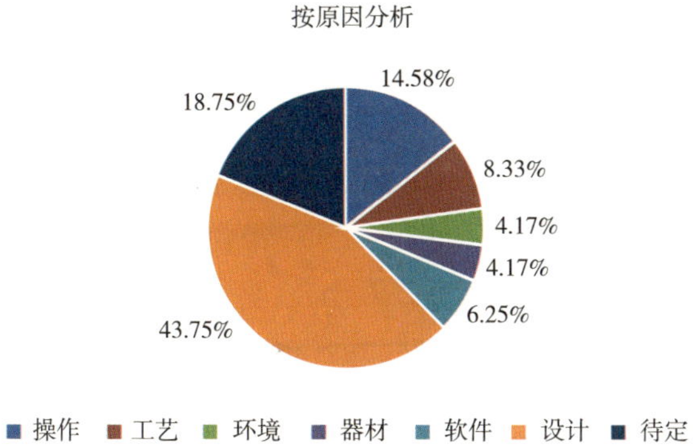

图1–5 国内外失败火箭质量问题统计

1970年4月11日，阿波罗13 号载人登月飞船顺利升空，4月13日晚，飞船已飞行56小时，此时距月球只有6万公里。这时，服务舱内2号贮氧箱发生爆炸，1号贮氧箱也被它炸裂，压力迅速下降，对指令舱中的生命保障系统、导航和电力系统都产生了很大影响。指令长洛弗尔立即意识到大难临头，马上向地面控制中心报告："休斯顿，我们有麻烦了。"地面指挥中心决定返航，阿波罗13 号开始了惊险之旅。

爆炸发生25分钟后，飞船指令舱内的氧气只能再供应 15 分钟，3 名航天员唯一生还的希望就是进入登月舱。但飞船升空前根本就没有应急计划，航天员在地面控制中心的指导下进行复杂的操作，在指令舱中的氧气供应只剩下5分钟时，登月舱的功能终于被激活。

按设计，登月舱的电力只能供2人用45小时，而今却是3人要用100小时。为了节省电力，航天员们铤而走险，关掉飞船上的计算机、导航系统和其他电力设备，让飞船的电流消耗量降低到12安培，登月舱中的温度急剧下降，航天员冻得无法入睡。

当时飞船已离月球较近，在月球引力的牵扯下，如果阿波罗 13 号飞船采用掉转航向的方式，不仅将耗光飞船所有的燃料，而且很可能被月球的引力拉扯住，坠毁在月球表面。如果继续向前飞，就要利用引力弹弓效应来给阿波罗13号飞船加速，以此来节省燃料和时间。阿波罗 13 号飞船的逃生第一步是应该继续朝月球飞行，并绕月球转一个大圈，飞到月球黑暗的背面，等飞船再次出现时立即启动登月舱的发动机，将飞船投掷进返回轨道。但是登月舱是用来登月的，它并没有被设计用来带着沉重的服务舱和指令舱绕月球轨道飞行。而且，登月舱上的燃料只够进行一次启动尝试，如果失败，将永远不会返回地球，其返回方案见图1–6。

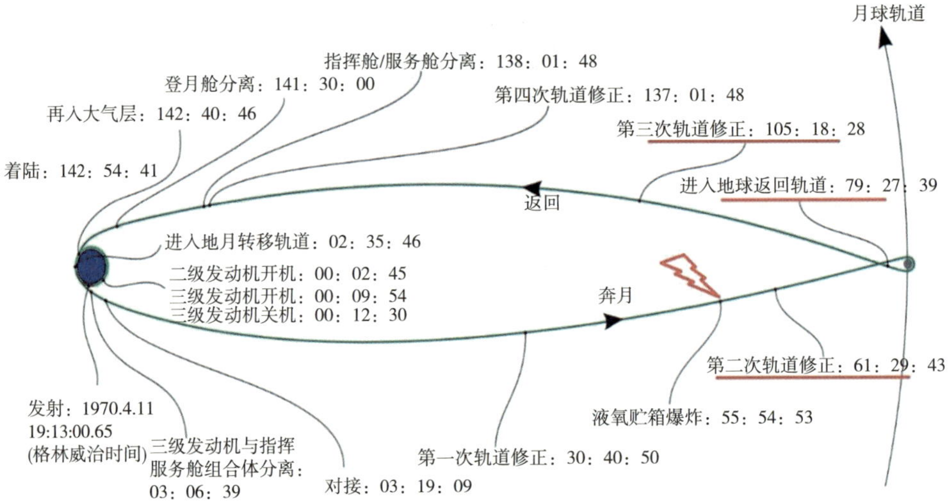

图1–6　飞船返回方案

注：利用登月舱下降级发动机三次调整加速，走省力的8字形自由返回轨道回家。

服务舱爆炸不仅造成了水、氧气的外泄，同时还损坏了飞船上的电池组及二氧化碳过滤设备，飞船上的二氧化碳浓度一度触发了报警，提示航天员有中毒身亡的危险。航天员需要在地面人员的指挥下，用宇航服、胶带等材料修复过滤器。

虽然休斯敦已编完了返地飞行程序，可是阿波罗13号上的导航系统因故障无法使飞船精确瞄准地球，航天员只能用太阳来定向。

进入大气层，阿波罗13号飞船已偏离了正常轨道，故此时须精确地选定进入地球的角度，如角度太陡，飞船会在大气层中烧毁；如角度太平，飞船将从大气层表面弹出，再也无法回到地球了。

事后的事故分析表明，阿波罗 13 号飞船服务舱爆炸并非陨石碰撞所致。在地月轨道转移期间，低温推进剂混合时液氧贮箱爆炸。爆炸毁坏了2号液氧贮箱和其他系统，造成供氧与供电困难。这次故障的根源在服务舱液氧贮箱加热系统的两个恒温开关上。这种开关在 1962年设计时的工作电压是28V，1965 年在改进设计时把许可的使用电压提高到65V，可是制造这种开关的厂商生产的开关额定工作电压没有做出相应的改变，仍是 28V。虽然这种开关在一定条件下也能承受 65V 电压，但是长时间超负荷工作时产生了电火花，破坏了绝缘材料聚四氟乙烯塑料的性能，从而导致液氧贮箱的爆炸。

阿波罗 13 号航天员排除万难，安全返回了地球，成就了航天史上一次“最伟大的失败”。其过程惊险万分，足以说明宇宙航行或航天工程的极端风险性。

1.3　自主创新发展的管理基础

1.3.1　航天工程自主研制奠定了质量问题归零的工程实践基础

中国的航天事业靠自力更生起步，在自主创新中发展。中国航天事业创立伊始，面对西方技术封锁以及苏联撕毁协议撤走专家、拒绝提供技术资料的考验，面临工业基础薄弱的问题，中国航天人用不到两年的时间就完成了“1059”导弹的仿制，开创了中国航天自力更生发展之路。1970年4月24日，中国自主研制的长征一号运载火箭圆满完成“东方红一号”卫星发射任务，揭开了我国航天活动的序幕，中华民族的历史脚步首次跨进了宇宙空间。2003年10月15日，长征二号F运载火箭将“神舟五号”载人飞船发射升空，航天员杨利伟进入太空，实现了中华民族千年飞天梦，中国成为继苏联和美国之后第三个有能力独自将航天员送上太空并安全返回的国家，标志着我国已经进入载人宇宙空间探索活动新时代。2007年10月24日，长征三号甲火箭成功发射第一个月球探测器——嫦娥一号进行环月飞行，对月球进行整体性的综合探测，使我国成为世界上第五个能够独立研制和发射探月航天器的国家，中国迈出了深空探测的重要一步。2016年，航天一院研制的长征十一号、长征七号、长征五号等新一代运载火箭首飞成功，中国探索宇宙的能力不断提高。

1956年以来，中国航天走过了从无到有、从仿制到独立研制的发展历程。目前已形成了包含运载火箭、导弹武器等研究、设计、试制、试验，航天器发射场，航天测控中心和观测台在内的完整的工业体系，形成了从总体设计、总装、总测直至元器件、原材料、工艺、软件及制造装备等完整的供应链体系。中国航天事业的自主发展促进了中国航天质量管理的自主创新，为质量问题归零的产生提供了工程研制的实践基础。

1.3.2 航天精神奠定了质量问题归零的文化基础

伟大的事业孕育伟大的精神，中国航天事业在取得辉煌成就的同时也诞生了航天传统精神、“两弹一星”精神、载人航天精神、探月精神和新时代北斗精神。这些精神是航天文化在不同历史时期的具体体现和继承发展，集中体现了我国航天工作者崇高的思想境界、良好的精神风貌和过硬的工作作风，是伟大的民族精神与航天实践相结合的产物。创业初期，在聂荣臻元帅等老一辈革命家和钱学森院长等老一辈科学家的积极倡导下，树立起“敢想、敢说、敢干”以及“严肃的态度、严格的要求、严密的方法”的“三敢三严”作风。

周恩来总理十分关心“两弹结合”试验的安全。1966年3月11日，在第十五次中央专委会上，针对航天型号技术复杂、质量与可靠性要求高的特点，提出了“严肃认真、周到细致、稳妥可靠、万无一失”的十六字方针。周总理说：“毛主席同意我们的方案，并赠给大家16字指示：严肃认真，周到细致，稳妥可靠，万无一失。”在场的科学家陡然觉得肩上的担子十分沉重。有人甚至倒吸了一口气，许多人因为这“万无一失”的标准而感到压力巨大。周总理敏锐地察觉到了科学家们的面部表情以及心理变化，他解释道：“什么叫万无一失？把想到的、发现的，都认真解决了，就叫万无一失。没发现的、解决不了的，是吃一堑长一智的问题。打枪还有卡壳的时候呢，别说导弹了。放心吧，只要认真做了，出了问题，领导来负责，我周恩来负责。”根据这一精神和七机部党委的要求，航天一院党委广泛发动群众，开展了近三个月的“五查”（查薄弱环节和隐患、查技术状态、查配套、查工艺质量、查外协项目）为中心内容的质量检查运动，发现和解决了一些质量问题，为保证DF-2A的研制和核试验任务的完成提供了保障。DF-2和DF-2A工作在组织领导上与德国V2和美国早期导弹研制工作较为相似，都以军人为组织指挥领导，技术人员由参军不久的专家和专业知识分子组成总师系统，其根本区别在于我党、我军的干部把党的三大作风优良传统（理论联系实际，民主集中制，批评和自我批评）带入了科研队伍，实践论和矛盾论在科研工作中发挥了有效的指导作用。DF-2 和DF-2A 的研制成功充分体现了全体科技工作干部和知识分子自力更生、艰苦奋斗、克服困难、勇于创新的革命精神。“两弹结合”试验是中国在自己的国土上进行的真正的导弹核武器试验，表明中国有了可用于实战的核导弹，确立了中国核武器的大国地位，大大提高了我国的国际地位。

几十年来，“自力更生、艰苦奋斗、大力协同、无私奉献、严谨务实、勇于攀登”的航天传统精神已经深深地印在航天人的脑海里，自觉地落实在行动上。1999年9月18日，中共中央、国务院、中央军委在北京隆重召开大会，表彰为研制“两弹一星”做出杰出贡献的科技专家，江泽民同志在会上阐述了“两弹一星”精神，即“热爱祖国、无私奉献、自力更生、艰苦奋斗、大力协同、勇于攀登”，并指出“两弹一星”精神是爱国主义精神、集体主义精神、社会主义精神和科学精神的体现，是中国人民在20世纪创造的新的宝贵精神财富。2003年11月7日，在中共中央、国务院、中央军委召开的庆祝我国首次载人航天飞行圆满成功的大会上，胡锦涛同志指出，我国航天工作者不仅创造了非凡的业绩，而且铸就了“特别能吃苦、特别能战斗、特别能攻关、特别能奉献”的载人航天精神。

航天精神的创立和发展，要求航天人以严肃的态度对待质量工作和质量问题，不放过任何问题，始终追求成功的目标，保证每一个问题得到有效的处置，做到令人放心，万无一失。因此，航天精神为质量问题归零提供了思想和文化基础。

1.3.3　钱学森创立系统工程奠定了质量问题归零的理论基础

中国航天事业创建时，遇到的不仅仅是技术问题，也有组织管理问题。面对成千上万的研制人员、数量众多的协同单位、难以计数的生产设备等方面的组织协调问题，航天一院首任院长钱学森总结型号研制经验，创立系统工程管理，在组织管理上，发挥总体设计部在型号研制中技术抓总与技术协调的地位与作用，发挥型号研制的行政和技术“两条指挥线”作用，加强型号研制中技术、进度、经济与保障条件的统筹协调、集中领导，严格保持研制程序和控制各阶段的技术状态。在中国航天事业发展的历程中，无论是预先研究、型号研制还是各项管理工作，系统工程的理论、体系与方法都贯穿始终并在实践中不断发展完善。

如果说对问题的正确认识并坚持归零成为航天质量文化的核心，那么质量工作的方法则始终是围绕型号成功目标在解决质量问题的具体实践活动中不断深化和完善的。航天一院坚持开放融合的发展道路，围绕确保成功、永葆成功的目标，在积极引进、集成应用国内外现代质量管理方法的基础上，在航天型号工程实践中总结、发展形成了一系列科学方法，支撑质量管理、产品保证、技术风险控制，形成了自主创新的质量管理方法体系。

针对航天系统复杂、小样本、质量可靠性要求高的特点，航天一院围绕系统工程管理，面向型号研制全过程，在实践中创新地提出了一系列质量可靠性工程和管理方法（见图1–7）。

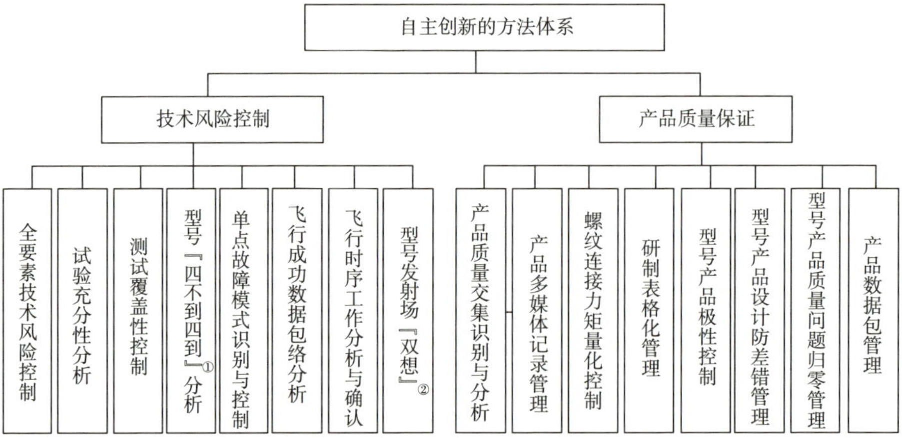

图1–7　自主创新方法体系图

此外，航天一院结合型号研制实际，积极引进和推动卓越绩效模式、六西格玛管理、精益管理、质量功能展开、QC小组、星级现场建设等质量管理

① “四不到四到”：测试不到要验收到、验收不到要工序检验到、工序检验不到要工艺保证到、工艺保证不到要人员保证到。

② “双想”：问题回想和事故预想。

理念和技术方法。2016年至2018年，航天一院完成了20个五星级现场、53个四星级现场建设，在质量技术、精益管理、可靠性、六西格玛管理、质量功能展开等方面共获得81项全国性奖励，在国内居于领先地位。同时，也通过集成应用创新提出了FTA-FMEA结合法，为有效识别设计中的薄弱环节、制定应对措施提供了支撑。航天一院结合型号研制实践，不断积极推进技术方法的输出与交流，2016年至2018年，航天一院获得亚洲质量卓越奖，连续两次获得国际质量创新大赛一等奖，主导发布了多项国际航天标准，32项QC成果获得国际质量管理小组金奖。这些都有助于推广中国航天质量管理经验，提升中国航天质量的国际影响力。

航天质量管理是在系统工程理论框架下发展起来的，是系统工程管理的一个组成部分，系统的复杂性和风险性也要求我们运用系统工程的方法去解决复杂问题，因此，系统工程为质量问题归零奠定了理论与方法基础。

1.3.4　质量管理的自主创新奠定了质量问题归零的管理体系基础

伴随着中国航天事业的发展，航天一院质量工作大体经历了探索期、发展期和变革期的发展历程，从摸索实践经验、强化意识形态、加强行政管理、学习与借鉴到逐步科学、精细和规范地进行实践、认识，再实践、再认识，在反复迭代中不断探索确保型号成功的规律，探索确保组织成功的规律（见图1-8）。

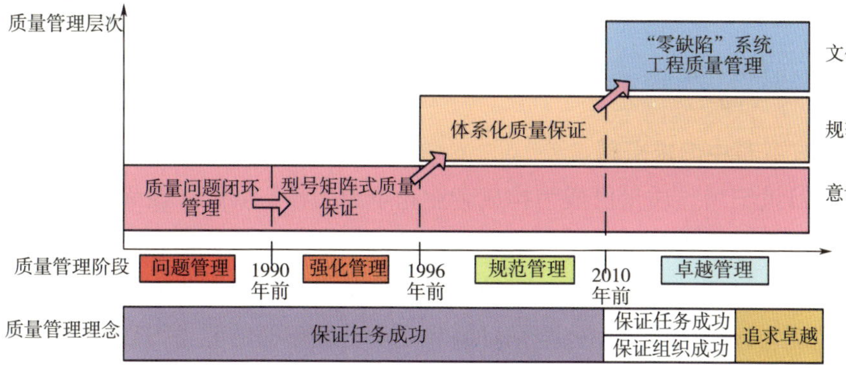

图1-8　航天一院质量发展历程

1.3.4.1　早期的探索

从1957年航天一院建院到20世纪80年代末，航天型号研制从无到有，导弹研制从近程到洲际，运载火箭满足国内卫星发射需求，在质量管理上取得了进步，并积累了经验。这一时期确立了“三敢三严”的工作作风和以周总理十六字方针为指导思想的质量文化，探索了以钱学森创立的系统工程为框架的型号质量管理的基本流程和方法，对在管理上一切按研制程序办事、在技术上要进行充分的地面试验验证的型号研制规律有了基本的认识，形成了计划经济体制下的质量管理模式。虽然这一时期航天的质量管理处于相对封闭状态，但是，航天人能主动学习国外的先进经验，十分珍视为数不多的国际交流机会。此外，以钱学森为代表的一批海外归来的科学家带来了许多先进的管理思想，封闭但不保守，应该说这一时期航天一院质量管理具有鲜明的探索性和独立性。

1.3.4.2 在强化管理中推进规范化管理

20世纪90年代，随着国际先进的质量管理经验不断涌入，航天质量管理与社会先进方法开始广泛接轨，以推行全面质量管理和贯彻原国防科工委《军工产品质量条例》为工作主线，加强了体系建设。同时，各单位质量机构相继独立，综合质量、型号质量、标准计量、元器件质量、审核监督等业务职能逐渐清晰，由型号项目和单位两个方面构成的矩阵式的质量管理和产品质量保证工作系统基本建成。1996年，两次运载火箭飞行试验失利，航天一院进行深入整顿，航天质量管理开始由强化管理向规范管理转变，应用和创新实践了一系列实践成功的有效方法，逐步走上了科学化、规范化和制度化的轨道。

1.3.4.3 在变革中追求卓越

进入21世纪后，质量已成为构成企业竞争力的核心要素，航天一院不断深化和创新型号技术风险控制方法，全面推行零缺陷质量管理和产品精益质量保证。这一时期，适合一院的质量管理模式基本形成并逐步完善，零缺陷质量文化理念逐步成形，把握型号研制和质量管理规律的能力得以提升。同时，努力实现质量管理理念、方法、手段等层面的革新。以“高质量保证成功，高效率完成任务，高效益航天强国建设和世界一流军队建设”为目标，实施了质量能力提升工程工作，开展质量管理体系转型提升、数据驱动和核心标准群建设等工作，加快推进型号质量管理由保成功向保证成功发展转型。

1.3.4.4　质量问题归零标准的提出

20世纪90年代中期，中国航天的发展步伐加大，发射频次开始增多，特别是商业航天发射，为了确保成功，针对质量问题进行闭环管理，中国航天提出了“双五条”归零标准：针对发生的质量问题按照“定位准确、机理清楚、问题复现、措施有效、举一反三”的标准开展技术归零，按照“过程清楚、责任明确、措施落实、严肃处理、完善规章”的标准开展管理归零。2010年，针对新时期的发展问题，需要进一步加强组织管理来落实“双五条”归零标准，航天一院提出了“眼睛向内、系统抓总、层层落实、回归基础、提升能力”的五条归零组织原则的工作要求，这是对单位和组织提出的落实归零工作的组织原则。2013年，针对质量问题归零的教训汲取不到位、形成的知识总结固化不到位、举一反三的效果不好等问题，航天一院提出了“梳理模式、提炼准则、统计分析、完善基线、积累数据”的归零“五条知识原则”，强化对质量问题归零的经验教训总结和效果的后评估，两项原则是在彻底解决问题的基础上进一步探索组织成功和型号成功的规律、杜绝重复性质量问题的深化要求。

质量问题归零既是系统工程管理的一个组成部分，也是组织质量管理体系的一个组成部分，如果说系统工程理论为质量问题归零提供了理论基础，那么中国航天质量管理的自主创新则为质量问题归零提供了质量管理体系的管理工作基础。

1.4　建设组织成功的文化

1.4.1　追求成功的信仰是民族的夙愿

1.4.1.1　仰望天空

2015年航天一院出版了《把成功作为信仰——航天工程质量管理》一书，该书以中国载人航天运载火箭的发展为索引，系统总结了运载火箭质量管理的实践。“把成功作为每一名一院人的神圣信仰”是航天一院质量文化核心价值观的一个组成部分。2013年，在载人火箭的发射场，一名试验队员在板报上书写了“把成功作为信仰”这个题目，经过进一步总结和提炼，被列为航天一院“零缺陷”质量文化的八条核心理念之一。

《把成功作为信仰——航天工程质量管理》一书的扉页上引用了黑格尔

的一句话："一个民族有一些关注天空的人，他们才有希望；一个民族只是关心脚下的事情，就注定没有未来。"这句话的背景是：古希腊的先哲泰勒斯是西方思想史上第一个有名字留下来的思想家，有一天晚上他抬头看着星空，预言第二天会下雨，但没有注意到脚下有一个坑，于是掉进了坑里。因此就有了个关于哲学家的笑话，哲学家是只知道天上的事情、不知道脚下事情的人，讥讽哲学家不务实事，只是空谈。两千年以后，德国哲学家黑格尔（见图1–9）认为泰勒斯是希腊智慧的第一人，他说，"只有那些永远躺在坑里从不仰望高空的人，才不会掉进坑里"，"只有那些躺在坑里、从不仰望高处的人，才会没有出头之日"。就是说，虽然探索者可能会遇到困难和挫折，但他们具有实现成功的智慧和对未来的希望，而埋头于俗事的人没有远见和探索精神，则只能在原地踏步。

1.4.1.2 至暗时刻

《至暗时刻》是2017年底在国内上映的一部英国故事片，反映的是刚刚上任的英国首相温斯顿·丘吉尔，面对纳粹德国的入侵、内阁求和派的偏见、国王的怀疑、毫无准备的民众，顶住压力，奋起反抗，赢得敦刻尔克战役的胜利，渡过黎明前最黑暗时刻的故事，电影海报见图1–10。

图1–9　德国哲学家黑格尔

图1–10　电影《至暗时刻》海报

1940年6月4日，丘吉尔在英国国会下议院发表的演讲中说道：“我们将战斗到底。我们将在法国作战，我们将在海洋中作战，我们将以越来越大的信心和越来越强的力量在空中作战，我们将不惜一切代价保卫本土，我们将在海滩作战，我们将在敌人的登陆点作战，我们将在田野和街头作战，我们将在山区作战。我们绝不投降，即使我们这个岛屿或这个岛屿的大部分被征服并陷于饥饿之中——我从来不相信会发生这种情况——我们在海外的帝国臣民，在英国舰队的武装和保护下也会继续战斗，直到新世界在上帝认为适当的时候，拿出它所有一切的力量来拯救和解放这个旧世界。”这段演讲极大地鼓舞了英国甚至同盟国的无数民众。

1948年，英国牛津大学举办了一次“成功奥秘”讲座，邀请英国首相、政治家、外交家、曾经获得诺贝尔文学奖的丘吉尔来大学讲演。会场人山人海，丘吉尔走上讲台说了一句话：“我的成功秘诀有三个：第一是，决不放弃；第二是，决不、决不放弃；第三是，决不、决不、决不放弃！我的演讲结束了！”后人解释，“决不放弃”，是讲干什么事情都要坚持到底；“决不、决不放弃”，是讲当你想放弃的时候要坚持“决不、决不放弃”的信心；“决不、决不、决不放弃”，是讲永远坚持下去就能够成功。这场演讲，虽然用时很短，却是人类演讲史上的经典之作。

1.4.1.3 女排精神

1981年，中国女排在世界杯上首夺世界冠军，并由此开启了“五连冠”之门。当时中国正处于改革开放之初，百废待兴，在充满希望的同时，客观上还存在许多的困难，一些老百姓感到彷徨与精神上的空虚。面对世界的发展，中国人渴望有一个新的视角让世界了解中国。中国女排的胜利极大地鼓舞了老百姓的信心，证明了中国能行，中国人能行。与其说中国女排的胜利引起了国人精神的共鸣，实质上是中国女排顽强拼搏的精神让国人看到了希望（见图1-11）。

女排精神既是民族精神的一种传承与发展，也是时代精神的有机组成部分，其意义已经超出了体育的范畴。在2016年里约奥运会上，经历了重重困难，时隔12年，中国女排再次夺冠。习近平总书记指出：“中国女排不畏强手、英勇顽强，打出了风格、打出了水平，时隔12年再夺奥运金牌，充分展现了女排精神，全国人民都很振奋。”2019年，中国女排在世界杯上以十一连胜夺得冠军，受到习近平总书记的接见。在1981年至2019年间，中国女排共夺得10个世界冠军。对于女排精神，主教练郎平曾说过：“女排精神不是赢得冠军，而是有时候知道不会赢，也竭尽全力。是你一路虽走得摇摇晃晃，会跌倒，但站起来抖抖身上的尘土，依旧眼中坚定。人生不是一定会赢，而是要努力去赢。”

图1-11　逆境中的中国女排

2020年2月初，在奥运会资格赛上，中国女篮先后战胜英国、西班牙和韩国，取得进军东京奥运会的资格，其中西班牙排名世界第三，中国队以2分优势险胜。对阵韩国，中国队以100比60胜，赢了对手40分。值得一提的是，在东京奥运会预选赛第一阶段第一轮的比赛当中，中国队曾经以80比81输给了韩国队，在三个月后，中国队完成了一次伟大的逆转。

比赛前，女篮队内特聘的心理教练黄菁率先做了一段激情澎湃的发言，他说：“当需要一个人站出来时，那叫勇敢；当一个团队挺身而出时，那叫担当；当一个国家身处逆境，呼唤一种精神时，那就是使命，就是信念，就是一往无前。今天不仅仅是一场比赛，更是一场跨越时空的能量传递。我们要打出中国女篮的精气神，敢打硬仗，遇强则更强！球场如战场，上场就得拼和抢。”随后助理教练贾楠喊道：“拼的是什么？”“防守！”“抢的是什么？”“篮板！”“我们是谁？”“中国女篮！”“为了谁？”“祖国！”最后，贾楠带着女篮姑娘们高喊：“战斗！战斗！战斗！”（见图1-12）。

图1-12 中国女篮赛前动员（来自网络）

1.4.1.4 马斯克的成功

美国太空探索公司SpaceX由互联网项目PayPal的联合创始人埃隆·马斯克于2002年创立，是一家以提供商业航天发射与运输服务为主的私营商业宇航公司。

自2006年1月1日至2021年5月13日，SpaceX各型火箭共实施轨道发射124次（不包括2016年9月发射台静点火试车爆炸事故和2020年1月19日龙飞船亚轨道测试），成功119次，失败4次，部分成功1次，完全成功率为95.97%（见图1-13）。

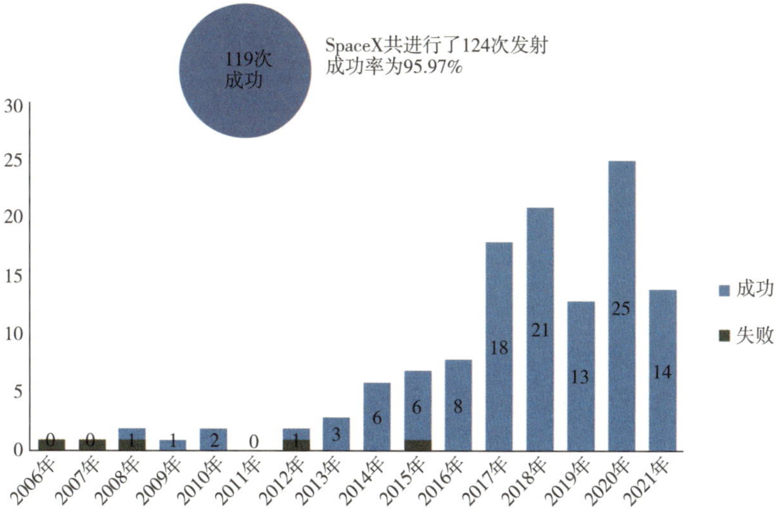

图1-13 SpaceX发射记录（截至2021年5月13日）

猎鹰1号（Falcon 1）火箭发射5次，成功2次，失败3次，成功率为40%，已停产。

从2010年6月4日至2021年5月13日，历时10年11个月又9天，猎鹰9号火箭（包含猎鹰9-1.0、猎鹰9-1.1、猎鹰9-1.2和猎鹰重型）共实施119次轨道发射，成功117次，失败1次，部分成功1次，完全成功率为98.32%。

SpaceX公司火箭发射的最长连续成功数为法尔肯9火箭91次连续成功（自2017年1月14日至2021年5月）。

2006 年，SpaceX第一次发射时，燃料箱问题导致火箭在空中直接爆炸。2007年第二次发射时，燃料箱振动问题导致火箭发射失败。2008年8月，第三次发射再次失败。马斯克的人生跌落至谷底，从PayPal 公司赚来的 2 亿美元也消耗殆尽，他已经没有退路。除了SpaceX，连其在2004年投资的特斯拉汽车也面临着随时关门的可能性。马斯克只剩下最后一次发射机会。

面对接二连三的失败，马斯克并没有退缩，虽然火箭研发让他的个人资产所剩无几，但为了最后一搏，他卖掉了豪车和别墅。他认真地检查每一个引起火箭故障的原因，激励工程师们不断从失败中学习。

2008 年 9月28日，“猎鹰 1 号”火箭第 4次发射成功，开启了马斯克的成功之路。2015 年，“猎鹰 9 号”火箭第一级箭体成功回收。2018 年，“重型猎鹰”成功发射，是全球现役运载能力最强的火箭。2019 年，伴随着“星链”计划首批60 颗卫星的升空，SpaceX 开启了空间通信的新时代。2020年实现龙飞船两次载人飞行。2021年，用于登陆火星的可重复使用的“星舰飞船”试验基本成功。

人们常常把马斯克和SpaceX公司画等号，是因为马斯克个人对SpaceX公司的成长影响巨大。他对航天的执着梦想是SpaceX公司成功的关键因素。引用阿波罗13号指令长的话，“世界上有一类人活在追求极限的当下，这些人擅长评估风险，并且总会有回报，如果利大于弊，就算要去冒险，也愿意拼命一搏，因为他们所做的是从来没有人做过的事”。马斯克就是这样的人，他对地球和人类的未来充满忧患意识，梦想着移民到火星，让人类成为多行星物种。在法尔肯1连续失败的时候，是他用自己的资金苦苦支撑。进行法尔肯9火箭重复使用的设计，不单单是为了降低成本，更是为了提前验证未来载人探火需要的着陆技术。

马斯克的成功可以归结为两个原因：必要因素和运气。马斯克做事情追求极致，而把事情做到极致，量变总有一天会转为质变。

马斯克的理念是：世界上的事儿，只有想不到的，没有做不到的！

马斯克在演讲中是这样表述成功的秘诀的："第一，非常努力地工作（work super hard）。想创业的人，尤其得如此。第二，吸引顶尖人才与你共事。企业是一群人集合在一起创造产品或服务。第三，聚焦在信号，而非杂音（signal over noise）。第四，不要盲目跟随潮流。物理学研究的第一条原则是，不要以类比方式来推理，应该从最根本的真理开始思考。第五，年轻人应该冒险追梦。就我而言，我永远不会放弃，我的意思是，从不！接受失败，但不接受放弃。第六，你的目标很重要。我希望我做的事，能对人的生活起着深远的影响。要么不做，要做就做历史性的。"

1.4.2 建设把成功作为信仰的质量文化

1.4.2.1 践行"零缺陷"理念，建设持续成功的组织

零缺陷是航天工程研制的客观要求，早在航天创业初期，运载火箭总装厂就提出了"不接收缺陷、不制造缺陷、不传递缺陷"的零缺陷理念，60多年来，为了保证运载火箭的飞行试验成功，航天一院不断践行零缺陷质量管理理念，在与质量问题的斗争中持续完善工作标准，改进工作。新时期航天一院将"引领航天、追求卓越"的企业使命与零缺陷质量管理理念相互融合，形成了"把成功当作信仰"的质量文化理念和"零缺陷"的工作标准，确立了新时期航天一院质量文化的八条核心理念。

航天一院先提出了质量问题归零的五条组织原则，后又提出了质量文化的零缺陷理念，是想从组织管理和文化上加强质量工作，强化和规范对质量问题的认识，严格落实质量问题归零的"双五条"标准。

1.4.2.2 探索型号成功与组织成功的基本规律

21世纪初以来，航天一院不断深化和创新型号技术风险控制，全面推行零缺陷质量管理和精益产品质量保证。这一时期，适合运载火箭研制的质量管理模式基本形成并逐步完善（见图1-14），将零缺陷的质量文化建设作为质量发展方略，以系统工程理论、方法为指导，以型号产品为中心，以质量规章、标准规范体系建设和质量技术机构建设为主要支撑，通过质量管理体系建设和产品质量保证能力建设的相互促进、相互发展、相互补充，不断完

善型号成功和组织成功的能力，提高产品和服务质量，保证运载火箭发射任务的完成和新一代运载火箭的研制。其核心是以成功为目标的航天质量方法体系和以问题为导向的航天质量管理体系。

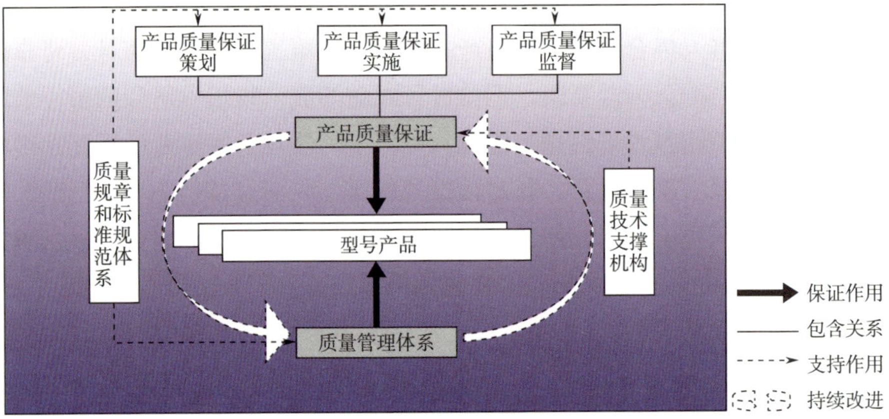

图1-14　零缺陷系统工程质量管理模式

1.4.2.3　以问题为导向，持续提升组织成功的能力

航天工程的研制始终面临各种各样的问题，中国航天事业的成功之路是在同问题的不断斗争中开拓出来的，问题是科学研究的起点，是管理创新的起点，也是质量工作的起点，解决问题就能取得进步和成功。从某种意义上讲，质量工作是围绕问题这条主线展开的：一是预防问题的发生；二是彻底解决发生的问题；三是从与问题的斗争中探索成功的规律，持续增加价值。中国航天在继承与发展中形成了如图1-15所示的航天质量文化发展层次。

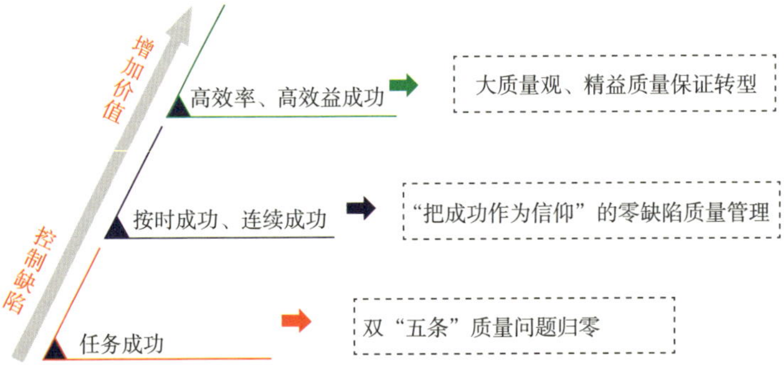

图1-15　航天质量文化层次

1.4.2.4 探索型号成功和组织成功的最佳路径

中国航天探索确保成功、永葆成功的最佳路径，是在系统总结航天质量管理理论、体系和方法的基础上，持续推进大质量观及精益质量保证转型，提升质量管理的效率和效益。以大质量观作为工作的理念和文化，以推进精益质量保证转型作为工作的实施途径，最终实现理念和效果上由型号成功向组织成功的理念转型。管理体系上，由符合型质量管理体系向卓越绩效管理体系转型；方式上，由粗放管理向精益质量保证转型；行为上，由传统习惯向标准规范化转型；手段上，由经验向数字化、信息化、工具化、知识化转型。

党的十九大报告提出科技强国、质量强国、航天强国，不仅要使航天装备研制和发展适应中国梦和强军梦、国防和军队现代化、建立世界一流军队的发展需要，而且要为实现科技强国、质量强国提供文化、示范、方法，为实现中国梦、为中华民族伟大复兴做出贡献。中国航天通过60多年的自力更生、艰苦创业，特别是改革开放以来的努力，已经取得了举世瞩目的成就，成为中国最闪亮的“名片”之一。当前，我国正从航天大国向航天强国迈进，一个航天强国必须同时拥有强大的航天硬实力和强大的航天软实力。质量是航天硬实力的重要支撑和航天软实力的重要体现，质量是中国航天的生命。经过多年的实践，中国运载火箭事业在独立自主、自力更生过程中继承和发展中国优秀的传统质量文化，形成了具有鲜明中国特色的质量文化和一套行之有效的零缺陷系统工程质量管控方法，走出了一条质量工作自主发展的道路。在未来的质量体系建设中，质量问题归零将在不断解决问题的过程中进一步完善，不断推进质量进步，为建设质量强国发挥重要作用。

2 质量问题归零的产生

2.1 发展历程

2.2 技术归零

2.3 管理归零

2.4 其他结构化方法

在产生质量问题归零这一名词之前，解决产品质量问题也一直是航天一院科研生产的主要工作之一，尤其是在工业基础薄弱的情况下，坚持自力更生的发展方针来发展航天事业会遇到更多的困难，只有迎难而上，没有别的出路。航天一院一方面开展技术攻关，解决火箭研制中遇到的各种技术和质量问题，研究复杂系统的可靠性问题以及火箭精度等问题；另一方面研究解决基本的质量管理和质量保证问题，建立各种规章制度，以及解决基本的测量、计量技术等各类技术基础的条件保障问题。中国航天在与各种问题的斗争中不断发展壮大，质量问题的解决也逐步结构化、流程化和规范化，并成为质量工作的主要内容。质量问题归零应运而生，并逐步成为中国航天应对问题、困难和失败，持续改进工作，不断实现型号成功和组织成功的基本保障。

2.1　发展历程

航天一院历来重视对质量问题的处理，以严肃的态度对待质量问题。

2.1.1　从与问题的斗争中，探索保成功的措施

1957年建院到80年代末，航天一院火箭研制经历了从仿制到自行设计再到自行研制的转变。质量管理在不断暴露问题、解决问题中探索保证产品质量的方法，不断加强行政管理，进行作风教育，培养研制队伍一丝不苟的严谨工作作风，对保证产品质量起到了重要作用。在建院初期，航天一院没有独立的质量管理机构，设计主要依靠设计师系统自我保证，生产主要依靠检验把关。经过仿制与改型设计之后，航天一院摸索出了质量管理工作的初步经验，即设计单位以标准化为主要手段开展质量管理，工厂以工艺技术和检验为手段开展工作。但是，由于认识上的差距，质量管理还局限于设计如何遵从标准、如何检查不合格品，对如何保证系统设计质量和可靠性还缺乏全面系统的认识，存在管理机构不健全、制度不完善、试验和检验设备不配套等问题。因此，质量工作，包括系统工程管理，不适应当时火箭研制发展的需要。

2.1.1.1 东风二号失败的教训

1962年3月21日，航天一院第一个自行设计的近程导弹“东风二号”首飞失败，由于是第一次飞行失败，产品质量和系统设计质量迅速受到高层领导的重视。由专家组成的故障分析组在基地对遥测、光测记录和现场残骸进行了为期一个月的分析研究，得出了初步结论：导弹姿态控制系统在飞行中发散，失去对导弹姿态的控制能力，致使导弹不能稳定飞行；导弹发动机管路破裂，致使尾段发生燃烧，尾段烧穿后火焰喷出；当弹上电缆网被烧毁后，发动机系统断电，活门关闭，发动机熄火。经过分析，这次失败的故障定位为两个方面：一是总体方案设计中没有将弹体作为弹性体来考虑，在飞行中弹体的弹性振动与姿态控制系统的作用相互耦合，导致导弹飞行失控；二是发动机强度不够，导致结构破坏而起火。为了分析故障和反思教训，故障分析领导小组后多次召开较大范围的分析会和技术专题报告会。

首先，东风二号导弹是在“1059”导弹的基础上设计研制的，原“1059”弹体是按刚体计算的，然而，东风二号由于长细比较大，弹体刚度减小，再“搬”原方法设计已不符合实际。由于当时型号研制队伍没有认识到这一点，因此没有采取相应的措施，所以当导弹在飞行中呈现弹性振动时，系统无能为力，最终造成导弹飞行姿态失控。其次，东风二号的发动机强度不过关。东风二号所采用的5D60液体火箭发动机是由5D52发动机改进而来的，然而这款改进型发动机系统仅对参数做了调整，提高了流量，燃烧室除了简单地对喷管进行了加长，没有进行其他相应的改变。针对燃烧室压力提高，研制队伍只采取了结构局部加强等措施，未能满足发射试验的要求。其次，东风二号导弹地面试验不充分。东风二号导弹的研制从方案设计开始到首次飞行试验仅用了一年零十个月，这一方面体现了当时研制工作的进展速度，但同时也反映出型号研制队伍没有充分地认识到地面试验在型号研制中的重要作用。最后，当时的研制队伍对型号研制的规律缺乏认识，缺乏自行设计经验。我国地地导弹的研制是从仿制开始的，对如何组织生产以及试制的规律已有一定的了解，但对如何组织导弹自行设计和研制，在国际封锁的条件下，航天一院从上到下都没有经验，只能凭自己摸索。

针对东风二号首次飞行试验的失利，航天一院从组织管理、技术方案等多个方面进行了全面反思和总结，并提出改进措施。在型号研制组织管理层面，提出按研制程序办事的基本要求。东风二号首飞失利说明，航天型号产品研制应按程序办事，否则会出现型号研制方案多变、技术状态反复、研制程序紊乱、地面试验不充分等情况并最终导致发射任务失利，造成重大损失，还会延缓研制周期和后续的研制工作。在东风二号首飞失利后，航天一院开始制定型号研制程序，并实行分阶段管理。每个阶段的工作不能推到下一阶段；一个阶段的工作未达到预定指标要求，绝不能进入下一阶段。这套型号研制程序仍在不断完善，并运用到之后所有的型号研制工作当中。此外，还采取一系列措施“健全设计师系统，加强计划调度系统”，保障型号研制工作顺利开展。在型号研制的技术层面，东风二号导弹研制队伍修改了总体和各分系统设计：第一，将东风二号仪器舱从尾段处移至弹体中间，以减小弹性振动的影响；第二，将弹体弹性振动的影响纳入姿态控制系统一并设计；第三，根据发射射程的改变重新调整了东风二号发动机的推力，同时增加了发动机的强度。

首飞失败之后，研制队伍对东风二号开展了充分的地面试验工作：第一，根据研制程序严格执行生产与试验的计划安排；第二，围绕东风二号后续发射任务，提出了17项大型地面试验计划及相对应的验收试验标准，并通过这17项大型地面试验对东风二号导弹进行充分试验验证，保证产品可靠性；第三，在基础设施建设方面，航天一院增建了全弹振动塔、发动机试车台等试验设施，保障地面试验充分开展。

经过各级深刻的反思和统一思想认识，航天一院制定了导弹研制程序，健全设计师系统，加强计划调度系统，反复强调在以后的研制工作中必须严格按研制程序办事，必须充分做好地面试验。这次分析和总结不仅对东风二号导弹研制具有重要意义，而且对航天一院设计指导思想、质量管理、研制工作程序、组织领导等方面工作的改进都起到了很大的推动作用。

1962年11月，国防部第五研究院颁布《国防部第五研究院暂行条例（草案）》，共10章70条，简称“七十条”：明确规定了型号研制阶段的划分，强调按研制程序办事；充分做好地面试验；建立和加强技术责任制，建立技术指挥员制度和技术指挥线，建立型号设计师制度；投资建立试车台和仿真试验室等基础设施；加强全员技术培训，提出研制队伍要树立“敢想、敢说、敢干”和“严格的要求、严肃的态度、严密的方法”的“三敢三严”工作作风；建立安静、干净的工作环境；固定协作关系，长期定点供应；等等。而最为核心的两条是：在管理上一切按研制程序办事，在技术上要进行充分的地面试验验证。

当时，对研制程序和研制阶段的理解主要有：

型号研制从下达研制任务到产品鉴定合格交付使用，是一个连续、完整的过程，要坚持按型号研制程序办事，按研制阶段特点实施分阶段管理。《国防部第五研究院暂行条例（草案）》规定，型号研制应按八个阶段有序开展工作，即确定任务、制订方案、初步设计、技术设计、试制、综合试验、定型和移交。

各级管理者要按照型号研制不同阶段的不同重点组织研制工作。在方案阶段，型号总设计师及总体设计部要通过多种方案、多种途径的论证、比较，统一设计思想，筛选总体和分系统方案，经过模样验证、必要的试验和理论计算，选择最佳方案，并对型号研制工作做出全面规划部署。总体方案是否正确和达到总体优化，是这个阶段的关键。方案阶段的工作必须充分、充足，避免总体方案反复。

在初样和试样阶段要抓技术指标的落实，特别要注意技术改进和稳定技术状态的关系。初样阶段的任务是经过各种试验修改设计，达到技术指标要求，使之成为试样产品。在试样阶段，飞行试验前的地面试验要充分。试样产品经过飞行试验证明达到设计指标的，要冻结技术状态，严格控制设计与工艺变动。

小批生产是整个过程的最后一步，是在产品定型或鉴定合格以后进行生产。在这一步，要针对型号产品品种多、批量小的特点，合理组织交叉平行作业，在同一生产线上有节奏地进行多种生产。生产中要严格实行质量控制，严格遵守工艺规程，保证产品质量的稳定性、一致性。

只要按程序办事，型号研制工作就进行得很顺利。相反，方案多变、技术状态反复、研制程序紊乱、地面试验不充分，就会造成重大损失，延缓研制进度。这一阶段应该做的工作不能推到下一阶段去；这一阶段的工作未达到预定指标要求，绝不能贸然进入下一阶段。否则，欲速则不达，而且可能造成不应有的损失。这就是航天一院早期的零缺陷理念。

试验工作要坚持由简到繁、循序渐进的原则。先做数学模拟，后做实物模拟；先做局部性能试验，后做综合匹配（相容性）试验。零件、部件、单机、分系统等单项，只有通过严格的试验，才允许总装；只有通过从单机到系统再到全弹这种金字塔式的一环一环的地面试验，才允许进行飞行试验。

试验中暴露出来的问题没有彻底弄清楚并解决之前，不允许进入下一步的试验。如果某一项试验没有被通过，则必须修改设计、重新试验，直到通过为止。不难看出，虽然我们今天的设计、试验手段有了很大的改善，但当时确定的思想和基本原理依然适用。

国防部第五研究院的“七十条”集中体现了这个时期航天工程管理的成果，是最早建立的成系统的质量管理制度，对保证产品质量起到了积极的作用，有效促进质量管理步入正规化的轨道。由此，奠定了航天系统工程理论与方法论的基础，对于建立航天系统工程的管理体系发挥了重要的作用。

针对东风二号导弹首飞失败，航天一院从技术到管理采取了系统性的改进措施，为航天一院的发展奠定了很好的基础，可以说，这是航天一院历史上第一个系统归零的成功案例。

2.1.1.2 108事件的意义

1964年2月20日，某型号108次试车弹在进行出厂质量复查时，发现一颗螺钉下落不明。当时的国防部第五研究院院长王秉璋亲临现场决定推迟型号出厂时间。为保证产品质量，相关人员先后用25天进行了分解检查，查出一块压垫板、铁丝、松香等多余物，这就是有名的“108事件”。1964年2月26日和29日，聂荣臻元帅和当时的国防科工委主任张爱萍分别做了指示：“要好好整顿一下生产秩序、工作秩序，建立一些装配负责制和检查负责制等。”火箭总装厂以此事故为教训进行了认真的整顿，相继建立了多余物控制、工具管理、“三检”制、班前会等十项管理制度。

2.1.1.3 长征二号首飞失败的教训

1974年11月5日，长征二号运载火箭首次发射失利。表面原因是火箭控制系统俯仰通道的速率陀螺仪输出的电缆断了一根导线，事后经过残骸分析发现，真正的原因是导线的接头在飞行试验中断开了。事后，航天一院召开质量整顿会，确定办三件事：第一，举办“115”事故展览会，暴露质量上存在的问题和分析这次事故的原因。第二，二级箱体、电缆网等五项产品推倒重来，补做全弹弹性振动、控制系统模拟试验等五项大型地面试验。根据试验结果，采取了双点双线的措施，修改了速率陀螺安装位置，增加了配电器内的导线直径，增加了焊点强度。第三，增加临射前功能检查项目和监测。这些措施对保证以后飞行试验的成功起到重要作用。

当年虽然没有“双归零”标准和“第一次就把事情做对”的要求，但在周恩来总理所倡导的“严肃认真、周到细致、稳妥可靠、万无一失”的十六字方针指导下，航天一院将航天事业的工作质量与中华民族的存亡紧密联系在一起，遵循“千里长堤，溃于蚁穴”“差之毫厘、失之千里”“丰收在望、颗粒归仓”“业精于勤、荒于嬉，行成于思、毁于随”等从业的古训，把“质量第一，精益求精，务必做好自己的事情”作为自己的人生信念、工作理念和职业操守，严格要求，认真执行。

2.1.1.4 “2・15”和“8・18”失败的教训

1996年，航天一院连续出现“2・15”长征三号乙运载火箭、“8・18”长征三号运载火箭两次发射失败，使中国航天事业面临空前的严峻形势。中央领导先后多次深入一线，要求航天一院正视问题，失败面前不气馁，做出“严上加严，细上加细”“要干就干好”等一系列重要指示。

面临严峻形势，航天工业总公司和航天一院领导进行了深刻反思、分析，认为：在由计划经济向市场经济体制的转变中，航天型号研制的内、外部环境较之过去有了很大不同，影响产品质量的诸多因素发生了深刻、显著的变化，给产品质量和质量工作带来了一系列新的问题。思想观念没有及时随着计划经济向市场经济的转轨做出调整，对探索与社会主义市场经济体制相适应的航天质量管理途径缺乏深入研究，造成思想教育形式化、质量管理简单化，型号产品质量下降，型号研制遭受挫折。

为此，航天工业总公司党组提出了“以质量求生存，以管理促发展，着力抓落实”的工作方针；航天一院提出了“坚定信心，团结拼搏，狠抓质量，确保成功”的工作方针，把认清形势、统一思想、认识到位作为确保成功的前提，并制定了一系列强化质量管理的有效措施。

航天一院先从领导抓起，把思想统一到航天工业总公司党组提出的“失败不起，没有退路，只能成功”的形势认识上来；把长期存在的一些错误认识摆出来，请全体员工参与分析；先后颁布院长责任令，召开责任人会议，要求各级领导向职工讲形势、讲任务、讲危机、定措施，下大力气，不把质量搞上去绝不罢休。

“2・15”“8・18”后，航天工业总公司出台《强化型号质量管理的若干要求》（28条）。1997年春，在长征三号甲遥三火箭发射期间，16位厂、所责任人带着“28条”，在靶场对发生的37个质量问题从思想上、管理上、技术上进行解剖，对照问题查漏洞、查死角、查责任，并落实纠正措施。院长带队每周到厂、所检查工作时把“28条”贯彻情况作为重点检查内容。

实践证明，各级领导特别是责任人带头深入科研生产一线，找差距、找隐患、定措施、定责任、眼见为实、严格要求、严格把关、一抓到底，以实际行动带动和影响了广大干部和职工，形成了讲质量、讲责任、讲大局、讲危机、讲规矩的严肃氛围。

此外，还对思想观念转变不到位、工作落实不到位、强化质量管理规章执行不到位，造成产品质量问题的单位和个人给予处罚。1997年航天一院共对285名干部、管理人员、技术人员、工人进行了处罚，其中院领导和厂、所级领导29名。

航天一院以强烈的危机感和使命感统一全体职工的思想认识，强化质量责任制，强调各级领导在抓质量工作中的决定性作用，并采取了一系列强化质量管理的措施，型号产品质量有所提高，型号发射从1997年至2001年五年取得“五连冠”的成功记录。

2.1.2 确定归零概念，不断完善工作标准

20世纪90年代中期，在计划经济向市场经济转型发展期间，运载火箭的发射成功率并不高，2000年前，中国运载火箭成功率为89.83%，特别是90年代运载火箭有5次重大失利。为此，航天一院集中强化了对故障和质量问题的管理，在设计上开始推行3F技术，即故障模式、影响及危害性分析（FMECA），故障报告、分析和纠正措施系统（FRACAS），故障树分析（FTA），并积极开展归零工作。

2.1.2.1 归零概念的提出

“归零”的概念始于1990年原航空航天部推行上海航空工业公司麦道飞机质量保证体系的经验，这套保证体系的关键有以下几点：程序，质量管理要坚持必要的程序，一切按程序办事；强有力的质量保证体系，即组织保证；培训，提高人员素质；“归零”，闭环归零；审计。这里的归零，具体指TO（tool order）、FO（fabricate order）、AO（assemble order）三个O，抓三

个0闭环归零。首先是TO的归零，即工具、工装要保证，否则不能发出生产指令；第二是FO的归零，即如何加工、用什么工具加工、要达到什么质量标准都要严格地规定，经过核实没有问题才可以生产；第三是AO，即装配指令归零，要求在没有任何问题的情况下才能够开装。这时的“归零”概念指生产过程闭环的质量控制，要求不带问题生产。

1991年，航天一院在长征三号运载火箭三子级第9发总装工作中推行麦道质量管理经验的试点工作，开展归零管理，并逐步形成在质量问题处理方面的“归零管理”理念。1992年，航天一院在《长征二号E遥三、遥四火箭质量管理》中提出了“举一反三”、“采取针对性措施”及“分阶段归零”等要求，在《长征三号全面质量复查要求》中也明确提出对质量问题开展归零工作的具体要求。1993年，在《长征二号E质量管理要求》中再次提到“五个阶段”的质量问题归零管理，在《长征三号质量管理要求》中提出了对“遗留问题”的处理要求。“归零”概念及程序要求在此期间逐渐深化，在质量问题处理方面形成了较为完善的制度化要求。

1995年8月17日，航天工业总公司在《中国航天工业总公司质量问题归零的管理办法》中第一次明确提出了开展质量问题归零工作的要求，从质量问题定位、机理、性质、责任、措施等方面明确了质量问题“归零五条标准”的最初概念。1995年10月5日，航天一院印发了《一院型号研制质量问题归零要求》。

1996年，航天工业总公司印发了《关于进一步做好质量问题归零监督检查工作的通知》，概括性地提出了质量问题归零的几点要求，即“定位要准确，机理要清楚，故障要复现，问题的性质和责任要清楚，措施要可行、有效，举一反三”，由此勾画出了质量问题归零五条标准的基本内容。

1996年10月，航天工业总公司再次提出广大航天科技人员要确立严谨科学的工作作风，检查的标准是确保所有质量问题真正归零，符合“定位准确、机理清楚、问题复现、措施有效、举一反三、杜绝重复故障发生”的要求，这是航天工业总公司第一次系统、明确地提出质量问题归零五条标准。

当时，航天工业总公司总经理刘纪原针对出现的质量问题并没有明显减少的局面，追加了管理归零的概念和要求。但是，这一时期并没有统一的管理归零标准。例如，1997年7月，航天一院在布置长征三号乙遥二靶场质量问题归零工作时，明确要求所有质量问题在火箭加注前都要彻底归零，包括管理归零，要做到“过程清楚、责任明确、违章必究、举一反三、弥补漏洞”。而同期航天一院《长征报》刊登的文章中明确的质量问题管理归零的五条标准是“过程清楚、责任分明、严肃处理、建章立制、执法必严”。

2.1.2.2 归零标准的规范

1997年10月，航天工业总公司下发了《关于认真做好质量问题在管理上归零工作的通知》，明确提出了质量问题管理归零的标准。1997年10月，航天工业总公司发行的《质量问题归零五条标准宣传手册》序言中指出，一些问题是无章可循、有章不循、责任不清等管理问题造成的，要求广大航天科技人员在开展质量问题归零工作中紧密地把技术问题归零五条标准与管理问题归零五条标准结合起来，从而达到完善管理机制、改进管理工作、提高管理水平的目的。

2002年，航天科技集团公司颁布了《航天产品质量问题归零实施要求》标准，以行业标准的形式对质量问题归零工作进行制度化管理。

2009年8月28日，为适应当时型号研制试验任务的需要，及时解决在发射场发生的质量问题，快速开展质量问题在发射场的举一反三，确保发射场型号试验任务顺利完成，集团公司发布了《关于快速开展发射场型号质量问题归零和举一反三工作的若干要求（试行）》。

2009年，航天科技集团公司马兴瑞总经理要求在严格执行技术问题归零标准的基础上同步开展管理归零工作，即通常说的“双归零”要求。9月4日，针对当时“以单纯解决技术问题回避管理责任，以技术归零代替管理归零的现象突出，致使很多质量问题并未得到彻底解决和有效根治”的现象，航天科技集团公司印发了《关于切实落实质量责任制深入做好质量问题管理归零工作的通知》，进一步强调落实质量责任制，深入做好质量问题管理归零。

2009年12月3日，在集团公司要求的基础上，航天一院结合靶场型号工作的特点，制定了《一院靶场型号质量问题快速归零和举一反三工作若干要求（试行）》。

2010年7月10日，针对当时有关单位和型号多次出现未按照《型号产品质量与可靠性信息管理要求》的规定执行2小时快报制度，也未按照《一院靶场型号质量问题快速归零和举一反三工作若干要求（试行）》的要求形成有效的靶场间质量问题信息报送、快速归零与举一反三的联动机制，为确保后续型号飞行试验圆满成功，航天一院提出了《进一步加强靶场质量问题快速报送、归零和举一反三工作的通知》，明确了落实责任的具体措施。

2011年针对部分单位、型号在质量问题归零及评审过程中存在对质量问题描述不准确、原因分类不恰当、原因分析不透彻、纠正和纠正措施不具体，缺乏对质量问题的总结提炼，导致经验教训指导性不强、举一反三工作不能有效落实，现行有效的标准规范中从不同行业、技术角度对相同产品故障模式分类和定义存在差异等情况，航天一院进一步深入探索、研究，明确了质量问题线索表和举一反三基线的定义、作用、形式、工作流程，提出了针对性的故障模式分类及相关工作要求，持续改进完善归零工作。

2.1.2.3 归零原则的提出

2010年，为了从组织上提高主动解决问题的认识，提升能力，航天一院提出了“眼睛向内、系统抓总、层层落实、回归基础、提升能力”的五条归零组织原则，并成为新时期系统工程管理的基本准则之一。

2011年9月，航天一院发布了《型号产品质量问题归零管理要求》（Q/Y 144）标准，该标准在双五条归零标准的基础上强化了质量问题归零的组织保证。

2012年，国家标准《航天产品质量问题归零实施要求》（GB/T 29076）正式发布。

2013年，航天一院提出“梳理模式、提炼规则、统计分析、完善基线、积累数据”的五条归零知识原则，是从质量问题入手深化可靠性工作的一个具体表现，是通过知识积累提升管理效能的具体表现，将就事论事提升为就事论理，从而提升组织和个人的能力，是对质量问题归零的进一步升华。

2015年，质量问题闭环管理国际标准*Space systems — Closed loop problem solving management*（ISO 18238 ）正式发布，这是我国首次将具有中国特色的航天管理最佳实践推向国际，是我国向国际输出质量管理成功经验的重要成果。

2019年，航天科技集团公司发布了《“三个面向”质量分析工作指南》，所有的质量问题都要开展“面向产品、面向过程、面向组织”的质量分析，重大质量问题还要开展“三个面向”的专题分析，形成专题分析报告，促进组织和质量体系的进步。

2.1.2.4 归零定义及标准的确定

质量问题归零是对在设计、生产、试验、服务中出现的质量问题，从技术上、管理上分析产生的原因、机理，并采取纠正和纠正措施以避免问题重复发生的活动。质量问题归零是实现质量问题闭环控制的一种方法，在质量问题归零过程中，通过对标准规范和规章制度的不断完善、人员意识的不断提升、条件的逐步改进，实现质量管理的升华。21世纪初，凤凰卫视采访中国航天最高管理者时问道：“您在航天的得意之作是不是成功地实现了载人航天工程？”该管理者回答：“是推行了质量问题‘双归零’”。由此可见质量问题归零在航天系统的分量和地位。

质量问题是质量工作的出发点，发现问题、分析问题和解决问题是质量工作展开的中心线索。推行质量问题归零，是航天质量工作在同质量问题的不断斗争中自我完善、持续改进的需要。

归零，从内容和思想上讲，与故障报告、分析和纠正措施系统（FRACAS）存在一致性。原国防科学技术工业委员会于1990年颁布《故障报告、分析和纠正措施系统》（GJB 841），要求及时报告产品的故障，分析故障的原因，制定和实施有效的纠正措施，以防止故障再现。张公绪教授在推行质量控制与诊断过程中曾提出对异常或问题的处理标准，即“查找原因、采取措施、加以消除、不再出现、纳入标准”。

经过一段时间的发展，“归零”概念逐渐深化为质量问题的技术归零和管理归零。技术归零是指针对发生的质量问题，从技术上按照“定位准确、机理清楚、问题复现、措施有效、举一反三”的五条标准要求逐项落实，彻底解决质量问题，并形成技术归零报告和技术文件的活动。管理归零是指针对发生的质量问题，从管理上按照“过程清楚、责任明确、措施落实、严肃处理、完善规章”的五条标准要求逐项落实，彻底解决质量问题，并形成管理归零报告和相关文件的活动。

技术归零的五条标准的含义如下：

定位准确是指确定质量问题发生的准确部位。

机理清楚是指通过理论分析或试验等手段，确定质量问题发生的根本原因。

问题复现是指通过试验或其他验证方法确认质量问题发生的现象，验证定位的准确性和机理分析的正确性。

措施有效是指针对发生的质量问题采取纠正措施，经过验证确定质量问题得到解决。

举一反三是指把发生质量问题的信息或线索提供给他人，开展针对性的检查和改进，并采取预防措施。

管理归零的五条标准的含义如下：

过程清楚是指查明质量问题发生和发展的全过程，从中查找管理上的薄弱环节或漏洞。

责任明确是指根据质量职责分清造成质量问题的责任单位和责任人，并分清责任的主次和大小。

措施落实是指针对管理上的薄弱环节或漏洞，制定并落实有效的纠正措施和预防措施。

严肃处理是指端正对于质量问题的态度，对管理原因造成的质量问题严肃对待，从中吸取教训，达到教育人员和改进管理工作的目的；对于主动发现和解决问题、主动承担责任的人员予以奖励；对重复性和人为责任质量问题的责任单位和责任人，根据情节和后果，按规定给予处罚。

完善规章是指针对管理上的薄弱环节或漏洞，健全和完善规章制度，并加以落实，从制度上避免质量问题的发生。

质量问题归零的思想要求我们要透过一个个具体问题的表象追溯问题发生的根源、机理与过程；通过摸索质量问题发生的内在规律，找出解决问题的措施与方法，运用到产品实现的具体过程或环节；通过管理和技术上的不断创新，推动组织持续健康发展。质量问题归零的思想促进了质量管理实现从“救火”到“防火”职能的根本性转变，体现在以下三方面：

①对产品本身而言，是“救火”措施。通过挖掘问题产生的根源，彻底解决产品本身存在的质量隐患，避免问题扩大、事故发生。

②对其他产品而言，起到“防火”的作用。通过举一反三、纠正措施的落实，避免同类问题的再次发生。

③对质量体系而言，起到亡羊补牢的作用。通过完善规章制度，有效堵塞管理漏洞，不断健全质量管理体系。

2.1.2.5 归零的复杂性

航天型号研制是一项任务驱动型的系统工程，系统工程的策划和活动顺序展开本身就存在一定的逻辑关系。站在系统工程高度和哲学视角看，质量问题是这一系列逻辑活动的非预期产物。一方面，在概念设计、方案论证、方案设计、工程设计、生产验证、试验检验、总装测试、交付使用等一系列工程活动中，由于系统活动接品关系繁多，容易产生这样或那样的质量问题；另一方面，参与活动的人对系统及其单元属性与规律的认知局限、地面试验验证局限带来的天地差异的客观性以及材料、设备等质量不一致性带来的安全隐患等，都将产生问题。

从研究对象的性质出发，可以把科学问题划分为三类问题："是什么"（what）问题，即判断或识别研究对象的问题；"为什么"（why）问题，即解释某种现象发生的原因或某种行为的目的，解释研究对象的性质或过程机理的问题；"怎么样"（how）问题，即描述研究对象的状态或发生发展的过程，以及针对研究对象而设计的具体观察或实验方法等问题。航天工程领域的问题多是复杂的工程技术问题，不一定能够按照这一问题逻辑进行简单的分类，往往是多种类别问题的组合。航天产品种类繁多、结构复杂，航天工程技术本身就体现出火、光、机、电一体化的综合性特点。航天工程问题的复杂性是由航天工程实践的探索性、综合性、复杂性决定的。

单就质量问题而言，体现在工程系统中的具体问题及其解决过程也是复杂的。质量问题主要有事故、故障、缺陷和不合格等类型，对于每一类问题的处理方式也不尽相同。

对于故障或失效，也就是在型号产品研制过程中处理的大部分问题，从总体、分系统、单机到元器件、原材料，各方面、层面的问题都有。以往习惯于对问题"一追到底"，沿着导致故障发生的直接原因或主要矛盾这一条主线，逐级分解排查，甚至最终将故障定位于某一元器件、原材料上。但随着对所处理问题认识的提高，航天人员发现某一故障的发生通常情况下是多种原因综合作用的结果，很多附加条件的同时作用才最终使直接原因诱发故障。因此，处理故障或失效时不再局限于单一问题的处理上，而是更注重上下游的相互影响，在查找直接原因并进行改进的同时还要将与直接原因相关的所有附加条件逐一进行排查，并加以改进完善，以确保从根本上避免该问题的发生。这也正是提出五条归零组织原则的一个重要原因。例如，当发现某一故障的直接原因是元器件时，还要同时从元器件的设计选用、筛选复验以及使用环境、单机生产过程等方面查找薄弱环节，甚至还要从单机或者系统的架构设计、试验工况等方面进行全面、深入的反思。

对于缺陷和不合格问题，既要重视独立问题的后果分析，更要注重共性问题或相关问题的统计分析,期望通过对某一类产品一段时期内发生问题的统计分析，查找其主要失效模式；从产品设计、生产、试验、使用等各角度研究和探索避免该问题发生所应遵循的技术路线或工作准则，为后续开展可靠性设计、分析、验证等提供基础支撑。质量问题的复杂性如图2–1所示。

归零与故障报告、分析和纠正措施系统（FRACAS）的一致性可以用图2–1和图2–2做进一步的比较，如及时报告产品的故障，分析故障的原因，制定和实施有效的纠正措施，以防止故障再现。归零也是按照这一理念和方法系统开展工作的，包括问题发生后对质量问题信息的管理、故障现场的保护、问题原因及机理的分析、确定纠正及纠正措施、措施的验证及举一反三等。

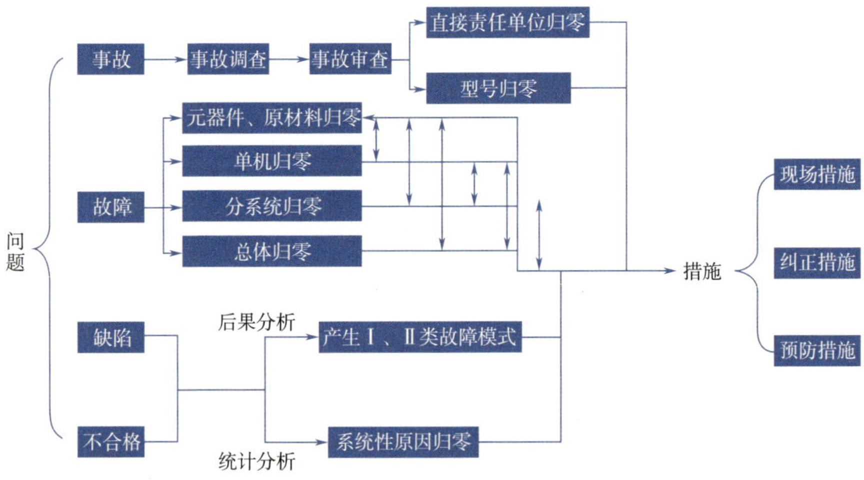

图2–1　质量问题的复杂性示意图

质量问题归零即闭环故障报告和改正措施系统如图2–2所示。

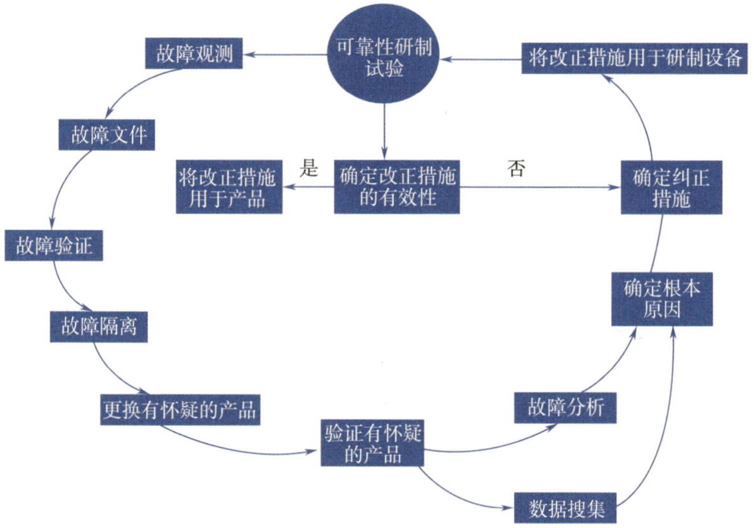

图2–2　闭环故障报告和改正措施系统简图

对于重大质量事故，通常采用故障调查和故障审查程序进行处理。即由航天一院组织故障调查委员会进行故障调查，由上级和用户组成故障审查委员会对故障调查结果进行审查。通过严格的组织方式和工作程序，查明事故的责任、性质、原因、机理等。

此外，由于航天型号承研、承制单位多，技术和管理分工复杂，因此航天型号的质量问题归零工作也带有明显的组织特征。例如：在问题分析中，体现出由总体直到元器件、原材料的自上而下的过程；而在问题确认中，则体现出由元器件、原材料直到总体的自下而上的过程。

由于航天工程的复杂性和风险性，要求彻底解决已经发生的质量问题，防止问题的重复发生，也就是实现质量问题归零。一开始，为了提高质量问题归零的水平，提出了技术归零的五条标准，虽然技术归零标准在逻辑上已经做到闭合，但在实践中，只有从管理上查找和预防问题发生的原因，才能从根本上解决问题。因此，又提出了管理归零的五条标准。

彻底归零的目标实现起来很不容易。从认识论上讲，人的认识有局限性，资源保证是有限的，质量问题也只能有限地解决，逻辑上讲做不到彻底归零。因此，科学把握质量问题归零的“度”十分重要。通常，产生一个质量问题的原因是多方面的，涉及多个环节和过程。从防止问题再发生的目标要求看，质量问题归零要做到针对问题的主要矛盾、矛盾的主要方面采取纠正措施，这是归零的基点，也是必须要做到的。

对于航天工程而言，从单一问题的解决到多个问题的解决，需要运用系统的观点，用系统工程的方法去认识一系列的问题，并系统地加以解决。这是因为问题的主要矛盾和矛盾的主要方面是可以转化的，一些次要矛盾和矛盾的次要方面，可能在具体的环境条件发生变化后上升为主要矛盾或矛盾的主要方面。此外，对于一个复杂的系统，处理单一问题的认识往往具有局限性，对于发生的问题要系统地进行分析。只有从系统层面更深刻地认识问题，用更大的力度去解决问题，才能做到有效地持续改进。这就是航天一院作为系统工程总体单位对待质量问题的基本态度和方法。此外，归零的复杂性主要表现在随着对问题的认识和理解，质量问题归零的问题逐步深化，由被动地解决一个具体的问题过渡到解决一类问题或一类产品的故障，这是质量问题归零的主动方式。当一个组织面临重大型号失利，需要深刻认识存在的系统性问题和基础性问题，进行系统的整改、整顿时，这又是质量问题归零的一种高级方式，解决的是整个组织持续成功的问题。

2.2 技术归零

2.2.1 技术归零的一般流程

通用的技术归零工作程序一般包括：

①现场保持与安全处置。

②故障现象的记录、确认。

③故障信息报告。

④归零工作策划，确定责任主体。

⑤故障定位分析及试验。

⑥故障分析（包括原因、机理）。

⑦复现试验。

⑧制定措施，验证措施，实施措施。

⑨举一反三。

⑩编写归零报告。

⑪归零评审。

⑫知识管理与归档。

⑬质量分析与后评估。

技术归零流程如图2–3所示。

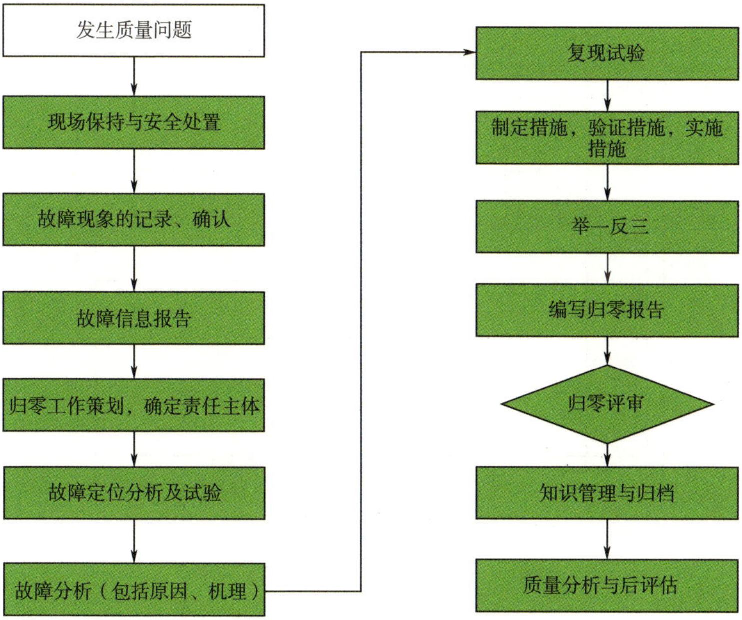

图2–3　技术归零流程图

2.2.1.1　故障现象的记录、确认、报告与归零策划

为了严格管理质量问题，航天一院规定，质量问题发生后，在不影响设备和人员安全的情况下，发现质量问题单位的岗位人员应保护好现场，并做好记录，填写质量问题报告单，纳入质量问题信息系统，按要求逐级上报质量问题信息。故障现象和部位描述应准确、清晰、真实、全面。

由于质量问题发生时的信息尚存在不确定性和不完整性，首先由发现问题的单位负责记录和报告，填写质量问题登记（快报）表（见图2–4）。

同时由初步确定的归零责任主体填写质量问题信息采集卡，录入信息系统，归零后，由确定的归零责任主体负责完善采集卡，并录入系统。采集卡的格式如表2–1所示。

Q/Y 143—2011

问题性质
- 重大 □
- 严重 □
- 典型 □
- 一般 □

一院型号产品质量问题登记（快报）表

编号：

表单类型		问题性质		评审级别				
问题名称								
问题产品	产品名称 设计单位 一级责任单位		产品代号 生产单位 二级责任单位		产品批次 发现时间 一级工作状态		产品编号 发现地点 二级工作状态	
所属分系统	分系统名称							
所属型号	型号名称		型号代号		任务编号		批次	
问题概述								
初步定位								
现场处理情况								
举一反三建议								
填表单位		填表人		填表日期				
质量部门会签		批准人		批准日期				

图2–4　质量问题登记（快报）表

表2–1　航天产品质量问题信息采集卡

采集卡号：A1　　填卡单位代码：　　入档编号：　　录入日期：

数据级别：			数据上报日期：		是否回作修改的数据：		
问题名称							
型号属性	型号名称	型号代号	任务编号	型号批次	型号研制阶段	弹（箭）体编号	弹头编号
	分系统名称	隶属分类	单机产品名称	单机产品批次	单机产品（图）代号		单机产品编号
问题产品	产品名称	产品（图）代号	产品批次	产品编号	产品研制阶段		生产分类

续表

<table>
<tr><td rowspan="6">问题产品</td><td>产品设计单位</td><td>产品生产单位</td><td>发现单位</td><td>责任单位</td><td colspan="2">工作状态</td><td colspan="2">故障模式</td></tr>
<tr><td></td><td></td><td></td><td></td><td colspan="2"></td><td colspan="2"></td></tr>
<tr><td>发现地点</td><td>发现日期</td><td>质量成本</td><td>数量</td><td colspan="2">产品外包类型</td><td colspan="2">缺陷程度</td></tr>
<tr><td></td><td></td><td></td><td></td><td colspan="2"></td><td colspan="2"></td></tr>
<tr><td colspan="3">故障性质分类</td><td>设计值</td><td colspan="2">实测值</td><td colspan="2">故障程度</td></tr>
<tr><td colspan="3"></td><td></td><td colspan="2"></td><td colspan="2"></td></tr>
<tr><td rowspan="2">原因分类</td><td>主要原因</td><td></td><td>第二层</td><td></td><td>次要原因</td><td></td><td>第二层</td><td></td></tr>
<tr><td colspan="2">管理因素</td><td colspan="6"></td></tr>
<tr><td>质量问题概述</td><td colspan="8"></td></tr>
<tr><td>原因分析</td><td colspan="8">（应写明问题定位和机理）</td></tr>
<tr><td rowspan="2">归零措施</td><td colspan="8">（应写明纠正和纠正措施）</td></tr>
<tr><td>处理方式</td><td></td><td>处理单号</td><td></td><td>纠正效果</td><td></td><td>归口单位</td><td></td></tr>
<tr><td rowspan="2">归零信息</td><td>技术归零</td><td colspan="2"></td><td>归零报告号</td><td colspan="2"></td><td>报告归档单位</td><td></td></tr>
<tr><td>管理归零</td><td colspan="2"></td><td>归零报告号</td><td colspan="2"></td><td>报告归档单位</td><td></td></tr>
<tr><td rowspan="2">归零评审信息</td><td colspan="2">评审级别</td><td colspan="2">评审时间</td><td rowspan="2">评审结论</td><td rowspan="2" colspan="3"></td></tr>
<tr><td colspan="2"></td><td colspan="2"></td></tr>
<tr><td>举一反三说明</td><td colspan="8"></td></tr>
</table>

续表

<table>
<tr><td rowspan="4">质量问题线索</td><td colspan="3">故障模式</td><td colspan="4"></td></tr>
<tr><td colspan="3">故障机理</td><td colspan="4"></td></tr>
<tr><td colspan="3">技术（工作）准则或禁忌</td><td colspan="4"></td></tr>
<tr><td colspan="3">可能涉及的产品类别</td><td colspan="4"></td></tr>
<tr><td colspan="2">不符合标准及条款号</td><td colspan="2">说明不符合各级标准和院、厂所技术或管理制度（要求）的名称、编号及条款号</td><td colspan="2">不符合标准的主要内容</td><td colspan="2"></td></tr>
<tr><td>填卡单位</td><td></td><td>填卡人</td><td></td><td>填卡日期</td><td></td><td>质量部门会签</td><td></td></tr>
<tr><td>会签栏</td><td></td><td>批准人</td><td></td><td>批准日期</td><td></td><td>上级质量部门校核</td><td></td></tr>
</table>

问题现象的描述应包括时间、地点、研制阶段、产品状况、问题发现过程。例如，某年某月某日，某型号火箭在总装车间进行出厂测试第三次总检查（真分离状态），外安系统一二级分离电连接器（某厂型号、批次、质量等级）正常分离，测试断电后，对该分离电连接器恢复前进行状态检查时，发现该分离电连接器锁紧用钢珠脱落，无法继续安装。

问题报告的责任单位和问题归零的责任单位不一定是同一个单位，问题报告的责任单位是研制流程中当时的责任主体。例如：上述问题发生在火箭的总装车间，则由总装车间负责上报；如果发生在系统级的综合试验，则由系统级试验的责任单位负责上报。但是，问题归零的责任单位要根据问题的初步分析来确定，对于交付系统试验和总装以后阶段的产品质量问题，首先要区分是地面系统还是箭上系统的问题，其次要定位到分系统或单机，根据问题的性质确定责任单位。由于系统质量问题的复杂性，通常一时难以确定问题的具体部位，或质量问题的责任涉及多家单位，此时归零责任单位确定原则如下：

①责任同时涉及系统抓总单位和配套单机单位时，归零归口单位为系统抓总单位。

②责任同时涉及设计单位和生产单位时，归零归口单位为设计单位。

③责任单位同时涉及两个或两个以上同级产品单位时，归零归口单位为上一级系统抓总单位。

2.2.1.2 技术归零程序的注意事项

第一，保护好现场及产品状态。有些故障，如接触不良、漏电、短路搭接等比较常见的故障，可能会随着产品状态的变化而变化，而且消失后不易复现，对后续的排查会造成很大的困难。

第二，对问题发生时的各种现象和产品的状态要尽可能地全面记录，不仅利于后续的分析工作，也利于在复现试验中评价原因、机理的正确性。

第三，对故障现象的描述要经现场各方认可。在场的各方均要对现象确认，达成一致意见，原则上不能对一个问题有多个说法，当存在分歧时，要注意记录相关的证据，以利于后续的排查、分析、确认。

第四，对于报告的问题名称，要明确“型号”、“批次”或“任务”。在没有找到故障原因的情况下，通常根据故障现象确定问题名称，经过问题归零后，问题的名称要进行修改。问题的名称要直指问题的原因或本质。例如，张三发烧了是现象，其本质是肺炎，确诊前问题的名称填写为发烧，但一旦查明是肺炎引起的，则问题的名称应是肺炎。问题名称直指问题的本质便于明确问题的责任，便于信息系统中的数据分析。

第五，对于报告的故障现象，不仅要说异常现象，正常工作时的现象也要进行描述。

第六，对于复杂故障，如飞行故障、地面大型试验故障等，通常要按照异常事件的发生时序进行梳理，记录所有的异常事件表征，形成异常事件表，作为故障现象的一种客观表述。必要时，对测量系统的测量数据、异常事件表进行评审确认后，可将其作为故障分析或调查的依据。

第七，重大事故通常包括若干异常事件，获取事故信息之后，除形成异常事件表以外，还要分析异常事件的关系，确定独立的异常事件和相关联的异常事件，找出导致事故的主要异常事件，并作为故障树的顶事件，开展故障排查。异常事件表的示例如下：

某火箭点火起飞后，一级发动机、二级发动机、三级发动机一次工作段和滑行段正常。但三级发动机第二次启动后，气路系统出现漏气，三级二次工作261.86s后推力大幅度下降，发动机关机时间比预计提前48.5s，导致卫星未能进入预定轨道。遥测数据分析有下列异常现象：

①起飞后1 060.9s，燃气发生器通电点火，三级发动机第二次启动。1062.3s氢付控阀打开，1 063.1s发控气路开始出现大幅度漏气。1 346.2s控制

系统发出小过载关机指令，1 347.2s氢付控阀关闭，1 347.9s大漏气停止。

②发动机第二次启动后261.8s（即起飞后1 322.7s），推力室压力从2.706MPa下降到1.369MPa。在此工况下发动机工作了20s后，推力室压力再次迅速下降。

③在1 324.5—1 328.9s（推力下降2～6s后），先后出现后短壳温度T3hg、肼瓶壁温T3zx、姿控环形管壁温T3zh上升，而且前两点温度测量输出信号出现限幅。

④小过载关机后，发动机阀门盒压力P3hmh一直在下降，直至接近零。

⑤在1 062.6—1 062.7s的发动机第二次启动期间，发生器头部轴向高频振动，出现一个较大的冲击信号，其正峰值大于80g，负峰值为60g。

⑥氢氧蒸发器出口温度T3rc、T3yc在1 322s后升高加快。1 328s时T3rc由原先的94.8K升到127.6K，T3yc由原先的177K升到254.4K，然后稳定在该温度附近。

⑦发控气瓶压力在第二次起动时为19.84MPa，经261.86s后降至3.6MPa。

对梳理出的异常事件时序列表见图2–5，即火箭三级发动机提前关机异常事件表。

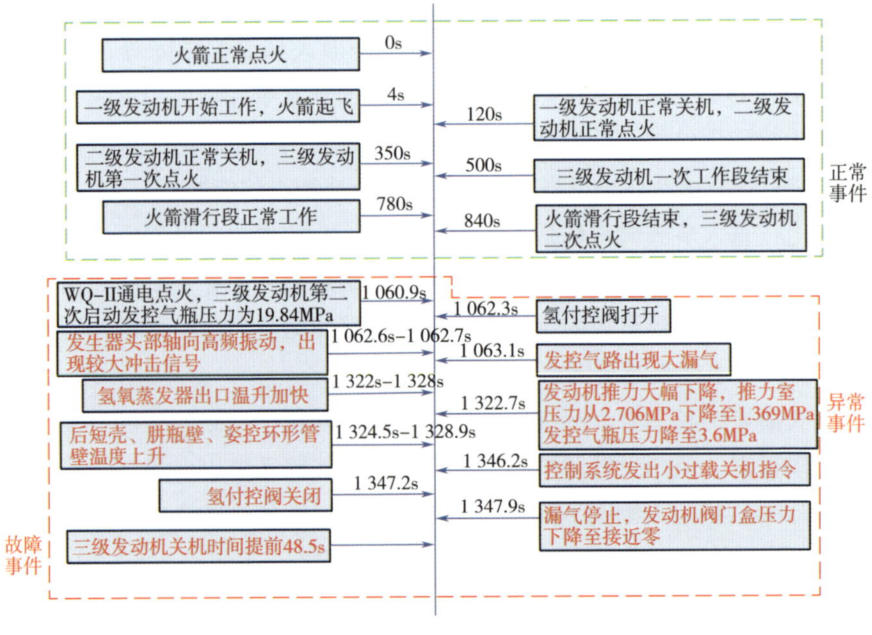

图2–5　火箭三级发动机提前关机异常事件表

第八，在系统测试中往往发生一些微小的数据变化，一些技术负责人认为只是一种现象，不认为是质量问题，为了回避归零，以现象说明代替问题归零。还有，虽然是系统测试的客观结果，但该结果已超出了原设计的期望或超出了原设计的目的，只以现象说明了之，不开展归零和相关分析工作。例如，在火箭靶场总检查中，发现火箭控制系统大回路阻值与其他发次有微小变化，但在合格范围内，经过细致的分析工作发现，某个电阻盒存在接线错误的问题；还有一次发现火箭控制系统大回路阻值与火箭总装测试中的数据有所变化，但也在合格范围内，经过细致的检查发现，电连接器操作不当造成冗余的接线导线在焊接处断裂，但由于是双点双线，没有造成系统的故障，但引起系统的大回路阻值的微小变化。对上述两个问题都开展了归零工作，因此，对于发现的异常现象不要轻易下结论，认为不是问题。

第九，针对发生的问题，责任单位要做好工作策划，应制订专题计划，安排排故程序，做好分工和记录，应避免“无头案”或产生新的质量问题，相关工作要纳入科研生产计划，并有足够的资源保证。

第十，对于飞行失败等重大质量事故，要按照上级或用户的要求成立故障调查委员会，进行故障的独立调查工作，主要目的是查明导致故障的原因和责任，由上级、用户及政府相关部门成立故障审查委员会，对故障调查结论的正确性进行审查。责任单位要成立质量问题归零的分析组，开展质量问题或重大事故的分析工作，工程研制相关方和利益相关方的代表根据情况要参加问题分析、故障调查和审查工作，并履行相应的职责。故障调查与审查相对独立于质量问题归零活动，主要目的是查清导致事故的原因，确定事故的责任性质，总结事故的经验教训，确定后续基本的改进方案。当然，完成故障调查和审查，确定故障定位、机理及其责任等，也是质量问题归零工作的主要内容。

2.2.2 故障定位

2.2.2.1 故障定位的常规工作

故障定位是针对故障现象，经过分析，确定质量问题发生的具体部位或具体产品的工作，一般包括以下几方面。

①责任单位应制订排查方案，及时开展故障排查工作；组织开展故障排查工作，即：隔离故障，查找故障部位，直到最低一级故障产品或接口。

②检查产品、设备（系统）状态及试验状态与要求是否一致，确认是产品（设备）问题还是测试试验设备与操作方法问题。

③对于系统级以上的测试、试验过程中出现的质量问题，应首先确认故障部位发生在箭上还是地面。

④在可能和必要的情况下，经各方确认，更换可疑的故障产品，并尽可能地证实故障仅存在于所更换下来的产品之中。

⑤测试、检查故障产品。

2.2.2.2 故障定位的注意事项

需要注意的是，问题定位要从上到下层层分解，逐步定位到单机、部件，直到零件、元器件、原材料或软件的某一运行状态，或某一特定接口等。具体有以下几个方面：

第一，质量问题归零的具体工作由问题责任单位负责。一时难以分清责任时，先按以下五条原则处理（简单说就是由上一环节抓总单位负责处理）：

① 难以分清设计责任或生产责任时，先由设计单位负责牵头组织分析。

② 难以分清总体或分系统责任时，先由总体单位负责牵头组织分析。

③难以分清分系统间责任时，先由总体单位负责牵头组织分析。

④ 难以分清分系统或单机责任时，先由分系统单位负责牵头组织分析。

⑤ 难以分清单机间责任时，先由分系统单位负责牵头组织分析。

分清问题责任单位后，由相关责任单位分别负责归零并编写归零报告。当无法分清责任时，由上一级抓总单位完成归零。难以分清责任的问题，一般发生在系统级试验、总装、测试等工作环节。随着归零工作的深化，问题定位逐步确定，责任逐步明确，就应实事求是，“是谁的问题就由谁负责归零”。对于在系统级及以上试验中发生的问题，一旦确定了具体责任单位，上一级抓总单位也应参与后续排故、分析以及归零工作。例如，在飞行试验或靶场出现的单机故障，系统单位也要完成归零工作，独立形成归零报告，其理由如下：一是此时的单机是系统的一个组成部分，单机的故障原因往往与系统的环境、条件、接口的控制相关；二是系统有保证单机可靠工作的责任，以及在单机出现故障后保证自身可靠、安全工作的责任；三是在管理上系统有明确要求、过程控制、验收把关等责任。

第二，重视排查方案的制订。必须形成文字依据，要结合产品的技术状态、故障现象、故障发生时的产品工作状态以及连接状态等形成排查方案，明确查什么（目标）、怎么查（步骤、方法）、检查的结果说明什么（判据），必要时还要约定使用的工具、工装设备等，并经过相关各方认可，这样便于各项工作的准备以及排查工作的有序开展。

第三，注意检查产品、设备（系统）状态及试验状态与要求是否一致，确认是产品（设备）问题还是测试试验设备与操作方法的问题。测试试验设备和操作方法也会造成质量问题。例如，“某低冲击分离装置随机振动试验中对接螺栓解锁故障问题”，就是由于试验工装严重放大了振动输入条件的量级，分离装置承受了超过设计允许工况的振动惯性力作用，使得支撑环的惯性力超过了限制其运动的摩擦阻力而发生运动，造成了分离螺母解锁。研制过程中，测试试验设备和操作方法问题造成的产品故障并不少见。

第四，不到最后一步，不要轻易改变产品的状态以及连接状态。这是因为，一个故障一旦发生，在故障现场的各种信息中已经包含了我们解决问题的答案，我们工作的目标就是通过各种信息的分析加工找出各种现象中的必然联系，也就是故障的原因，如果现场破坏了，就会使分析工作缺乏完整的证据链，增加故障排查的难度。

第五，要做好过程记录（包括状态恢复后，故障现象是否还在）。对于涉及电连接器的，要注意观察电连接器接触件的状态，还要注意避免电连接器接插操作问题带来的次生故障。

第六，在更换故障产品后，在必要、可能的条件下，要对故障产品进行测试，看看故障现象是否还在。如果故障消失了，还要进一步分析、排查、定位。

当确认是外协、外包单位对产品质量问题负责时，多数情况下会反映出系统抓总单位管控不到位、技术要求不明确等问题，这种情况下，系统抓总单位也是归零的责任主体，即在产品的形成链条上存在问题。

2.2.2.3 归零归口单位工作要点

①组织外协单位及时报送质量问题归零信息，抓总单位也应该直接报告质量问题信息。

②要对外协单位提出归零工作要求，特别是失效分析工作要求、归零工

作节点要求、归零工作计划等。

③要参与、指导、监督责任单位的归零工作，对过程的符合性、结果的正确性、报告的符合性进行把关。

④归零工作结束后，抓总单位要及时在信息系统上对采集卡的信息进行完善，并将归零报告上传。

⑤抓总单位或任务书提出单位应按“眼睛向内”的工作原则，根据外协外购单位产品质量问题的性质，按照系统对产品的质量保证要求及责任要求，完成归零报告或分析报告。

2.2.3 故障分析

故障分析的目标是查找故障发生的根本原因，一般通过工程分析方法（如测试、试验、检查、计算、FTA、故障模拟试验、仿真等）、失效机理分析方法（如利用光学显微镜观察、理化分析、解剖、X光检查、电子扫描显微镜检查等）分析故障机理和发生过程，运用统计分析方法（如工作时间、故障次数、发生概率等）进行必要的分析或验证，做出分析结论，提出改进措施和建议。

2.2.3.1 故障分析的一般流程

责任单位应组织制订故障分析方案，查找故障原因及机理。故障分析工作的一般流程如下：

①梳理和确认所有故障现象，确定故障定位。

②根据故障定位确定故障顶事件，建立故障树，依据故障树开展排查工作。

③开展问题的机理分析，采用工程分析、失效机理分析和统计分析等方法，参考相关技术文件和标准，应用科学和工程技术知识，从理论和技术上分析阐述由引起质量问题的最低单元产品及异常因素发展到质量问题（异常的功能状态和物理状态）的物理或化学过程。

④必要时应由有资质的失效机理分析或专业鉴定机构提供分析结论或鉴定结果作为证据，分析问题发生的原因。

⑤具体分析时，可以考虑以下方面：核实产品技术状态，确认状态有无变化，或是否与故障相关；分析故障产品的质量履历、工作历史，同类产品

的故障历史；分析有关产品和故障方面的资料，如FMEA/FMECA报告等；分析测试、试验设备，以及操作环境条件等产品外部情况。

故障机理是引发故障的物理、化学、电学、力学或其他过程。故障原因为引发故障模式的工作应力、环境条件等内部或外部因素。“机理清楚”是指找到问题发生的根本原因和演变过程。常见的机理如下：

①结构系统：断裂、弯曲、变形、腐蚀及磨损。

②防热结构：开裂、热振，防护层开裂或脱落、烧蚀。

③动力系统：腐蚀、过载、泄漏、参数变化。

④控制系统：参数变化、绝缘下降。

2.2.3.2 故障分析的注意事项

第一，要把问题原因和机理放在一起分析。原因和机理都具有系统性，是分层次的，本层次的原因可能是上一层次的机理。有些质量问题原因很清楚，定位也很容易，如断线、接口设计不协调，但机理比较复杂，进一步的原因定位也比较困难，原因和机理是分不开的，原因和机理的统一是归零的基本前提。

第二，质量问题定位以后要及时确认故障模式，通过理论分析和地面试验等手段弄清故障发生的基本过程，从而确定问题发生的根本原因。原因分析是一件极其重要但有时非常困难的工作。影响问题分析的彻底性、准确性的因素很多，如：

①思想上的顾虑。

②数据、资料或证据等收集不全，质量事故的现场没有保护好。

③分析人员的水平、经验和客观局限性的限制。

④分析设备的功能和精度、操作环境条件变化等产品外部情况。

⑤相关人员对待问题的态度和作风。

⑥归零奖惩政策的合理性。

第三，故障树的底事件排查分析有两个常见的问题：一是底事件罗列不全；二是排除底事件时缺乏充分的证据证明，如产品制造过程的复验记录、检验记录、测试记录、多媒体记录等，与产品设计相关的尺寸链的复核情况，工装设备的保证情况等，如果不能证明底事件确实可以排除，就要进一步做工作。

第四，对直接的故障部位要由专业的失效分析单位进行分析，确定基本的失效模式与原因。这一步工作直接影响问题的性质。例如，电器产品和结构产品的失效往往表现为元器件、原材料失效，需要失效分析中心的客观分析，确定结构件的断裂是强度不足还是材料缺陷引起的，直接关系到故障定位为设计裕度不足还是材料控制不严。

其次，失效分析工作要尽早进行，要深入故障现场，第一时间对故障件进行分析，避免在问题分析中引入干扰因素，给失效分析结果带来影响。完成失效分析后，责任单位要围绕失效分析结论开展进一步的分析、排查工作。

历史上有过不少教训，一些单位主观上不愿意第三方或独立的失效分析单位介入故障分析，妨碍了故障分析工作。例如，某固体发动机喷管柔性接头撕裂问题，由于没有失效分析中心的介入，对失效部位发现的红色铁锈的成因以及金属基体发生腐蚀的机理方面未形成一致意见，使故障分析工作受阻。

第五，质量问题机理分析结论，应能判明以下问题：

①该问题是何种原因引起的？直接原因是什么？间接原因是什么？根本原因是什么？

②该问题的性质是什么？是人为责任还是技术认识问题？是首次发生还是重复出现？直接责任、间接责任和主体责任的责任主体是谁？

注意不要把故障定位当作机理分析，否则，就没有分析到问题发生的根本原因，仅停留在问题定位或表面原因。

对于复杂系统，经常使用树的概念进行分析。例如：产品树可用来对产品进行分解，分级管理，每一级产品都有对应的故障模式、设计特性、工艺特性和故障原因；故障树分析可以把复杂系统简单化，集中研究故障的原因和机理，保证识别的故障模式是全面的。为了便于开展质量分析、管理质量问题和界定问题责任，航天系统依据故障原因进行质量问题的基本分类，把质量问题原因分为设计、工艺、操作、管理、器材、软件、设备、环境和其他九大类，每一类都可细分为二层次原因。

①设计类的二层次原因包括设计输入问题、设计差错、试验验证不充分、设计可靠性欠缺、设计接口不协调、技术未吃透、测试覆盖性不全等。需要注意的是，为了规避责任，有些单位把设计可靠性欠缺当作基本的问题

分类，这时需要明确导致问题的主要因素。

②工艺类的二层次原因包括工艺差错、工艺方案考虑不周、工艺技术未吃透等。

③操作类的二层次原因包括误操作和违章操作，很多操作类的问题背后实际上是设计、工艺和管理问题。

④管理类的二层次原因则包括无章可循、制度不完善、培训不到位、执行不到位、有章不循等。

⑤器材类的二层次原因包括固有质量问题、使用质量问题。

⑥软件类的二层次原因包括需求缺陷、设计缺陷、接口缺陷、健壮性设计不足、测试缺陷、配置管理差错。

⑦设备类的的二层次原因包括设备能力不足、设备老化、校验不到位。

⑧环境类的二层次原因特指以现有技术条件或其他方面的原因无法达到的生产、试验和存储等方面的环境要求，或者不可抗拒的自然和敌对事件造成的环境参数达不到规定要求。

对于归口管理的外协、外购单位的责任问题，应按照“眼睛向内”的原则查找自身的问题，按照供应商选择不当、要求传达不到位、过程监控不到位、验收把关不严等四类原因进行质量问题信息的管理。

为了避免和其他技术类原因交叉，规定质量问题只做管理归零时，该问题原因才能定为管理类。

器材类问题也可能会涉及设计、工艺、操作问题，因此规定所有涉及器材的质量问题都归为器材类原因，包括固有质量问题，以及选用、使用不当造成的质量问题。这里的器材是指元器件、原材料、标准件和其他不可再分的元件及外购的成品件等。

所有涉及软件的质量问题都归为软件类原因。

以上这些分类原则是总体单位便于问题的管理而规定的。

2.2.3.3 针对容易出现交叉的几类原因的处理

①设计与软件交叉的问题：所有涉及软件的质量问题，都应纳入软件类范畴，包括软件的设计问题。

②设计与工艺交叉的问题：工艺设计问题应纳入工艺类范畴；而产品可生产性差或现有工艺技术水平、制造能力达不到设计要求引发的设计工艺性

问题，应纳入设计类范畴。

③工艺与操作交叉的问题：工艺设计造成操作人员无法操作，如果强行操作必然造成质量问题的应纳入工艺类范畴；按照工艺规范操作可以无差错完成的，如果出现质量问题，则应纳入操作类范畴。

④设计与环境交叉的问题：未彻底了解产品在运行、使用或试验中的环境（如空间环境）而造成的质量问题，应纳入设计类范畴；生产、试验等环境条件未满足设计要求而造成的质量问题，应纳入环境类范畴。

以上是关于质量问题原因分类的约定，需要根据实际情况进行界定。

2.2.4 进行复现试验

2.2.4.1 复现试验的一般工作流程

为验证质量问题定位的准确性和机理分析的正确性，原则上均应进行复现试验。难以进行复现试验时，应进行理论分析，并尽可能用仿真分析或模拟方式进行验证，同时应在归零报告中加以说明。复现试验的一般工作程序如下：

①确定复现试验方案及实施方案，以文件形式明确，并经各方签字认可。

②按文件要求进行试验，并做好试验记录。

③必要时，应单独编写试验结果分析报告。

问题复现试验是指通过试验或其他验证方法确认或复现质量问题发生的现象，验证定位的准确性和机理分析的正确性。这里的故障现象一般指故障定位确定的基本故障单元所表现出的形态。对某些显而易见的失误而造成的产品损伤等问题，无须进行复现试验。例如，对于一些直观的、一目了然的零件加工、操作等问题可以直接确认。对于无法进行问题复现的故障模式（或者破坏性的故障模式），可以通过分析或者仿真来证实故障发生的现象。

问题复现试验是采取纠正措施的初步试验。按照对问题的定位和原因分析结果，进行地面试验，如果不采取纠正措施，故障（或问题）可能会以一定的概率继续发生；如果采取纠正措施，故障（或问题）不再出现或发生的概率大大降低，风险可控，说明定位准确，机理分析正确。

2.2.4.2 复现试验的注意事项

第一，为了验证定位的准确性和机理分析的正确性，原则上都要通过地面模拟试验来复现故障现象，即使是所谓的“小概率事件”，也不能放过。但是，有一些质量问题是无法重复试验的，或者说复现试验代价太大，这些问题可以用模拟试验、仿真试验来进行，但这些情况要在报告中加以说明。

第二，关于故障的复现程度和层级，要根据具体故障做具体分析处理。原则上是验证故障发生的机理，而不是重现故障，更不是为认定一个故障原因去制造故障。故障原因通常是故障树的一个底事件或一定层级的底事件。例如，元器件的短路可以造成计算机某个功能故障，计算机某个功能故障会导致控制系统故障，控制系统故障会导致飞行失败。这就说明，故障复现试验可以验证元器件在什么条件下会发生短路。

第三，不要把故障保持当作问题复现。问题复现需要重新复现问题发生的环境和条件，可以采用试验、仿真等手段，但有的问题复现仅在故障保持的基础上进行，既不能明确问题发生的环境因素，也无法确定机理分析的正确性。

例如，某型号在靶场测试时发生了问题，但重复几遍测试后，故障现象消失，后续一直未再重复出现。经现场分析，问题定位在箭上计算机，计算机需下箭返厂分析。但由于对“不复现不能下箭”的机械理解和执行，现场定位时间过长，影响了发射计划。

第四，故障复现是为了验证故障的机理、找到发生质量问题的根本原因，但不少故障复现流于形式。例如，多余物造成惯性器件陀螺超差和电子线路板短路，电子线路板发生虚焊等。有些人认为设置一个多余物或虚焊就是故障复现，但这只验证了故障现象，并没有复现多余物和虚焊的产生机制，没有完成故障复现，也未查找到产生多余物或虚焊的根本原因，是不彻底的归零。

2.2.5 采取纠正和纠正措施

2.2.5.1 采取纠正和纠正措施的一般要求

①实施纠正，妥善解决已发生的质量问题。

②针对产生质量问题的原因制定纠正措施，纠正措施应具体、量化、可操作、可验证，有明确的计划安排。

③应尽可能对纠正和纠正措施的有效性进行试验验证。

④经验证确认或批准的纠正措施应落实到相关产品和技术文件中，同时应完善相关设计准则或工艺规范，避免类似问题重复发生。

2.2.5.2 对质量问题的处置分类

①风险决策：现场不具备更换或处置产品的条件，经分析验证，系统可承受风险，权衡利弊，在一定风险下，决策继续使用或终止任务。

②纠正：就是解决已发现的质量问题，通常叫现场处置，包括更换故障产品等，现场处置措施必须有效，保证发射任务的执行。

③采取纠正措施：为消除已发现的质量问题的原因，预防再发生所采取的措施，防止问题再发生。

④预防措施：为消除潜在的不合格或其他潜在不期望情况所采取的措施。采取预防措施是为了防止问题发生，采取纠正措施是为了防止问题再发生。

实际中经常犯的问题就是把纠正当作纠正措施。“纠正”是为消除已发现的不合格所采取的措施。“纠正措施”是为消除不合格的原因并防止再发生所采取的措施。

在实际工作中，存在一些概念把握不清的问题。例如，“措施落实”仅做到“纠正落实”，没有做到“纠正措施落实”，没有采取措施防止问题再次发生，仅解决了目前发生的问题就当作“措施落实”。

2.2.5.3 采取纠正和纠正措施的注意事项

①为了消除隐患，避免同样的问题重复发生，纠正措施及验证方法的制定应具体、可行，避免采取所谓“综合治理”的处理方式，做到措施针对、有效。多数情况下，是因为没有找到导致问题的具体原因，才不得已采取所谓“综合治理”的方式。

②实施纠正措施。例如，涉及技术状态更改的，应按照《航天产品技术状态更改控制要求》（Q/QJA 32）所规定的“论证充分、各方认可、试验验证、审批完备、落实到位”的技术状态更改五项原则进行，确保状态更改受控和可追溯。已批准的技术归零报告可视为技术状态更改的论证报告。

对于复杂系统的研制，技术归零往往是一个吃透技术的过程，这个过程一般需要较长的周期。通常为了保证发射计划，要求对总装现场和发射场出现的质量问题做到“三天定位，五天归零”，实际上是三天定位，五天给出现场科学处置的措施或结论。至于纠正措施，往往来不及落实到现场执行任务的产品上，有些给出了后续实施纠正措施的计划，有些只是表示今后要改进，实际没有严格执行归零的技术标准。例如，单向阀门在某次任务执行过程中出现过泄漏，在发射场这一问题又重复出现了，上一次形成的纠正措施还没来得及落实到执行这次发射任务的产品上，于是，在发射场又出现了重复性质量问题。因此，纠正措施落实不到产品上、落实不到流程和体系上，不能说符合五条归零标准并完成了归零。

③即使在故障归零过程中发现的与本次无关的故障问题或缺陷，也要按归零要求开展归零工作，并落实纠正措施。

2.2.6 开展举一反三

举一反三是把发生质量问题的信息反馈给本型号责任单位、本单位和其他型号责任单位、其他单位，检查有无可能发生类似模式或机理的问题，并采取预防措施。

2.2.6.1 举一反三工作的内容

①本单位本型号落实了纠正和纠正措施。

②本单位其他型号根据质量问题的机理，检查有无可能发生类似模式或机理的问题，并采取纠正措施。

③其他单位、其他型号根据质量问题的机理，检查有无可能发生类似模式或机理的问题，并采取纠正措施。

举一反三工作的前提是总结经验教训，提炼明确防止质量问题发生的深层次的技术准则等；同时对照各级技术标准，查找未遵循的具体条款，提出补充完善相关技术标准的建议，这两项工作情况应纳入该问题技术归零报告。

根据发生质量问题的机理和警示，责任单位应检查本单位、本型号相关产品有无可能发生类似模式或机理的问题，采取纠正和纠正措施，并纳入该问题技术归零报告。

该项工作结果在时间紧张的情况下可不纳入该问题技术归零报告，但应形成报告一同归档。

责任单位的上一级管理部门应将相关信息通知其他单位、其他型号责任单位，其他单位、其他型号责任单位应按举一反三的管理要求进行举一反三，该项工作结果可不纳入该问题技术归零报告。

2.2.6.2 举一反三工作的注意事项

举一反三要从以下两个方面进行：一是对于与故障产品相同的其他产品，要从已制品（含已交付、库存）、在制品两个方面明确举一反三措施，还要写明各类产品的数量，确保措施落实到位，无遗漏；二是对于本单位本型号其他产品，要分析是否存在类似机理隐患，如果存在的话如何采取措施。

（1）质量问题举一反三的原则

①实行“全面、正确、及时和闭环落实”的原则。

②实行“分级管理、逐级负责”的原则。型号产品的上级单位负责对下游单位的举一反三工作的落实情况进行审查和把关。

③实行“一次就把事情做好”的原则，质量问题举一反三应从型号类似产品和质量问题发生的原因、机理等方面开展工作。

（2）质量问题举一反三的依据

①上级等渠道通报的质量问题及举一反三要求。

②单位发布的质量问题及举一反三通报、基线。

③质量问题信息系统中的质量问题及举一反三要求。

④其他渠道获得的经确认的质量问题及举一反三要求。

（3）质量问题举一反三涉及的单位、产品范围

①外包及外购产品。

②相关工程型号同类产品。

③相同机理的类似产品，类似机理的不同产品。

④器材类批次性质量问题，相同专业产品等。

质量问题举一反三的主体责任单位是产品研制单位，相关单位应对通报的质量问题进行全面的分析、检查，保证举一反三工作的正确性和采取纠正措施的有效性，并按班组、车间（处室）、厂（所）逐级进行审查、确认。

型号各级行政指挥和设计师系统应做好举一反三工作的审查把关，确保

举一反三工作和所采取的纠正措施在型号产品上的落实。举一反三工作执行技术责任制，设计师系统按照技术责任和权限，在产品举一反三分析、纠正措施的确定和实施中，应严格按零部（组）件、单机、分系统、总体等技术工作程序逐级进行审查，按规定审批。

当质量问题举一反三工作出现型号与单位、系统抓总单位与配套单位意见不一致时，原则上按型号和系统抓总单位要求执行。当需要采取纠正措施的产品涉及多个型号时，原则上应采取同一纠正措施，在型号和单位对采取纠正措施意见不能统一时，单位应向上级质量管理部门上报专题报告，上级质量管理部门组织专家进行研究和评审评估，报主管领导审批后，给出明确结论和意见。

各有关单位在发现存在对后续型号研制工作产生较大影响的共性、典型质量问题时，以及研制单位发现的质量问题可能涉及靶场产品时，各有关单位应及时向相关项目管理部门、上一级质量信息管理部门报告，质量信息管理部门审查后向各相关靶场通报，并及时组织开展质量检查确认。

注意不要把“故障剥离”当作举一反三。所谓“剥离”，是指与故障产品无关或没有直接关联。一些单位仅仅从发生问题的表面原因开展举一反三，更换发生问题的产品，没有把解决本次发生问题的纠正措施落实到同批次、同样机理设计的其他产品上，使具有相同原理设计的产品未能避免同类问题的发生。这种做法虽然可能解决一时的问题，却不能从根本上预防相似问题的重复发生，使举一反三形式化、有遗漏、不彻底。

2.2.7 完成技术归零报告

责任单位负责完成质量问题采集卡和技术归零报告。技术归零的过程也是技术归零报告的生成过程，技术归零报告一般包括问题概述、问题定位、机理分析、问题复现、采取的措施及验证、举一反三情况、质量问题线索表、不符合标准的条款与内容、结论和技术归零的证明资料清单十大部分。

2.2.7.1 问题概述

问题概述的内容如下：

①所属型号：名称、研制阶段、生产批次、编号、任务性质。

②发生问题产品（系统）：名称、图（代）号、编号、批次、研制阶段、工作状态。

③发生问题时的日期、地点、设计单位、生产单位、环境条件。

④问题现象的描述。

2.2.7.2 问题定位

问题定位的内容如下：

①定位的过程：层层分析、分解到质量问题发生的部位。

②定位的依据：机理分析记录或试验结果等。

③定位结果：如某一单机、部件、零件、元器件、原材料或软件的某一运行状态，某一特定接口等的故障表现形式。

④问题原因（设计、工艺、操作、管理、器材、软件、设备、环境等）和责任单位。

2.2.7.3 机理分析

机理分析的内容如下：

①分析工作的步骤和方法。

②分析结果（理论分析结果和试验验证结果），难以确定时应把几种结果都加以说明。

故障分析结果应能判明下述问题：

①故障是相关故障还是非相关故障，以便估计产品在未来现场使用中是否会再次发生故障。

②故障是责任故障还是非责任故障，以便在估计产品可靠性时考虑是否将该故障计入在内，同时也利于分清故障产品是故障源还是非故障源。

③故障的原因，以便采取措施并进行故障原因归类，如设计原因（设计方案欠妥、设计图样差错、设计接口不协调等）、工艺原因（工艺要求不具体、工艺文件差错、工艺流程差错等）、操作原因（违规操作、误操作等）、设备原因（设备带“病”运行、无使用合格证等）、软件原因（需求缺陷、编码缺陷等）等，故障原因分类按航天一院标准（Q/Y 143）的规定执行。

④故障是首次出现还是同类或类似产品上曾经发生过。

⑤故障是偶然性的还是系统性的，若是偶然性的，那么它出现的概率是多少，是否需要纠正。

⑥故障仅对本型号有影响还是对其他型号也有影响等。

2.2.7.4 问题复现

问题复现的内容如下：

①为验证定位的准确性和机理分析的正确性，所进行的模拟试验情况。

②复现结果分析。

③无法或无须进行模拟试验的，应说明原因，并给出理论分析结果。

2.2.7.5 采取的措施及验证

采取的措施及验证的内容如下：

①纠正及验证和实施情况。

②纠正措施的验证和确认情况。

③纠正措施计划的制订情况。

④纠正措施在产品上的落实情况（纠正措施的技术文件名称、编号，改进措施的审批情况等）。

2.2.7.6 举一反三情况

举一反三情况的内容如下：

①影响分析，涉及产品的合理处置即处置计划。

②对举一反三发现的问题所采取的纠正措施和预防措施的落实情况。

2.2.7.7 总结经验教训

航天一院要求提炼质量问题举一反三线索表，明确故障的失效或故障模式，归纳故障的原因和机理，提炼技术准则，列明禁忌等，也就是应该怎样做、不应该怎样做的原则要求，将总结经验教训的工作具体化和标准化。

为了加强航天型号质量问题举一反三基线的有效性，报告中用质量问题线索表替代警示章节的内容，明确故障模式、故障机理、技术准则或禁忌、可能涉及的产品类别等内容。其中，故障模式要尽量选取“故障模式数据字典”中的模式；对“故障模式数据字典”中没有的项目，应根据定义进行提炼。每一级产品有对应的故障模式，故障定位在哪一级产品上，应填写对应的故障模式。技术准则或禁忌填写内容应具体化，避免出现“强化风险分析”“充分开展风险分析，设置强制检验点”等空泛的内容；应针对问题的产生原因，总结措施中的关键点即采取措施的原则和要求，明确具体指向。

2.2.7.8 不符合标准的条款与内容

通过质量问题分析，列出不符合技术标准的条款与内容或需要补充完善的标准，是一项回归基础的工作，有利于加强质量管理体系的完备性和有效性，将总结的经验教训、技术准则和禁忌进一步具体化为可执行的、量化的作业标准。

2.2.7.9 结论

逐条检查归零标准的符合情况，并给出是否可以归零的明确意见。

2.2.7.10 技术归零的证明资料清单

（1）技术归零的证明资料清单

①质量问题报告单编号。

②失效分析中心或其他技术部门的分析、鉴定报告。

③外包、外协、外购单位或下一级的技术归零报告。

④上一级系统的分析报告或归零报告。

⑤涉及问题关联责任的相关方的分析报告。

⑥归零评审结论报告名称和编号。

⑦落实性文件（更改单、技术通知单、质疑单、技术问题处理单）名称和编号。

⑧修订的技术标准名称和编号。

技术归零报告应按“编写→校对→审核→会签→批准→质量监督代表”的顺序签署，技术归零报告应经本单位质量管理部门和相关单位会签；器材问题由采购部门会签，单机生产过程问题由单机设计单位会签，单机设计问题由系统单位会签，系统问题由总体单位会签；航天一院以上级别的归零评审或要求上报的技术归零报告应经型号总设计师（技术负责人）和型号总指挥（行政负责人）审查，并在签署页签署。

（2）技术归零的证明资料清单或证明材料需要注意的事项

①归零报告的签署除按技术报告的规定外，还有一些会签要求，目的是进一步落实责任制，强调逐级负责、落实总体抓总的责任。

②质量监督代表在归零报告批准后签署意见。

③提交评审的报告应是质量监督代表签署意见后的报告。

④采集卡的填写要注意以下两点：一是在原因分类栏，凡涉及元器件的问题，不论是本质失效还是其他原因，主要原因栏都填“器材”，第二层再细分；软件与元器件相同。二是在原因分析栏，要摘述质量问题产生的原因机理，针对问题现象，描述清楚导致问题产生的故障定位点；针对问题故障定位点，从设计、工艺、操作等角度说明导致问题的原因；针对工艺、元器件等问题，要慎用或不得使用“个别问题”的定性意见。内容要清楚、简练。

2.2.8 靶场或外场的技术问题归零

靶场或外场的技术问题归零，由于其岗位责任制以及时间限制和资源的不同，有一定的特殊性，但与一般的技术问题归零原则是一致的，标准要求也是一致的，在具体的组织方式上要结合靶场的工作流程和要求，主要考虑以下几方面：

①靶场与外场试验与研制过程中的岗位责任制不同。

②归零工作的程序不完全相同。

③监督代表不一定在现场，现场归零人员在报告中不一定签署意见。

④有些落实工作（如设计文件的更改）须返回后进行。

2.3 管理归零

2.3.1 流程

管理归零工作程序主要包括：

①查明质量问题发生的过程和责任。

②采取措施和完善规章。

③对问题严肃处理。

④完成管理归零报告。

⑤完成归零评审。

⑥知识管理与归档。

⑦质量分析与后评估。

管理归零流程如图2-6所示。

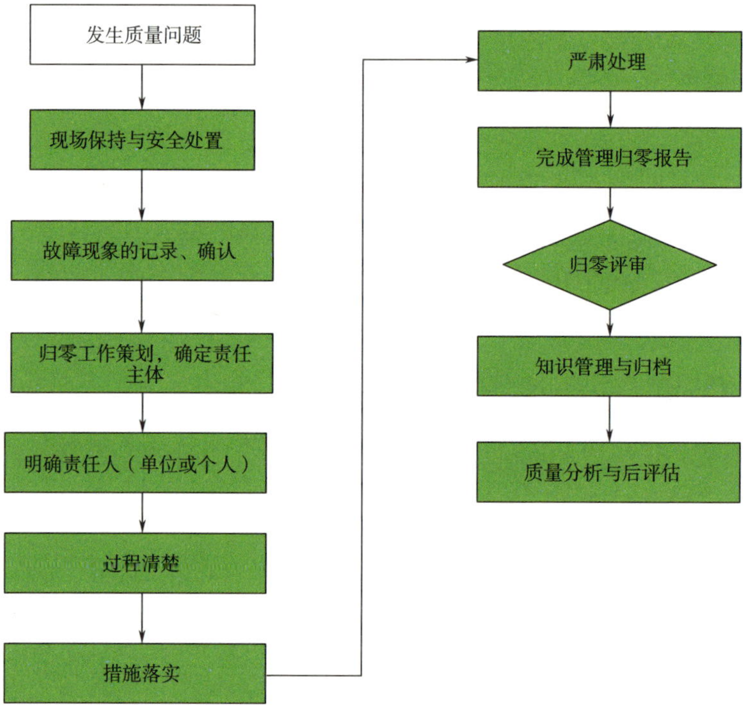

图2-6　质量问题管理归零流程图

2.3.2　查明质量问题的发生过程和责任

责任单位行政正职应及时组织有关人员按以下要求从管理上查明质量问题的发生过程和责任：

①查明形成问题产品的过程和发现问题的过程，并检查上述过程中涉及管理和过程控制的文件规定、执行和记录情况等。

②分析造成异常因素的过程管理和控制过程的文件规定、执行方面的原因，查找管理上的薄弱环节或漏洞。

③依据过程管理和控制文件的规定、执行和记录情况，确定相关组织和

相关人员应承担责任的主次与大小等。

针对引发质量问题的环节和岗位，面向产品流程和体系，从质量职责落实、规章制度执行、技术与管理流程设置、专业技术发展、保障条件建设、共性问题研究、人员培训教育、质量体系建设等方面查找产生质量问题的相关因素，查清产生质量问题的过程及管理原因。

这个阶段一般会有两个方面的问题：一是以技术分析过程代替产生质量问题的原始过程，不愿意“揭伤疤”。要清楚发生问题的时间、地点、工作工况、运行程序、问题现象和结果，清楚产生问题的管理环节、岗位和原因，清楚管理工作程序或制度中的漏洞。有些管理归零的过程分析，只描述问题现象，甚至照抄一遍技术归零报告中的问题定位过程，回避问题发生、发展的流程，以及管理过程和责任关系。二是以直接责任代替全部责任，导致管理归零在一定程度上形式大于内容。例如，确定单位或人员责任时，只强调直接责任，且通常在确定完直接责任后就认为做到了“责任明确”，不分析间接责任和管理责任，不分析主要责任和次要责任。责任追究并不是“责任明确”的主要目的，而是明责、履责、尽责、落实责任，重点是分析技术与管理流程中的责任链有无单点、断点、歧点。管理归零有效性的实现在于行政领导和管理部门的工作是否深入、到位。

2.3.3 采取措施和完善规章

针对管理上存在的造成质量问题发生的薄弱环节或漏洞，应在管理各环节采取纠正和纠正措施。

归零措施应具体、细化、可操作、可检查，措施中的每一项工作应明确责任部门和责任人，对于中长期措施应有明确的计划和节点。

归零措施应通过完善体系文件、规章制度、标准等形式进行固化。凡属规章制度不健全的问题，需明确完成规章制度制（修）订时间和具体内容概述。

责任单位应总结经验教训，提炼明确质量问题深层次的警示，该项工作情况应纳入问题管理归零报告。

管理归零措施容易口号化，注意不要以形式化、口号化措施代替管理上的具体措施。例如，管理归零措施中“加强”“提高”“注重”等简单化、口号化的措施大行其道，措施针对性、有效性和可操作性不强。如果漏检了就加强检验，装错了也加强检验，用错材料了还加强检验，即使出现了问题“层层闯关”的现象，也很少对问题背后的深层次原因开展深入分析，就无法从相关岗位的责任制落实以及制度、文件层面进行改进。

对于一些共性、多发的问题要开展综合分析，从体制机制和各级责任、技术和管理流程优化、技术储备和条件保障等方面分析问题背后的深层次管理原因，并采取针对性解决措施。

2.3.4 对问题严肃处理

严肃处理的核心不是处理人，而是严肃对待造成质量问题的管理原因，避免走形式、敷衍了事。应客观地分析、评价导致问题的各方面管理因素，总结经验教训，回归基础，以改进管理工作。

对发现规章制度或流程不完善、不健全等管理薄弱环节，并能够主动归零且提出可操作、可落实、可检查措施的责任单位和责任人，应根据情况给予必要的奖励。对确属重复性质量问题和人为责任质量问题的责任单位和责任人，以及弄虚作假、问题隐瞒不报的有关责任人，应按照责任和影响的大小，给予一定的处分或处罚。

对形成的制度和标准应及时开展宣贯和培训。严肃处理主要是为了吸取教训，应把加强思想教育和制度的宣贯与培训放在处理工作的首位，对于确需处罚的也应以批评教育为主。要辩证地看待处理，对主动发现问题和解决问题的人员或单位给予奖励，形成主动发现问题和主动解决问题的机制，具体见表2–2。

表2–2　质量问题的奖惩方式汇总表

序号	分类情况	奖惩方式
1	提前发现问题，通过复核复算、质量复查、产品验收等各种方式，及早发现问题隐患，包括本岗位职责内存在的问题，避免了经济损失、重大质量隐患、质量事故发生的	奖励
2	在外单位、其他系统发生质量问题后主动分析查找本单位、本部门管理漏洞并完善制度或标准的	奖励
3	技术认知存在差距、控制要素或产品特性识别不全、要求不明确的	视情况给予一定处罚

续表

序号	分类情况	奖惩方式
4	发现研制流程薄弱环节并改进的	奖励
5	发现标准制度不健全、不完善并改进的	奖励
6	发现无章可循，制定标准的	奖励
7	责任心不强造成低层次质量问题的	单位处罚个人
8	发生重复性质量问题的	批评、处罚单位； 单位批评、教育、处罚个人
9	系统把关不到位，错过发现问题的阶段，给工作带来被动的	批评、处罚单位； 单位批评、教育、处罚个人
10	有章不循，违章操作等人为责任，引起设计错误、试验失败、产品报废、产品质量下降，造成重大经济损失或严重拖延型号研制进度的	批评、处罚单位； 单位批评、教育、处罚个人
11	误操作引起比较严重问题的	批评、处罚单位； 单位批评、教育、处罚个人
12	抵触管理归零或管理归零不规范的	批评、处罚单位
13	主观故意、明知故犯、弄虚作假等造成质量问题的	批评、处罚单位； 单位批评、教育、处罚个人

低层次质量问题的认定应把握以下几点：

①设计上低层次质量问题有：设计文件出现差错，文件漏更改，未按已经明确的技术要求和指标进行设计，未执行标准，等等。

②生产上低层次质量问题有：生产准备不充分，工艺文件出现差错，未按操作规程操作，错漏装、错漏焊、错漏检，非技术原因而产生的多余物、断线、压线、松动，软件拷贝错、安装错，违章操作，等等。

③试验上低层次质量问题有：试验准备不充分（配套缺件、缺项，表格化制定不全面、有漏项，状态检查不到位），违章操作，误操作，试验观察不认真，判读不仔细，等等。

④管理上低层次质量问题有：各类人员职责不清或未履行职责，制度宣贯培训不到位，监督检查不到位，等等。

在处理问题时注意不要以经济处罚代替严肃处理。有些单位对严肃处理的认识有偏差，认为只要开展管理归零工作，都要对人进行经济处罚，导致在处理问题时普遍存在以简单的经济处罚代替严肃处理的现象。

2.3.5 完成管理归零报告

管理归零报告的内容一般包括过程概述、原因分析、措施及落实情况、处理情况、不符合标准的条款与内容、完善规章情况、警示、结论、管理归零的证明资料清单。

2.3.5.1 过程概述

说明质量问题发生的时间、地点，产品的技术状态，问题现象及发展的全过程。

2.3.5.2 原因分析

按管理环节和职责，分析管理上的原因；明确有关人员和部门的责任；按照“回归基础”“提升能力”的原则要求，挖掘深层次原因，做好举一反三工作。

2.3.5.3 措施及落实情况

说明采取的纠正及纠正措施落实情况；按照“回归基础”“提升能力”的原则，明确预防措施。

2.3.5.4 处理情况

说明对责任部门和责任人的处理方法、结果及文字依据。态度应严肃，方法应恰当，结果应有效。

2.3.5.5 不符合标准的条款与内容

通过质量问题分析，列出不符合管理标准、管理制度、要求中的条款与内容，或需要补充完善的标准、规章制度。

2.3.5.6 完善规章情况

说明本单位哪些规章制度要进一步完善或建立，是否落实。已落实的应有文件名称，未落实的应有明确要求及落实计划。

2.3.5.7 警示

从管理上总结提炼经验教训。

2.3.5.8 结论

对照管理归零标准进行检查，说明符合情况，并给出是否归零的结论意见。

2.3.5.9 管理归零的证明资料清单

管理归零的证明资料清单内容如下：

①质量问题报告单编号。

②质量问题技术归零报告名称和编号。

③质量问题技术归零评审结论报告名称和编号。

④落实性文件、通知、计划及要求的名称和编号。

⑤修订的规章制度名称和编号。

⑥奖惩文件名称和编号。

管理归零报告应经本单位质量管理部门和相关部门会签、本单位行政正职批准、质量监督代表签署意见后上报。

2.3.6 完成归零评审

归零评审的目的是保证归零工作质量和研制工作质量，不把前一阶段的质量问题带到下一阶段。归零评审有两个重点：一是审查对问题的分析和验证准确性、有效性和唯一性；二是纠正措施是否有效、是否得到验证，并落实到产品和技术文件、规章制度上，不能空洞。

归零评审工作应根据问题性质、严重程度及影响范围，实行厂（所）级、型号级、院级的分级评审，分别落实各级的主体责任和把关的责任。

2.3.6.1 厂（所）级评审

责任单位对本单位发生的所有质量问题均应进行归零评审。

2.3.6.2 型号或项目级评审

在厂（所）级评审的基础上，型号或项目根据质量问题的重要程度组织进行评审，提交院级评审的质量问题必须通过型号级评审。型号级评审形式可与厂（所）级评审一并进行，也可采取由型号总设计师（技术负责人）或型号总指挥（行政负责人）在归零报告签署页中签署意见的形式进行。

2.3.6.3 院级评审

在厂（所）级、型号级评审的基础上，下列范围的问题要组织进行院级评审。

①研制过程中出现的重大质量问题。

②分系统以上大型地面试验和飞行试验过程中出现的质量问题。

③总装测试过程中出现的质量问题。

④批次性产品质量问题。

⑤产品交付后用户使用过程中发现的质量问题。

⑥其他严重的质量问题。

对质量问题要及时进行评审，各级评审应根据质量问题发生的阶段，在以下节点前完成：

①转研制阶段前。

②产品交付验收前。

③型号或项目出厂飞行试验或交付前。

④型号或项目在靶场由技术区转到发射区前。

⑤型号或项目在发射区加注燃料或发射前。

⑥批次产品交付前。

⑦已交付使用产品售后服务有关工作节点前。

技术归零评审的主要内容是对照归零标准进行检查，应包括：

①质量问题的现象叙述是否清楚。

②质量问题的定位是否准确，是否具有唯一性。

③产生问题的机理是否明确，是否含有不确定因素。

④问题是否复现，复现试验的条件与发生问题时是否一致。

⑤纠正措施是否经过有效验证，是否已落实到产品设计、工艺或试验文件中，具体落实到哪些文件中。

⑥在本单位的本型号范围内的举一反三结果，改进措施和预防措施是否得到落实。

⑦归零报告的编写是否符合标准规定的要求。

管理归零评审的主要内容应包括：

①质量问题的发生过程是否清楚。

②发生问题的主要原因和问题性质是否明确。

③主要责任单位和责任人是否明确，相关单位是否认识到应承担的责任并采取了改进措施。

④是否结合出现的质量问题对人员进行了教育，以及具体的教育形式。是否需要对责任单位和责任人进行处罚，处罚是否妥当，是否有文字记录或通报。

⑤属无章可循或规章制度不健全的问题，是否已完善规章，完善了哪些规章。

⑥归零报告的编写是否符合标准规定的要求。

归零评审实行逐级负责制，厂（所）级、型号级归零评审通过后方可进行院级归零评审，厂（所）级质量问题技术归零评审应由本单位主管领导主持，管理归零评审由本单位行政负责人主持。交付用户产品的质量问题归零报告在系统所属抓总单位会签后还应按规定交用户代表会签，或由责任单位用户代表参加归零评审；定型批生产产品涉及用户检查项目的质量问题归零报告应由用户代表会签，或由责任单位邀请用户代表参加归零评审。管理归零评审可与技术归零评审结合进行。

质量问题完成归零工作后3个工作日内，由归零归口单位负责对该问题进行归零闭环工作，即完成快报转质量问题归零信息采集卡的工作。采集卡上的信息主要包括基本情况、产品属性、问题处理、归零评审等内容，对应的质量问题归零报告应作为附件同时纳入信息系统。归零归口单位可以在信息系统中对能够阅读归零报告的人员范围进行授权管理。采集卡完成后的各级审核程序与问题发生时的审核程序相同。

2.4 其他结构化方法

质量问题归零是面向产品、流程和体系质量问题的解决方法，是标准化、流程化、结构化的方法，属于系统工程方法的一个组成部分。在GJB 9001质量管理体系中，要求建立不合格品审理制度，并对质量问题及其信息进行管理，则质量问题归零又是质量管理体系的一个组成部分。国际上一些行业组织和大公司在贯彻ISO 9000质量管理体系的同时，也会有自己的标准化、结构化的解决质量问题方法，如汽车供应链系统普遍采用的8D，丰田汽车公司的丰田问题解决法等。

2.4.1 8D

2.4.1.1 8D概述

8D（8 Disciplines）即“八步解决问题法”，意思是八个为人熟知的分析异常和解决问题标准化的步骤，又称为TOPS（Team Oriented Problem Solving），也就是团队导向的问题解决方法。1974年，美国军方颁布军用标准《不合格品的修正行动及部署系统》（MIL-STD-1520），用一种具有成本效益的行动计划处理和处置不合格产品，描述了相关各方之间的流程和信息处理，其主要目标是识别问题，查找根本原因，对不合格品做出处置，并防止故障再次发生，降低生产成本和提高质量。这一方针在美军所有的供应商中一直使用到1995年，其内容类似目前的8D。

8D 由美国福特公司最早使用，在20世纪80年代，当时的美国福特公司的动力系统部门正为如何解决一些长期、重复出现的质量问题而苦恼。内部有人提出使用这种被称为“团队导向的问题解决方法”的思路，在其技术手册中用书面记录下这种方法，在改进过程中记录改进的途径和工具，逐渐规范了这套逻辑性较强的方法。公司通过信息的搜集、分析和验证，利用质量管理工具手法，很快找到真因，并确定了标本兼治的改善方案，解决了很多产品质量问题。

在实际工作中，8D 也常作为改善过程、提高能力、分析问题、解决困难的一种途径，工程师在应用中均能感受到它的逻辑缜密、思路严谨。随着福特公司在世界汽车工业的影响力扩大以及TS16949 技术规范在汽车零部件生产商中的推广应用，8D已经逐步成为必不可少的一个特殊要求，凡是做汽车行业零部件的供应商，往往被客户要求在发生投诉时必须按 8D 的标准格式来回复问题的分析和改进效果的追踪。目前全球其他很多企业，如航空企业、电子企业等也纷纷利用这个逻辑性强、条理清楚、简单而有效的问题解决步骤来解决产品质量或服务问题，甚至对于管理上的问题，各个企业也逐步形成具有企业特点的“八步解决问题法”的格式和要求。图2–7是8D的流程图。

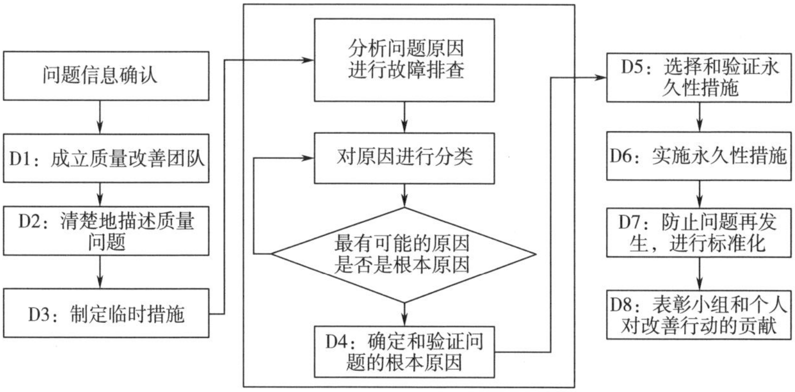

图2–7 8D流程图

8D的具体步骤是：

D1：成立质量改善团队。

D2：清楚地描述质量问题。

D3：制定临时措施。

D4：确定和验证问题的根本原因。

D5：选择和验证永久性措施。

D6：实施永久性措施。

D7：防止问题再发生，进行标准化。

D8：表彰小组和个人对改善行动的贡献。

2.4.1.2 8D的主要特点

8D将质量问题定义为“与规范或要求不符合”的事情，同时也强调了用于处理过程失控和提高系统生产的能力。8D不仅用于解决各种简单或复杂问题，也是过程管控和改进整个制造系统的强力手段。该方法是企业与顾客、供应商有效沟通的工具，也是达到提高顾客满意度、增强对供方产品和过程的控制的主要方式。其主要特点如下：

第一，给出了科学、简洁的程序化的方法，提供了一套解决问题的更符合逻辑的办法，因此能够更好地为客户、企业内部、供应商提供有效的服务。

第二，组织方式灵活，实施的过程中没有较高的组织结构要求和人员资质要求。成立团队的时候需要人员分工，相关部分要有自己的负责人。团队是一个项目型的组织结构，团队成员完成该问题或者课题之后还要回到原来的部门中，即团队是一个临时型的团队，在解决完问题之后就解散了。

第三，能够防止问题进一步扩大，8D的第三步要求是制定临时措施，这样能够防止问题扩大，减少问题造成的损失，进而为下一步找到问题的真正原因打下基础，提供足够的时间。8D 能够缓解或者消除相关风险，对于质量管理和改善非常有益。

当然，8D也存在一些问题，例如没有对整体的质量目标提出具体的改善绩效的要求，在文化方面的渗透和全员参与方面存在差距，如果缺乏足够的资源保证，在选择验证永久性纠正措施的时候，很容易发生凭经验来判断措施的合适与否，而缺少数据支持决策的情况。

2.4.1.3 使用8D要注意的问题

使用8D解决问题时，需要注意的问题如下：

第一，强调协同。倡导团队精神，由一组人来共同分析、研究和解决问题，集思广益，使问题的分析更加全面、客观、深入、量化和细致，有利于找出问题的根本症结并彻底根除。

第二，强调量化表征。根据报表和具体指标分析和判断发现的问题。8D强调精确地描述、分析问题，能够量化的问题要尽可能量化，不能主观、武断地来看待问题的现状及原因，否则做出的决策往往缺乏针对性，最终还是不能有效地解决问题。因此，在运用8D的各个过程，尤其在问题描述、原因分析、效果对比等环节，应当充分考虑把8D与其他管理工具和方法，如调查表、排列图、因果图、直方图、趋势图、故障模式及影响分析（FMEA）、FTA控制图、系统图、网络图等结合使用，使用量化的数据来说明问题，以事实为依据来分析问题、改进问题，评估解决问题的有效性。

第三，尊重事实。首先要确定问题，初步分析问题发生的原因，以及分析运用 8D是否科学合理。其次，针对存在的问题，按相关评审标准来确认8D改进的合理性。应当通过现象或问题症状表现的复杂程度、严重程度、发生概率等来评估一个问题，从技术性、时效性、经济性等角度来分析是否需要8D来分析和改进问题。例如，有的问题尽管看起来很突出，但如果它的产生原因很清晰，或者只需要一些简单的措施就能比较容易地解决掉，那么就不一定非要运用8D不可，否则就是死板教条或形式主义，而且还会耗费不必要的管理和技术资源。相反，对于一些复杂、系统性的问题，如产品性能不稳定、员工离职率上升之类的问题，如果只是进行简单的分析和处理，往往无法发现并消除其根本原因，问题的症结可能会一直存在。总之，确定需要解决的问题后须指定一个目标，也就是问题什么时候可以解决和解决到什么程度。

第四，强调预防。解决一个问题除了要消除其现象以外，更重要的是消除问题的本质原因，防止问题再发生。8D 强调消除潜在故障，修改程序文件和流程图以防止问题再发生。此外，还要考虑类似的产品、过程或管理环节是否也存在类似的问题，这种预防思想是8D能够成功解决问题的关键所在。

第五，强调正向激励。8D是一项团队改进行为，那么就需要激励团队中的每一位成员，以激发他们的积极性和创造性。8D的第8个步骤需要管理者充分肯定团队及每一位团队成员在解决问题上所付出的努力，对他们圆满解决问题表示诚挚的祝贺，并给予一定的物质和精神鼓励，这是使8D能够持续有效开展的组织保障条件。

2.4.2 丰田问题解决法

从 1896 年丰田佐吉成功发明丰田动力织布机开始，丰田从日本农村的织布机厂一路走来，成为年产销千万辆汽车的全球化大型汽车企业。“丰田之路”（Toyota Way）是使丰田有杰出表现的根本原因，是丰田企业的核心价值观，其两大支柱是持续改善、尊重人性，分解为五个基本概念：挑战、改进、现地现物、尊重和团队合作（见图2-8）。丰田工作方法（Toyota Business Practices，TBP）是在工作中实践丰田之路的具体方法，是一种工作规范和标准工作程序，同时也是改善项目的具体流程，又称“丰田问题解决法”。

丰田问题解决法是丰田公司的员工在每天的工作中实践丰田之路理念的具体工作方法，以问题解决为核心，包括基于全面质量管理（PDCA）的八个步骤和丰田之路细化分解的十个基本意识（见图2-9）。

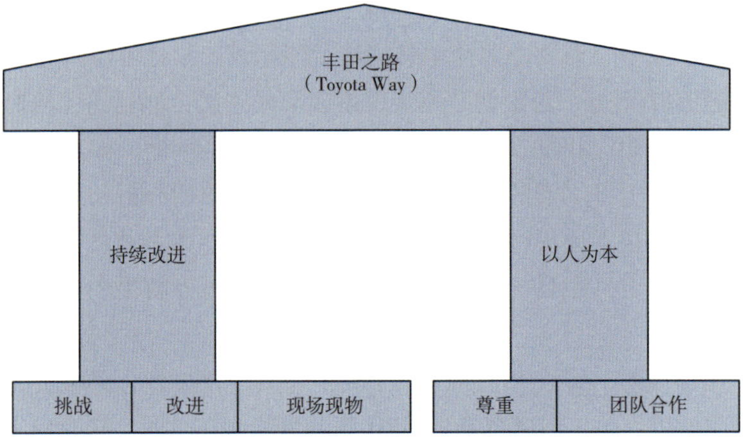

图2-8　丰田之路的基本框架

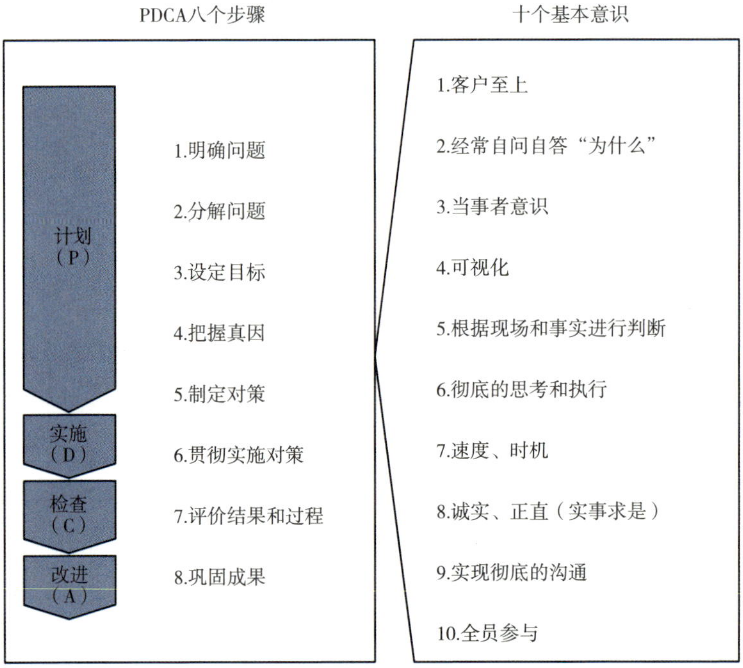

图2-9　丰田工作方法

2.4.2.1　以问题为导向，把差距定义为问题

丰田问题解决法从“问题”开始，对“问题”的定义是：问题是理想状态和现状的差距。丰田人不能满足于现状，要设定更高的理想状态。它以

“问题解决”为核心，并包含为有效推进工作所需要的各种知识和技能。

丰田问题解决法将问题分为两种：一种是发生型问题，是指既定的“理想状态”（基准值或目标）和现实的差距。另一种是设定型问题，是指通过解决“发生型问题”而达到既定的“理想状态”与更高的“理想状态”之间的差距。也就是说，设定型问题是重新设定更高的“理想状态”（基准值或目标），有意识地创造出来的差距。丰田生产方式的创始人大野耐一说过：“没有问题的人，才是问题最大的。”所以说，要解决问题，首先要发现问题，需要经常保持高度的问题意识，不断审视自己的工作，永远不满足自己工作的现状，常常思考：“这样真的行吗？能不能做得更好？”

2.4.2.2 以文化为基础，以组织成果为目标

所谓“丰田问题解决法”，是建立在丰田价值观“丰田之路”基础之上的“丰田工作方法”的核心内容（见图2–10）。丰田工作法的“三大法宝”是：丰田问题解决法，方针管理，人才培养。通过运用丰田问题解决法，实现独立思考，自发地解决问题；通过“方针管理”，做到使方向和变化的程度可视化，推进整个公司的问题解决；通过人才培养，构筑有活力的、强韧的职场，塑造有领导力的管理者，培养能够实践问题解决的员工，最终实现组织成果的最大化、公司永久的繁荣。

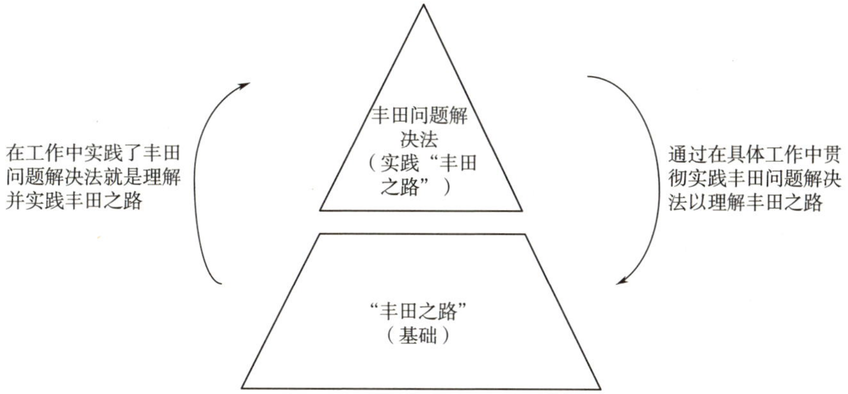

图2–10 丰田问题解决法与”丰田之路”（Toyota Way）的关系

丰田有一个基本理念——“永远把现状看成最差的水平”。这是实现持续改进的信念基础。丰田人通过极端的“自我否定”来实现持续的“自我优

化”，进而在企业内部建立一种谦虚内敛的氛围，使员工保持战战兢兢的心态，实现进步和发展。对比这家公司，我们有太多的企业管理者着眼于已取得的成绩，而没能从意识深处接受“自我否定—自我优化”的思维方式。

丰田的企业文化是严谨明确的。PDCA八个步骤的每一步都被细化分解，有切入点和关键控制要素，包含SMART 原则（specific，measurable，achievable，relevant，time-bound），即具体、可衡量、可达到、相关、有时限。

任正非说：“丰田的董事退休后带着一个高级团队在我们公司工作了十年，德国的工程研究院团队在我们公司也待了十几年，才使我们的生产过程走向了科学化、正常化。从生产几万块钱的产品开始，到现在几百亿美元、上千亿美元产品的生产，华为才越搞越好。”华为确立的企业价值观是“成就客户，艰苦奋斗，自我批判，开放进取，至诚守信，团队合作”。

对于质量问题，不同的企业的处理方式不同，普通企业会把找到质量问题的解决方法作为处理质量问题基本要求。而优秀的企业把质量问题的处理作为企业经营和企业文化的有机组成部分，是企业提高员工能力、供应商水平、顾客满意度的重要方式。

丰田认为“工作=问题解决（改善）+作业（维持）”，丰田问题解决法被认为是丰田文化以人为本（全体员工、供应商、相关方）、持续改善（全员、自主、自发、持续）的核心内容。丰田问题解决法也是基本工作方法，能起到提高员工质量意识、实施人才培养、改善质量工作、提高企业实力的全面作用。其中，最重要的是该方法明确提出问题解决和改善是两位一体的，一方面能够促使质量问题彻底解决，对企业、生产过程和产品起到本质改善的作用，另一方面不是被动地等待问题，而是主动地发现问题，寻找改进机会并持续改进。

2.4.3 根原因分析

根原因分析（root cause analysis，RCA）是一项结构化的问题处理法，用以逐步找出问题的根本原因并加以解决，而不仅仅关注问题的表征。

根原因有时又称为根本、根因、根或本，是指导致某种结局或后果的因果关系链条的初始原因。通常，根原因用于描述因果链之中最深的层次；只有在这种层次合理有效地实施某种预防措施，才能从根本上改变表现、性能或业绩等，防止不良或非预期的后果出现。就因果关系而言，成语“治标不治本”所说的“本”、“斩草除根”的“根”、“刨根问底”或“追根究底”的“根”“底”，以及“追根求源”的“根”“源”等单字，指的就是根原因。

与根原因相关的概念还有直接原因，也叫近因，是那些直接导致问题发生的原因。直接原因常常源自另外一套原因（可称为间接原因），而后者有可能是其他原因的结果。这样，从问题开始，到直接原因，再到间接原因，直到根原因，就构成了一个完整的因果关系链条。从某种已知的最终状态（问题）回到某一原点或起点的时候，也就找到了根原因。查找根原因的过程也就是根原因分析。

根原因分析是一个系统化的问题处理过程，包括确定和分析问题原因、找出问题解决办法、制定问题预防措施。在组织管理领域内，根原因分析能够帮助利益相关者发现组织问题的症结，并找出根本性的解决方案。

根原因分析的第一个目标是发现问题的根原因，第二个目标是研究根除根原因的方法或措施，第三个目标是将分析中所学的知识应用到系统地预防问题重复发生上。根原因分析的核心原则包括：

①应关注纠正导致问题发生的根原因，而不只解决问题本身。

②要意识到可能有多个根原因。

③要着眼于问题如何发生而不是问题由谁负责。

④要系统地找出支撑根原因的因果关系链条。

⑤根原因分析应能支撑提出的纠正措施。

⑥根原因分析要确定防止问题重复发生的措施。

美国汽车工程协会（SAE）标准《航空航天行业标准：根原因分析与问题解决》（ARP 9136）将根原因分析分为八个步骤（见图2-11）。

第一步：采取立即的阻止措施。

第二步：组建问题解决团队。

第三步：完成并优化临时措施。

第四步：识别根原因。

第五步：确定并选择永久性的纠正措施。

第六步：实施根原因纠正措施并验证措施的有效性。

第七步：标准化并分享知识。

第八步：认可并解散团队。

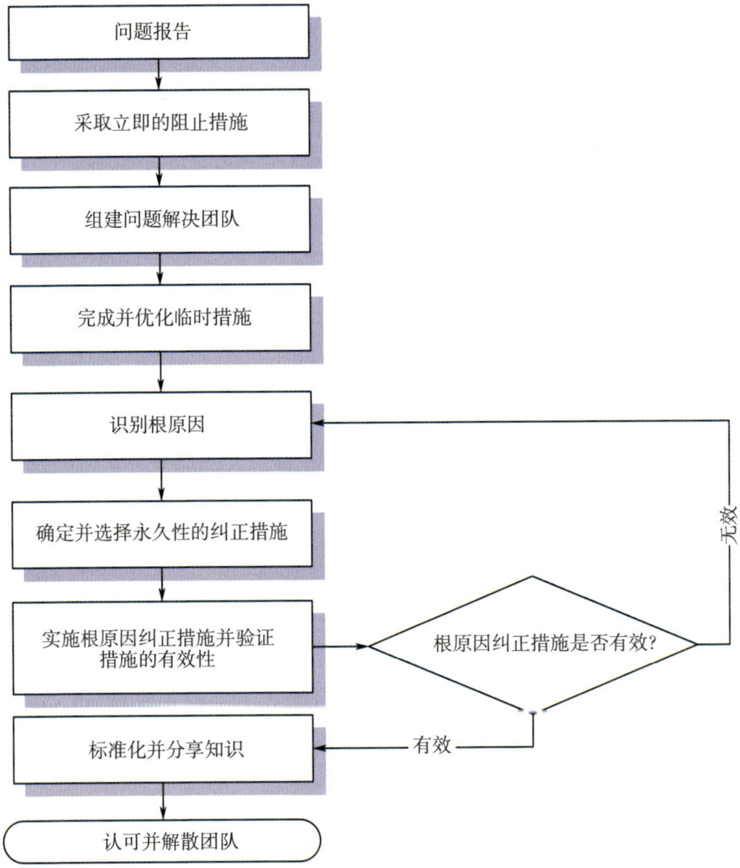

图2-11　根原因分析流程图

3 管理归零的价值

20世纪90年代中期，航天行业虽然实施了产品质量问题的技术归零，对于规范产品质量问题的处置、保证型号任务的完成发挥了重要的作用，但是质量问题频繁发生的被动局面并没有根本的改观，管理漏洞和薄弱环节成为发生低层次、重复性质量问题和人为责任事故的根本原因。据1997年对发射场发生的质量问题的统计，管理不到位引起的质量问题占所有质量问题的60%以上，包括产品漏电、漏气、漏油，多余物问题反复发生，工作有章不循、无章可循，质量检验把关不严，违章操作屡禁不止，技术状态失控，外协管理松懈，甚至质量不合格产品蒙混过关。当时的航天工业总公司总经理刘纪原提出要求：科研生产管理部门要制定质量问题在管理上的归零标准。

1997年5月，一个单位将需要更换的整机送达发射场，试验队开箱检查时发现产品的精密滤网多处划伤，管道内留有明显的金属切削多余物，存在装配间隙过大、螺钉垫片不全等多项质量问题。经查，这个单位为了赶进度，产品机械加工毛糙，检验环节缺失，装配过程失控，最后未按规定把关签字就放行出厂，把一个不合格的产品送到了发射场。问题发生以后，这个单位主要责任人经过认真反思和检查，写出了一份严肃深刻的总结报告。他们认为，这次差错暴露了整个产品生产过程中各个管理环节的漏洞和岗位职责的缺失。这份报告详细描述了事情发生的全过程、各个环节上的问题和相关人员的责任、采取的补救措施、处理情况，以及经过认真研究建立的新规章制度。这份报告源于实践，是发自内心、考虑缜密的总结，对航天工业总公司科研生产局制定管理问题归零要求有很大的启发，为制定以过程、责任、措施、处理和规章为基本结构的管理问题归零标准奠定了实践的基础。1997年10月，航天工业总公司印发了《关于认真做好质量问题在管理上归零工作的通知》，提出了管理归零的五条标准。

管理归零是从组织管理体系上解决问题，在实施中也遇到不少问题，主要是没有树立正确的问题观，对质量问题缺乏正确的认识，回避问题，回避责任，管理归零的效果不好，因此要解决管理问题的有效性问题，首先要解决人们的思想问题，于是就提出了思想归零的概念。对航天型号项目研制而言，发生一个产品故障，需要做四个方面的工作（见图3-1）：一是项目研制系统为了完成任务需要合理地处置产品故障；二是产品研制单位需要从技术上采取措施完成技术归零；三是产品研制单位需要从管理上采取措施完成管理归零；四是管理者以及相关人员需要从中汲取教训，提高认识，实现思想归零，并为完成技术归零和管理归零提供保障。但是，由于对归零缺乏正确的认识，人们重视的是问题的合理处置，在实际工作中常常以问题的合理处置代替一系列的问题归零工作，这是当前归零工作中存在的最主要的问题。本章就此问题展开讨论，首先，分析了载人航天宇航员的牺牲原因；其次，从冰山模型看人们的问题意识结构与问题的根本原因；再次，航天一院为加强归零工作提出五条归零组织原则；最后，讨论了马克思主义问题观的重要意义。

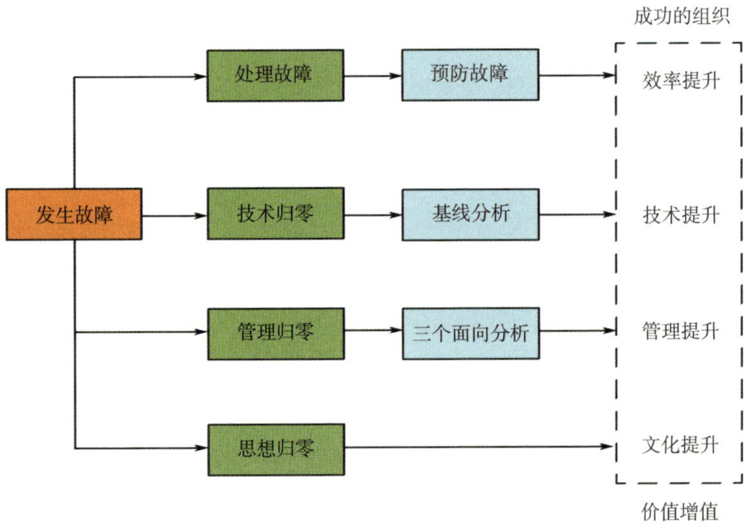

图3-1　故障与归零的关系

3.1　宇航员的牺牲

载人航天工程是最具有挑战的航天工程，人类载人航天飞行始于20世纪60年代，1961年苏联宇航员加加林乘坐“东方号”飞船进入太空；1969年美国宇航员阿姆斯特朗乘坐“阿波罗11号”飞船踏上月球；1981年航天飞机首飞，每次可实现7名宇航员往返于地球和轨道之间；2003年，中国宇航员杨利伟乘坐“神舟五号”飞船进入太空。目前，人类的载人航天取得了巨大的成功，至2020年，已有500多名宇航员进入太空，其中，中国宇航员11人，14次进入太空。

虽然载人航天工程的质量标准是航天工程中最高的，但也有不少失败和挫折，一代又一代航天人为了成功付出了巨大的代价，其中，有22位宇航员牺牲（不包括宇航员飞机飞行训练等过程中发生的牺牲），每一次事故都是惊心动魄的，教训更是十分惨痛。“失败是成功之母”并不是必然的逻辑，失败的逻辑似乎往往在重演，汲取教训并不是自然而然的简单过程，而是一个不断迭代的思考过程。

3.1.1 案例研究及22位宇航员牺牲的经过

我们对国外载人航天故障进行了梳理，研究了171起国外载人航天事故典型案例，包括引起人员伤亡、任务失败，或造成系统、硬件、地面设施、发射设施损坏等事故，其中特大事故7起，导致22名宇航员丧生。

载人航天故障发生阶段统计分布如图3-2所示。其中，在轨运行阶段占38.6%；上升阶段占28.6%；地面试验等其他阶段占15.2%，返回阶段占12.3%，飞行中多个阶段占5.3%。

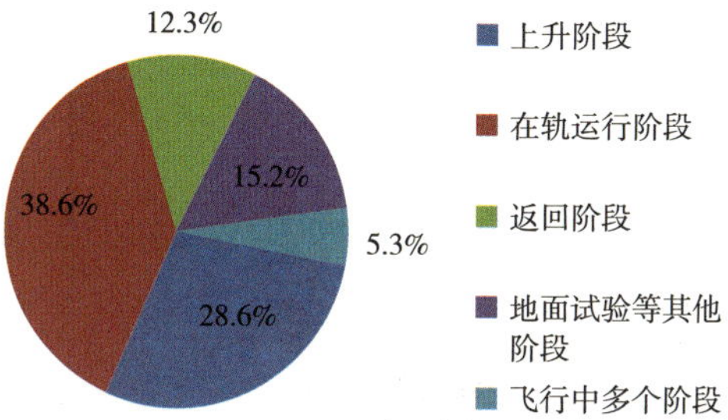

图3-2 载人航天故障阶段统计

需要说明的是，在轨运行阶段要比上升阶段和返回阶段时间长得多，主要面临着宇宙辐射和太空碎片等危险因素，存在故障也较多。上升阶段和返回阶段虽然飞行时间较短，但过载、噪声、振动、温度、气压及气动加热等因素存在且变化剧烈，逃逸困难，虽然二者的故障数均少于在轨运行阶段，但更容易造成对宇航员生命安全的威胁，是宇航飞行风险最大的阶段，宇航员多牺牲于这个阶段。

1961年3月23日，苏联宇航员瓦伦京·邦达连科（见图3-3）在压力隔离训练即将结束时被舱内燃起的大火严重烧伤，8个小时后死亡。

1967年1月27日，在阿波罗1号的一次例行测试中，指令舱发生大火，三名宇航员维吉尔·格里森、爱德华·怀特及罗杰·查菲丧生（见图3-4）。

图3-3　苏联宇航员瓦伦京·邦达连科

图3-4　阿波罗1号乘组

1967年4月23日，苏联宇航员弗拉基米尔·M.科马罗夫（见图3-5）乘坐联盟1号飞船返回地面时，飞船降落伞无法打开，科马罗夫被当场摔死。

1971年6月30日，苏联联盟11号飞船返回时，返回舱的压力阀门被震开，舱内迅速减压，致使3名宇航员格奥尔基·多勃罗沃利斯基、维克托·帕查耶夫、弗拉季斯拉夫·沃尔科夫因急性缺氧、体液沸腾而死亡（见图3-6）。

图3-5　苏联宇航员弗拉基米尔·M.科马罗夫

图3-6　联盟11号乘组

1986年1月28日，美国挑战者号航天飞机从卡纳维拉尔角升空72秒后爆炸，造成7名宇航员丧生，包括弗朗西斯·斯科比、迈克尔·史密斯、朱迪恩·雷斯尼克、罗纳德·麦克奈尔、埃利森·鬼冢、格里高利杰维斯以及女教师克里斯塔·麦考利夫（见图3-7）。

2003年2月1日，哥伦比亚号航天飞机返回时在得克萨斯州中部上空解体，里克·哈兹班德、威廉姆·麦库、麦克尔·安德森、卡尔帕纳·楚拉、大卫·布朗、劳瑞尔·克拉克、伊兰·拉蒙等7名宇航员丧生（见图3-8）。

图3-7　挑战者号宇航员乘组

图3-8　哥伦比亚号航天员乘组

3.1.2　事故分析

3.1.2.1　4名宇航员牺牲于地面试验的安全问题

1961年3月23日，瓦伦京·邦达连科即将在压力隔离舱内完成系列试验，舱内气压已经降低，并开始加入高浓度的氧，以防止在模拟高空环境时发生减压病。邦达连科身上贴满了各种传感器，以测量其生理和心理反应，完成体检后，他摘下传感器，用沾了酒精的棉签清洁身体后，将棉签扔在了一块发热的平板上，富氧的压力舱立刻起火，由于高温和平衡压力的作用，救援人员用了几分钟才打开舱门。邦达连科烧伤面积超过90%，被送往医院，8个小时后去世。18天后，加加林驾驶东方1号飞船进入太空。

1967年1月27日，美国在肯尼迪航天中心34号发射阵地上进行载人飞船地面联合模拟飞行试验，乘坐3名航天员的阿波罗1号飞船对接在土星1B运载火箭上。因为火箭没有加注燃料，没有安装火工品，易燃易爆物均被移开，试验组织者认为已没有不安全因素，因此在现场没有设置消防人员、医生和紧急救援人员。试验进行到最后倒计时时，飞船指令舱突然起火。在短短几十秒内，3名宇航员均被烧死在舱内，救援人员用了5分钟才打开舱门。事故调查表明，起火的直接原因是飞船内导线短路，电火花引燃了舱内的易燃材料，这些材料置于舱内1/3大气压力的纯氧环境中是很危险的；舱门打开时间设计为90秒，起火时舱内形成负压，舱门在内部无法打开，宇航员没有时间做出反应，外部也无法迅速打开舱门。因此，指令舱的环境控制和生命子系统存在严重的火灾隐患，并缺乏危机事件的处理程序。此外，指令舱还存在设计、制造和质量控制方面的诸多缺陷。

3.1.2.2 政治因素的影响突破了质量安全的底线

1967年为苏联十月革命胜利50周年，以及发射第一颗人造地球卫星10周年，为此，苏联决定加速登月计划。1967年4月，苏联拟用联盟号飞船进行登月飞行交会对接模拟试验，安排联盟1号、联盟2号飞船分别于4月23日、4月24日发射，然后于4月25日—26日在地球轨道上交会对接。联盟号飞船是新研制的飞船，之前三次飞行试验均告失败：第一次，飞船入轨后姿态失控，不得以自毁；第二次，炸毁在发射台上；第三次，在飞船返回时有局部烧穿，并且落入大海。据报道，联盟1号载人飞船在发射前出过大小207个故障。

4月23日，宇航员弗拉基米尔·M.科马罗夫乘坐联盟1号飞船进入太空，飞行到第二圈时，飞船左边的太阳能电池帆板没有打开，供电不足，无线电短波发射机没有工作，姿态稳定系统也受到影响，经过调姿仍未成功，最后决定放弃任务返回地球。飞船返回至地面10千米时，主降落伞无法打开，飞船以每秒100多米的速度冲向地面，科马罗夫牺牲。事故调查发现，降落伞出伞受阻是伞箱的内外压差所致，摩擦阻力使伞留在伞箱内，如果联盟2号飞船按计划起飞，其结果也是如此。鉴于此次事故，以及后来两次降落伞回收系统试验失败，主管载人和降落伞回收系统的总设计师帕维尔·塔谢夫被免职。苏联不得不对飞船进行改进，于1968年10月后发射了多艘不载人的联盟飞船，并取消了登月飞行计划。

到1971年，美国已经有5批宇航员小组抵达月球，由于在登月竞赛中输给美国，建设空间站成为苏联一个新的竞赛目标。1971年春，苏联发射第一个礼炮号空间站。1971年6月29日，联盟11号飞船搭载3名宇航员从礼炮号空间站返回。在飞船按照程序启动制动火箭、执行返回舱和轨道舱分离动作时，返回舱的压力阀门被震开，密封性能被破坏，返回舱内的空气从该处泄漏，舱内迅速减压，致使宇航员因急性缺氧、体液沸腾而死亡。此次事故的原因一方面是阀门耐环境设计存在缺陷，产生泄漏；另一方面是飞船设计不合理，违反了安全准则，座舱拥挤，原设计的座椅只能容纳两名宇航员，改成三名后，宇航员只有脱掉臃肿的航天服才能坐下，因此航天员在返回前都脱掉了航天服。此事故推迟了苏联空间站的使用计划，礼炮号此后再无人进入。飞控中心于发射175天后忍痛发出降轨指令，礼炮号返回至太平洋上空烧毁。

3.1.2.3　系统设计不可靠，反对发射的意见未得到合理处置

1986年1月28日，挑战者号航天飞机爆炸后，美国总统里根2月3日签署了12546号命令，成立以前国务卿罗杰斯为首的事故调查总统委员会。委员会和参与调查的机构一致认为，挑战者号航天飞机失事的直接原因是右侧固体火箭助推器后现场连接处的O形密封圈损坏，火箭发动机的燃气从插裙和U形槽之间的缝隙逸出（结构图见图3-9），烧穿了外贮箱，使液氢、液氧燃烧并爆炸。

挑战者号航天飞机的固体火箭助推器长达38米，需要分段连接，后连接处的两段壳体由于以前多次使用而使直径有所增大，且沿周向不等，使得插裙和U形槽之间的间隙平均只有0.1毫米，造成O形圈受压过大，产生永久性压缩变形，丧失弹力。一旦上述间隙因动力作用而加大，O形圈回弹不及，燃气就会溢出（见图3-9）。发射时的温度为2.2℃，低于以往8.3℃的最低温度，而后连接处的温度竟低至0℃，低温延缓了O形圈的回弹。系统结构设计的

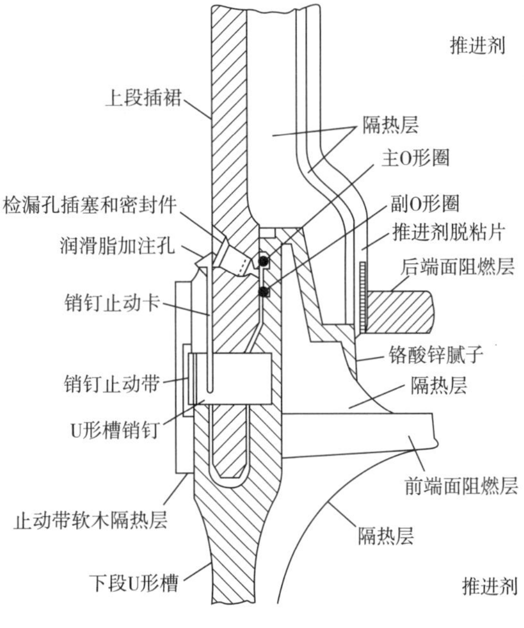

图3-9　固体火箭发动机横剖面

注：从中可见插裙、U形槽和O形圈的位置

不可靠加上密封圈质量不过关、低温性能不好，直接造成了事故的发生。O形圈的工作状态见图3–10。

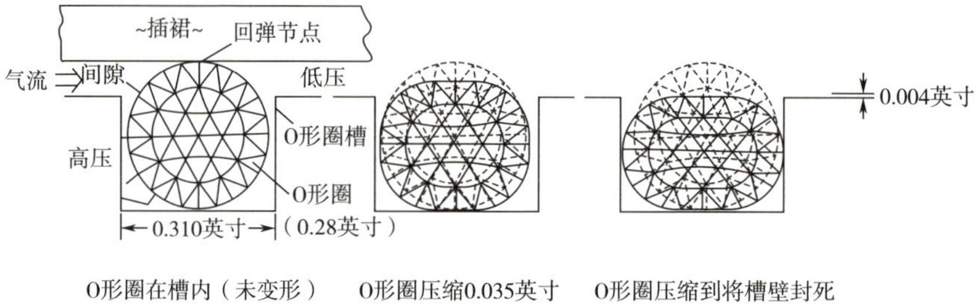

图3–10　O形圈的工作状态

注：插裙和U形槽之间的间隙越来越小，O形圈产生永久性压缩变形

失败的间接原因是错误的发射决策，O形密封圈在这之前曾出现了不少问题，所以助推器承包商莫顿·瑟奥科尔公司的工程师们提出书面建议，反对在11.6℃以下发射，未被公司高层和美国航空航天局（NASA）的马歇尔航天中心（负责固体火箭助推器的发射安全）采纳。洛克韦尔公司（总承包商并负责承包助推器的发射后处理和修复再用）也认为，由于发射台上有冰凌，所以发射是不安全的。但据说这些情况均未反映给发射的决策人。

3.1.2.4　隐患长期存在，侥幸心理导致失败

2003年2月1日，美国哥伦比亚号航天飞机在结束了为期16天的太空任务后返回地球，着陆前航天飞机解体坠毁，7名宇航员遇难。这是哥伦比亚号航天飞机执行的第28次飞行任务，也是美国航天飞机的第113次飞行任务。经调查，哥伦比亚号航天飞机在发射升空时其左翼遭到从外部燃料贮箱上脱落的泡沫绝缘材料撞击，造成机翼表面防热瓦出现了大面积松动和破损，最终导致哥伦比亚号在返航途中因高温空气侵入而解体。

飞机上共有25 000多块防热瓦，据资料报道，1990年美国工程学教授费歇贝克等人根据航天飞机前33次飞行情况研究发现，每次飞行都有不同数量的防热瓦受损，最少有53块，最多达707块，平均为179块。费歇贝克等人也指出，航天飞机外贮箱和两个固体火箭助推器的外面保温材料在发射时容易脱落，并容易撞击关键部位的防热瓦。NASA接到报告后，对防热系统进行了一些改进，但没有从根本上解决问题。

哥伦比亚号发射升空后，发射中心技术人员从录像中看到3块保温材料从外贮箱上脱落，并与航天飞机腹部防热瓦发生撞击。NASA的官员们也组织了多次研究，由防热瓦方面的专家估计了这些碎片对航天飞机的损坏情况，但在技术上判断失误，错误地认为防热瓦受损对航天飞机的安全不会构成危害，NASA在航天飞机2周的飞行中未采取任何措施，未对防热瓦损坏和脱落的情况进行进一步的检查，或采取其他的抢救措施。思想上存在侥幸心理，导致了飞机解体。调查委员会同时指出，NASA的安全管理工作存在严重缺陷，此外由于经费不足，老化的航天飞机不能得到适当的维修和更新。

3.1.3 反思

3.1.3.1 正确认识和遵守海恩法则和墨菲定律

海恩法则（Ohain's Law）是德国飞机涡轮机的发明者帕布斯·海恩提出的关于航空领域飞行安全的法则，即每一起严重事故的背后必然有29次轻微事故和300起未遂先兆以及1 000起事故隐患。它说明任何一起事故都是有原因的，是量的积累的结果，是有征兆的，是可以控制的。爱德华·A.墨菲（Edward A.Murphy）是美国爱德华兹空军基地的工程师，他曾参加美国空军于 1949年进行的一项实验。其中的一个实验准备是将16个火箭加速度计悬空装置在受试者上方，当时有两种固定方式，但操作者将16个加速度计全部装在错误的位置。于是墨菲提出，“如果有两种或以上选择，其中一种将导致灾难，则必定有人会做出这种选择”。墨菲定律表达了技术风险能够由可能性变为突发性的事实，或者说，有可能出错的一定会出错。

虽然航天飞行面临的风险很大，挑战性很高，但就22名宇航员牺牲的情况看，并不存在当时人们技术认知之外的问题，也不存在当时人们风险辨识不能发现的问题，更不存在当时人们的能力范围所不能解决的问题。恰如海恩法则揭示的规律一样，大部分致命的故障都有先兆，甚至有多次的先兆发生，但并没有引起人们特别是有权制止失败的人们的重视。现在看联盟1号之前的无人飞船故障，以及联盟1号上天后的表现，科马罗夫身上悲剧的发生已无法避免。而挑战者号和哥伦比亚号航天飞机在失事之前分别都多次出现密封圈漏气和防热瓦受损的问题，特别是挑战者号，有人报告了隐患，甚至有人坚持不能起飞，但决策者依然决定飞行。联盟11号事故原因虽然客观上来源于火工装置的故障，但是主观上却源于政治压力，为了加快进度，苏联航天工程师们不得不绞尽脑汁地在设计只能载2人的联盟飞船里塞进3人，最终的解决办法就是宇航员都不穿宇航服，以节省空间。行政压力把联盟1号和联盟11号的宇航员推向了死亡。墨菲定律提醒人们，有可能出错的终将会出错。墨菲定律不是危言耸听，也不是宿命论，它揭示了偶然性中的必然性，要求人们理智地对待风险，尤其是从事航天复杂工程研制的人们更应牢记这一点。

3.1.3.2 正确认识责任，并承担主体责任

什么是责任？出现如此不应该的事故是谁的责任？责任主要包含两层意思，一是分内应做的事情；二是做不好分内应做的事因而该承担的过失。但事实上，责任是很难说清的，航天工程的复杂性、集成性、历史性、协作性等决定了航天工程责任主体的多元性和复杂性，既包括个体主体和集体主体，也包括项目主体、组织主体以及法人主体，还包括整个供应链、上级管理部门、用户监督者等主体，形成了庞大的责任体系。看似人人有责、人人负责，但事故还是发生了，追责又不容易找到责任主体。

挑战者号航天飞机发射前一天，O形圈首席工程师罗杰·博伊斯乔利就在固体火箭助推器生产商莫顿·瑟奥科尔公司与马歇尔航天中心的电视会议上提出了O形圈在低温下的密封性能不够、不能发射的主张。马歇尔航天中心的火箭专家们也认真地做了分析，但他们觉得理由不够充分。因此，需要瑟奥科尔公司高层给出一个最终的决定，瑟奥科尔的高级副总裁杰拉尔德·梅森综合考虑到NASA迫切需要一次成功的飞行，而不发射也不利于瑟奥科尔公司与NASA新合同的签订，于是没有采纳工程师们不能发射的主张。梅森对监理工程师罗伯特·伦德说“收起你那工程师的姿态，拿出经营的气概”，于是公司的高层做出同意发射的决定。尽管NASA知道瑟奥科尔公司改变了关于发射的决定，但却没有追问他们为什么改变，每一个主体都按照相关要求履行了自己的职责，最终导致悲剧发生。造成主体责任不能正确履行的原因是风险与利益的协调与平衡问题，为了自身的利益和急于完成飞行任务，不论是生产商还是NASA，都没有充分考虑O形圈的风险。

从技术上分析，该O形圈直径较大，密封是否良好受到插裙和U形槽之间间隙的影响，大尺寸结构的尺寸与形状误差、装配同心度、变形及多余物都将影响这个间隙和实际的密封效果，这种设计并不是一个可靠的设计。此

外，O形圈的弹性应该满足航天飞机发射的环境温度要求，不知道航天飞机总体提出的是什么样的要求，也并没有充分地验证并掌握O形圈的性能特点，因此在助推器的总体设计和技术状态管控上存在缺陷。

建立一种“人人有责、环环相扣、人人担责”的责任体系是十分困难的事情，取决于对航天工程系统研制成功规律的充分认识，应按照系统工程准则的要求和质量、技术管理体系的基本要求去科学设计和分配责任体系，并且不断完善。但是，利益或行政管理的错误使责任体系的设计和完善充满矛盾，因此，不少人采取了回避的态度，导致了问题的堆积，造成了责任链条的断点，即所谓“人人看似有责，但责不具体”，“质量体系审查都能通过，但责任分配未成体系”，“出了问题，回避和推卸责任的多于承担责任的”。

责任的有效履行需要责任主体将责任的理念内化于其精神世界，即将责任融合到主体的价值观之中（自律），通常这是难以完全做到的，于是，还需要有力的外在的激励、约束、追究机制来促使主体履行其主体责任。主体责任的充分履行是我们事业成功的基础，自律和他律缺一不可。

3.1.3.3 正确认识教训，并遵守成功的准则

布莱尔（Blair）、瑞安（Ryan）和舒岑霍弗（Schutzenhofer）三位NASA的老员工回顾了NASA近60年的事故案例，编写了《工程的经验教训》一书，总结了9个工程准则和27个经验教训，并有一句重要的格言：“没有人想从错误中来学习成长，但我们从成功中所学到的并不足以让我们超越现状。”从失败和挫折中汲取的教训是刻骨铭心的，但是，往往只有那些经历挫折和失败的人才能体会这种刻骨铭心。后人重蹈前人覆辙或者旁人重蹈他人覆辙的事情屡见不鲜，大量重复性的错误或机理相同的故障不断发生，说明了这一点。

人们从事工程研制的工作方法受到思想方法的指导，在形成技术方案、工作方案的时候，总要依据一些基本的原则或准则，这是人们从事工程研制的基本思维路径，这些准则不需要太多，但需要人们深刻理解并加以遵守。例如：在性能设计的同时落实可靠性和安全性设计；吃透环境与任务剖面，并经过充分的地面试验验证；吃透技术，状态更改经相关方认可，并验证充分；遵守系统健壮性准则（控制参数偏差导致功能失效的问题模式，控制单

点失效导致系统崩溃的问题模式）；设计裕度要充分考虑材料和工艺的散差并量化；遵循故障容限原则（一度故障工作，二度故障安全）；测试覆盖性原则（像飞行一样测试，像测试一样飞行）；充分汲取他人教训，不犯重复错误；虚心学习他人经验，系统简单，实现路径最短等。

航天飞行目前仍然是高风险的事业，要求从事航天工程研制、试验的人们始终敬畏所从事的事业，认识工程系统的质量和可靠性的重要性，认识风险的随机性与严重性，认识成功与失败的辩证关系。对于航天飞行而言，成功是相对的、有条件的，失败是绝对的，如果我们不能正确认识成功的规律和预防失败的规律并积极地付诸实践，那么我们只能等待失败的来临；反之，将不断实现成功。

3.2 识别冰山

质量工作的重点是认识和解决质量问题，一方面彻底解决问题，另一方面通过问题的解决不断提升组织和个人能力，提高产品的质量水平。目前，在一些航天工程研制中出现的质量问题表现出两种特征，一是在任务执行阶段发生了一些较为严重的故障，二是一些相同故障机理的质量问题重复出现。于是，许多人提出疑问：质量问题能不能彻底解决，能不能消灭在产品出厂前，是什么原因导致了质量问题归零不有效？到底是归零标准的问题还是归零标准执行的问题？一个成功的组织，不仅要找到解决问题的有效方法，还要奠定方法成功应用的文化基础，用文化提升人的意识和素养。面临重复出现的质量问题，我们常说要提高质量问题意识，但什么是质量问题意识、如何通过提高质量问题意识来彻底解决质量问题，是归零工作中重点关注的问题。

3.2.1 冰山模型与洋葱模型

美国人麦克利兰（McClelland）于1973年提出冰山模型（iceberg model）理论（见图3-11）。最初的故事是：在蓝色的大海上飘浮着一座巨大的冰山，人们往往只看到水面上洁白壮观的部分，但却忽略了水下更为巨大的部分，它或许会成为水面下的隐形杀手，造成船舶的沉没。冰山模型理论强调那些决定事物现象的本质东西往往是隐性的、深层次的和相对稳定的。

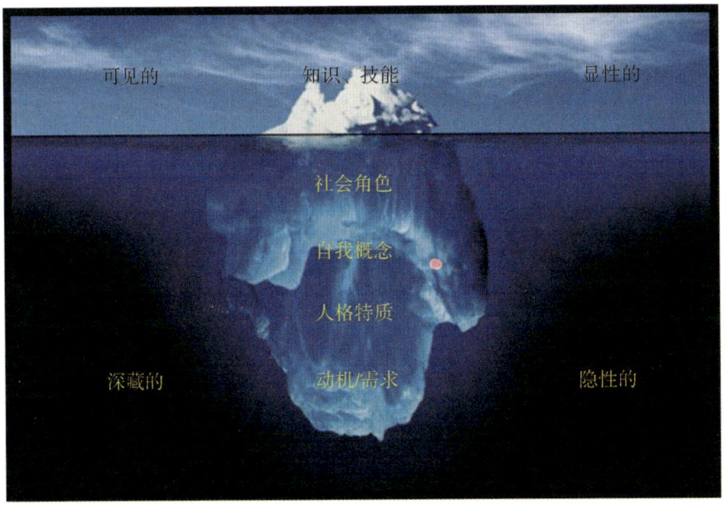

图3-11 麦克利兰的冰山模型理论

模型以冰山比喻职业人的职业能力或胜任力，在海面之上的能力主要包括知识、技能等易于被感知和培养的基本素质，称为“外显性胜任力”；在海面之下的能力主要包括态度、个性和动机等不易被感知并且难以培养的卓越素质，称为“内隐性胜任力”。海面之下的“内隐性胜任力”深刻地影响海面之上的“外显性胜任力”，对职业人的行为与表现起着关键性的作用。

美国学者莱尔·M.斯潘塞（Lyle M.Spencer）和塞尼·M.斯潘塞（Signe M.Spencer）在麦克利兰的冰山模型理论的基础上，以素质的层次与性质为依据细化了冰山模型要素分层，称为素质“冰山模型”：知识和技能等裸露于海面以上的部分是“基准性素质”（threshold competence），是一般性的素质要求；态度、内驱力、个性品质、自我形象与社会动机等深藏于海面以下的部分是“鉴别性素质”（differentiating competence），是决定职业人的关键性素质。美国学者理查德·R.博亚特兹（Richard Boyatzis）对麦克利兰的冰山模型理论做了进一步研究，根据对造就卓越者的重要性因素分析，对素质进行了层次与类别的划分，提出了洋葱模型（onion model）理论（见图3-12）。

在该模型中，“胜任力”被细化为三个层次，从外到内依次是“最外层”、“中间层”与“核心层”。“最外层”类似于麦克利兰所说的“冰山表面”，由知识和技能等要素构成；而“冰山之下”的部分随着隐性的程度被分解为由态度、价值观、自我概念及社会角色等要素构成的“中间层”，以及由动机和个性特质等要素构成的“核心层”。

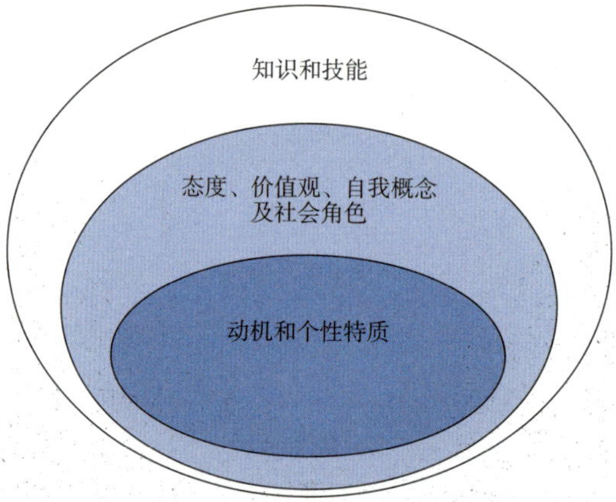

图3-12 洋葱模型理论

航天工程质量问题的复杂性与风险性表现在产生质量问题的原因是多方面、多层次、多要素的，如果解决问题的措施只涉及问题的表面、局部或单一因素，则措施的效果就打了折扣，当环境条件发生变化的时候，就会诱发新的故障，这种现象带有一定的普遍性。产品质量取决于人的工作质量，人的工作质量取决于人的思想认识和工作能力，思想认识具体指质量问题意识等，质量问题意识决定了人们对待质量问题的看法。

3.2.2 消除根本原因，实现彻底归零

处理质量问题的方法很多，一些组织在长期处理质量问题过程中形成了结构化的方法，表现为有基本的原则、程序、具体方法工具的应用等，例如8D（8 Disciplines）方法。EPS（Effective Problem Solving）方法是在8D等方法的基础上发展起来的。社会流行的处理问题的方法还包括根原因分析方法、5问方法、10问方法等，根原因分析认为，导致问题的原因是多层次的，高层次原因不直接引发问题，分布在最终导致问题发生的因果关系链条中。问题的最高层次原因称为根原因。

质量问题归零方法也是航天系统为彻底解决产品质量问题、保证航天飞行试验任务完成而提出的围绕归零标准应用的一种质量问题解决方法。图3-13是质量问题的冰山模型，水面上的为问题表象，潜在原因是分层次的

并隐藏在水下。例如，表面上看产生质量问题的直接原因是操作问题，下一层次分析可能是工艺不量化、没有工艺装备保证造成的，进一步分析可能是设计不可靠造成的，但根本原因是设计缺乏准则、设计师缺乏培训、组织把关不严等管理问题；表面看质量问题是元器件失效问题，实际是整机把关不严、验证不充分，本质上是系统选择不可靠等。表面问题容易解决，而潜在的问题根源却难于被认知并被消除。

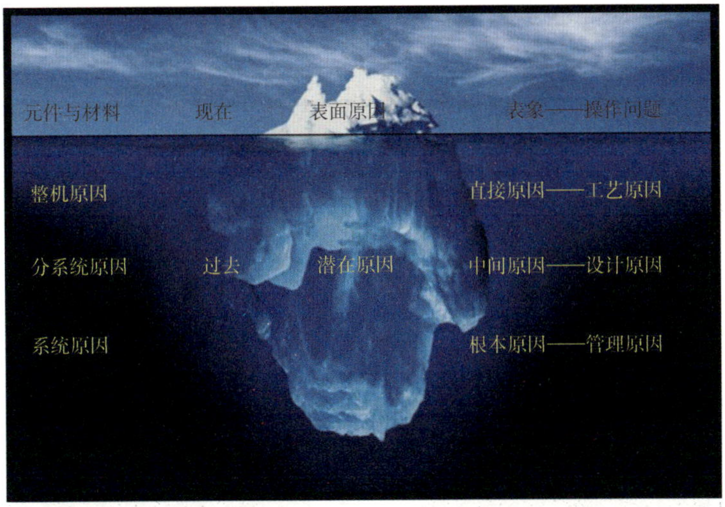

图3-13　质量问题的冰山模型

强调质量问题的“冰山模型”具有重要的现实意义。质量问题归零标准是归零方法的核心，是在航天一院1996年两次重大失利的归零实践过程中应用并由航天工业总公司总结归纳形成的，先提出了技术归零五条标准，后来发现一些问题并没有彻底解决，又提出了管理归零五条标准，通过解决管理问题促进技术问题的彻底解决。2010年，航天一院针对航天进入规模发展时期遇到的型号科研生产新问题以及复杂工程系统质量问题的特征，提出了“眼睛向内、系统抓总、层层落实、回归基础、提升能力”的五条归零组织原则，进一步强化了航天一院的主体责任意识、抓总意识、能力意识和强化基础的意识，其目的也是彻底解决质量问题，减少质量问题的重复出现。2013年，经过对质量问题统计分析发现，需要通过技术创新来寻找新方法解决的非常规问题是少数，大量的问题技术层次不高、重复发生，是可以通过已有方法解决的常规问题。因此，航天一院又提出了一个五条归零知识原则——“梳理模式、提炼准则、统计分析、完善基线、积累数据”，强调知识的总结与利用以及可靠性工作的落地。2018年，航天科技集团提出针对质量问题开展“三个面向”的分析要求，从组织、流程和产品三个方面分析提升组织的归零有效性。这些都是航天系统质量问题处理结构化方法的发展和丰富，每一次改进的目标都十分清楚，就是要消除质量问题冰山，彻底解决问题。

问题数量居高不下，问题层次不高，大量问题重复出现，对这些问题表象之下的深层次原因进行归纳，形成的原因层次认识见图3-14。

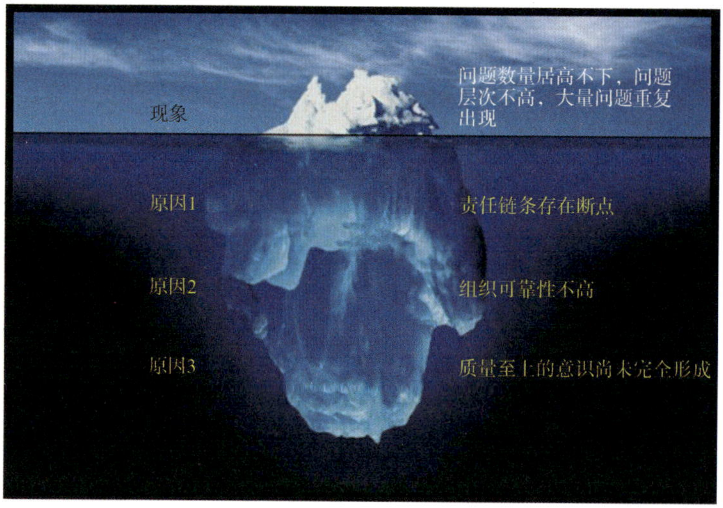

图3-14　当前问题表现的冰山模型

首先，组织管理体系的责任链条存在断点，主体责任落实不到位，对待质量问题，只在“海面以上”做工作，不触及问题的根源。例如：就操作问题解决操作问题，不在工艺量化、改进设计上下功夫；一些元器件问题在靶场或飞行阶段出现，反映的是采购单位验证工作不充分，设计单位选择元器件不可靠、质量要求不明确，但归零的责任主体仅仅是元器件生产单位。

其次，组织可靠性不高，技术上一点错误导致一个系统的失败，管理上一人犯错导致一个组织犯错。科研生产模式、质量管理体系的发展尚跟不上任务发展的需要，管理相对粗放，基础工作相对薄弱，特别是可靠性工作、产品质量保证工作没有形成协同、把关结合的高效机制，一些质量部门的发力点是事务性工作，对业务工作不够熟悉和专业。

最后，质量至上的质量意识尚未完全形成，对所从事的事业缺乏敬畏之心，对航天事业发展的新要求认识不到位，对质量问题和风险不敏感，按习惯办事，客观上等待问题和事故的发生。

以上问题说明，思想方法决定工作方法，技术归零、管理归零解决不了的问题要思想归零来解决，也就是在思想、作风和纪律等方面下功夫，必须提升质量问题意识中的精神素养。

此外，还要解决归零标准的量化问题，形成系统化的质量问题归零方法。虽然提出归零的概念与标准已经20多年了，但在质量管理上基本上采取的是“处理故障＋归零标准评价”的方法模式，在方法的结构化、程序化以及在归零标准的掌握上都有较大的伸缩性，影响了标准的应用效果。存在的具体问题有以下几个方面：一是质量的载体是产品、过程和体系，但归零主要应用于产品故障的处理，或围绕产品故障的处置展开，未主动用于过程和体系问题的解决；二是没有从系统工程管理的系统性和原则上划分责任主体，归零责任主体往往是下游、底层或直接责任者；三是系统工程管理由单位和项目两个维度组成，但归零的责任主体基本是单位，且由项目负责人指定；四是归零标准具有绝对性，如“措施有效”，但归零的责任主体的认识水平、资源条件都是有局限的，实际执行是相对的，因此归零标准的“措施有效”实际是一个远近结合、持续迭代的过程，近期的归零只是对当前质量问题处置科学性的一种判定，不是质量问题的彻底解决，这些概念都需要澄清，否则会造成质量问题归零标准把握不严肃、质量问题归零形式化，甚至出现假归零的现象；五是在归零的规范性上存在较大差距，表现在标准的使用、工具的使用等方面，例如故障树的使用很少符合标准，基本没有定量的应用。

冰山模型是一个通用的管理学模型。用其演变的洋葱模型对质量问题意识进行了结构分析，确定了质量问题意识的核心层，同时指出了意识核心层的实践性以及意识和规矩的辩证关系。质量问题意识层面的问题，特别是核心层的问题，是导致质量问题重复发生、层次不高、数量多的主要原因，是导致质量问题冰山存在的主要原因。马克思说问题是时代的呼声，对一个组织而言，问题反映了组织的矛盾，因此处理问题不能只在表面做文章，必须解决组织矛盾，从人的质量问题意识的提升入手。

此外，质量问题双五条归零标准对航天事业的发展发挥了重要的作用，航天系统质量问题归零要求的不断增加都是以彻底解决质量问题为出发点的。但是，对照当前问题和航天发展新目标，我们距离建立一个完善的归零系统或形成一个完善的方法还有差距，需要量化归零标准、按系统工程管理准则完善责任制、完善结构化的程序与方法、完善数据库及相关的工具软件和标准等。对问题认识的深刻程度决定了问题解决的彻底程度，认识问题冰山的目的是消除问题冰山。

3.3 归零组织原则

2010年，航天一院提出了“眼睛向内、系统抓总、层层落实、回归基础、提升能力”的归零组织原则。它既有精神层面，包含归零工作的指导思想、理念和信条，促进质量管理归零文化的完善；又有执行层面，包含归零工作的具体要求，是一种行为准则。

归零组织原则不仅代表了航天一院在高强密度发射任务和快速规模发展等压力面前对彻底解决组织问题的理念及认识成果的升华，也是航天一院践行零缺陷文化理念、推行量化控制、不断提升管理科学化和规范化水平的具体表现。同时，通过对归零组织原则的实践和深入领会，航天人逐步认识到它不仅适用于质量问题归零工作本身，而且也可以作为解决组织其他方面问题的原则，体现了组织自我完善和持续改进的内在要求。

3.3.1 产生的必然性

“双五条”归零标准是1996年“2·15”“8·18”失利以来对失利反思的升华，不仅在航天工业中得到了普遍应用，而且在国防工业管理中得到推广，对于航天型号研制成功所发挥的作用是巨大的。但是，随着多型号并举、研制与批产并重以及高强密度发射，质量问题归零过程中的许多深层次问题不断暴露。其主要表现为：

①“双五条”归零标准为质量问题归零提供了范式与逻辑要求，它的有效落实需要组织和个人能力的提升和保证。

②工程系统的复杂性要求必须运用系统思维和系统工程方法开展归零工作，总体研究院不仅要主动承担起系统抓总的职责，也要善于总结和运用系统工程方法。

③在役型号高强密度发射、在研型号可靠性提升和发射计划一次成功，客观上要求必须改进工作机制，通过机制创新提升组织持续发展的能力。

④几乎所有的失利都与技术认识、基础理论、环境、风险管控等基础相关，知识积累与再利用等技术基础工作亟待加强。

面对这些系统性问题，归零工作和归零标准如何与时俱进？如何有效地发挥质量问题归零在型号研制工作中的作用？如何确保型号成功和组织成功？2010年，结合对飞行试验失利和质量问题的反思与系统创新，当时的航天一院院长李洪提出了“眼睛向内、系统抓总、层层落实、回归基础、提升能力”的归零组织原则，既是对“双五条”归零标准的补充和完善，也是航天一院在零缺陷系统工程理论方面的具体实践。

3.3.2 适用性

在早期的导弹研制过程中，钱学森同志感到所遇到的首要问题不是技术问题，而是工程研制的组织管理问题，因此开展了系统科学研究和系统工程研究。多年来，系统工程在中国得到了较快发展，形成了自身的学科体系和特色。特别是中国航天事业的发展，得益于成功地运用了系统工程技术。航天系统工程是航天工程的组织管理技术，是按照系统科学的思想，应用运筹学、信息论和控制论的理论，以信息技术为工具，组织和管理航天系统的规划、研究、设计、制造、试验和应用的工程。航天系统工程的根本出发点在于以适宜的代价（人力、物力、财力和时间）、最科学的组织、最新的成熟科学技术成果达到预期的航天工程系统的目标，并获得适宜的经济效益。

系统工程始于组织问题的解决，并在解决问题的过程中得到了进一步的发展。归零组织原则正是从解决具体质量问题扩展到解决组织问题。它不仅促进了问题的系统解决，而且也促进了新时期系统工程的发展。

组织运行中遇到的问题很多，不仅包括质量问题，而且包括战略问题、技术发展问题、计划问题、进度问题、人力资源问题、经济问题、信息问题、保障问题、知识问题、基础问题等，涉及全要素、全过程，形成了一个“问题群”。

归零组织原则在系统工程实践中的适用性主要体现在以下四个方面。

3.3.2.1 强调从整体观点出发，以提升组织整体能力为核心，系统考虑并解决工作中出现的问题

钱学森认为：“人们一方面要深入微观层次，揭示物质的本质；另一方面又要上升到系统的层次，研究事物的整体功能。”没有局部观点，对系统整体的认识就只能是直观的、猜测性的、笼统的；没有整体观点，对事物的认识也只能是零碎的，不能从整体上把握事物、解决问题。归零组织原则正是针对航天一院实践中存在问题的复杂性，从整体或组织层面出发，以提升整体能力为核心的质量问题归零原则。该原则强调，“整体的内容不可能用它的各部分的内容完全加以说明”，即：解决了所有局部问题，并不等于整体能力的提升；解决了各项具体的问题，也不等于在组织层面提升了解决问题的整体能力。

3.3.2.2 强调从系统层次相关性出发，以组织的进步为原则，彻底解决问题

所谓相关性是指系统内部的局部与局部之间、局部与整体之间、整体与环境之间相互关联。局部与整体既互相联系，又不等同，从而显示出层次。层次之间既相互区别又相互联系，协调与平衡好层次之间的关系，有助于对系统进行更加有效的管理与控制。从组织层面（整体）出发制定的归零组织原则，是针对解决具体质量问题（局部）的“双五条”归零标准的升华。归零组织原则充分融合了“双五条”归零标准的具体内容，有效协调和控制了层次之间的关系。

3.3.2.3 强调以实现系统目标为目的，加强系统分析和系统决策，全面地解决问题

在对系统内部各单元微观机制认识的基础上，系统工程强调对系统组成、接口、层次之间相互联系的分析，以实现系统目标。归零组织原则中的“系统抓总”就强调以系统目标的实现为己任，从系统的角度采取措施，以保证系统目标的实现；强调提高总体对分系统、分系统对单机、单机对部组件的技术掌控能力。“层层落实”则强调工作要逐级落实，并加以闭环：一方面，上级抓总单位要明确管控流程，明确系统验证以及闭环检查的要求，以保证本级目标的实现；另一方面，相关单位要按系统工程规律办事，部组件、单机、分系统、系统要逐级服从上级的安排和指挥。

3.3.2.4 强调遵循“自组织”规律，以组织系统目标的实现牵引组织问题的自我诊断和彻底解决，实现组织的持续改进

系统科学认为，在自组织中，一个系统内部的各个部分相互依存，既通过相互作用而存在和成长，又通过相互作用而联结成为一个整体。归零组织原则就是运用“自组织”的规律，认识、管理和控制组织中存在的各种问题，强调周而复始的持续运转、循环运行。“眼睛向内”“系统抓总”“层层落实”是强大的推手，推动各种问题能够快速、准确、彻底地解决。“回归基础”是解决问题的落脚点，通过解决问题的方式，促使组织在技术、管理、基础、保障等方面的体系化、规范化、精细化水平不断提高，从而达到“提升能力”的最终目标。“提升能力”则是组织各项工作的努力方向和目标，它反过来又会促进“眼睛向内”“系统抓总”“层层落实”的实施，使个人和组织的眼界更加开阔、胸怀更加宽广、手段和方法更加有效、知识体系更加完备和精细、体制和机制更加完善，从而在更高层次上使整体的基础能力得以提升，为各项工作的持续改进提供有力支撑。

3.3.3 系统工程的工作准则

归零组织原则虽然产生于质量问题的归零过程，但它所反映的核心理念、所涉及的工作维度、所涵盖的领域范围已超出质量问题归零本身。它从系统和整体的观念出发，以大局和主体意识驱动全面分析问题、解决问题，体现了系统工程的整体性、系统性、集成性和优化等特点，已成为新时期航天系统工程应用的工作准则。归零组织原则的主要内涵和工作要求如下。

3.3.3.1 眼睛向内

“眼睛向内”强调的是系统地解决问题的主体意识及责任意识，强调“零缺陷”的质量文化和敢于担当的工作作风，建立和完善系统地解决问题的工作流程和工作方法。它强调主体意识，特别是总体的主体责任意识，积极组织和开展工作；强调从自身做起，培养勇于承担、敢于担当的工作作风，通过自我完善和不断进步，带动整体的进步；强调树立大局意识，以实现整体目标的优化为使命，时刻牢记引领航天、追求卓越的企业使命。

“眼睛向内”强调从小处入手，要由解决单一问题转向解决系统问题，由解决局部问题转向解决整体问题。面对技术研发、科研计划、研制进度、

质量基础、人员配置、资源保障等方面暴露出的不适应问题，首先要眼睛向内找差距、找不足，但着眼点不能只停留在工作本身，而应面向整个组织发展；不仅要考虑自身工作的改进，更要考虑自身工作的辐射范围，考虑组织的整体优化，以推进组织目标的实现。

仅就故障分析而言，“眼睛向内”要求所有相关单位主动查找自身薄弱环节，列全故障模式；大胆假设、小心求证，为问题定位和解决提供有力支持；特别是针对不可测、不可检查的产品和过程，要重点检查设计、工艺裕度和产品性能的离散，试验和验收方案的科学性和有效性。还应当按照“眼睛向内”的要求系统地研究专业设置是否满足技术发展需要，工作分解计划是否缺少相关的验证工作，研制进度是否与质量要求相匹配，承担工作的人员是否满足岗位需求，研制保障能力提供的验证手段是否达到了设计预期，知识管理系统是否提供了相应的标准规范和经验，技术评审项目设置是否全面、合理并充分发挥了专家的支持把关作用。

3.3.3.2 系统抓总

总体不仅仅限于总体研究院、总体设计部，只要存在上下游关系，上游就是总体。不管这个上游由多少个小的系统、要素所组成，环境联系多么广泛，作为界定的系统都是一个整体，这个整体都有它全局性的功能。系统的构成要素总是内在关联的，它们相互依赖、相互斗争，共存于一个统一体中。由于存在相互作用，系统要素组成的整体功能并不是诸要素功能的简单相加，预期所要达到的工作目标是1+1＞2的功效。

对于总体研究院，强调总体管控模式和管理抓总，包括型号管理的策划与组织协调、型号研制和技术风险辨识与控制、产品质量保证的体系建设、供应链体系的建设等。对于总体设计部或型号技术总体单位，强调的是型号总体的技术抓总，包括总体对分系统、单机的技术抓总，例如，在系统可靠性的保证上，要能够包容单机的故障模式，能够控制偏差，实现预定的功能。在总体技术状态方面，要实现充分的过程控制、验收与把关，例如，对天上有动作的分离系统、增压输送系统等提高接口的协调与控制能力，完善系统的试验验证体系，落实总体抓总的技术责任制。总装、总测单位的系统抓总包括总体的装配与测试等，也包括过程风险辨识和风险控制、提高过程控制的精细化程度以及管理的规范化程度。

3.3.3.3 层层落实

系统工程的特点之一就是系统结构的层次性和多维性。不管在空间上还是时间上，系统的划分都具有层次性，并且具有多个维度。一个型号，从产品组成来讲，包括总体、分系统、单机、零部组件、元器件、原材料；从产品研制阶段来讲，包括从预先研究到定型批产或发射服务的全寿命周期；从产品实现来讲，包括从任务书下达到产品验收交付使用的全过程；从产品涉及的业务范围来讲，既有计划、进度、质量、经费，又有人力资源、基础设施、方法工具、行政保障。这就要求在构建系统或组织的每一个点上层层落实，以保证问题的彻底解决。

以工作分解结构为例，要满足产品研制和项目管理的要求，就要把工作分解结构区分为系统产品部分和保障实现部分。系统产品部分的各层次分别代表总体、分系统、单机直至零部组件的产品研制工作，以及保障实现部分代表产品研制生产的全部管理和服务工作，包括集成与装配、试验与评价、系统工程和项目管理、数据管理与人员培训、保障性设施与设备等。分解后的每一个子项，都应形成包含任务描述、相关规范、合同条款、更改说明、计划成本等内容的数据包。只有形成完整的工作分解结构，才能使各有关方面对系统研制的全部工作有一个全面、系统、一致的理解，明确各项工作和配套条件之间的相互影响和相互制约的关系，才可以清楚地计算出项目研制所利用的各种资源和成本。

“层层落实”要求各级领导研究航天工程科学技术规律，钻研技术，选择和采取更为有效的方法。

3.3.3.4 回归基础

回归基础就是要加强基础和软实力建设，处理好发展与基础的辩证关系，重视基础，打牢基础，以基础的完善促进航天事业的大发展。

回归基础强调，在标准规范和规章制度建设方面必须依据一整套符合航天型号研制规律的标准规范和规章制度对标工作。对于一个组织，要形成从设计、生产、试验到管理的全系统、全要素标准规范体系，以指导组织和个人开展所有工作。同时，要结合组织的发展实际不断对标准规范体系进行规划和修订，以适应最新形势的要求。要结合工作流程、技术流程的梳理，确定每一个岗位、每一项工作应该遵守哪些标准规范和规章制度，从而让员工明确什么是“正确的事”；通过加大教育培训力度，使每一位员工都知道自己该做什么，如何做，工作好坏的评判标准是什么，也就是要让大家知道“如何做正确的事”；强化执行力，每一项工作的输出成果都应该注明依据了哪些标准规范和规章制度，确保“将正确的事做正确”。回归基础还要不断加强基础保障条件对型号研制和组织发展的支撑。这不仅包括研发设计能力、仿真验证能力、大型试验能力、生产制造能力，还包括计量检测、质量保证、仓储配送、情报档案、信息化建设，甚至还包括技术和管理方法的研究推广、工具手段的应用普及、专业机构支持作用的发挥等，还要不断积累知识，完善经验教训系统。

3.3.3.5 提升能力

所谓提升能力，就是要始终围绕组织的发展战略，对标国际一流宇航公司的水平，实现个人能力、团队能力和组织能力的共同提升。

提升个人能力，就是要提升个人发现问题、分析问题、解决问题的综合素质和能力，为团队能力和组织能力的提升奠定基础。

提升团队能力，就是要强化团队的凝聚力，营造团队学习和研究的氛围；形成对本专业和相关专业的理解力、策划力、控制力，准确把握工作趋势和工作标准，深刻分析并解决共性问题；坚持原则并敢于管理、善于管理、管理到位和创新管理。

提升组织能力，就是要围绕做强导弹武器系统、航天运输系统、航天技术应用产业和现代服务业等主业，提升型号总体能力、技术创新能力、市场开拓能力、产业发展能力和运营管控能力，并不断创新和拓展新的发展领域。

从2010年提出质量问题的五条归零组织原则到解决组织问题的适应性分析，再到系统工程应用的分析，是系统工程方法在新时期航天工程领域的应用性探索，对质量问题归零方法的认识也在不断地深化和升华。新时期、新要求、新任务、新问题要求应结合实际，深入研究当前工作中存在的具体问题，将归零组织原则作为把握组织成功规律的基本要求；将它的具体要求和内涵作为组织成功的基本保障，从维度、深度、细度、力度等多视角提升工作标准；通过归零组织原则的深化实施，进一步提升组织实施系统工程的能力，提升组织持续成功和规模发展的能力。

3.4　正确的问题观

质量工作者是同质量问题做斗争的，这句话的含义有两个方面：一方面是针对已发生或潜在的产品质量问题，如何能够从技术和管理上真正查明原因，彻底解决问题以确保不再发生；另一方面是不同的人对质量问题的认识程度不同，它直接影响或决定了产品质量问题处理的正确性、有效性和系统性，这一方面尤为重要，导致我们常常抱怨相同机理的问题重复出现，却找不到有效的解决方法。因此对一个组织而言，树立正确的问题观是解决问题的前提，但在航天工程多学科交叉、多专业融合的复杂系统中，这是一个复杂的问题，它不仅涉及专业技术、产品属性，也涉及哲学、管理学、心理学等。我们试图从原理、模型出发，讲清什么是正确的问题观，从而在根本上对树立正确的问题观有所帮助。

3.4.1　问题和质量问题

3.4.1.1　问题的定义

有关问题的定义很多，以下是主流的观点：

问题是马克思主义哲学研究的起点，马克思面临的主要问题来自社会现实，来自社会现实的对立与矛盾，并具有时代性，是社会历史发展的过程。马克思在针对莫·赫斯的《就集权问题论德国和法国》而写的批判文章《集权问题，从问题本身和1842 年 5 月 17 日星期二〈莱茵报〉第 137 号附刊谈起》中表达了这样的观点："一个时代的迫切问题，有着和任何在内容上有根据的因而也是合理的问题共同的命运：主要的困难不是答案，而是问题。因此，真正的批判要分析的不是答案，而是问题。"他认为，"历史本身除了通过提出新问题来解答和处理老问题之外，没有别的方法，"问题就是公开的、无畏的、左右一切个人的时代的声音；问题就是时代的口号，是它表现自己精神状态的最实际的呼声"。

毛泽东在《反对党八股》中提出："什么叫问题？问题就是事物的矛盾。哪里有没有解决的矛盾，哪里就有问题。"按照辩证唯物主义的观点，他揭示了问题的普遍性，《矛盾论》和《实践论》成为我们研究"问题哲学"的哲学。

习近平指出："问题是事物矛盾的表现形式，我们强调增强问题意识、坚持问题导向，就是承认矛盾的普遍性、客观性，就是要善于把认识和化解矛盾作为打开工作局面的突破口。"

哲学家陈先达认为"问题是对客观矛盾的理性把握"。他说："问题并不直接存在于客体之中，而是存在于研究客体的主体的意识之中。……因为只有正确理解客观存在的矛盾才构成问题。"

林定夷把"问题"定义为"某个给定的智能活动过程的当前状态与智能主体所要求的目标状态之间的差距"。

综上所述，马克思从人类社会发展的历史认为，问题是时代的声音和口号；毛泽东从哲学角度认为，问题就是事物的矛盾；一些哲学家认为问题是人主观领域的对客观存在的矛盾的正确反映，或者说是人的主观认识与客观现实存在的差距或不一致。于是，我们可以得到以下基本的观点：

第一，按照马克思主义哲学本体论的观点，问题是普遍存在的，是事物的存在方式，包括自然界、人类社会和人类的实践活动。

第二，按照辩证唯物主义的观点，问题就是矛盾，时代的声音就是时代的矛盾。

第三，只有对矛盾正确地认识，才构成问题，否则它会将我们引入歧途。

第四，人类的全部实践活动除了认识问题和解决问题以外，没有其他的活动。

因此，问题是普遍存在且不能回避的，我们只能正视问题，正确看待质量问题，要善于把认识和解决质量问题作为解决背后深层次管理问题的突破口。

3.4.1.2 质量与质量问题的定义

质量问题是质量工作的出发点，发现问题、分析问题和解决问题是质量工作展开的中心线索。1958年美国哲学家汉森提出的"科学始于问题"已经逐渐成为共识。问题不仅是科学研究的起点，而且也是管理创新、质量工作的起点。

问题就是矛盾，技术问题就是技术活动中出现的已知与未知、已行（能）与未行（不能）的矛盾，表现为信息的缺乏或不对称。所谓质量问题，就是在技术系统创建与运行过程中出现的确定与不确定、有效与失效、正常与反常之间的隶属于质量范畴的矛盾。

航天工程领域中的众多问题可归为理论问题、技术问题、费用问题、时间问题、人力问题、管理问题等诸多类别。大体上说，质量问题属于科学研究的范畴，尤其是复杂工程系统的问题，属工程技术领域。科学问题是指一定的科学认识主体，在当时的知识背景下提出的关于科学认识和科学实践中需要解决而又未解决的矛盾。它虽然包含一定的求解目标和应答域，但尚无确定的答案。在科学研究活动中，已知与未知之间的分界线就是科学前沿，探寻黑暗的未知世界就是科学问题的源泉。科学研究就是探索未知世界的过程，而科学问题则是科学研究的起点。科学问题的困惑引起科学家的好奇、怀疑、思考，催生求解的欲望和尝试的冲动，从而推动他们不断探索和创造。科学家的使命就是运用已有的科学知识去发现、提出和解决科学问题。对待科学问题要有正确的态度，辩证地看待科学问题是航天人开展航天科技探索的出发点。

美国科学哲学家库恩在《科学革命的结构》一书中将科学问题区分为常规问题和非常规问题。所谓常规问题，就是在公认的科学理论框架下和范式内出现的问题，其特点是同科学范式的基本概念和原理没有根本性矛盾，只要通过分析问题本身的属性、特点和结构，在现有科学理论框架下进行思考，就可以有效地解决这些问题。这类问题的解决可以扩展现有理论的适用范围，并进一步巩固现有理论在科学领域中的地位。而非常规问题的特点是同原有理论存在本质对立和冲突，它的出现往往意味着科学革命时期的到来。要解决这类问题，就必须扬弃旧的理论体系，创立新的概念与范式。

近代以来，科学与技术由分立走向融合，逐步形成了统一的科学技术体系。由于科学的技术化与技术的科学化进程的加快，今天人们已经越来越难于把科学与技术及其发展分开。航天工程是人类探索太空的实践活动，是航天科学与技术的有机统一。其中，既要以已有的科学理论与技术成果为基础，同时也需要通过科学探索不断发展和完善航天科学理论，通过技术创新有效地解决各类技术难题；既需要借助已有的科学理论与技术成果，科学有序地解决众多航天科学技术问题，同时也面临着许多未知领域和技术难题的挑战，如对深空探测的研究等。因此，在航天工程中，常规问题和非常规问题并存，目前以常规问题居多。

质量是一组固有特性满足要求的程度。质量问题包括管理层面和技术层面的问题，主要体现在产品、过程和体系等方面。质量问题是针对产品而言的，产品包括服务、软件、硬件和流程性材料。问题的表现形式可分为两大类：一是已发生的事故或意外，表现为失效、故障、事故；二是尚未造成不良后果的，表现为不合格、缺陷等。

与科学问题类似，质量问题也有常规问题和非常规问题之别。常规问题可以通过已有的规范性方法加以解决，而非常规问题则需要通过创新方法与创造性思维才能加以解决。一般地说，根据质量问题的影响程度，航天产品的质量问题又可以进一步划分为重大质量事故、重大质量问题、重复性质量问题、批次性质量问题、一般质量问题等。重大质量事故、重大质量问题的解决往往具有极端的复杂性，与简单的单一表象和根源之间的直接关联性不同，它往往体现为某一简单的表面现象，而问题产生的真正根源、机理或因果链条，却需要经过不同层级、复杂产品接口与产品内部构成的逐一排查，才可能最终弄清问题发生的真正原因。这些问题的诊断与解决总是会遇到许多分析上的困难，往往需要时间、人力、试验等方面的大量投入。

通常人们重视已经发生的质量问题，发现问题的过程是被动的。没有造成实际后果的“不合格”“缺陷”“异常”也是质量问题，对待这种质量问题的处理方式，不仅要采取纠正和纠正措施，还要总结发现问题的规律。在价值导向上，要鼓励人们主动发现问题，通常对发现问题的员工要进行奖励，这也是严肃处理质量问题基本态度的表现。为了发现问题，做到火箭发射零秒前的不断审查与“双想”，是航天飞行永葆成功的精神写照。2013年3月14日，在进行某火箭电气系统匹配试验的第一次总检查测试过程中，总体设计员对照预先分析的伺服机构伸缩极性表观察各级伺服机构动作极性时，发现芯一级的Ⅰ、Ⅲ分机和二级的4台分机摆动方向与设计要求不一致。伺服机构摆动方向决定发动机推力的偏置方向，若摆动方向错误，则不仅无法实现姿态稳定飞行，而且还会导致箭体姿态迅速发散并最终自毁。该问题发生的原因是箭载计算机发出的伺服机构摆动方向指令存在错误，进一步分析发现这是由于分系统未按总体姿控任务书明确的伺服机构布局及编号进行信号分配。通过事先的测试指令极性预示，总体设计员及时发现了这一将导致严重后果的质量问题。该案例是主动发现潜在问题的典范之一。

从质量管理的学科建设看，质量的定义随时代的发展而变化，一些质量专家从各自关注的角度对质量进行定义。克劳士比认为，“质量是符合要求的”，质量问题就转换成不符合要求的问题。费根堡姆将产品和服务的质量定义为“在市场营销、工程、制造、维护各个方面的、综合的特性，要通过这些各个方面的使用来满足顾客的期望”。朱兰认为，质量有多种含义，其中有两种带有决定性：一是质量是由满足顾客需要并因此对产品满意的特征构成的；二是质量是由摆脱缺点的程度构成的。《质量管理体系　基础和术语》标准（ISO 9000）给出了质量的定义：“一组固有特性满足要求的程度。”因此，一组固有的特性不满足顾客的要求和相关方的要求，就是质量问题，这是定义上直接的表述。

按照问题哲学观点进行演绎分析，可以得出以下三个观点：

第一，质量问题就是在质量范畴中的表现出合格与不合格、正常与异常、对与错、知与不知、行与不行、能与不能等的对立与统一，是质量范畴的矛盾。

第二，一个时期、一个组织的质量问题表现出一定的规律性和特征，并反映了组织发展的矛盾。

第三，质量问题是人们在关注产品质量时主观认识、要求、目标与客观实际的差距或不一致。

从《中华人民共和国质量法》的角度上讲，产品质量问题分别界定为产品瑕疵与产品缺陷，分别对应一般质量问题和严重的质量问题。

按照《质量管理体系　基础和术语》的规定，质量的载体包括体系、过程和产品。因此，对一个生产产品或提供服务的组织而言，质量问题包括以下三种：

第一，体系的问题：影响到产品质量形成的组织体系、质量管理体系等方面存在的问题。

第二，过程的问题：产品形成过程中，包括设计、工艺、制造、检验、试验、鉴定、验收、使用等全过程的不符合过程要求的问题。

第三，产品问题：产品存在的瑕疵、缺陷、不合格，使用中发生的故障、事故等。

3.4.2 马克思主义问题观

3.4.2.1 认识与实践统一的问题观

马克思在《关于费尔巴哈的提纲》一文中提出了马克思主义问题观的基

本思想："人的思维是否具有客观的真理性，这并不是一个理论的问题，而是一个实践的问题。人应该在实践中证明自己思维的真理性，即自己思维的现实性和力量，亦即自己思维的此岸性。关于离开实践的思维是否具有现实性的争论，是一个纯粹经院哲学的问题。"在这里，马克思强调人们不仅要重视认识问题，更要重视实践问题，不仅要在理论上解决问题，更要在实践上解决问题。这一论述奠定了马克思主义问题观的基本思想，即实践的问题观。

马克思还提出了一个著名的观点："哲学家们只是用不同的方式解释世界，问题在于改变世界。"马克思主义问题观强调了对主观世界和客观世界的改变，主张在实践的基础上达到解决认识问题和解决实践问题的统一，这不仅是说认识世界的目的是解决社会实践的问题，而且认识问题的正确性和解决问题的正确性都需要实践的检验。

人类在探索宇宙空间的过程中始终面临天地环境的差异性，只有正确认识宇宙空间环境的规律，才能够解决对宇宙空间的探索问题，而科学研究的实践活动是我们认识和探索宇宙空间的唯一渠道，必须通过试验验证我们的设计依据、设计准则的正确性，通过测试覆盖性和试验充分性分析来评价复杂系统与空间飞行的适应性和可靠性。

3.4.2.2 实事求是的问题观

邓小平同志指出："实事求是是马克思主义的精髓。"他强调指出："一个党，一个国家，一个民族，如果一切从本本出发，思想僵化，迷信盛行，那它就不能前进，它的生机就停止了，就要亡党亡国。"

一切从实际出发是唯物主义的基本观点，提出问题、认识问题、分析问题、解决问题都要立足于现实条件，必须承认现实条件对问题的制约性，在客观的现实条件和环境中解决问题，所以要正确理解和把握解决问题的标准，而不是脱离实际、抽象或者形式化地解决问题。当然，解决问题还要发挥主观能动性，主动地创造条件、投入资源，才能够使问题得到及时解决。

长期以来，航天型号研制形成了严格对标、对表的工作习惯，做到"做事有依据、按依据、留记录"，以保证我们每一步的工作符合要求、符合实际，否则的话，违背客观规律将会造成严重的后果，受到客观规律的惩罚。例如，2013年7月2日，俄罗斯质子号M/DM-03运载火箭搭载3颗格洛纳斯M导航卫星发射升空。在飞行第32.682秒，火箭姿态失去控制，坠毁在距发射台约

2.5公里的发射场内，星箭俱毁。经调查，此次事故是人为故障导致的，原因是赫鲁尼切夫国家航天科研生产中心违反了质子号M火箭上的角速传感器安装工艺，3个角速度传感器安装时颠倒了180度，导致火箭偏航控制失稳。

3.4.2.3 发展的问题观

马克思指出，共产主义将通过生产力的高度发展使平等或不平等不再是问题。人类社会的发展将改变问题的内容、形式、特点、地位等，因此，问题本身、认识和解决问题的方法、问题观也就有了相应的变化。

马克思主义问题观主张人类应不断适应问题的发展变化，在发展中用发展的方式来解决问题，即解决发展的问题，强调解放思想、与时俱进，主张从新的证据出发去发展理论，建构新假说，强调把握事物的运动发展和相互作用，反对一切构造封闭体系的思想。

航天系统研制十分重视技术状态变化带来的风险，以及新环境等变化带来的风险，开展技术状态变化影响域分析、“九新”（新技术、新材料、新工艺、新状态、新环境、新单位、新人员、新岗位、新设备）分析等，用新的、系统的思维看待新问题、解决新问题，以适应变化和发展，进而实现任务的持续成功。

如果对技术状态变化影响域识别不充分、验证不充分，就会导致严重的问题。例如，2017年11月28日，俄联盟号2-1b/弗雷盖特M火箭搭载流星M2-1气象卫星及18颗微小卫星从东方航天发射场发射升空，作为主星的“流星”M2-1原本应在9时32分分离并开始播发遥测信号与地面进行通信，但地面并未收到来自该卫星的信号，卫星没有出现在预定目标轨道，地面在首个预定通信时段未能同“流星”M2-1建立起通信联络。按发射流程，在“弗雷盖特”M上面级先后完成7次点火，“联盟-2.1b”的3个火箭子级从下到上依次耗尽燃料后，位于火箭顶端的“护卫舰”太空摆渡车会将所有卫星先后送至预定轨道，但是地面始终未能收到来自卫星的信号，无法实现对发射活动的及时调整，最终19颗卫星全部坠入大西洋。这是“弗雷盖特”M上面级在东方发射场首次发射，问题的原因是没有考虑到发射工位的变化，未按在新的发射场发射正确地设置初始方位角，导致控制系统运行算法对组合体同火箭分离后的指向确定有误。

3.4.2.4 辩证的问题观

辩证的问题观主张运用辩证思维方法去分析和解决问题，接纳一切新思想、新方法，批判地吸收一切合理的因素。它表现出用积极、乐观的态度面对问题，而不是被动、悲观；坚持实事求是，又锐意进取、不断创新；坚持继承科学有效的方法，又不断自我批判、自我超越，不断接受新问题的挑战。

辩证的问题观帮助我们正确处理认识问题与解决问题之间的关系，正确处理成功与失败之间的关系，正确处理目标问题和手段问题、目标和现实条件之间的关系，正确处理质量与产量、质量与成本、质量与进度的关系等。

在航天飞行试验过程中，有些是“成功差一点失败”，有些是“失败差一点成功”，这不仅说明航天飞行试验的风险性，也表明了成功与失败之间的对立统一关系，成功中包含失败的影子，失败中也有成功的因素。能从失败中认清失败的原因，采取措施，就能将失败转化为成功；识别成功中的薄弱环节、局部失败，加以改进，就能实现连续成功。例如，2012年10月7日，SpaceX公司的猎鹰9火箭携带“龙”飞船和次要载荷——第二代轨道通信卫星星座（OG2）卫星在卡纳维拉尔角空军基地发射升空，首次正式执行国际空间站商业货运任务。按计划，火箭应在释放“龙”飞船后经二子级第二次点火将OG2卫星送入预定轨道，但在火箭飞行约79秒后，猎鹰9火箭1台一子级发动机突然失压并关机，所幸故障发动机未发生爆炸，并能持续收到数据，其他8台发动机工作正常。因此，国际空间站任务未受影响。但由于火箭一子级发生故障，因此需延长火箭剩余发动机工作时间来保证完成空间站补给任务，最终造成火箭二子级二次点火燃料余量未达到NASA安全规定，SpaceX公司被迫放弃火箭二子级二次点火，次要载荷OG2卫星被迫置于错误轨道上，最终坠落地球。猎鹰–9火箭在飞行中遭遇一子级1台发动机失效的考验，但并未影响主要任务，证明猎鹰–9火箭系统的冗余设计和检测调整系统是有效可行的，处理局部失败、保证主任务完成的策略是正确的。

3.4.2.5 系统的问题观

系统的问题观要求全面、系统地理解、认识、分析和解决问题，强调从系统或整体看待局部或单一问题；强调从系统或整体看待问题之间的关系，确定解决问题的次序、方法、重点；强调从整个问题域和问题发展演变来研究问题的规律，并形成规律性的解决问题的方法。哲学要为评价问题的真伪、性质、价值提供标准，以正确的问题观来指导问题的认识、选择、解决。

考虑要素不全面、不系统、不客观，从而在设计、工艺、操作、试验和管理中出现偏差，顾此失彼，而导致故障的案例屡见不鲜。例如，2015年11月4日，美国超级斯届比固体火箭LEO-46发动机发生故障，导致发射失败。任务失败最可能是由一子级引起的。超级斯届比火箭采用了简化的控制系统，飞行全程采用自旋方式保持箭体稳定，在大气层内无制导，而这种方式的抗干扰能力有限，因此火箭姿态失稳的原因可能是外界环境出现大的扰动。简化后的控制系统尚不能满足火箭发射的复杂要求，降成本与质量间的矛盾直接影响型号整体质量。

3.4.3 问题意识与问题导向

3.4.3.1 问题意识

航天工程的系统复杂性、恶劣的环境及其时变性、任务的高风险性等，要求从事工程研制的人员始终保持对工作的敬畏之心，并具备高度的质量意识、责任意识、问题意识和风险意识。

人类的实践活动是不断认识问题和解决问题的过程，问题意识在各种意识中居于重要地位。所谓问题意识，首先是指人们在社会实践的认识过程中感知现实矛盾而产生的怀疑、困惑的心理；其次是指发现问题、分析问题、解决问题的心理状态；最后是指对问题进行质疑、探究、突破与验证的各种思维的过程或综合表现。

质量问题意识是问题意识的一种，通常说质量工作与质量问题进行斗争，可靠性工作与故障进行斗争，正确的质量问题意识是正确认识问题和解决问题的前提和关键。因而，质量问题意识的培养是航天系统质量工作的重点，但就其结构化方面开展的研究不多，在实际工作过程中，也很难深刻把握质量问题意识的内涵。

质量问题意识的内涵包括以下内容：

①对质量问题的直觉和本能的反映、心态等，表现出的困惑、疑问等。

②对质量问题的认知和解决问题的动机、态度。

③对质量问题的判断、相关理解，具备的认识问题与解决问题的知识与方法。

④对质量问题质疑的思维方式、习惯和文化观念。

⑤对质量问题的判断和处置能力。

⑥对质量问题后果的判断和风险的认知。

⑦积极寻找质量问题的意图和动机。

⑧对质量问题的主体责任意识和担当精神。

⑨对质量问题穷追不舍，在困难面前绝不放弃的毅力。

⑩挑战权威，虚心学习，创新解决措施与方法的科学精神等。

参照冰山模型理论，对质量问题意识的内涵进行如下分层：

第一，知识与方法应用方面，关于质量问题的相关知识的认知与掌握，以及运用相关知识的方法、工具的能力等。

第二，情感与心态方面，包括对问题的困惑、疑问和担心，对质量问题的看法与观点等。

第三，业务素养方面，包括处置质量问题的能力等，表现出以批判性思维为特征的逻辑思维，对问题与风险的洞察、判断及处置能力。

第四，精神素养方面，具有问题导向的核心价值观和主体责任意识，顽强的毅力和坚定的信仰，以及对于组织文化的认同和传承，如科学精神、航天精神和质量至上的理念等。

参照洋葱模型理论，对质量问题意识进行具体表述（见图3-15）。

图3-15是质量问题意识的洋葱模型，其核心层是问题导向与主动担当的精神素养。首先是问题导向。问题导向是以问题的发现为出发点、以问题的研究为着力点、以问题的积极解决为归宿点的一种导向方式。问题导向作为一种思维方法的理论，其精髓是：基于问题的辩证思维，把握问题的结构性、层次性、整体性、开放性；相互联系地看待问题，注意问题要素的联系和问题与其他问题的联系；用发展的眼光看待问题，从不断总结经验教训中把握预防和解决问题的规律；从现实角度看待问题，善于从实际环境出发，并把握工作目标；始终抓住主要问题的主要方面，善于抓住问题的关键，做到有的放矢。其次是主动担当。对于一个组织而言，岗位质量职责是明确的，但实际运行过程中，特别是面对质量问题，相互推诿、被动执行、扯皮的情况很多，因此，主动担当是质量问题意识中的最重要的要素，与问题导向一同构成质量问题意识的核心层，是处理好质量问题的前提。

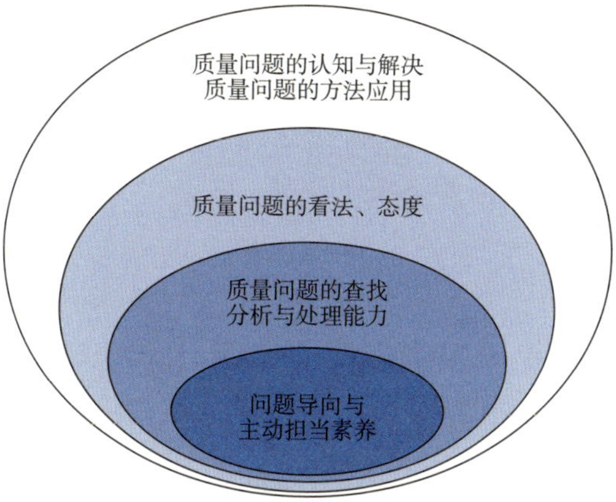

图3–15 质量问题意识的洋葱模型

依据冰山模型的基本原理，素养层面的意识具有鲜明的实践性，包括精神素养与业务素养，是在实践中磨炼出来的。因此，质量问题意识是一种经历实践磨炼出的能力，包括对于质量至上的认知，质量文化的传承，强烈的主体责任意识，挑战问题的创新意识，与问题斗争的顽强精神，实事求是、追求真理的科学精神，以批判性思维为特征的严密的逻辑思维能力，对问题与风险的洞察、判断、处置能力，以及应对困难和危机的能力等。但是，这种意识的培养需要一个长期的、实践的过程，特别是经历成功与失败的磨炼，并不是每个人都有这种机会。因此，我们还需要完善的体系、制度、标准、方法和工具，使之成为航天工程研制持续成功的重要组织保证，因此要辩证看待意识与规矩的关系，两者持续提升、相辅相成、缺一不可。

强调问题意识是历史上许多大家的共同观点。例如，孔子认为“疑是思之始，学之端”。宋代朱熹说：“读书无疑者，须教有疑。”明人陈献章说：“小疑则小进，大疑则大进。疑者，觉悟之机也。一番觉悟，一番长进。”爱因斯坦指出：“提出新的问题、新的可能性，从新的角度去看旧的问题，却需要创造性的想像力，而且标志着科学的真正进步。”问题是科学研究活动的出发点和落脚点。

在装备研制过程中，一些领导对问题意识不强的现象提出过尖锐批评，他们认为，“不是技术问题，而是信誉问题；不是质量问题，而是态度问题；不是产品问题，而是人品问题；不是责任问题，而是情怀问题”，“正视问题是党性，发现问题是水平，解决问题是能力”。

综上所述，问题意识就是人们对待问题的主动、自觉、正确的认识、立场和态度。问题意识反映了人们对待问题的主观能动性，是人们在认识问题、分析问题和解决问题的社会实践、科学实践中逐渐培养起来的，是人们对待问题的素养和能力，需要不断地学习、反思和领悟。

3.4.3.2 问题导向

习近平总书记指出："坚持问题导向是马克思主义的鲜明特点。"问题是创新的起点，也是创新的动力源，改革由问题倒逼而产生，又在不断解决问题中得以深化。

树立深刻的问题意识、坚持问题导向的工作方法，是新时代环境下创造性开展事业的内在要求。问题是客观存在的，要勇于面对问题、善于发现问题；问题多、杂、难，要求使用科学的方式方法分析与研究问题；问题躲不过、避不了，要有勇于处理矛盾、解决问题的责任担当；问题源自实践，要从实践和群众中寻查解决问题的办法；有真的本领就不会害怕有问题，关键在于能够在学习中提高解决问题的能力。

运载火箭的研制历程是以问题和目标为导向的，目标导向是前提，目标和现实之间的差距就是问题，只有解决问题，才能达成目标，因此航天质量工作始终面对问题，在与问题的斗争中发展。例如，东风二号导弹首飞失利，使我们充分认识了天地环境的差异性、地面试验的重要性以及按研制程序办事的必要性，形成了型号研制管理制度和流程，建设了一系列地面试验设施，为东风系列导弹研制的发展奠定了基础。

质量工作是与时俱进的，必须深刻认识当前运载火箭研制存在的主要矛盾、主要问题，例如，考虑到材料的性能、环境的变化，因此，早期设计的结构系数较大，即用较大的设计裕度来包容材料和环境，包括制造工艺的偏差。但是到了现在，如果不降低结构系数，就很难提高系统的性能。目前，我们对环境预示的精度提高了，材料性能和加工一致性也提高了，结构系数已经开始降低，但是，各方面的偏差始终存在，必须研究控制偏差的有效方法，也就是研究各种偏差的分布和统计过程控制方法。只有在统计受控的条件下生产的产品才具有高可靠性，因此，我们在质量控制方法上需要精益求精。

又如，技术的进步使得一些传统的失效模式得到有效的控制，但又不断产生新的失效模式，而且控制难度加大，例如，有引线元器件的引线应力损伤问题随着结构设计的改进、无引线元器件的使用和电装工艺的技术进步逐步得到了控制，但由于电子设备的进一步小型化，表面贴装、倒装焊及系统封装元器件的应用，新的损伤模式产生，则应力筛选的应力水平、试验方法、检查方法等都需要针对其产品的失效模式和装配工艺的失效模式来确定，需要我们进一步完善基于失效模式的质量控制方法，这充分体现了问题导向的基本思想。

3.4.4 批判性思维

系统的复杂性导致质量问题归零工作的复杂性，通常系统性的问题很难确定在一个具体的部位上，我们的工作逻辑或者说思维方式通常不是线性的，因果之间的关系十分复杂。为了寻找故障原因，我们提出很多假设，但很快被我们自己否定了，因此，在质量问题归零中需要正确的问题观指导，也需要养成批判性思考的习惯，同时，长期的归零实践活动也培养了人们的批判性思维。

批判性思维是人类诸多思维形态中的一种，批判性思维作为人类一种独特的、极为自然的思维形态存在已久。关于批判性思维的概念有许多的讨论，研究者常将批判性思维与质疑、否定、反省、反思、批判等联系在一起，认为批判性思维包括对人们所做出的知识断言的可靠性进行质疑、否定、反省、反思、批判等。批判性思维是一种有目的、有规则的判断过程，这个判断过程产生对证据、观念、方法、标准或者语境的诠释、分析、评价、推理和解释。批判性思维能够决定知识和行动，具有合理性、反思性、建设性、清晰性、相关性、一致性和预见性的特点。

有人认为，批判性思维是西方文化追求真理、理性、民主的一种必然产物，在中国是舶来品。事实并非如此。批判性思维的研究围绕两个基本的方面：一是逻辑推理；二是怀疑、否定、反思、反省等的批判性思维倾向。

就逻辑推理而言，春秋战国时期，中国就产生了以《墨经》和《荀子·正名》为突出代表的初具体系的逻辑学说——名辩学，并达到了我国古典逻辑的高峰。《墨经》不但有丰富的形式逻辑、非形式逻辑的思想，还有丰富的数理逻辑、辩证逻辑的思想。

就批判性思维倾向而言，春秋战国时期，《礼记·中庸》中就含有批判性思维，如“博学之，审问之，慎思之，明辨之，笃行之。有弗学，学之弗能，弗措也；有弗问，问之弗知，弗措也；有弗思，思之弗得，弗措也；有弗辨，辨之弗明，弗措也；有弗行，行之弗笃，弗措也”。其中，“审问”有质询的意思，“慎思”则包含暂时搁置判断的意思，“明辨”则包含进行逻辑分析、推理的意思。

但中国几千年封建社会面临的主要任务是人际关系的协调与处理政治问题。儒家学术追求的格物、致知、修身、齐家、治国的基本实践方式，其思想体系与封建政治统治的结合进一步强化了儒家学说以伦理、道德、治世等问题为理论思维的主体地位，导致中国的思想家从人的道德修养、人类的社会关系出发去看待一切事物，认为逻辑思想与批判精神无助于社会所崇尚的观念的发展，逻辑推理、批判、争论的方法逐步被强调社会和谐和稳定、直觉领悟所淡化与取代。

批判性思维对于质量问题归零的重要意义如下：

第一，有助于独立的思考。解决质量问题需要独立思考，也就是理性的批判精神和独立的思考能力，独立思考是观念的分析和综合过程的具体性、全面性、开放性和公正性，是批判性思维的关键要求。

第二，有助于提高认识、获取新知识，并做出科学的决定。批判性思维的目的是决定我们应该相信什么和做什么，即通过辨别和分析论证、澄清概念、查明原因、寻找和评估证据、评估和论证结果等批判性思维技能运用，解决问题并做出决定。批判性思维是我们认识问题和解决问题的最基本的思维方式。

第三，有助于辨别自己和他人思维中的谬误。逻辑论证、对话、归纳、演绎、辩证逻辑等的运用是进行批判性思维的主要方法。质量问题的处理涉及责任，有的人想通过不合理的论证来达到推卸责任的目的，这种情况在实际工作过程中经常发生，批判性思维通过对信息分析、评估和判断，识别推理的弱点、思维中的谬误，从而避免归零工作误入歧途。

第四，有助于提出科学的问题解决方案。质量问题的产生，从现象看是异常的，从原因和机理看不具备预期的合理性。批判性思维是一种反思性思维，是在获取真实的信息之后对信息的理解、分析和评估，是在质疑的基础上进行批判性思考的过程，是自主思考与逻辑论证相结合的过程，有助于查明问题真相并提出科学的解决方案。

4 知识管理

质量问题是非预期的，工程系统的复杂性导致质量问题的解决不是一帆风顺的，系统的飞行故障多年得不到彻底解决的情况是存在的。因此，质量问题归零是一个需要专业知识或经验支持的过程，也是一个产生工程研制经验或知识的过程，归零的知识管理是一个组织从研究单一产品问题的解决方案，到研究一个时期、一类或全部产品质量问题的发生规律，从而系统解决组织产品存在的质量问题的系统措施。经验如果不加以总结和加工，形不成系统的知识，也形不成一个组织解决问题的智慧。知识管理的重要性如图4–1所示。

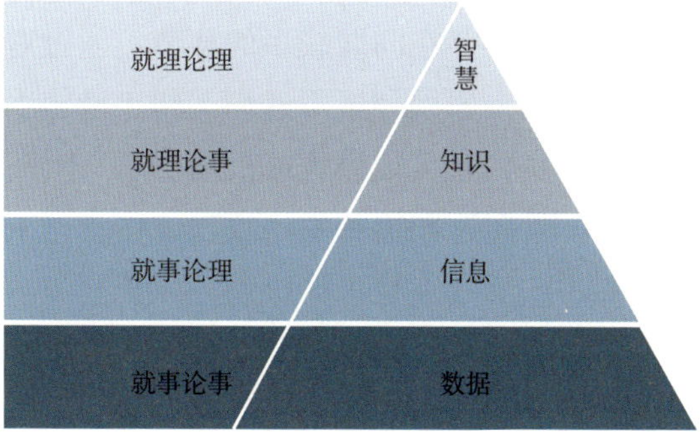

图4–1 知识的形成与定义

图4–1中，数据是最原始的记录，未被加工和解释，仅仅是客观事物的状态的表现或反映。信息带有消息的性质，具有发送者和接收者，通常以一定的载体形式记录，并通过一定的媒介传递。知识是一种结构化的经验、直觉、价值、情景信息和专家认识的混合，提供了整合、评估新经验和信息的环境和框架，源于并应用于人的头脑中。在组织中，它不仅嵌入文档或数据库，而且嵌入组织流程、实践和标准。智慧体现的是人类收集、加工、应用、传播信息和知识的能力，对事物发展的前瞻性观点（包括对问题风险的把握），以及提出优化的解决方案的能力。

过去质量问题的解决是一种非常依赖个人经验的活动，为此，我们经常组织专家来分析问题、解决问题。然而在知识经济和大数据时代，如何充分利用知识和数据来提高解决质量问题的效率，利用数据评估质量问题解决的效果，是我们面临的新课题。

4.1 质量问题线索表

4.1.1 产生背景、定义和形成过程

质量问题的举一反三是质量问题归零工作的一个组成部分，也是其他项目或单位预防问题发生的一项重要的工作。举一反三出自《论语·述而》的“举一隅不以三隅反，则不复也”，其基本释义是指列举出一件事情，进而类推知道其他许多事情，比喻善于学习，能够由此知彼。其近义词包括融会贯通、触类旁通等。所谓“吃一堑，长一智”“失败是成功之母”就是这个含义，否则就只有失败和教训了。反思问题的教训并做好举一反三工作是质量问题归零的根本要求。

举一反三是质量问题归零存在问题较多的环节。通过对当前型号举一反三工作开展情况的综合分析，原因分析不透彻、纠正措施不具体等问题制约了举一反三工作的全面落实，对类似模式或机理的举一反三工作几乎难以实施。为此，航天一院对质量问题归零和举一反三工作进行了探索和研究，建立了质量问题线索表和举一反三基线工作机制，以提高举一反三工作的有效性、全面性和彻底性。

线索表的概念源于潜通路分析。潜通路是指潜伏在电气系统中的一种通路或状态，该通路或状态可能造成系统不应有的动作或对应有动作的抑制。潜通路分析的基本方法为拓扑结构分析法。潜通路分析理论认为，所有的电路网络树都是由五种基本的电路拓扑模式所组成的，可以用来简化形成具体的拓扑图形，每个拓扑图形都有一个相应的线索表（提示清单），它有助于识别潜通路状态。线索表实际上逐一回答了一连串的问题，以确保不存在潜通路问题，分析工作是依据线索表展开的。例如，对于某倒Y形电路，其中的判断潜在通路的线索是，当一个电开关闭合或接通一个继电器时，是否会加上一个不期望的负载。

质量问题归零的早期阶段存在对质量问题的描述不准确、原因分类不恰当、原因分析不透彻、纠正和纠正措施不具体等问题，缺乏对质量问题获取信息的总结提炼，导致经验教训指导性不强，举一反三工作落实得不好。其具体表现在：

①纠正和纠正措施概念混淆，部分问题以现场处理措施作为纠正措施，没有明确的设计或工艺改进措施，导致无法进行举一反三工作。

②对纠正措施的总结提炼不够，没有从故障模式或机理层面进行深入剖析，导致对机理的举一反三工作流于形式。

③未能及时将质量问题的原因及纠正措施纳入知识管理系统并形成故障模式库或典型产品故障树库，知识利用率低，导致质量问题重复发生，且比例相对较高。

④对故障模式或故障机理掌握不准确，造成产品设计思路错误。

⑤普遍存在漠视其他单位、其他型号质量问题的情况。

⑥举一反三工作未能与产品实现的闭环管理流程以及知识管理工作有机结合。

通常一个质量问题的归零是十分复杂的，如果不了解归零的过程，很难把握产品质量问题产生的机理和预防措施的关键，因此，也就很难精准地实施质量问题的举一反三。为此，需要对质量问题归零信息进行加工，提炼出关键的要素，形成质量问题线索表。

质量问题线索表的形成过程为：在完成质量问题归零并采取纠正措施的基础上，从技术角度对质量问题的故障模式、故障机理、故障原因、纠正措施等进行深层次的、经验教训方面总结提炼，形成“一句话”式的技术准则或禁忌，即应该如何做或不应该做什么等，并体现在完成的质量问题归零报告中。

每一个质量问题归零后，都要形成该问题的质量问题线索表，它不仅包含针对现有产品的纠正和后续产品的纠正措施，更包含对故障模式、故障原因、故障机理、纠正措施等专业技术层面的总结提炼，能够指导相同及相似产品真正开展针对机理的举一反三工作。

质量问题线索表的主要内容包括故障模式、故障机理、技术准则或禁忌、涉及的产品或专业类别等。质量问题归零汇总表中纳入质量问题线索表内容的示例如表4-1所示。

表4-1 质量问题归零汇总表

	归零汇总表内容								质量问题线索表内容			
序号	问题名称	产品图（代）号	所属系统	问题分类	责任单位	问题概述	原因分析	归零措施	故障模式	故障机理	技术准则或禁忌	涉及的产品或专业类别

质量问题归零责任单位是形成质量问题线索表的责任主体，应将质量问题线索表的相关内容纳入质量问题归零报告和质量问题信息采集卡。

对于管理问题，也应从工作准则或禁忌的角度进行总结提炼，以指导后续工作，并为其他单位提供借鉴。

质量问题线索表在质量问题归零过程中形成，构建过程遵循了如图4–2所示的闭环过程。

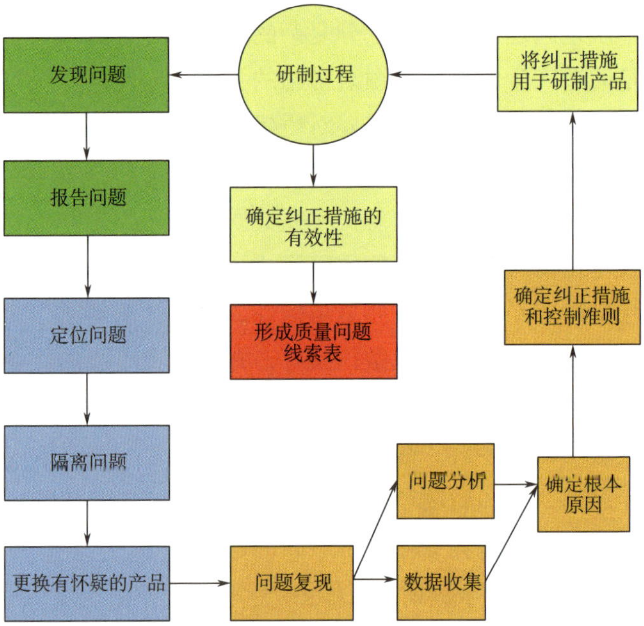

图4–2　质量问题线索表构建过程

质量问题归零评审时，责任单位应组织本单位（可邀请相关单位）同行专家对质量问题的故障模式、故障机理、技术（工作）准则或禁忌进行修改完善和确认，确保内容准确、文字精炼、图表正确、指导性和操作性强。归零除了解决问题外，很重要的内容是总结经验教训，但不少的单位对此不重视，一些归零只是就事论事解决问题，这就是很多质量问题重复出现的原因。

航天一院组织质量问题归零专项评审过程中，评审专家除对质量问题归零本身的原因及纠正措施进行确认外，也同步确认质量问题线索表的内容。

质量问题归零评审通过后，各责任单位按照专家意见完善质量问题归零报告及质量问题信息采集卡并归档。

航天一院定期或不定期发布质量问题信息通报，组织各单位开展举一反三工作。

4.1.2　形成示例

以某火箭发生的雷达单元测试时测高失效问题为例，总结提炼质量问题线索表。

问题现象：进行单机单元测试时，出现测高结果与实际不符的问题。测试完毕后，测试设备保持加电状态，被测设备断电并重新测试，故障仍然出现。测试完毕后，被测设备断电，测试设备保持加电状态，用示波器测量该测试设备300MHz时钟信号，发现约为292MHz。

故障定位：故障定位于300MHz时钟电路容差设计不足。电路设计中未对所使用的单片机设计外部复位，电路单片机上电复位由其内部复位电路完成，内部复位电路复位时间为18ms，容差设计不足。当单片机电源上电时间超过18ms时，会造成单片机上电复位失败，从而造成300MHz时钟电路频率输出异常，导致测高故障。

该故障的故障树如图4-3所示。

4.1.2.1　纠正

由于该现象可以通过断电恢复，因此如果再出现该现象时，可通过重启测试设备恢复正常状态，重新进行测试。

测试设备启动后，对300MHz时钟信号进行监测。若发现其频率异常，则断电重启测试设备，待其频率正常后再进行测试。

启用内部软件看门狗功能，增强程序运行的可靠性，防止因为意外原因程序跑飞。

4.1.2.2　纠正措施

更换单片机及增加外部复位电路。

4.1.2.3　原有举一反三情况

测试设备射频板的480MHz时钟产生电路也使用了与300MHz电路相同的

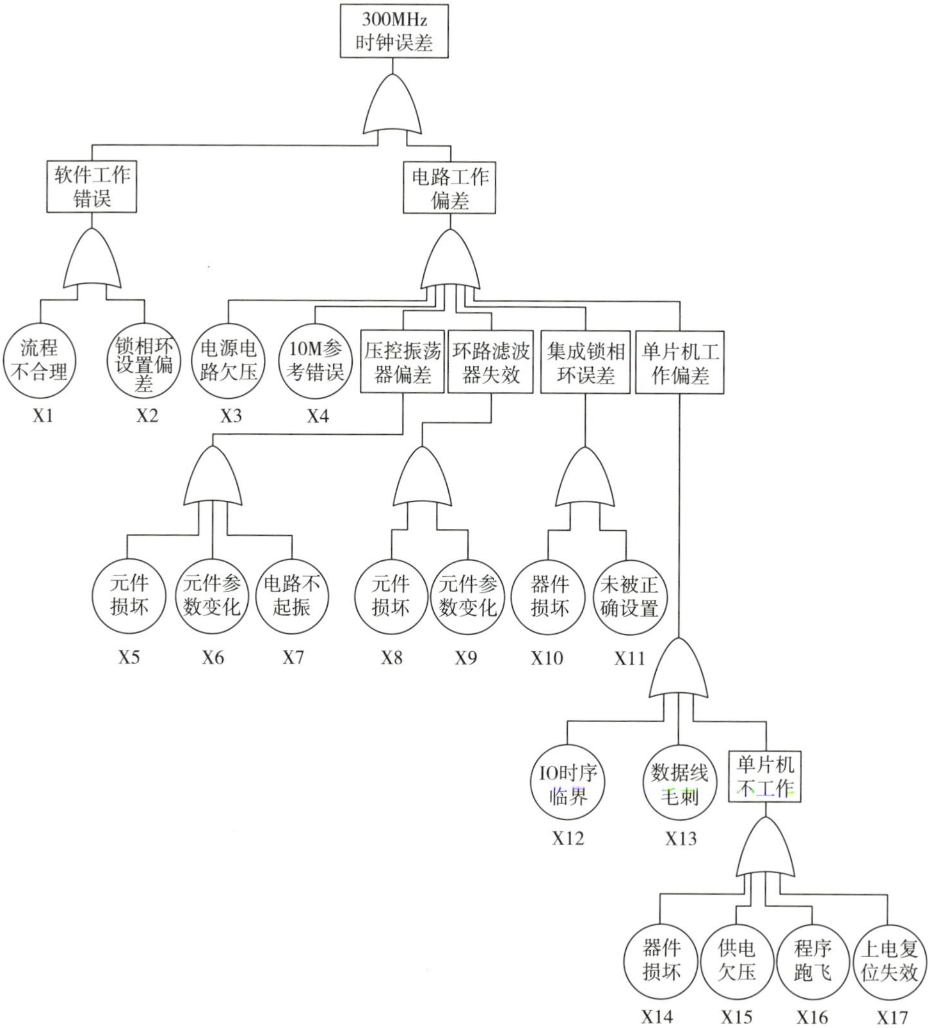

图4-3　300MHz时钟错误故障树

单片机，针对480MHz时钟产生电路采用同样的更改方法。

交付该单位的其他测试板也采用了类似电路，但其时钟电路的电源处理与故障模块不一样，可避免产生上述复位不成功带来的故障。

4.1.2.4　线索表建立要点

显而易见，上述举一反三工作仅限于该型号的某一测试设备，若举一反三工作不全面，则无法避免类似问题的再次发生。

按照要求建立质量问题线索，其中：

故障模式：单片机上电复位失败。

故障机理：电源上电时间大于复位电路的复位时间。

工作准则：为保证工作可靠，应在单片机外部增加复位电路，固定一个大于电源上电时间的复位时间；单片机时钟电路使用内部复位电路时，其复位时间应大于电源上电时间。

涉及的产品或专业类别：计算机、时钟电路设计。

按照上述质量问题线索确定的故障模式、故障机理和工作准则，可以对所有型号、所有产品使用的单片机时钟电路进行复查并采取相应改进措施。

可见，相比以往的举一反三工作，质量问题线索表的范围更加明确、更加全面、针对性更强。形成的举一反三基线可以作为设计禁忌纳入相关的标准规范，通过知识管理避免此类问题的再次发生。

4.2 举一反三基线

4.2.1 定义及作用

基线的概念源于计算机技术和产品技术状态管理。在计算机术语中，基线是项目储存库中每个工件版本在特定时期的一个快照，它提供一个正式标准，随后的工作遵此标准，并且只有经过授权后才能变更这个标准。建立一个初始基线后，以后每次对其进行的变更都将记录为一个差值，直到建成下一个基线。

《技术状态管理》（GJB 3206A-2010）明确给出了技术状态基线的定义：在产品寿命周期内的某一特定时刻，被正式确认并作为今后研制生产、使用保障活动基准，以及技术状态改变判定基准的技术状态文件。技术状态基线一般包括功能基线、分配基线和产品基线。

举一反三基线是产品及专业完善技术规范的依据，是防止类似质量问题重复发生的预防措施。建立基线的过程为：定期按产品及专业分类，对适用的质量问题线索表内容进行总结分析，形成对一类产品、一种专业发生问题规律性的认识，经过批准发布后作为当前时期举一反三的依据。设立基线能够提高举一反三的全面性、有效性，并为建立故障模式数据库和故障树库打好基础。

2012年，航天一院按专业建立了工艺、软件、元器件、材料、火工装置、液体发动机、固体发动机、伺服机构、增压输送系统、惯性器件以及型号飞行故障等质量问题的举一反三基线，提炼各专业或产品在设计、生产、试验特别是环境条件设计、接口协调、飞行时序设计、试验验证等方面的共性问题和改进措施，包括故障模式分析、故障树分析和故障模式的预防与控制准则，形成知识积累和举一反三工作要求，印发举一反三基线文件，指导各单位、各型号开展举一反三工作。

举一反三基线建立后，一方面可以有效指导各单位建立或完善标准规范体系，从根本上避免类似问题的重复发生；另一方面可以不断完善故障模式库或故障树库，使FMEA和FTA工作更加充分，从而为单点故障模式分析及闭环控制等工作打下坚实基础。其相关工作关系如图4–4所示。

举一反三基线与产品过程控制的关系：

①举一反三基线建立后，应及时将确定的工作准则或禁忌转化为各层次的标准规范。

②根据制修订后的标准规范，各单位应完善形成面向产品、面向岗位的工作准则或作业指导书。

③设计、试验、工艺等人员应按照工作准则或作业指导书的要求，完善所负责产品的相关任务书、技术条件、验收要求等，指导承制单位开展工作。

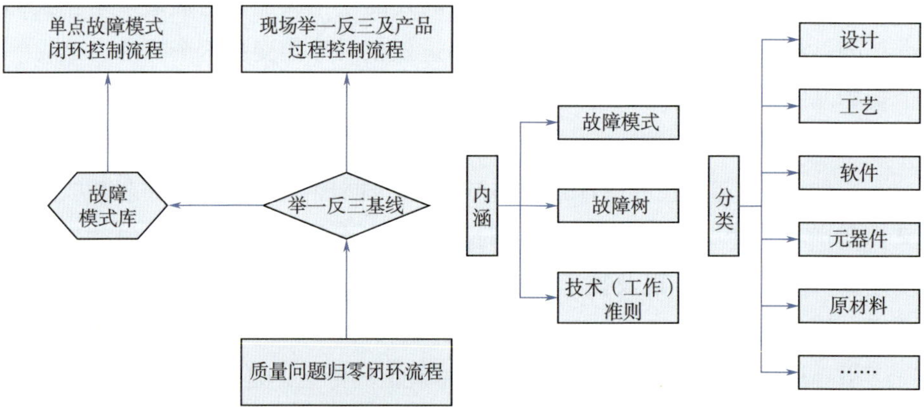

图4–4 质量问题举一反三基线与相关工作关系图

④各承研承制单位应按照各项要求实施产品实现过程的闭环控制。

⑤产品验收时，应对照各项要求进行检查确认。

标准规范的制修订工作与工作准则或作业指导书的完善工作可同步进行。

举一反三基线内容中除工作准则或禁忌外，还包括故障模式和复杂故障的故障树，可以利用信息化手段对总结提炼的故障模式和故障树进行收集汇总，按专业或产品类别形成故障模式库和故障树库。

故障模式库和故障树库的补充完善丰富了对现有产品设计特性、工艺特性的技术认知，可以有效指导设计师系统、工艺师系统开展FMEA和FTA工作，提高了FMEA和FTA工作的全面性和准确性。

在充分有效的FMEA和FTA工作的基础上，全面识别单点故障模式，对其所涉及的关键产品设计、工艺与过程关键特性进行自上而下的逐级量化分解和自下而上的逐级量化闭环确认，分析各种故障可能发生的原因，识别设计中的风险和薄弱环节，为制定应对措施并实施改进提供有效支持。

同时，复杂故障的故障树库的建立还为质量问题的快速定位并采取措施提供了手段和途径。

4.2.2 火箭伺服机构质量问题基线结构示例

4.2.2.1 通用产品结构

目前，航天一院型号配套伺服机构主要有三类，分别是电动液压伺服机构、燃气液压伺服机构、机电伺服机构。其中：电动液压伺服机构以电能驱动电机或引流发动机的次级能源驱动马达，通过液压泵将其进行能量转换，实现伺服机构功能；燃气液压伺服机构以火工品燃烧产生热能，通过涡轮泵将燃气能转换为液压能驱动伺服机构，实现伺服机构功能；机电伺服机构以电池为能量单元，通过伺服电机直接驱动传动机构（丝杠、减速器等），将电能直接转换为机械能，实现伺服机构功能。

综合电动液压伺服机构、燃气液压伺服机构和机电伺服机构三种不同类型伺服机构的产品组成，按照产品的结构、功能、性能特点，从电气类、控制类、动力类、软件类、传动类、测量类和附件类等七个方面，可以建立伺服机构通用产品结构树（见图4–5）。

4.2.2.2 产品故障模式

从开箱检查后的外观检查、静态测试、功能测试和性能测试的工作流程看，电动液压伺服机构、燃气液压伺服机构和机电伺服机构的故障模式共计20种，故障模式及故障描述详见表4–2。

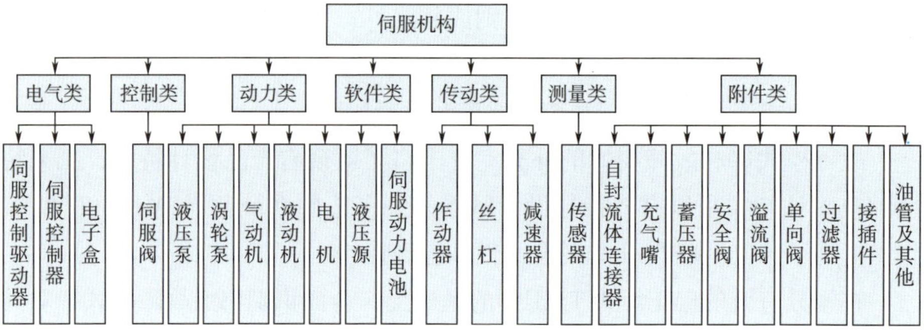

图4-5 伺服机构通用产品结构图

表4-2 伺服机构故障模式及故障描述汇总表

序号	使用环节	故障模式	故障描述
1	外观检查	漏油（气）	产品安装面密封处油液（气）外漏
		断裂	产品发生裂纹或彻底断开
2	静态测试	阻值超差	产品的电阻值超出技术要求范围
		不导通	产品导通电路不符合技术要求
		绝缘超差	产品绝缘要求不符合技术要求
		油面超差	油箱油面位值超出技术要求范围
		压力超差	油箱、蓄能器压力超出技术要求范围
		装不上	产品不能与发动机、舵面进行正常安装
		接口干涉	产品机械接口、电气接口不匹配
		运动干涉	在技术要求范围内运动时与其他产品干涉
3	功能测试	开环	控制功能不符合闭环技术要求
		自激	控制、反馈信号异常放大或振荡
		锁不住	控制指令发出后，锁止机构不能正常落锁
		建压迟滞	在规定时间内不能按照技术要求建立工作所需压力
		异响	按规定要求测试时出现异常响声
		自检功能不符	按规定要求自检时出现与技术文件规定不一致的情况
4	性能测试	零位超差	在规定条件下机械、电气零位超出技术要求范围
		位置特性超差	在规定负载条件下，位置回环特性曲线超出技术要求
		速度特性超差	在规定的输入电流条件下，伺服机构输出速度超出技术要求
		频率特性超差	在规定的正弦输入信号条件下，伺服机构输出信号与输入信号复数随输入信号频率变化的关系超出技术要求

4.2.2.3 质量问题分析

伺服机构质量问题数量的趋势图见4–6。

质量问题按故障模式统计，其中：开环属于功能类故障模式；装不上、拆不下属于接口类故障模式；漏油（气）、绝缘超差、油面超差、压力超差、阻值超差、不导通、零位超差、建压迟滞、位置特性超差、速度特性超差、频率特性超差属于性能类故障模式，详见表4–3。

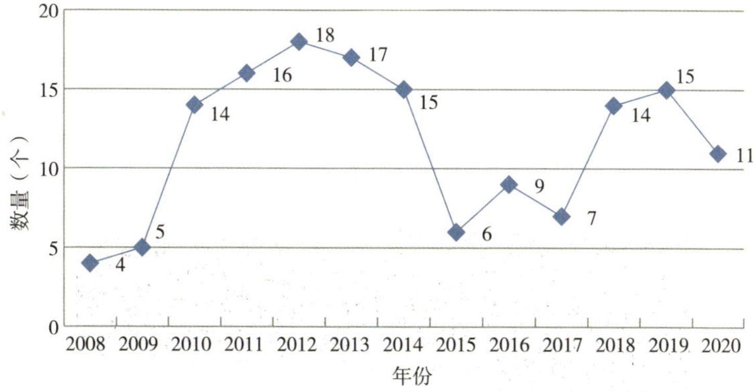

图4–6 伺服机构质量问题趋势图

表4–3 质量问题按故障模式的统计

故障模式	漏油（气）	装不上	拆不下	阻值超差	不导通	绝缘超差	油面超差	压力超差	开环	建压迟滞	零位超差	…
问题数	30	1	1	4	5	11	3	13	23	1	10	…

漏油（气）故障模式的分布情况见图4–7。

漏油（气）的主要原因主要为密封件和零件密封面划伤、零件密封部位尺寸加工超差、密封件自身缺陷和密封结构设计不合理。但是漏油（气）问题比较容易观察发现，且能够通过补油（气）操作或更换受损零件进行处置，不会导致功能故障。例如，阀座密封面存在轻微划伤，导致阀门漏率超差问题（见图4–8）。

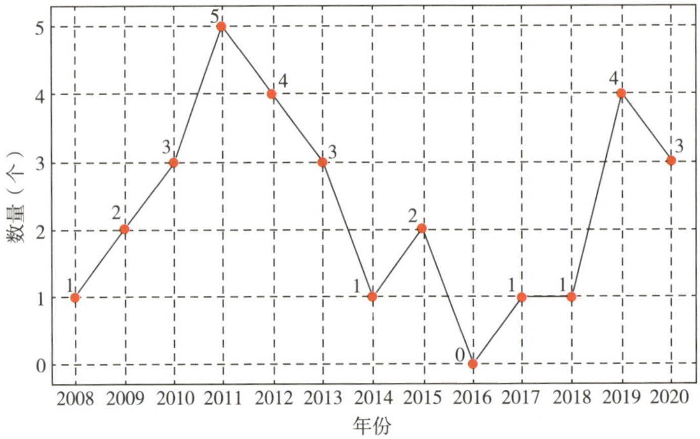

图4–7　漏油（气）问题趋势图

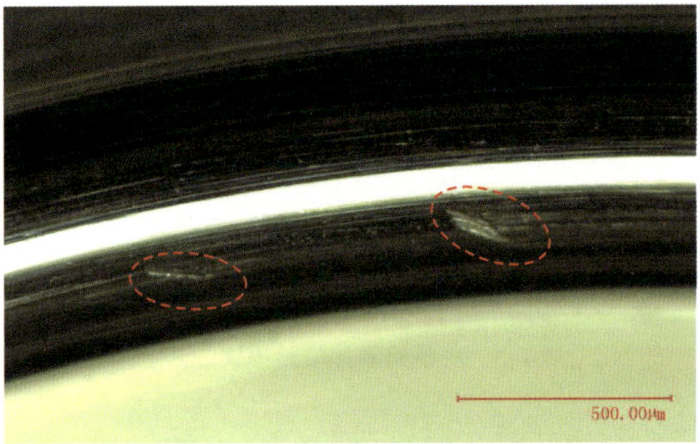

图4–8　某阀门阀座密封面划伤示意图

4.2.2.4　基线内容

基线的内容是：以问题为导向，围绕故障模式，对技术归零和管理归零工作进行再认识，结合具体产品特点，从设计、工艺与过程控制维度，提炼形成技术准则或禁忌。以下是部分示例。

（1）设计类

①液压密封结构设计时，应严格按照规范要求计算密封件压缩率、满槽率；移动密封设计时，应明确密封部位涂抹密封润滑油的要求；端面密封设计时，同一端面多处密封且密封圈规格不一致的密封部位，应按照设计规范详细计算每个密封槽、密封圈尺寸，保证密封可靠（见图4–9）。

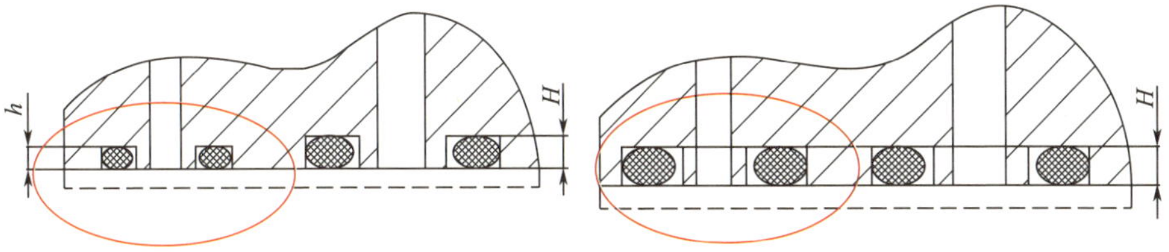

图4-9　端面密封结构示意图

②紧固部位设计时，应避免使用机械性能、化学成分相近的材料，以防结构咬死或螺纹损伤（见图4-10）。

③计算产品尺寸链时，应全面考虑倒角尺寸、形位公差，以避免装配后出现间隙或装配不到位的问题；对关键部位装配尺寸链，如随动活塞长度、轴肩长度等，要重点进行详细计算。

应考虑相关零件关键倒（圆）角对计算结果准确度的影响；零件关键倒（圆）角应在图纸上单独标注或增加提示（见图4-11），避免采用统一标注。

图4-10　螺纹损伤示意图

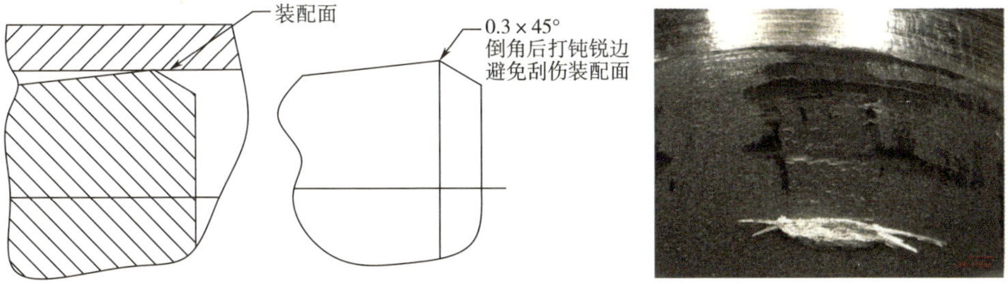

图4-11　零件倒角要求示意图

④阀类产品油道设计时，应避免结构上存在盲腔，降低残留多余物风险（见图4-12）。

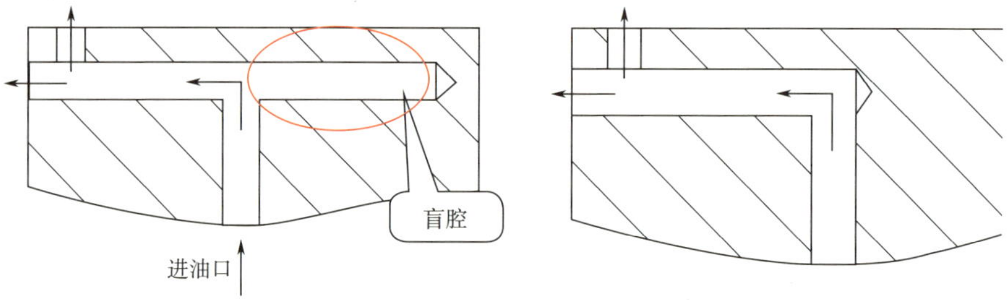

图4-12　油道设计示意图

⑤单元测试仪设计应注意：弱电与强电的电缆须分开布局，长线传输电缆要避免输入端悬空，通信电缆须采用连续屏蔽的方式防止电磁干扰。

⑥电机设计时应确保定子引出线与转子之间有足够的安全间隙，避免导线非预期接触磨损。

⑦控制器设计应注意：印制板固定孔与信号地（线）间距应预留安全间隙；电源板设计时，应通过设置冷板降低热应力；功率电路应进行内部器件温升数据摸底，在覆盖总体环境条件及实际工况的前提下，保留合理试验条件裕量。

⑧涡轮泵设计应注意：石墨密封材料选用应充分考虑材料的耐磨性；石墨密封材料应考虑高温环境条件对密封性能的影响。叶片重心偏移散差增大，可导致叶片边缘根部局部应力增大，加速叶片疲劳（见图4-13），故规定涡轮叶片允许公差时，还要明确规定叶片间不允许连续出现正偏差或负偏差。

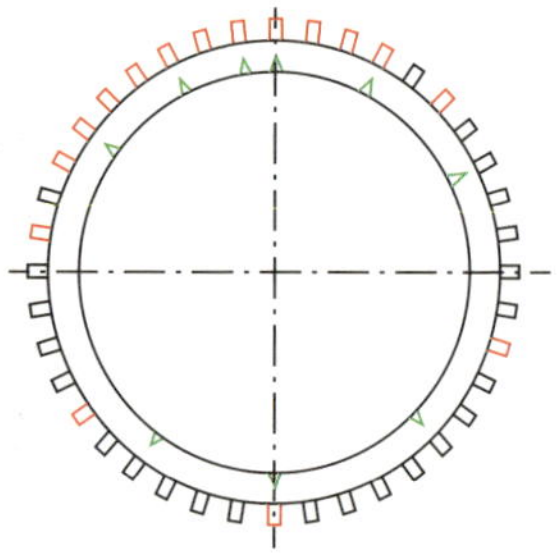

注：红色位置表示叶片重心偏移较大的分布位置，绿色位置表示叶片疲劳失效位置。

图4-13　叶片疲劳断裂位置与重心偏移较大叶片位置示意图

⑨蓄压器设计应注意：蓄压器导管固有频率设计应避免与伺服机构工作液压脉动频率接近，以免发生耦合共振。蓄压器胶囊设计时应考虑形变对油路口的影响，避免封堵泄油口而发生“困油”。

⑩液压泵设计应注意：液压泵设计时应严格控制内泄漏对容积效率的影响。按照通常习惯使用红色作为保护装置表面着色。

⑪油箱密封设计时，应考虑密封件材料与工作介质的相容性，避免密封材料变化致使密封性能下降；油箱设计时，相互运动的接触零件要选取恰当的硬度或采取表面强化措施，确保耐磨性；油气密封结构设计时，要考虑缸筒变形、力学环境等极限条件的影响。

⑫聚氨酯同步带设计时，应根据长期贮存后高温试验评定结果，并结合产品贮存环境条件，尽量选用耐水性聚氨酯同步带，避免长期贮存时温度、水分等环境因素导致聚氨酯同步带物理特性的明显变差（见图4–14）。对于成熟产品，应落实贮存延寿工作的充分性和系统性，尤其涉及系统间界面和接口时，要开展带载及高温环境的综合影响研究，确保产品使用任务剖面的全覆盖。聚氨酯同步带长期贮存后耐高温性能会下降，超出贮存期的产品必须进行更换。

图4–14　非耐水性同步带高温试验前（左）、后（右）对照图

⑬超级新氧化银电池设计应要求贮液器本体与贮液器盖采取激光焊接工艺密封，不能采取苯酚胶粘接密封。

⑭特定精密零部件设计在结构上应有极性要求，在装配时不能装错，如不能实现，应做出标识，如为规避阀芯和阀套安装过程中出现装反的风险，在工艺设计时进行“+”方向标记（见图4–15）。

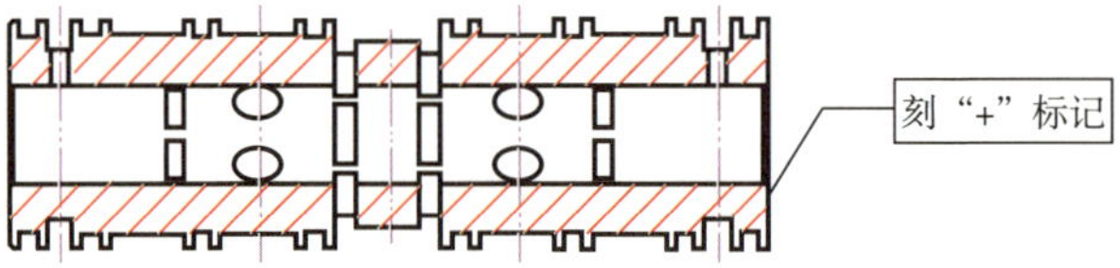

图4-15　阀芯“+”方向标记示意图

（2）工艺与过程控制类

①作动器安装伺服阀时，规定先装伺服阀，后装反馈弹簧，避免伺服阀反馈杆弹簧单边受力而导致伺服阀性能变差（见图4-16）。

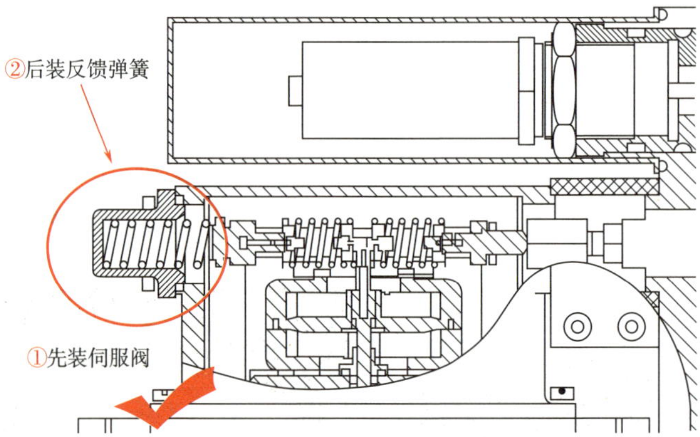

图4-16　作动器安装伺服阀防差错示意图

②传动丝杠在瞬态高加载速率下易发生低应力脆性断裂，脆断时的应力水平可能小于四分之一屈服强度。为此，要保证丝杠芯部硬度不能太高，有足够的协调变形能力。

为保证淬火的准确性，应预留工艺长度部分进行特性检测，并通过抽取同批次产品剖切后检查包括芯部硬度在内的特性，来评估特殊过程工艺参数的准确性。

③复杂腔、细长腔结构且对多余物敏感的产品（见图4-17），应清洗后进行X光、内窥等检查。

④相互组成配合副的零件棱边（见图4-18），要彻底清除毛刺以避免划伤配合面。

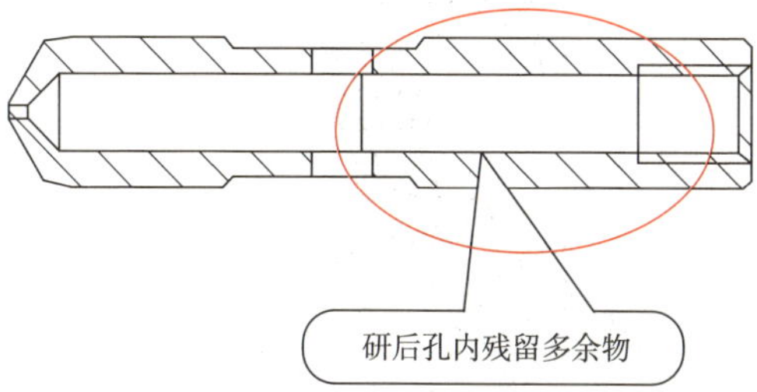

图4-17 小孔残留多余物示意图

图4-18 作动筒楞边示意图

⑤电缆、导线布局和绑扎时应确保其根部不受外力，避免线芯过度弯折受损或焊点脱落，必要时使用X光检查（见图4-19）。

⑥电装生产时应禁止使用超声波清洗电子元器件。

⑦密封件装配时，应使用专用工装确保密封圈安装到位，防止“切圈”问题（见图4-20），并使用10倍放大镜检查密封件外观。

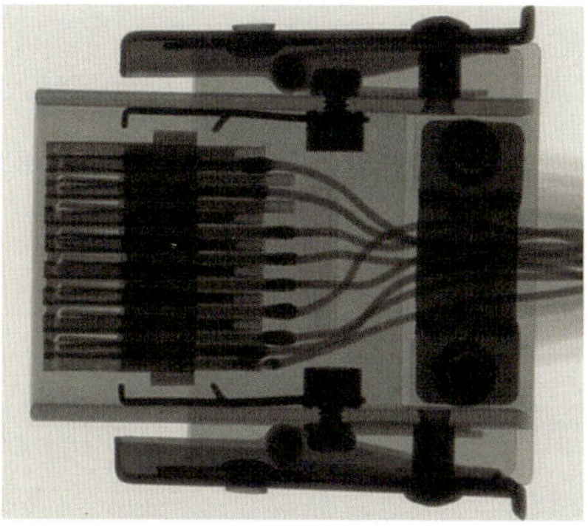

图4-19 导线质量检查确认示意图

图4-20 密封圈切圈示意图

⑧密封件装配时，应检查零件装配路径、密封部位是否存在毛刺，避免密封部位划伤，如活塞杆的装配（见图4-21）；应采用多次试装的方式，避免密封件被划伤。

⑨紧固件操作应注意：紧固操作时应先手拧至无法拧动后，再用力矩扳手拧紧至规定力矩值；无法直接施加力矩时，应采用专用工装确保施加技术文件规定的力矩；紧固操作完成后，应检查弹性垫圈开口量大小以确保安装到位。

图4-21　活塞杆示意图

⑩电机返修时，应明确返修后重新磨合的时间及工艺要求，避免磨合不到位而影响产品可靠性。

⑪电机装配过程中应将多余的导线头清理干净，避免残留在电机内部产生多余物。

⑫传感器电阻组件装配时，应采用工装保证和X光检查，确保电刷丝与导电条安装位置不偏离，传感器工艺文件应明确禁止补胶操作，避免稀释剂侵入底层已固化胶面而降低黏结强度。

⑬阀类工艺要求：阀芯加工时，应严格落实保持锐边去毛刺的工艺要求；阀芯装配前，应使用10倍放大镜检查阀芯表面质量；阀芯装配时，应检查阀芯与阀套圆周方向运动的灵活性；伺服阀调试时，应采用双向冲洗的清洗工艺，避免内部残留多余物；伺服阀调试时，应设置高频磨合试验，及早暴露和剔除多余物。

⑭蜗轮泵转子加工工艺设计时，应保证所有叶片尺寸在公差范围内的一致性，即叶片尺寸偏差应避免偏向一个方向；壳体组件焊接加工时应避免喷嘴套管出口变形，并在完成后进行检测。机械密封装配前，应对动、静环密封面使用高倍放大镜检查是否划伤，同时设置检验点进行确认。

⑮液压泵试验设备上增加高压/低压警示标志，防止误操作；液压泵工作前，应拆除贮存时泄油口的保护装置。

⑯对于液压软管，根据工作压力，按照氟塑料软管技术要求进行选用，明确弯曲半径，避免过度弯曲出现褶痕，逐步造成油液渗漏。

⑰药柱缠绕时，严禁对已加工完成的填充泡沫进行手工打磨操作；药柱缠绕时应严格控制“药面高度—填充泡沫厚度—端环组件高度”的差值。

4.3 归零知识原则

2013年，航天一院提出了“梳理模式、提炼准则、统计分析、完善基线、积累数据”的五条归零知识原则，这是在知识管理时代，航天一院在完成质量问题归零的主体工作之后，对问题进行系统研究，积累知识，深入落实质量问题归零标准的一个创新，是从已经发生的质量问题的研究入手，深入开展可靠性工作的基本原则。

至此，航天一院在处理质量问题时，不仅要落实双“五条”归零标准，而且要牢牢把握双“五条”归零原则。

4.3.1 梳理模式

梳理模式，即梳理已经发生的问题的故障模式或失效模式。长期以来，设计工作中开展了FMECA的工作，但缺乏故障模式库，导致FMECA、单点故障模式分析等一系列工作依赖于设计师队伍个体的能力，工作缺乏系统性，不规范。此外，现行有效的标准规范中，不同的行业、不同的技术角度对相同的产品给出了不同的故障模式分类和定义，给设计师系统开展工作造成不便。

故障模式是产品失效时的外部表现形式，结合航天型号产品的特点，我们将故障模式分成两大类加以梳理和研究。

第一，以元器件、材料、软件为代表的基础产品失效模式。具体地讲，几乎所有的质量问题最终都可定位在一个具体的元器件、原材料或者某个软件上，也是设计师系统开展可靠性设计的起点或基础，这就需要对这些基础产品的失效模式进行统一的分类和定义，以便设计师系统开展FMEA以及单点故障模式识别与控制等工作。例如，电子元器件的失效模式可以划分为开路、短路、外观损伤、功能丧失、参数变化、结构破坏、绝缘不良、接触不良等。

第二，以系统或单机产品划分的故障模式，如运载火箭总体、控制系统、发动机等。这一类故障模式通常缺乏公用的数据基础，需要结合工程系统研制加以积累。故障模式的梳理要本着能用、好用的原则，一方面面向广大设计师系统的可靠性设计和分析工作，另一方面面向从事产品可靠性的研究人员或质量保证人员。

4.3.2 提炼准则

提炼准则，就是通过对问题的深入分析，提出今后在设计、工艺、试验、管理等方面的准则或禁忌。在当前的质量问题归零工作中，一方面存在纠正和纠正措施概念混淆，以现场处理措施作为纠正措施，没有明确的设计或工艺改进措施的现象；另一方面，质量部门发出的质量问题汇总表，没有将导致问题的共性原因加以提炼，脱离了问题的具体情况，很难读懂信息的主要内容。这导致了举一反三的效果很差。

提炼准则的工作，不仅针对技术问题，也针对管理问题。提炼准则应该遵循两条原则：一是要可操作性强，要尽量具体、细化、量化，类似“严格过程控制”“加强验收把关”等是原则，不是准则，要避免“假、大、空”；二是要做好类推，要由针对一个产品的准则上升为针对一类产品的准则。

4.3.3 统计分析

统计分析，一方面是对已认知或已发生的故障模式的种类进行统计分析，识别深层次的问题原因，为改进工作提供支撑；另一方面是对故障模式的发生频度进行统计分析，以便为开展FMEA等可靠性设计提供依据。

例如，运载火箭典型阀门产品有“打不开”“关不住”两种故障模式，以往我们在阀门设计过程中主要担心“打不开”情况的发生，为此采用了并联阀门以提高解决“打不开”问题的可靠性。由于缺乏对“关不住”故障模式的认识，在实际工作中，“关不住”这一故障模式多次发生，并联阀门的设计方式增加了“关不住”的风险，降低了产品的可靠性。

又如，过去理论上认为瓷介质电容器的主要失效模式是开路，在滤波电路设计时经常采用一个电容器并联滤波，一旦发生开路失效，只会造成性能偏差。但实际的统计结果表明，绝大部分瓷介质电容器的失效模式是短路，即介质层缺陷或端头处理不当造成的短路失效，造成的后果是整机无输出功能失效。

4.3.4 完善基线

质量问题举一反三基线的建立过程为：定期按产品及专业分类，对适用的质量问题线索表内容，包括故障模式、故障机理和技术准则或禁忌等进行汇总，作为举一反三的依据。举一反三基线作为产品及专业完善技术规范的依据，是防止类似质量问题重复发生的预防措施，不仅通过完善技术规范从而有效避免问题的重复发生，还可以通过完善故障模式库和故障树库，为故障模式及影响分析和故障树分析等方法提供基础数据支持，并为质量问题快速定位提供支撑。

应按专业建立质量问题举一反三基线，如工艺、软件、物资、发动机、伺服产品、惯性器件等，提炼专业或产品在设计、生产、试验，特别是环境条件设计、接口协调、飞行时序设计、试验验证等方面的共性问题和改进措施，包括故障模式分析、故障树分析和控制准则，形成知识积累和举一反三工作要求。

质量问题举一反三基线建立后，一方面可以使各单位建立或完善标准规范体系，从根本上避免类似问题的重复发生；另一方面可以不断完善故障模式库或故障树库，使FMEA和FTA工作更加充分，从而为开展单点故障模式分析及闭环控制等工作提供支持。

4.3.5 积累数据

积累数据，就是要通过质量问题的归零，将以往未认识到的产品设计、工艺、试验等薄弱环节作为产品关键特性加以控制并完善质量与可靠性数据包，通过数据的不断积累，为开展成功数据包络分析并评价产品质量提供支撑。目前的问题是，虽然建立了质量与可靠性数据包，但是一旦出现问题，已有的数据包不能为故障分析提供全面、有效的支撑，因此，质量问题归零一定要对数据包进行修正。

做好积累数据工作，首先要提高对质量与可靠性数据包的认识。以单机产品为例，质量与可靠性数据包首先反映产品功能、性能的质量与可靠性，一旦出现失效，通过数据分析，很快能够找到故障所在。因此，数据包的基础是对产品关键特性包括设计、工艺、过程关键特性的充分辨识、用数据进行量化表征并进行一定数量产品数据的积累。其次，关注以下两个环节。

4.3.5.1 关键特性的识别

在质量问题归零工作中发现，产品特性往往具有耦合性，表现为两个或以上特性共同影响产品功能性能指标。因此需要在产品特性识别的基础上，进一步梳理确认产品内部、产品间、系统与产品间、系统间的特性耦合关系。作为一个型号，要形成型号的关键特性分解树，将型号总体关注的关键特性逐级分解为单机、部组件甚至元器件、原材料特性要求，不仅作为本级产品关注的重点，更要作为上游对下游管控的重点。

4.3.5.2 数据包的建立

原则上产品数据要通过检测和试验等手段来直接获取；对于不能直接获取的数据，要通过设计分析分解到产品可测的几何、机械、物理和化学的产品设计特性并获取数据；如果产品设计特性不可测，还需要将设计特性按照其工艺流程细化到关键的工艺特性和材料特性，从而获取相关数据。

4.4 知识管理

可靠性知识是从产品质量问题数据中逐层演化、提炼出来的并得到验证的规律，产品质量问题数据、产品质量问题信息与可靠性知识之间具有如图4–22所示的关系。

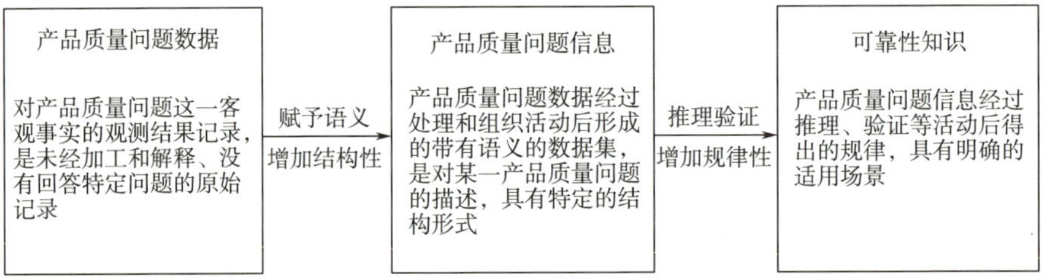

图4–22 产品质量问题数据、产品质量问题信息与可靠性知识的概念及演化关系

质量管理活动在产品过程维度向着制造、工艺乃至设计端延伸，在产品结构维度从单一零部件向着零件族中的类似零件延伸，在组织维度向着供应链两端延伸。随着举一反三工作的开展，产品可靠性知识内涵得到了极大丰富，形成了以质量问题案例为核心，案例知识与材料知识、工艺知识、产品设计知识等广泛关联的多学科融合知识体系，构成了基于质量问题归零信息的航天可靠性知识管理框架（见图4-23）。

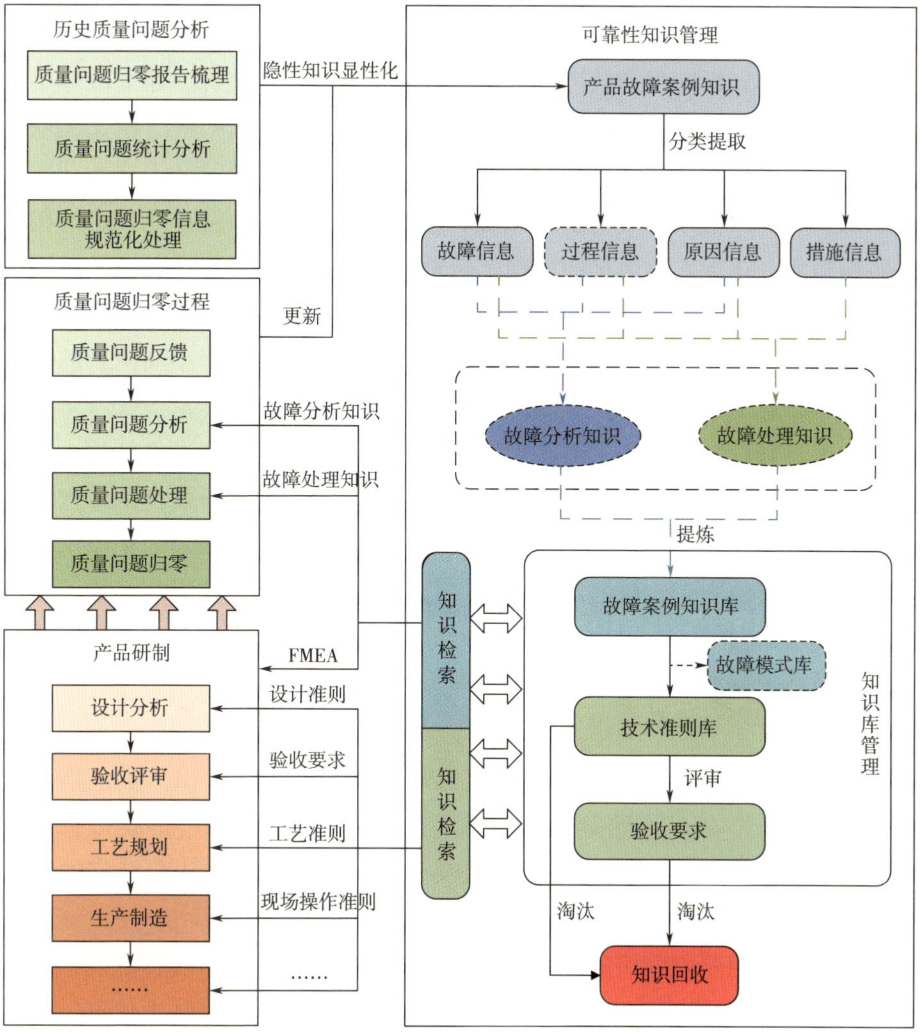

图4-23　基于质量问题的航天可靠性知识管理框架

根据图4-23，一部分可靠性知识管理起源于质量问题归零，质量问题归零过程是一个隐性知识显性化的过程：技术人员根据经验对质量问题进行分析，通过反复试验实现质量问题复现，并提出最优解决方案。该过程将技术人员对质量问题处理的隐性经验转化成了显性的数据信息。质量问题归零主要包括四类信息：故障信息、过程信息、原因信息、措施信息。综合上述四类信息，可形成两类质量问题归零知识：一是由故障信息与原因信息组合得到的故障分析知识；二是由故障信息、原因信息以及措施信息组合得到的故障处理知识。

基于故障分析知识和故障处理知识开展可靠性知识提炼，建立故障案例知识库，并使知识进入共享状态。知识检索引擎通过语义扩展、语义关联等技术，实现质量问题描述信息的相似度匹配，设计人员通过知识检索获取想要的知识。知识检索引擎通过语义关联技术，实现质量问题描述信息的相似度匹配检索，技术人员通过知识检索引擎可以获得其想要的知识。

质量问题归零业务既是可靠性知识库的支撑对象，也是可靠性知识库的依托对象。在这个闭环过程中，可靠性知识库自身也处于不断更新的过程中，从而保证质量问题知识库的价值。

航天可靠性知识管理主要表现在对航天产品故障模式与可靠性技术准则的提炼，而其提炼过程隐匿在质量问题归零报告中的知识显性化的过程中，根据上述可靠性知识管理框架，结合航天一院所提的五条归零知识原则，确定开展的可靠性知识管理活动有：知识分类与采集，知识挖掘与提炼，知识共享与应用。

4.4.1 知识分类与采集

质量问题知识既包括现有的以文档形式存在的显性知识，也包括操作者、维修人员、领域专家等知识拥有者头脑中的隐性知识，涉及排查故障方面的非正式的技能、技巧、经验以及主观洞察力等，往往与特定的情境相关。

产品质量问题归零信息庞大而又复杂，从质量问题归零过程出发，将产品质量问题显性知识集中于故障案例的描述，主要包括产品基本信息、问题的描述（故障描述、模式识别、原因分析）、解决方案（措施制定）、反馈结果（措施评价、举一反三）（见图4–24）。

问题的处理与解决通常是一个反复迭代的过程，始于对问题情境和已知初始状态的描述。其中，情境包括质量问题发生的时间、地点、对象等要素，初始状态包括可直接观测或检测到的现象。产品质量问题分析的本质是揭示各要素间的内在联系性和彼此制约关系，使不同阶段的知识相互作用，

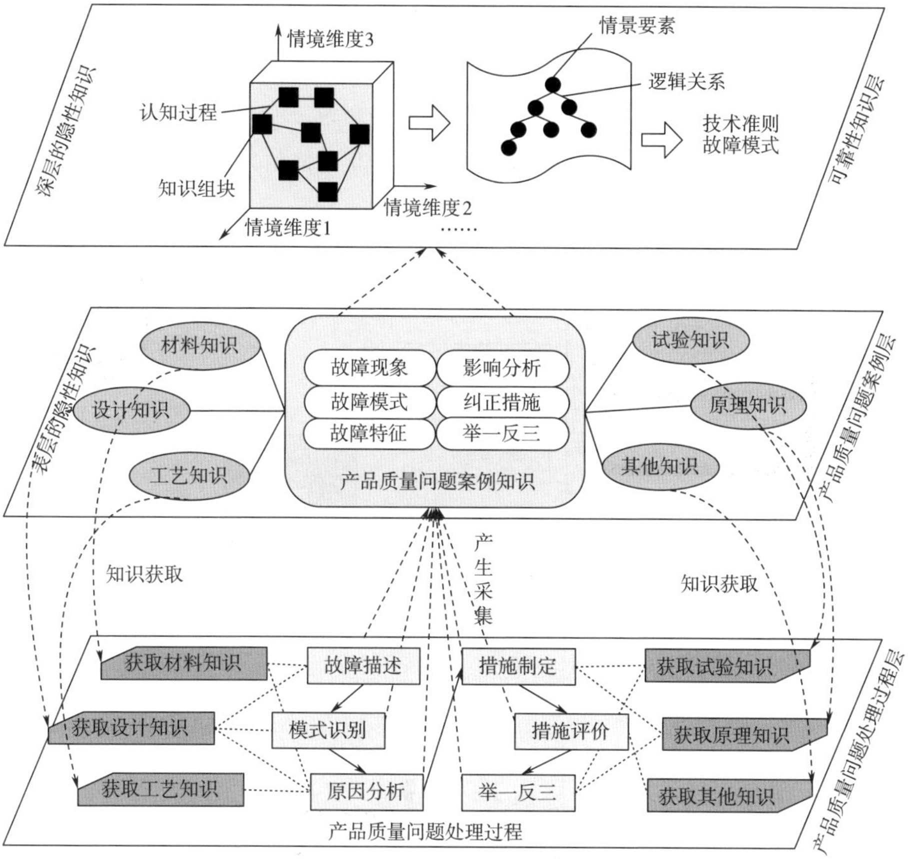

图4–24　质量问题归零信息分类与采集示意图

在这个过程中蕴含着经验和人为的判断，以内在认知机理和实践情境为主要输出的隐性知识就蕴含在这个复杂关系之中。

进一步分析，在质量问题的分析处理过程中，至少包含两个层面的隐性知识：一是表层的隐性知识，这些知识是与具体质量问题相关的，包括问题细节、故障特征等；二是深层的隐性知识，这些知识具有通用意义，如问题解决过程中所包含的基本原理、规则与约束等。

4.4.2　知识挖掘与提炼

鉴于航天型号产品的复杂性，如何从海量质量问题归零数据中挖掘出潜在的有用信息和知识，是知识发现过程中的关键和核心步骤。知识挖掘是指以人工智能、机器学习以及统计学为技术基础，发掘提取隐藏的预测性信息的有效途径的过程。知识挖掘提炼的知识类型可以是总结性知识、关联规则知识、分类模型等。

知识挖掘主要针对质量问题数据，过程分为三个阶段，分别是数据准备、关联规则挖掘以及准则提炼和表达。具体方法见图4-25。

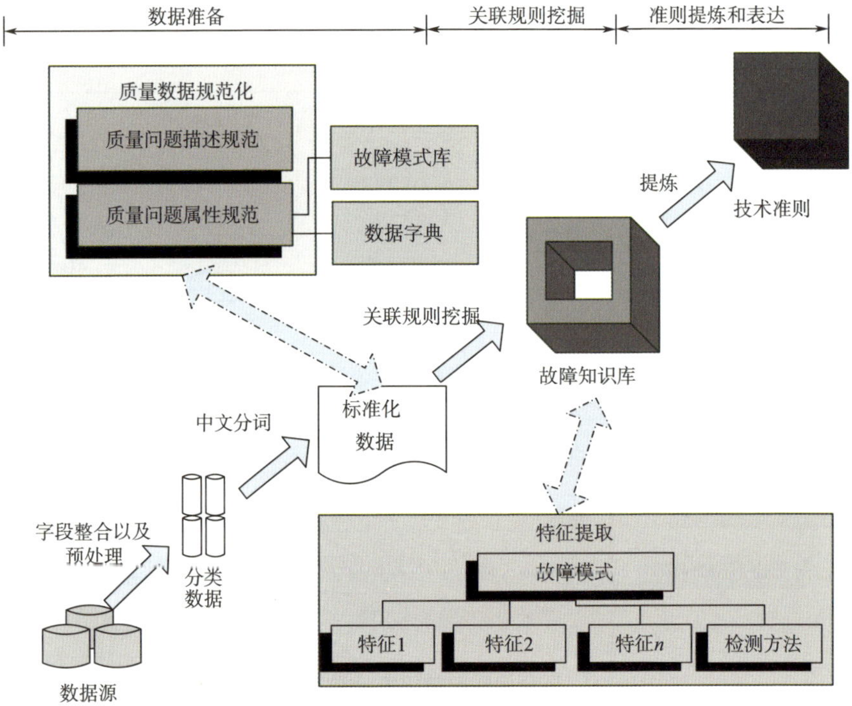

图4-25　知识的挖掘与提炼

数据准备是指针对采集到的质量问题归零信息存在大量噪声及不完整等情况对数据进行的预处理，使之符合算法规范要求。该过程主要包括三方面的工作：一是数据清理，即针对原始质量问题记录中存在的一些数据缺失情况，通过一定方法进行数据填充；二是数据集成，即针对用多个属性描述同一情境的数据冗余问题，如将机械断裂描述为“断裂”“开裂”“破裂”等，通过相关性分析进行数据集成，降低冗余给挖掘结果带来的严重误导；三是数据变换，即将数据转换成适合挖掘的形式，如采用分词方法，在长中文信息中提取有用信息。

关联规则挖掘中的关联关系用于描述不同质量问题记录之间存在的相

互依存、相互联系，尤其是故障与状态信息之间的关系。这种关系在很大程度上具有某些内在含义，而这种含义有些具有直接的联系，有些具有间接的联系，对这些内在联系进行分析，形成一种判断标准，这个标准便是关联规则。只有充分挖掘质量问题与状态信息之间的关联规则，才能逐步建立正确完备的知识库。

准则提炼和表达是指基于识别的关联规则，完善质量问题描述特征参数，建立质量问题、故障模式、故障原因、纠正与纠正措施的链接关系，进而对故障知识库进行再分析，提炼出可靠性技术准则与禁忌。对每一项技术禁忌与准则按设计、试验和现场操作等进行分类归纳，如设计类技术准则又可归纳为简化设计、冗余设计、热设计、环境防护设计、裕度设计、安装设计、元器件选择与控制、降额设计、电磁兼容设计、新技术采用等方面的通用准则，对与产品层次和类型关联紧密的准则，还需要进行产品类型与技术类准则的组合，确定适用于某类产品的可靠性准则。

4.4.3 知识共享与应用

知识管理最重要的目的是实现知识共享与应用。知识共享与应用的核心是围绕知识建模，以信息化手段实现知识的快速共享，辅助需要知识的人员及时利用知识解决问题。具体来说，基于质量问题归零信息的可靠性知识管理，对航天产品全寿命周期涉及故障的相关工作，尤其是设计、制造、保障工作，起到辅助决策作用。知识的共享与应用如图4–26所示。

首先，根据物理存储层需要存储的属性集合及属性间的基本关联关系，利用知识建模技术实现知识表达。

其次，根据知识应用需求提取知识应用技术要求，据此进行初步的技术选定，开发相应的知识管理接口。

最后，实现知识的共享和应用。

4.4.3.1 产品设计改进

知识的共享与应用中最为根本的应用就是为产品的设计、加工、操作等改进提供依据。通过将质量问题知识库中的积累的故障知识向设计、制造、试验等部门进行反馈，可以提供产品持续改进的依据；对经过验证过的可靠性知识进行提炼，形成相关的工作准则。

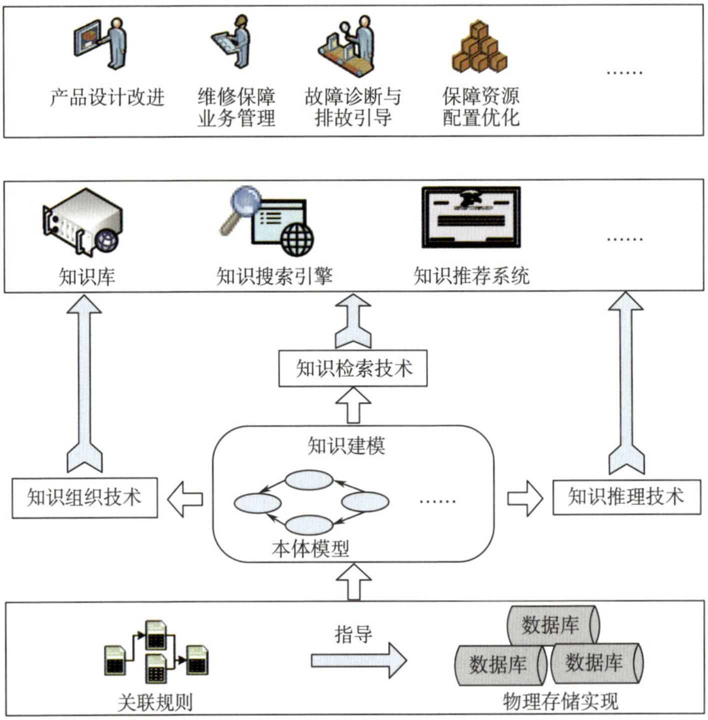

图4-26　知识的共享与应用示意图

4.4.3.2　维修保障业务管理

在航天型号产品的维修保障工作中，故障知识的共享应用可以辅助维修保障决策，对维修保障的计划制订和业务操作提供支持作用。同时，质量问题知识的表达组织模型提供了标准的故障及相关信息的结构化数据规范，每一次的维修保障业务处理过程都是质量问题知识积累的来源。

4.4.3.3　故障诊断与排故引导

知识的共享与应用中最为核心和直接的应用就是对故障的检测、诊断、分析和处理，基于建立的故障知识库，通过应用故障案例知识提供对相似历史案例、故障模式的检索和展示，应用故障诊断知识进行故障发生机理和传播规律的分析和解释，进而提供排除故障的参考方案，对现场和返厂排故进行辅助和引导。

4.4.3.4　保障资源配置优化

通过对质量问题知识库中的故障知识依据各种标杆进行统计分析和逻辑

推理，可以挖掘出不同环境中装备及其配套产品的故障规律等隐性知识，针对这些分析结果合理配置维修保障资源，可以有效提高质量问题处理效率，同时降低保障资源成本。

4.5 特性识别与控制

质量是产品特性满足要求的程度，产品出现故障，从特性角度进行原因分析：或是设计、工艺特性识别不清、不全，或是特性识别全面了、清楚了，但闭合或控制不到位。质量问题归零要善于从特性控制上查找特性分析与控制的漏洞，进而完善特性分析与控制，提高产品的质量与可靠性，实现主动归零的预防控制效果。从特性分析的维度去分析问题，从特性控制的维度去预防问题，是吃透技术、避免质量问题的一种思维方式，也是形成知识和运用知识的具体过程。

4.5.1 特性识别或控制不到位，导致质量问题

以火箭增压输送系统阀门漏气问题的分析为例：保证密封性的一个要求是在密封面上不允许有多余物，除了控制不带入多余物外，阀门工作时也不能产生多余物。该阀门的运动副材料是金属。如果材料硬度偏软，会出现卡滞；如果偏硬，会造成磨损，产生磨屑多余物。失效分析表明，漏气是密封面上的磨屑多余物积累造成的（见图4–27）。

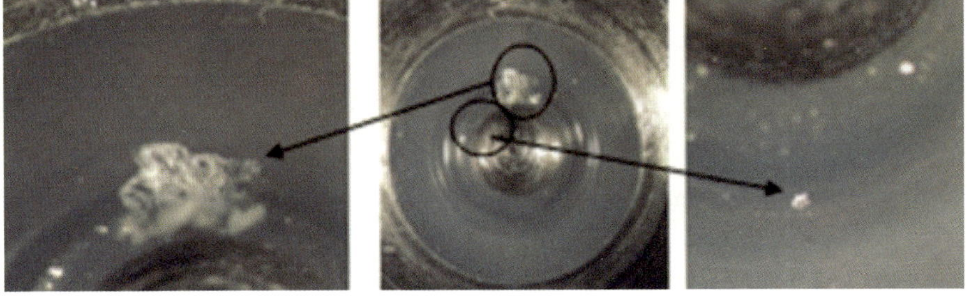

图4–27 阀门氟塑料密封圈表面多余物

密封性是阀门的特性，其保证涉及密封面的完整、密封压力等要素满足要求，表面不能有多余物，运动副的螺杆端面及阀门接触面基体材料硬度要

匹配，不能产生磨屑多余物。经过试验验证，将阀门精加工结束后金属基体硬度控制在HRC（洛氏硬度）27.3 ~ 32.2的范围内，并定为关键特性进行控制，解决了问题。从密封性保证分解到零部件特性保证的内容是：运动副在寿命期内不能磨损产生多余物，因而要合理控制运动副金属基体的硬度。

又如，增压输送系统卸荷开关发生泄漏，经过分析和试验验证可知，当管路系统大开度快速充放气时，系统温度会迅速降低（见图4–28），管路内部产生的冷凝水或水汽进入系统后会在阀座表面产生冰或冰晶颗粒，当开关内部运动时对阀座表面造成磨损，从而导致密封面漏气问题。此问题出现前，对大开度快速充放气的制冷特性缺乏认识，因而对充放气速度没有具体量化的操作要求。与上一个问题类似，也是密封面上有多余物，只不过多余物的产生原因是管路系统大开度快速充放气，特性分析也是从密封性保证到密封表面无多余物，再到控制开关速度与流量。

再如，某气瓶充气阀开关力矩超差，分析发现生产单位未将螺纹连接处润滑脂涂抹量识别为工艺特性加以控制，使螺纹局部有少量润滑脂涂抹（见图4–29），导致在寿命试验过程中发生铝青铜螺杆螺纹损伤并产生碎屑，进而造成开关出现卡滞，开关力矩增大。显然，明确的润滑良好的设计特性并没有完全转化成工艺特性。

图4–28　管路系统大开度快速充放气导致迅速制冷

图4–29　充气阀手动开关螺纹

4.5.2　特性识别与控制存在的问题

首先，《航天产品特性分类和管理要求》（QJ 892A）、《产品特性分类分析报告编写规定》（QJ 3230）等都是围绕《特性分类》（GJB 190）制定的，局限于特性的分类，在特性识别与控制方面缺乏系统的指导性标准。

其次，《特性分类》将产品特性定义为产品的性能、参数和其他技术要求。主要特性有功能、互换、寿命、安全和协调等。从实施主体上看，标准中的特性主要特指设计特性。在《型号单点故障模式及三类关键特性分析与控制要求》（Q/Y 617）出台以前，各级标准中并没有产品工艺特性的相关概念，因此也没有工艺特性识别的说法，主要是过程控制要素、过程控制措施或是过程控制要求等。

最后，围绕项目或产品开展特性识别与控制的工作尚不规范，缺乏指导。

4.5.3 完善特性识别与控制，预防质量问题的发生

针对运载火箭动力系统存在质量问题多发的状况，航天一院组织制定了QJA标准《基于数据驱动的运载火箭动力系统产品特性识别与控制指南》，提出了一些新的认识和做法。

4.5.3.1 细化关键特性、重要特性定义

细化《特性分类》等标准对关键特性、重要特性的定义，结果如表4–4所示。特性分类的目的是在资源有限的情况下采取措施控制好有限的关键特性和重要特性，但在航天产品中，如发动机，按《特性分类》的定义，一般特性很少，则不符合特性分类的初衷，即20/80原则——控制关键的少数。事实上，关键特性、重要特性的定义要结合产品特点和制造工艺来确定。例如，某飞机制造公司将控制装配的协调性作为关键特性，是因为装配干涉或不协调是飞机装配的主要问题。如果仅从设计特性考虑将其定为关键特性，则在制造过程就要转化为关键过程控制，增加保证条件，但这些特性发生不闭合的概率很低，特性数据又可以通过直接检验获取，为此，增加了次要特性的概念。关键特性、重要特性则是那些有可能导致单点失效的，制造不易实现，并且由于缺乏设计准则，需要严格控制特性值的特性，这些特性在系统特性中应当是少数。

表4-4 关键特性、重要特性的定义

	细化定义	原定义	备注
关键特性、重要特性	识别原则： ①单点失效环节。 ②经常/有时/偶尔/很少发生或以前发生过失效。 ③超差或发生故障将严重危害安全或导致系统/主要系统失效（关键特性）。 ④超差或发生故障将导致产品不能完成预定的使命，但不会引起系统或主要系统失效（重要特性）。 ⑤技术尚未吃透，缺乏设计依据。 ⑥产品不易实现，过程保证存在较大风险	关键特性：指如有故障，可能危及人身安全、导致武器系统或完成所要求使命的主要系统失效的特性。 重要特性：该特性虽不是关键特性，但如有故障，可能导致最终产品不能完成所要求使命的特性	主要增加了考虑过程实现的内容

4.5.3.2 明确工艺过程关键特性定义

针对航天型号产品关键特性、重要特性识别时，对过程和体系因素考虑较少的问题，提出工艺过程关键特性定义：

①设计识别为关键特性或重要特性，经分析认为过程和体系保证也存在一定难度。

②存在特殊过程，需要进一步验证和采取过程保证措施。

③生产过程保证能力较低，存在易错、难操作等风险。

4.5.3.3 明确产品特性检验单元分类

按照特性结果可检测程度，将产品特性的检测类别分为4级（见表4-5）。A级至D级检测控制能力逐级递减，C级和D级对应的设计特性定义为不可检测。对辨识出的设计特性进行分级、分类管理，细化措施、严格管控。

表4-5 特性检验类别事例

检验类别	类别名称	示例
A级	实测	①螺母装配拧紧力矩满足15N·m±0.5N·m，实测15.5N·m。 ②法兰零件平面度不大于0.05mm，实际塞尺范围为0~0.05mm。 ③导管内径为5±0.3mm，4.7mm通球能够顺利通过，5.3mm通球不能通过。 ④瓜瓣厚度为5.1±0.1mm，实际选定位置测量50个厚度参数

续表

检验类别	类别名称	示例
B级	实证	①确认密封圈气密性，即通过装配后充气0.5MPa，保压3min不漏气进行确认。 ②焊缝质量满足《导管焊接技术要求》（QJ2865A）Ⅰ级焊缝要求，实际通过X光检查合格。 ③电连接器接插深度要求大于3.5mm，实际通过计算插头与插座高度差计算得到
C级	旁证	①测量过程为破坏性，通过批抽典进行数据确认的特性，如旁证试块动摩擦系数（小于0.11）、静摩擦系数（小于0.3）。 ②通过首末件检查进行数据确认的特性，如首末件剖切检查阀座尺寸满足R0.2 ± 0.06，实测满足要求。 ③测量过程为破坏性，通过工艺试块、随炉试片、焊接试片等进行数据确认的特性，如涂减摩涂层实际厚度试块涂层厚度（8 ± 3μm）
D级	其他	比C级旁证有效性弱的方法

4.5.3.4 对历史故障进行分析，对特性识别与分析提供指导

由于产品存在一些共性的薄弱环节，因此，对以往故障从特性辨识与控制方面进行总结和分析，指出什么特性识别不全、什么特性控制不到位，其启发作用和指导作用都比较强。因此，在产品特性识别与控制规范中要列表对以往故障进行特性识别与控制的分析。

4.5.3.5 固化产品关键、重要特性要素

特性分析往往不是从头做起的，针对航天型号产品特点，基于大量同类产品故障模式分析和长期研制经验，提炼形成产品关键、重要特性要素（见表4–6），形成标准规范，也就是通过知识积累和数据积累，规范失效模式和特性的识别与控制，减少新产品特性识别与控制的工作量，防止人员经验不同、能力不同而导致的特性辨识的差异。

表4-6 典型产品设计关键、重要特性要素

产品对象	关键部、组件	设计关键、重要特性识别要素	工艺过程关键、重要特性识别要素
发动机	发动机整机	减压器耗气量、排气效应、表征发动机整机性能的参数等	装配环境、装配顺序、灵活性检查、油膏种类等
	燃烧装置类	I级焊缝的焊接质量、喷嘴同轴度、密封、配合尺寸等	原材料、焊丝牌号、焊接设备要求、焊接参数等
	涡轮泵类	轴系或支点同轴度、轴承和动密封间隙等	轴系或支点组合镗加工、轴承和动密封间隙值、转动件和静止件配合间隙等
	阀门类	氦检漏率、动配合间隙、动作灵活性等	装夹要求、找正部位、找正精度等
	……	……	……
增压输送系统	密封结构	尺寸、形位公差及表面粗糙度、原材料壁厚、焊缝焊接质量等	装夹要求、找正部位、找正精度等
	电气类	压力传感器的密封性、膜片厚度、焊接质量等级等	测试设备精度及完好性，测试线缆的连接极性等
	气瓶类	气瓶声发射等级、气瓶瓶体或金属内衬的焊缝等级等	装配间隙、X光检测等
	……	……	……

4.5.3.6 提出产品树，作为分析线索

特性识别是针对产品的分解结构，找出系统特性与分系统特性之间的关系。这种关系是相互作用的，以火箭发动机燃气发生器为例，燃气发生器是利用少量推进剂组织燃烧，提供驱动发动机涡轮用的满足规定压力、温度要求的燃气而设计的重要装置。燃气发生器一般由头部、身部及总装连接件、零部件等组成，其产品树结构如图4-30所示，以产品树为线索，形成对应的特性树或特性表。

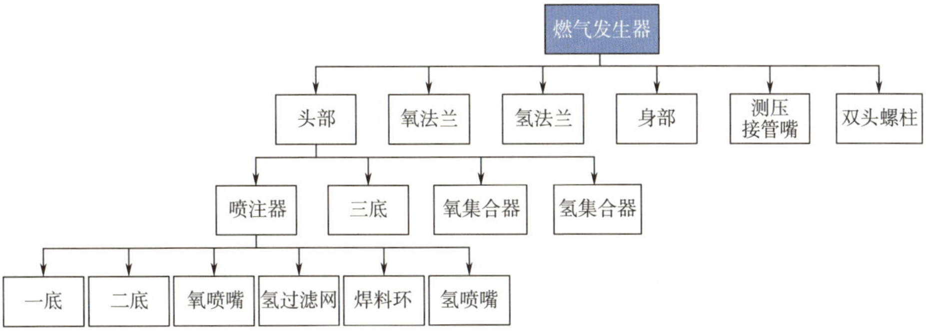

图4-30 燃气发生器产品树

4.5.3.7 设计特性分析结果

根据产品树及产品性能、接口、结构质量等任务指标要求，结合历史故障开展FTA、FMEA分析，按照关键、重要特性识别原则，对比燃烧装置特性识别要素，对燃气发生器设计特性进行识别，共识别形成26项设计关键、重要特性（见图4-31）。

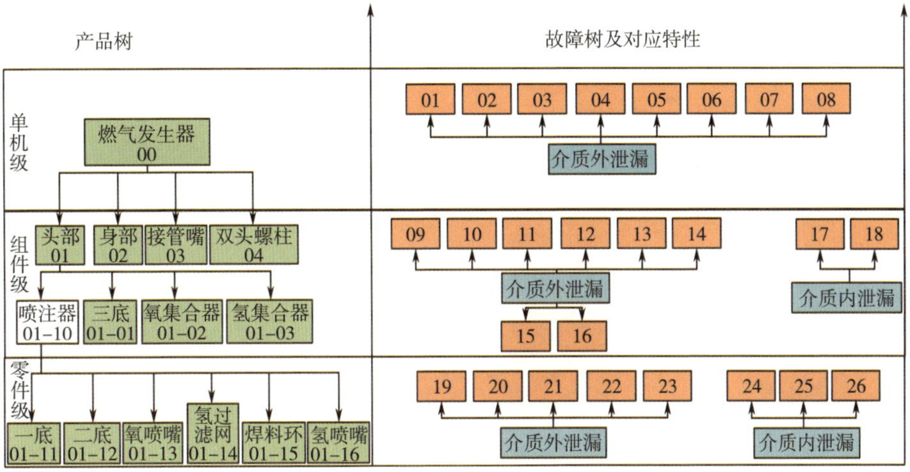

图4-31 设计特性分析故障树对应特性

对燃气发生器设计特性进行检测类别分析，其中检验类别为A类的特性有13项，检验类别为B类的特性有14项，检验类别为C类的特性有0项，检验类别为D类的特性有0项。

5 失效模式控制——氢致延迟断裂

对于航天型号研制而言，一个时期、一个组织的质量问题呈现出两个明显特征：一是相同机理的质量问题重复出现；二是周期性出现一次或数次连续的重大故障。这也说明归零工作的长期性和艰巨性，仅仅解决一个具体问题或局部问题是不够的。为了应对这种局面，质量问题归零往往从单一故障的归零过渡到一个系统或一个组织的全部类似问题的解决，属于举一反三活动的定义。但是，故障归零往往是问题发生单位的具体行为，它不大可能把举一反三的活动延伸到其他相关单位。因此，这种举一反三活动往往由上一级组织进行，是一个故障问题归零的延伸。这就是我们在质量归零原理中讲到的第二种方式，其要归零的“问题”不是具体的故障，而是一个或多个故障模式，或是特定故障的机理，如多余物导致的故障，或者称为共性的质量问题、典型的质量问题。其流程和基本要求见图5-1。

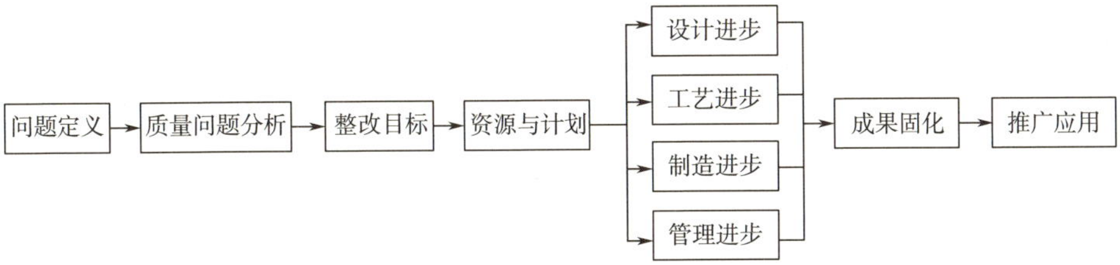

图5-1　第二种方式归零的流程及要求

通常结构断裂破坏失效模式对于航天工程系统的危害很大，是需要重点防范的，本章通过氢致延迟断裂（简称“氢脆”）失效模式的控制来说明广义归零的原理。在航天工程研制过程中需要重点控制的金属材料致脆的断裂模式还包括回火脆性断裂、应力腐蚀断裂、低熔点金属的致脆断裂等。回火脆性是指淬火钢在回火后出现韧性下降的现象，通常在两个回火温度区间出现冲击韧性值的下降，分别称为第一类回火脆性和第二类回火脆性；应力腐蚀断裂是指金属在应力（残余应力、工作应力、热应力）和腐蚀介质共同作用下产生的一种破坏形式；低熔点金属的致脆断裂是指在一定的温度和拉应力作用下，低熔点金属从零件表面沿晶界向内部扩散，引起材料脆化并断裂，如镀锌、镀镉零件等，这些模式往往具有突发性，并引起功能失效的严重的后果。

5.1 成因

由于氢原子的直径很小，所以很容易深入材料的组织。氢脆是氢渗入金属材料而造成的材料内部损伤现象，主要包括氢致塑性损失、氢化物致脆、高温氢腐蚀、氢诱发裂纹和氢致延迟断裂。在工程上，氢脆常指氢致延迟断裂，表现为金属材料在低于或远低于材料屈服强度的应力水平、长时间应力作用下发生脆性断裂。本章主要讨论氢致延迟断裂的预防与控制，后文中的氢脆均指氢致延迟断裂。氢脆主要发生在高强度材料上，如以含碳马氏体强化的高强度钢、不锈钢及高强度钛合金等，具有以下特点：隐蔽性，难以通过常规计量理化性能检查来提前发现氢脆隐患；延迟性，一般在应力作用一定时间后发生氢脆；突发性，断裂破坏前没有明显的塑性变形，断裂过程一般在瞬时结束；偶然性，有氢脆倾向的材料和零件，是否发生、何时发生氢脆难以预测和判断；必然性，有氢脆倾向或隐患的零件，只要局部受力超过一定应力和一定时间，必然发生氢脆。

上述特点使氢脆具有很大的危险性和破坏性，往往会导致破坏性后果。

尽管人们已经对氢脆产生的机理有了较深入的认识，并在产品设计、材料、工艺和试验领域提出了预防和控制氢脆的要求，但由于工程上越来越多地采用高强度材料，氢脆发生的概率仍然很高。由于氢脆的偶然性，不少设计师存在侥幸心理，他们认为有过成功的应用，就不愿意改变技术状态。为保证产品的可靠性，控制和预防氢脆仍然是一项重要的工作。

氢脆的机理很复杂，氢脆的现象也有许多种。国际上存在多种氢脆理论，如位错理论、晶界聚集理论、氢气泡理论、脆化相理论等，每一种氢脆理论各支持部分现象，到目前为止还没有一种统一的理论能解释所有氢脆现象。下面是几种主要的关于氢脆的学说。

5.1.1 氢压理论

氢压理论认为，温度降低会导致氢在钢中的溶解度降低的特性决定了钢在冷却过程中将析出氢原子，而这些析出的氢原子聚集在钢的微孔隙中，当析出的氢原子达到一定数量后，两个氢原子相互结合发生反应将生成氢分子，氢由原子到分子的合成转变使氢分子体积迅速增大，使得微孔隙中形成了巨大内应力，这些巨大内应力的生成最终会导致微孔隙体积的膨胀，并导致微孔隙周围金属裂纹的萌生，而这些不可逆的氢脆损伤的形成最终导致产品中裂纹的扩展，并发生破坏。

常见的氢压裂纹有钢中的白点、酸洗和电镀产生的裂纹、焊接冷裂纹、无外应力电解充氢时产生的裂纹等，在航天产品中，此类裂纹较少。

5.1.2 降低表面能理论

降低表面能理论认为，被吸附在金属内部微裂纹表面的氢原子可降低微裂纹的表面能，使微裂纹扩展时所消耗的形变功与临界应力下降，导致金属塑形、韧性下降和提前断裂。显然，钢中氢含量的增加、应力集中系数的加大以及氢原子的扩散聚集等均可加强氢原子在金属中微裂纹表面的吸附程度，从而使金属的脆性程度加大。

5.1.3 氢致局部塑性理论

氢致局部塑性理论认为，由于裂纹尖端的应力较大，氢容易在裂纹尖端聚集，因此在氢的作用下裂纹尖端会发生局部塑性变形，从而导致开裂。后续亚临界裂纹的扩展也通过局部的微孔隙聚结来实现。氢扩散到裂纹尖端前的局部区域，裂纹路径可以是穿晶的，也可以是晶间的，这取决于局部高氢浓度是否存在于晶内或晶界附近。

5.1.4 氢与位错交互作用理论

金属中的氢原子可与位错结合并形成柯式气团，使系统中的自由能减少。在外力的作用下，若金属的变形速度很小，氢原子将可通过扩散与位错一起沿着滑移面移动，并逐渐在晶界或者其他内部缺陷处形成位错与氢原子的塞积，导致这些位置的金属发生脆化，并进而形成微裂纹。随着变形过程的继续进行，微裂纹将进行不断的扩展，最后终于造成金属的低应力断裂（即滞后断裂）。但是，若金属的变形速率非常高，氢的扩散速度就会跟不上位错的移动，形成的柯式气团将进行解体，使得变形过程中并不能造成氢原子的堆积与偏聚，则氢导致的金属的脆化作用不能发生或被降低至比较轻微的程度。除了金属的变形速度条件外，温度也是使氢原子聚集的另一个重要因素。在温度较高时，氢原子的热运动剧烈、活动能力很强，它将脱离位错的束缚，不能形成柯式气团，也无法造成较高程度的氢聚集，氢的脆化作用即不复存在。如果温度过低，氢原子的活动能力太差，难以跟上位错的移动，也无法形成较高程度的氢偏聚，氢脆便也不能发生。有研究表明，在室温条件下进行的缓慢拉伸实验中，氢的脆化作用将得到最充分、最强烈的显示。

氢与位错的交互作用理论可以比较圆满地说明氢脆与应变速率的关系、氢脆出现的温度范围、位错输氢、氢脆的可逆性等问题，是目前比较流行和广为采用的一种氢脆理论，但是它无法解释含氢材料在低应力下的滞后断裂问题。

5.2 问题分析

5.2.1 高强度螺栓的材料为氢脆敏感状态，发生断裂

某压力容器压力试验后，一双头螺栓断裂（见图5–2、图5–3）。

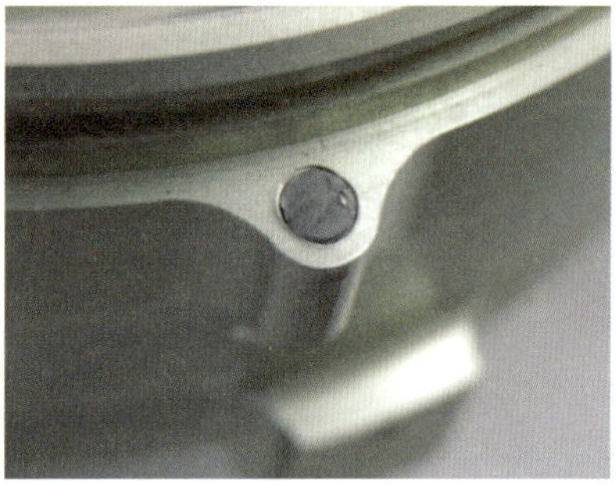

图5–2 断裂位置

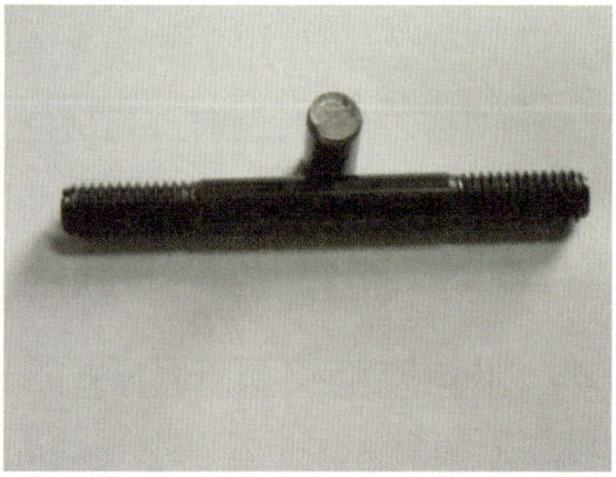

图5–3 断裂宏观形貌

螺栓材料为TM210A，加工完成后进行时效处理，表面处理为喷砂、水洗、弱酸腐蚀、发蓝等。显微组织为淬火马氏体组织，显微硬度（HV0.5）测试结果平均为640，σ_b约为2 300MPa，符合设计要求。

在扫描电镜下观察断口，源区位于表面，呈沿晶形貌，可见“鸡爪”纹及微孔存在（见图5–4）；扩展区也呈沿晶形貌，“鸡爪”纹及微孔形貌更为明显（见图5–5）；终断区呈韧窝形貌（见图5–6）。经分析，源区及扩展区

均呈沿晶形貌，且晶面上分布有“鸡爪”纹及微孔，具有氢脆特征。

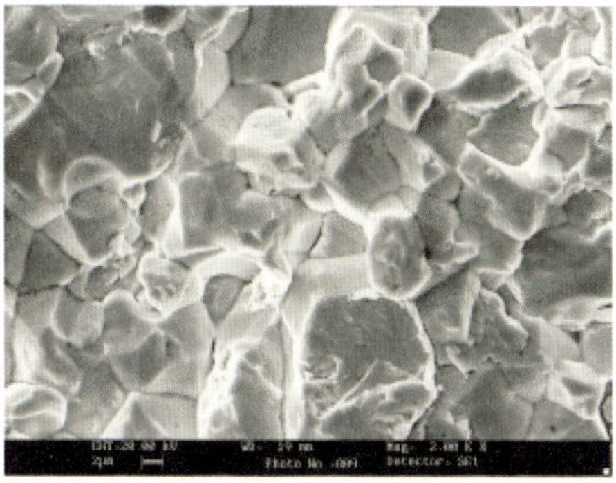

图5-4　源区形貌图

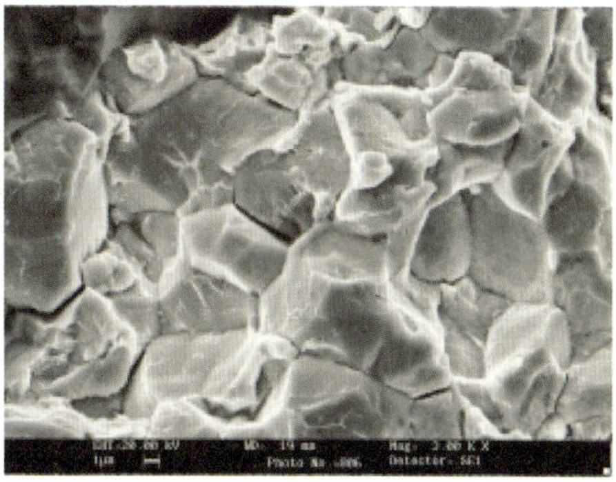

图5-5　扩展区形貌

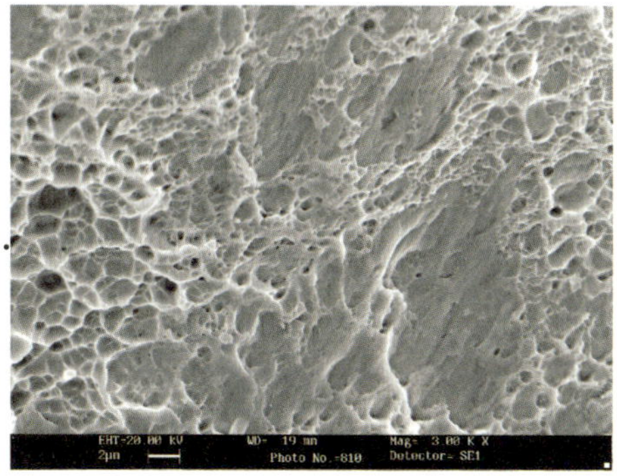

图5-6　终断区形貌

断裂原因是螺栓抗拉强度已达2 300MPa，金相组织以淬火马氏体为主，对氢脆敏感，在表面处理过程中又有少量的氢渗入，导致使用状态下发生氢脆。主要教训是设计选材要规避氢脆敏感组织；其次，《钢铁零件化学氧化膜层技术条件》（QJ 474）规定：“当设计或需方要求时，材料抗拉强度等于或大于1 650MPa的钢制件，氧化后应在4小时内在190～210℃下烘烤不少于3小时，以消除氢脆。”因此，应采用无氢脆隐患的表面处理工艺，若必须选用发蓝工艺，需采取除氢措施。

5.2.2　高强度螺栓的材料为氢脆敏感状态，含氢量不高，发生断裂

某产品壳体进行水压爆破试验，3颗喷管固定螺栓头部断裂并飞出。螺栓

材料为30CrMnSiNi2A，热处理及表面处理工艺为：淬火→低温回火→达克罗表面处理。硬度要求HRC48～50，σ_b=（1 666±98）MPa。

金相组织为回火马氏体、下贝氏体及少量的残余奥氏体；宏观断口上存在两个明显不同的区域：Ⅰ区呈结晶颗粒状，Ⅱ区呈纤维状。断口附近无明显塑性变形（见图5-7）。经微观观察可知，3个螺栓的断口形貌基本相同，断口Ⅰ区（源区）均为沿晶特征（见图5-8），晶粒轮廓鲜明，晶界面上布满细小条状的撕裂棱线，可见“鸡爪”纹形貌和二次裂纹（见图5-9），判断为氢脆。

在断裂螺钉和同批次螺钉的螺杆部位切取φ5mm×5mm的试样进行氢含量测定，结果表明，螺钉中氢的质量分数均小于1×10^{-6}。

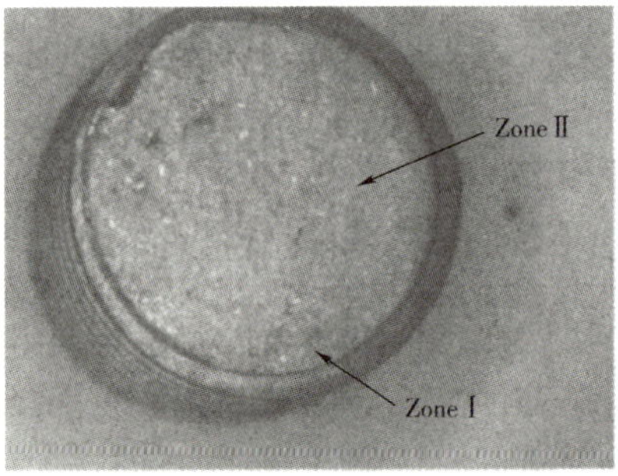

图5-7　断口宏观形貌

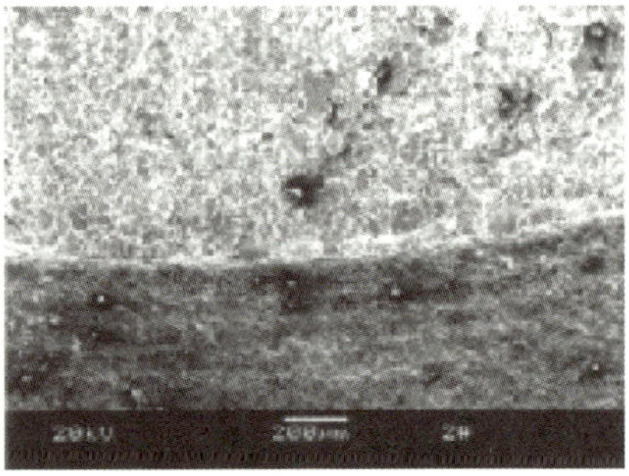

图5-8　断口Ⅰ区低倍形貌

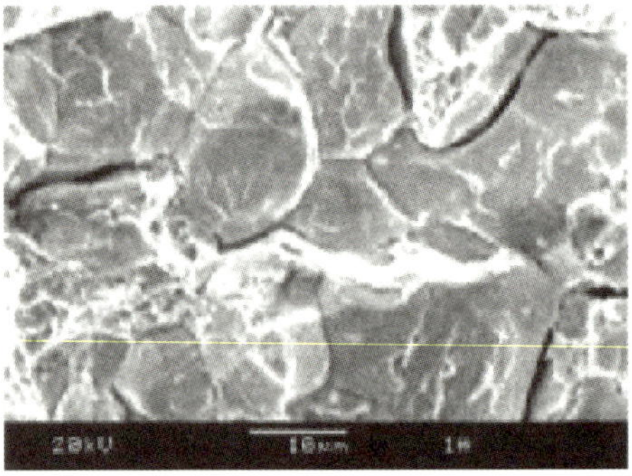

图5-9　断口Ⅰ区的沿晶高倍形貌

螺栓在其材质氢的质量分数均小于1×10^{-6}的条件下发生氢脆，其原因主要是螺栓材料的抗拉强度偏高，材料处于氢脆敏感状态。有资料显示，当高强钢硬度为HRC35以上、氢含量高于5～10ppm时或材料硬度为HRC50以上、氢含量高于1ppm时都会发生氢脆。采用较好的热处理工艺，可以改善材料的显微组织。在各种不同的显微组织中，对氢脆敏感性从大到小一般顺序为马氏体、上贝氏体（粗大贝氏体）、下贝氏体（细贝氏体）、索氏体、珠光体、奥氏体。将热处理工艺改为等温淬火工艺后，螺栓的组织以下贝氏体为主，氢脆的敏感性降低。

5.2.3 镀锌高强度吊挂螺栓发生断裂

吊挂螺栓安装整机后静置4天，有2个断口（见图5-10）。

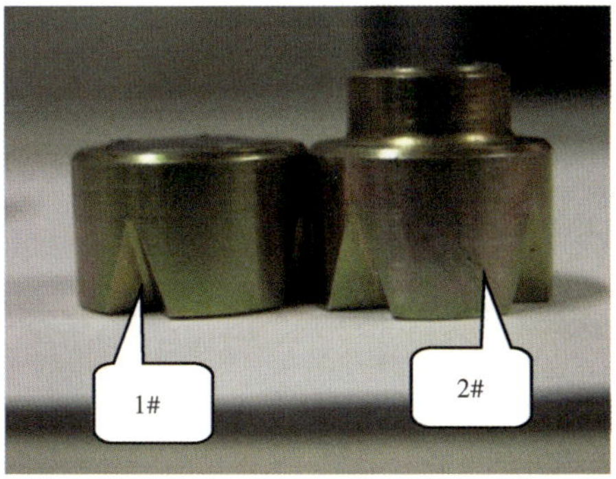

图5-10 螺栓形貌

加工原材料为锻件，牌号是30CrMnSiNi2A，热处理工艺为油淬、回火，要求抗拉强度σ_b为1 570~1 750MPa。吊挂螺栓尺寸加工完后表面进行电镀锌处理并采取除氢措施。

金相显微组织为回火马氏体，显微硬度（HV0.3）测试结果平均为513.3，相当于HRC49.8，符合设计要求。显微镜观察发现，2个断口貌相似：断面较平整，有金属光泽，源区位于表面，可见明显的放射状扩展棱线，未发现有腐蚀、冶金缺陷、机械损伤及塑性变形痕迹。

采用扫描电镜对2个断口进行观察发现，2个断口源区均位于表面。1#断口源区及扩展区均为沿晶断口形貌，并可见一些“微孔”和“鸡爪”纹存在（见图5-11）；2#断口源区为沿晶形貌，并可见一些“微孔”和“鸡爪”纹存在（见图5-12）；扩展区呈沿晶+韧窝形貌（见图5-13）。分析认为，吊挂螺栓的断裂性质为氢脆。

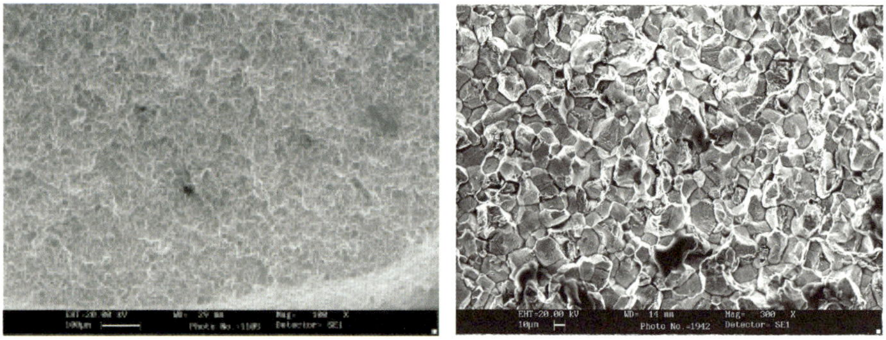

图5-11　1#断口沿晶

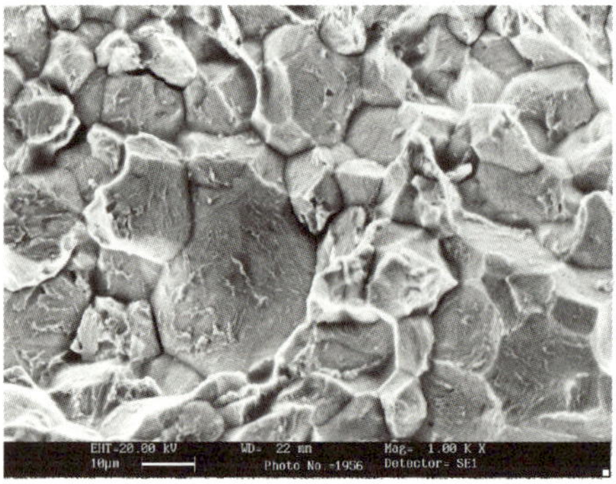

图5-12　2#断口沿晶形貌

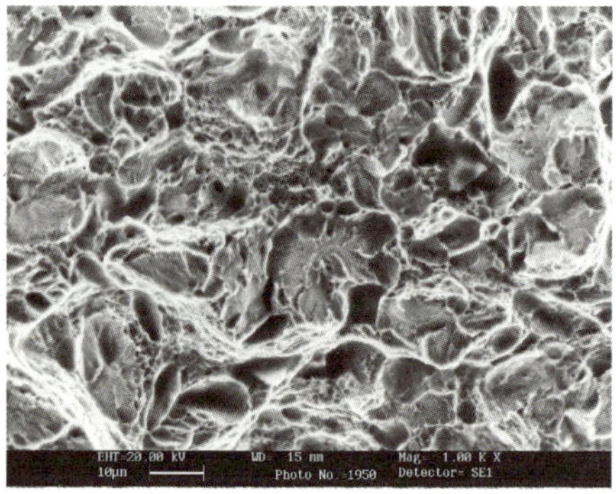

图5-13　2#沿晶+韧窝形貌

断裂原因是该吊挂螺栓强度较高、直径较大，镀锌处理后由于氢的渗入，其氢脆敏感性进一步增大，使用过程中发生氢脆。航天产品禁限用工艺文件规定，抗拉强度大于或等于1 300MPa或经等温淬火后抗拉强度大于或等于1 500MPa的零件不允许电镀锌。因为在电镀过程中的副反应析出的氢会进入材料基体，尽管采用了除氢措施，但除氢效果有限，所以，必须从根本上采取措施。

5.2.4　高强度壳体应力集中孔诱发氢脆

某减压阀在应用中壳体出现裂纹，有明显漏气，壳体材料为2Cr13，设计硬度要求HRC42～49，产品实际硬度为HRC48.5（1 600MPa），问题产品见图5-14。对库存的20件产品检查，发现2件产品保险孔处存在氢脆裂纹。

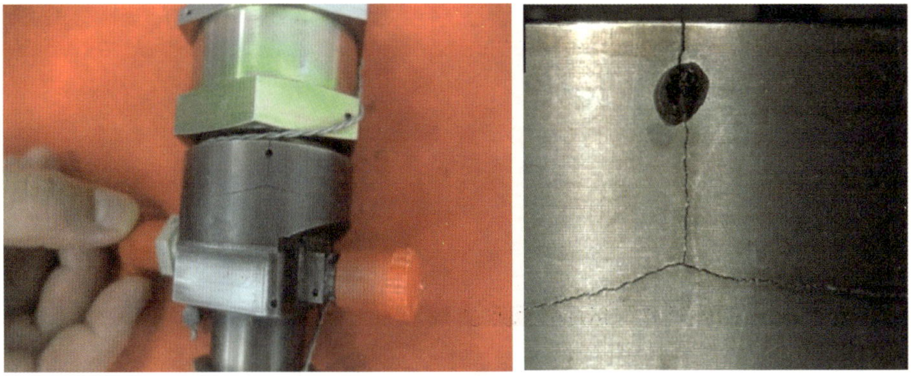

图5-14 减压阀壳体裂纹

壳体外壁表面存在高温氧化特征，可见明显的晶界显示，裂纹沿晶扩展，主裂纹两侧可见较多沿晶分叉小裂纹；内表面可见明显机加工纹路，裂纹沿晶扩展，但主裂纹两侧未见明显的沿晶分叉裂纹。对断口进行观察发现，孔内壁两侧的断口上均有部分区域呈与孔内壁颜色相近的亮黄色，断口其他区域呈亮灰色（见图5-15）。

图5-15 断口宏观形貌

亮黄色区域断面呈沿晶形貌，晶面洁净，进一步放大观察晶面局部可见氧化物。从裂纹走向和断口颜色判断，裂纹起源于孔内壁表面亮黄色区，具有淬火裂纹特征。亮灰色区域断口呈沿晶形貌，晶面上可见微孔和较多“鸡爪”纹，部分区域可见较多沿晶二次裂纹，呈现氢脆断裂形貌。扩展区为亮灰色断口，扩展于亮黄色断口尖端，呈氢脆断口形貌（见图5-16、图5-17）。

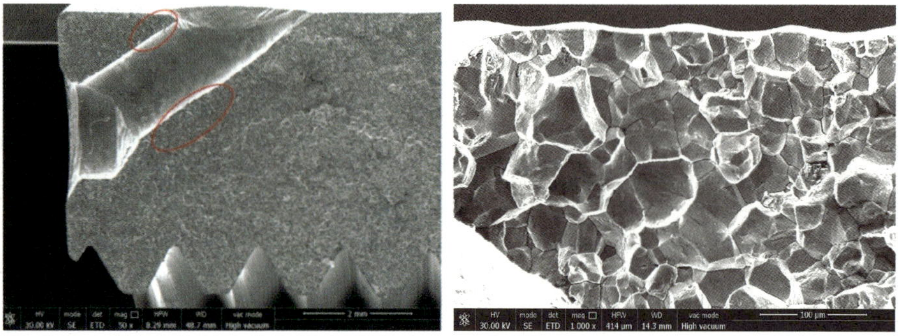

图5-16　亮黄色区域断口微观形貌

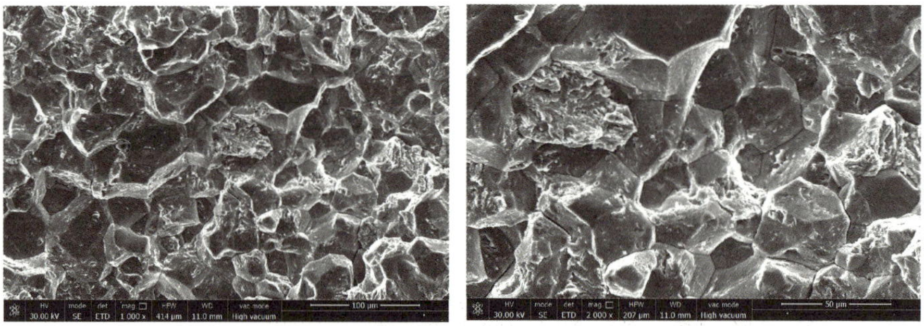

图5-17　亮灰色区域断口微观形貌

从裂纹走向和断口颜色判断，裂纹起源于保险孔内壁表面亮黄色区，为线源起裂陈旧性裂纹，具有淬火裂纹特征，可判断为故障件壳体的一个保险孔在热处理过程中在孔内壁处形成淬火裂纹损伤；扩展区为亮灰色断口，扩展于亮黄色断口尖端，呈氢脆断口形貌。

问题原因是设计师对减压阀壳体硬度要求值偏高（硬度HRC42～49），在该硬度下壳体材料2Cr13中的马氏体组织对氢脆较为敏感，而壳体保险孔处为应力集中区，且有淬火裂纹缺陷，同时壳体材料中氢含量偏高，在应力诱导扩散作用下，氢原子向高应力区偏聚，在保险孔处形成氢脆。有限元分析壳体所受的最大应力约为370MPa，设计抗拉强度最高达到1 600MPa，超过实际使用需求较大；此外，壳体上用于穿保险丝的小斜孔为典型的应力集中结构，在高硬度的条件下，应力集中位置容易产生微裂纹等缺陷，会进一步引起氢脆问题发生。

5.2.5 原材料杂质多诱发氢脆

某柱塞泵低压管接头四方部位出现裂纹，引起渗油（见图5-18）。

低压管接头所用材料为30CrMnSiA，规格为Φ80×28。加工工艺流程为：热处理→机加工→表面镀锌处理。热处理后硬度要求为HRC31~38。

接头断口的宏观形貌如图5-19所示，裂纹为穿透性裂纹，裂纹断口较平且呈黑色，局部存在红褐色，断口上有明显的扩展棱线，人工断口区呈灰色且有金属光泽。断口微观形貌如图5-20所示，裂纹断口呈沿晶断裂形貌，晶面上存在腐蚀形貌。人工断口区大部分呈沿晶形貌，晶面上存在"鸡爪"纹和微孔，具有氢脆形貌（见图5-21）。

图5-18 管接头裂纹的宏观形貌

图5-19 断口宏观形貌

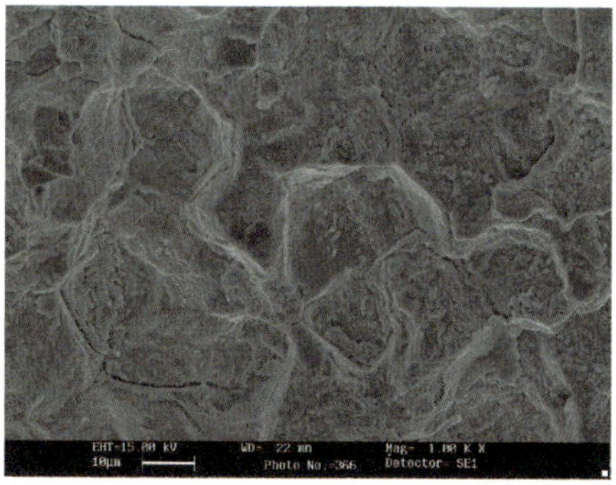

图5-20 靠近外表面附近区域的断口形貌

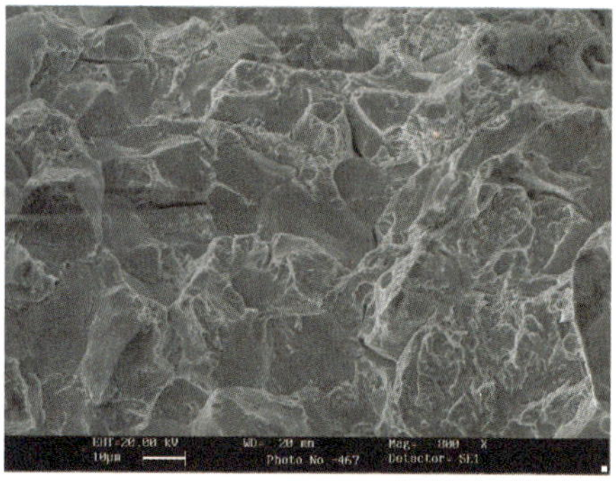

图5-21 人工断口形貌

管接头泄漏原因是产品在镀锌之前已经存在脆性裂纹，在后续的试验及存放过程中发生氢脆，导致管接头发生低应力泄漏。脆性裂纹的产生原因是原材料存在冶金缺陷，原材料晶界处存在微量有害元素（如S、P、Sb、Pb等）的偏聚，导致晶界弱化，氢脆敏感性增加，在正常的调质热处理后材料断裂韧度低，在冲击状态下有沿晶断裂特征。检查发现材料为普通的电炉钢，杂质较多，应选择按《航空用优质结构钢棒规范》（GJB 1951）标准生产的经过电渣重熔、真空冶炼等更高级的冶炼方式进行加工的电渣钢。

5.2.6 碟簧原材料夹杂缺陷，导致氢脆

某碟簧组件经历数十次加载试验后有一个碟簧断裂（见图5-22）。

图5-22 失效碟簧形貌

碟簧材料为60Si2MnA，硬度要求为HRC 46~52，表面进行了达克罗涂层处理（涂层厚度为8 ~ 10μm）。经检查，材料化学成分符合要求。金相显微镜下观察发现，非金属夹杂物约为1.5级，扩展区显微组织为回火马氏体，未见其他组织缺陷存在。氧化区附近存在疏松和明显的脱碳现象。硬度比设计要求（HRC46~52）略高。

扫描电镜观察，宏观下呈现氧化变色形貌区域微观呈氧化形貌，部分区域呈氧化+疏松形貌（见图5-23）；能谱分析除含有Fe、Si、C、Mn元素外还含有较高的O元素。宏观下颗粒区域呈沿晶形貌，晶粒表面上可见微孔及“鸡爪”纹（见图5-24）。进行能谱分析，产品主要含有Fe、Si、C、Mn元素，此外还含有较多的O元素及少量S元素，局部区域可见疏松、夹杂物脱落后的形貌（见图5-25、图5-26）。

图5-23　源区氧化区域形貌

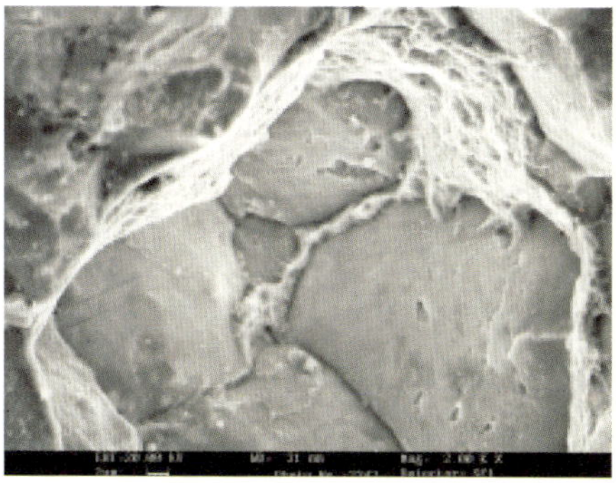

图5-24　断口沿晶形貌

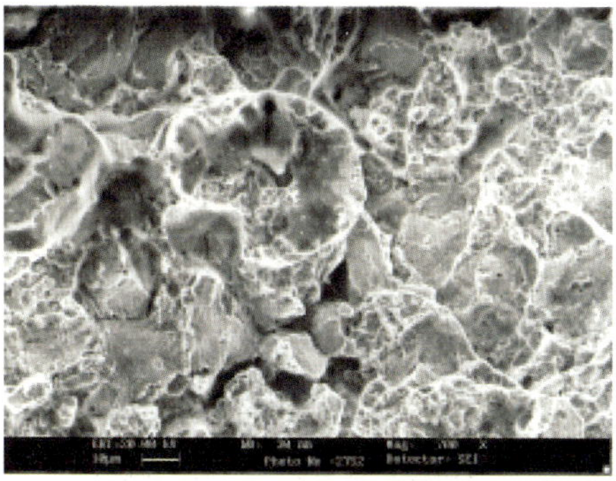

图5-25　疏松形貌

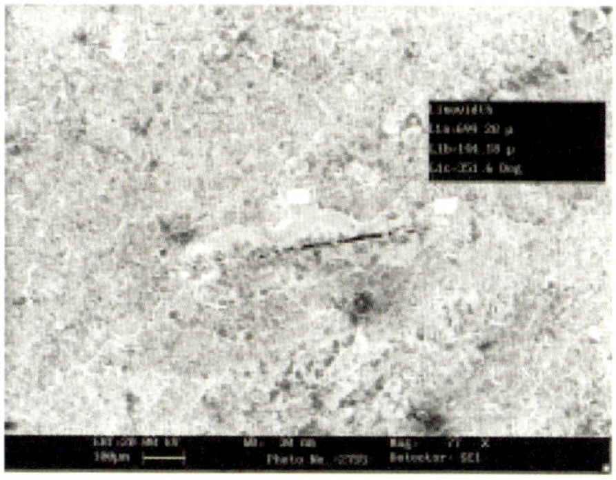

图5-26　夹杂物脱落后形貌

根据失效件裂纹形貌以及断口的宏微观形貌特征分析，断裂源区位于碟簧外沿的外表面，该处存在氧化、疏松以及脱碳形貌，表明该区域存在冶金工艺缺陷。根据缺陷的疏松、氧化及缺陷附近材料存在脱碳现象，分析认为，该缺陷可能由于原材料的热轧板在轧制过程中氧化皮轧入基体而形成，应为冶金工艺缺陷。缺陷附近区域呈沿晶腐蚀和沿晶断裂形貌，晶面上有微孔及“鸡爪”纹存在，为氢脆、应力腐蚀断口。结合碟簧的加工工艺过程及使用工况分析认为，导致该区域发生应力腐蚀和氢脆开裂的主要原因应与失效碟簧存在的氧化疏松缺陷有关。对产品加工工艺过程进行复查，未发现存在表面酸洗处理等导致高强钢吸氢的工艺过程。

经分析认为，产品存在冶金缺陷，该缺陷位于碟簧的外缘，外表面已经贯通，缺陷处的疏松氧化组织极易吸附水。在碟簧表面进行达克罗涂层处理之前有多次清洗工艺，使氧化疏松缺陷处吸附水，在表面涂层处理后，部分水被封闭在缺陷区域形成腐蚀环境，水及水中的腐蚀性介质（O、S、Cl）等与金属发生电化学腐蚀反应，在碟簧加载条件下，应力作用加速腐蚀过程，形成应力腐蚀损伤。腐蚀反应会析出氢。在长时间应力作用下，碟簧发生氢脆。因此，我们要控制材料的质量标准，并落实表面检查等检验工作。

5.2.7 螺栓硬度超差，引发氢脆

试验中发现产品上有一件螺栓YC017—88/M6×32断裂（见图5–27）。

螺栓所用原材料为30CrMnSiA，规格为M6×32，技术条件为YC017—88。加工工艺流程为：车加工→热处理→镀锌（除氢8小时）。热处理后硬度要求为HRC35～41。热处理过程采用真空淬火+回火的方式。

断裂发生在螺栓杆根部，断裂处无变形。在体视显微镜下观察，未发现断口上有镀锌层渗入，断口表面存在光亮的小刻面，表现为脆性断口（见图5–28）。

图5–27 螺栓断裂情况

图5–28 断口低倍形貌

对断口进行扫描电镜观察，断口呈沿晶断裂形貌（见图5–29），晶界面可见撕裂棱特征（见图5–30），沿晶、撕裂棱等为氢脆特征。

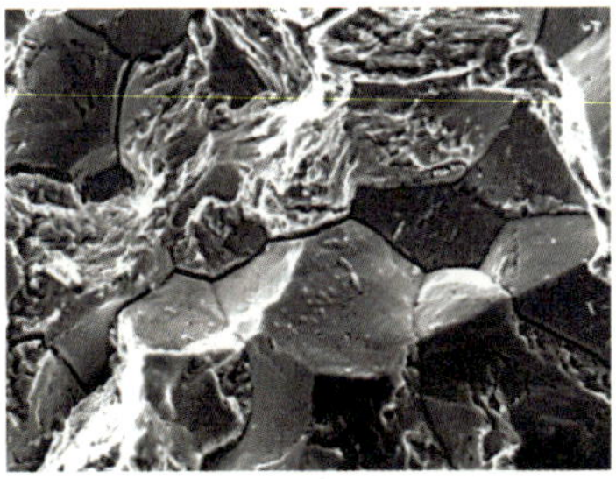

图5–29 断裂源区沿晶断口

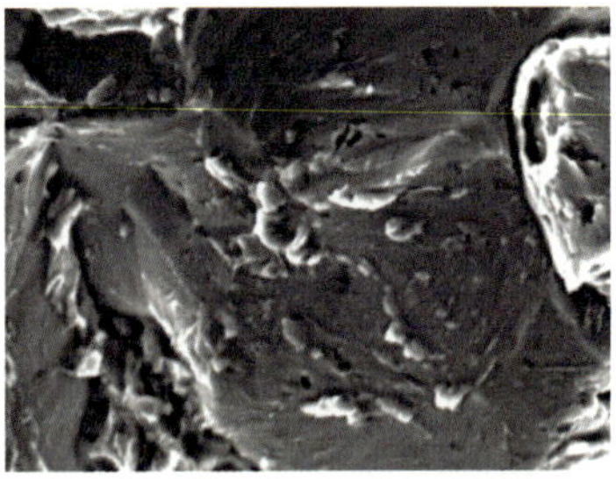

图5–30 晶界面上撕裂棱

对故障件取样进行高倍检查，组织为正常的回火屈氏体。对故障批螺栓硬度进行检测，实际硬度值为HRC42～43，抗拉强度大于1 280MPa，超出技术标准规定（σ_b=1 180 ± 100MPa）的上限。

产品热处理后材料抗拉强度超出了标准要求上限，增加了发生氢脆的可能性。螺栓表面采用镀锌工艺，存在吸氢过程，虽然采取除氢措施，但效果有限，装配一段时间后在装配拉应力作用下于应力集中处延迟断裂。因此，除了在设计选材上采取措施外，还需要控制检测质量，防止超差。

5.2.8 螺栓热处理环境控制不严格，导致氢脆

试验发现转接框分离弹簧下支座与转接框框环连接用64个M5 × 26螺栓中的一个螺栓头部掉落。螺栓生产工艺流程为：六角车工→钳工→滚压螺纹→清洗→检验→热处理→检验→磨工→表面处理→成品检验→交付。

螺栓断裂在螺栓头根部，始断区断口平齐而光亮，表现出较大的脆性，终断区为剪切唇形貌，从始断区到终断区放射棱线明显（见图5–31）。显微镜观察，未见始断区有镀锌层深入断口，可排除镀锌前的加工工序造成螺栓头根部存在缺陷的可能性。

用扫描电镜对断口进行观察，发现始断区为沿晶断裂形貌，晶面上有浅韧窝存在，表现出一定的韧性，在较光亮的晶界面上可见蚀孔及白亮、不规则的细线条（见图5–32），为氢脆断口形貌。对断裂螺栓取样磨制高倍试片后在显微镜上观察，发现螺栓心部组织正常，为回火索氏体组织（见图5–33），按ASTM E112标准晶粒度评级图进行评级，晶粒度为7级。而螺栓边部有增碳，组织明显细于心部，颜色发暗，可见颗粒状碳化物存在，为回火屈氏体组织（见图5–34）。

图5–31 断口面放射棱线

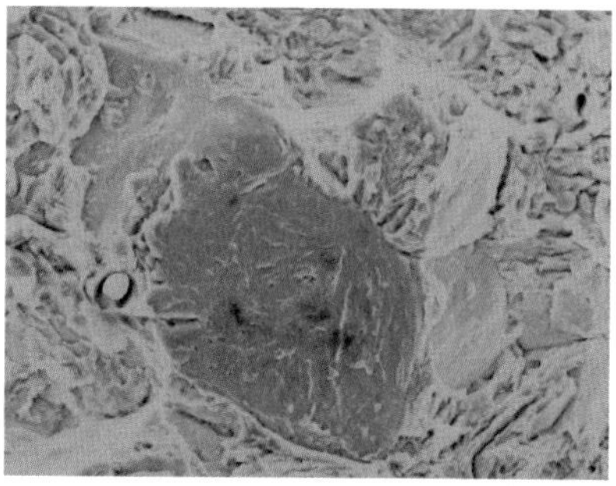

图5–32 白亮、不规则细线条

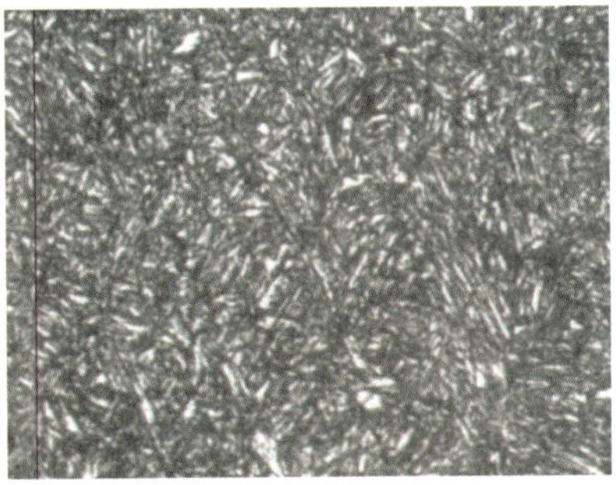

图5-33　心部正常回火索氏体组织

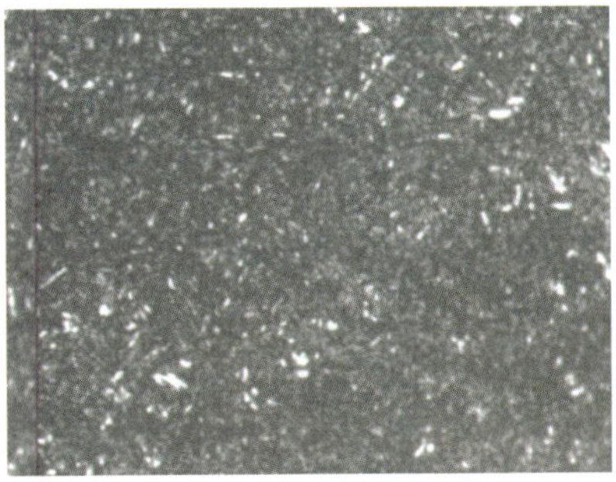

图5-34　边部增碳处屈氏体组织及碳化物

对断裂螺栓取样进行化学成分分析发现，螺栓含碳量为0.37%，高于标准对30CrMnSiA碳含量0.23%~0.34%的要求。对断裂螺栓进行硬度检查发现，螺栓表面硬度远高于心部硬度。结果见表5-1。

表5-1　螺栓材料成分

位置	显微硬度（HV0.1）						平均值换算HRC
	1	2	3	4	5	平均值	
心部	368	371	361	375	375	370	39.0
表面	460	480	480	475	470	473	48.0

进一步复查零件热处理过程：产品热处理过程中为防止氧化脱碳，采用甲醇裂解气氛保护法进行热处理，通过碳势控制和试验确认，炉气碳势一般在0.15和0.35之间波动，不会造成30CrMnSiA产品表面增碳。但现场观察发现，在淬火过程中，高温工件进入油中时会产生一定的油烟，油烟通过淬火炉尾气排放口抽出，点燃后排放。淬火炉尾气排放口碳黑长时间未得到清理，造成一定程度的堵塞，引起淬火油烟排放不通畅。油烟在高温下分解后形成较多的活性碳，干扰了炉气成分，造成炉气碳势升高，从而造成产品表层的增碳现象。

过程控制不到位，导致螺栓表面增碳，表面强度增大，氢脆敏感性增加，镀锌后原除氢工艺已经不能满足除氢要求，造成除氢不彻底，致使螺栓氢脆。为防止出现可控气氛热处理炉排气口堵塞造成的产品表面渗碳，应对热处理炉进行定期清理，规定每次开炉前必须将尾气排放口清理干净。针对可控气氛热处理，在热处理工艺中应详细规定碳势控制范围和尾气排放调整要求，应对碳势稳定性进行监控，并定期抽查产品表层碳含量。此外，对于高强度紧固件，产品除验收工序要做抗拉强度试验外，热处理工序应进行抗拉强度试验，将产品强度控制在标准要求的范围内，防止产品抗拉强度过高导致组织对氢的敏感性增强。

5.2.9 螺栓产品表面处理不规范，导致氢脆

一件外购螺栓在试验中发生断裂，规格为M10×50，所用材料为30CrMnSiA，性能等级为12.9级，根据《紧固件机械性能：螺栓、螺钉和螺柱》（GB/T 3098.1）标准，该等级螺栓材料的硬度要求为HRC39～44，表面氧化处理。螺栓购入时为表面镀锌状态，使用单位将镀锌层去除后再进行表面氧化处理，产品如图5-35所示。

图5-35 断裂螺栓宏观形貌

螺栓表面呈黑色，断裂位置位于第一道螺齿部位。螺栓整个断口均呈灰黑色，部分区域存在轻微磨损，断口平整，断面粗糙，断口源区位于螺齿根部表面，源区未见明显材料缺陷及机械损伤痕迹，扩展区存在放射状棱线，终断区存在剪切唇（比例约为10%）；侧面观察，断口附近未见明显塑性变形，其他螺齿顶部存在不同程度的挤压磨损，断口宏观形貌见图5-36。

断口源区位于螺齿根部表面，源区及扩展区均呈沿晶形貌，晶面上存在微孔及“鸡爪”纹，终断区呈韧窝形貌，断面大部分区域均附着氧化产物（见图5-37）。能谱分析结果表明，主要合金元素的含量基本符合30CrMnSiA牌号的成分要求，断口表面除基体元素外还含有较高的O及少量S、Cl元素。

金相分析结果表明，显微组织为回火马氏体，未见组织缺陷，显微硬度测试（HV0.3）结果平均为453，换算为HRC约45.4。较设计要求（HRC39～44）略高。

根据以上观察、测试结果，结合螺栓制作工艺及使用工况综合分析认为，螺栓的断裂性质为脆性延迟断裂，断裂机理为氢脆。

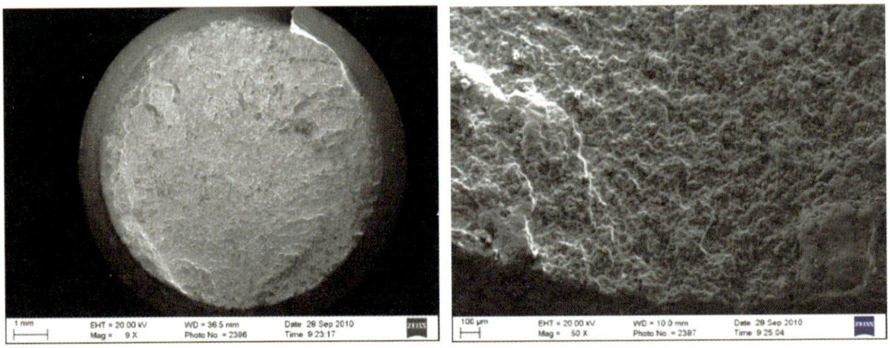

图5–36　断口宏观形貌

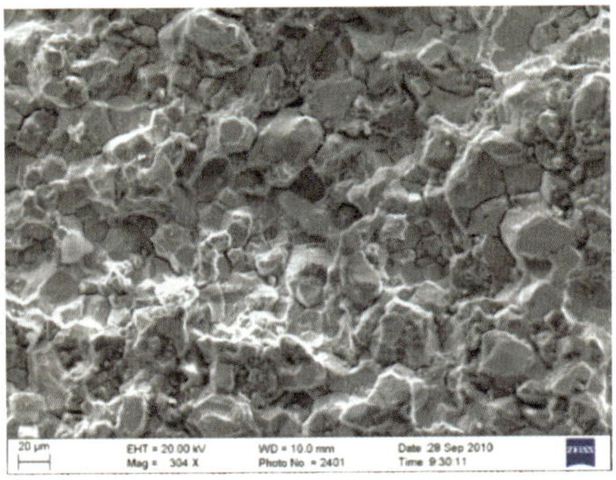

图5–37　断口微观形貌

经分析认为，问题发生的原因应是螺栓材料硬度较高，具有较高的氢脆敏感性，镀锌及其他表面处理过程中有氢进入材料内部，产品退镀及再次氧化过程加剧了氢的进入，后续使用过程中在持续拉应力的作用下发生氢致延迟断裂。除了硬度超差外，二次电镀也应尽量避免。

5.2.10　未按标准除氢，导致氢脆

某脱落电连接器联试对接过程发生锁套断裂，锁套材料为Cr12MoV，设计要求硬度为HRC58～61，表面镀铬。锁套断裂位置位于台阶根部，断口参差不齐，断面较粗糙（见图5–38）。

断口源区位于内表面螺齿根部，为多源起裂，源区主要呈沿晶形貌，部分晶面上存在“鸡爪”纹，扩展区呈沿晶+韧窝形貌，终断区主要呈韧窝形貌，整个断口表面均存在较多颗粒状碳化物（见图5–39）；从锁套上截取部分

试样，采用锤子敲击的方法制出人工断口进行观察，发现整个断口均呈韧窝形貌，断口上存在较多颗粒状碳化物（见图5-40），判定产品断裂模式为氢脆。

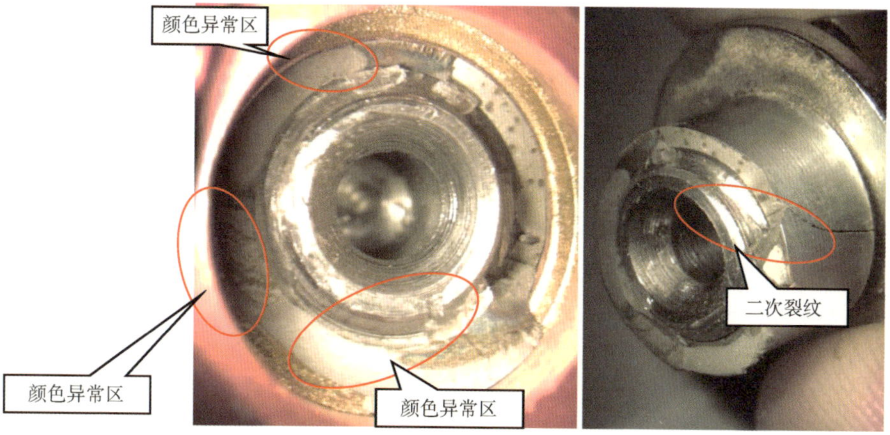

图5-38　锁套断口宏观形貌

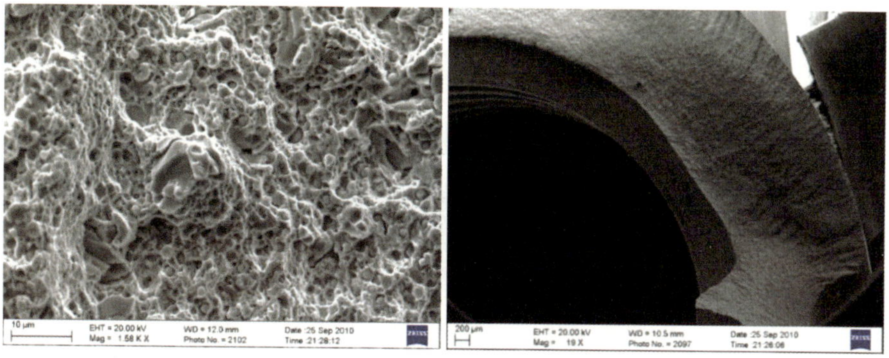

图5-39　断口正常区域微观形貌

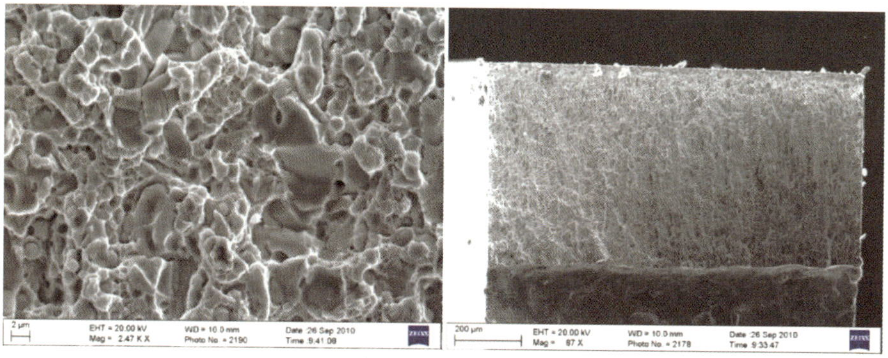

图5-40　人工断口微观形貌

对金相试样进行显微硬度测试（HV0.3），测试结果为706、706、701、701、710，平均为705，换算为HRC，约为60.4，符合设计要求；复查工艺过程发现，除氢工艺为200～210℃条件下除氢4～12h，按照《硬铬镀层技术条件》（QJ 456）要求，该硬度下应进行24h除氢，除氢时间未达到合格标准要求。

经分析，问题原因为材料强度较高，对氢脆较为敏感，且生产过程中镀铬后未按标准要求除氢，除氢时间不足，没有达到有效的除氢效果，而材料的热处理及装配可能使锁套内部存在较大残余拉应力作用，锁套在残余应力及工作应力作用下发生氢致延迟断裂。因此，产品除氢时间的确定要按照产品实际强度进行调整，不能以材料手册给出的强度机械执行。

5.2.11 螺柱生产过程中有氢渗入，导致氢脆

产品进行水压试验时，当压力升到23MPa时有两件图号为0-01的双头螺柱发生断裂（见图5-41）。

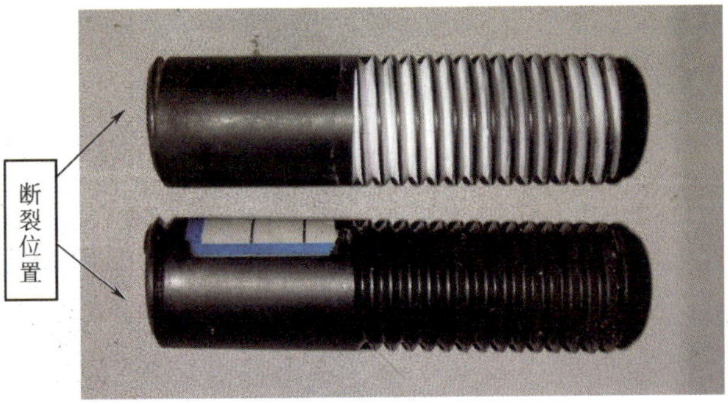

图5-41　断口宏观形貌

双头螺柱规格为M30，材料为30CrMnTi，强度要求为1 400~1 600MPa，表面处理方式为表面氧化（盐酸酸洗除油、NaOH/$NaNO_2$水溶液140~150℃氧化）。

螺柱宏观断口形貌见图5-42。断口较平整，源区均位于螺纹根部表面，断口分为界线明显的两个区域，最外圈约90%周长范围内呈灰黑色、环状，最大宽度分别约1.4mm、1.6mm，其余区域主要呈灰白色，部分区域存在棕红色锈蚀斑点，可见明显的放射状扩展棱线。两个断口的微观形貌基本一致：整个断口分为源区及扩展区，源区均位于螺纹根部表面，呈沿晶形貌，存在

较多沿晶二次裂纹，靠近表面的部分区域晶面上附着有较多颗粒状物质，扩展区呈韧窝形貌；断口附近螺纹氧化层表面存在较多微裂纹（见图5–43）。经分析认为为氢脆。

能谱分析、金相分析及显微硬度测试的结果表明，螺柱所用材料及热处理状态未见异常；经氢含量测试，一件测试结果为8ppm，另一件测试结果为5ppm，氢含量较高，选取一定数量同批次未经表面处理产品进行氢含量测试，氢含量较低。

图5–42 断口宏观形貌

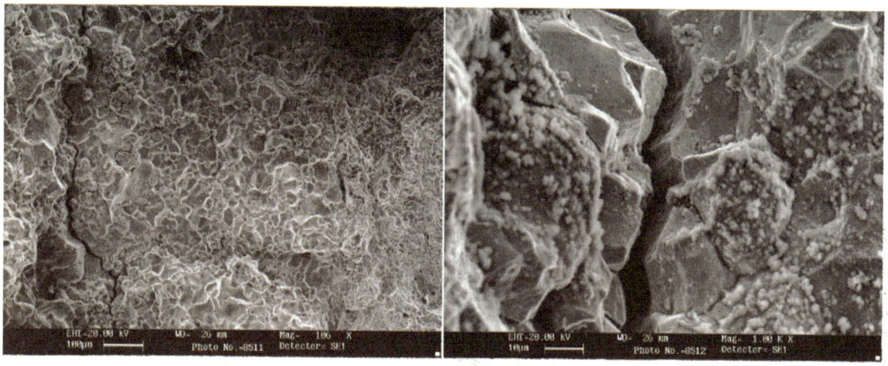

图5–43 1#断口微观形貌

经分析认为，产品断裂原因是在螺柱生产加工过程中有氢渗入材料中，螺柱硬度较高，具有较高的氢脆敏感性，氢原子扩散到钢的晶界或晶格空穴，使晶界弱化、脆化，产生沿晶微损伤裂纹，导致这些区域形成薄弱区域，在水压试验过程中受到一定应力（低于材料的抗拉强度）作用时，微裂纹快速扩展，使螺柱发生断裂。虽然钢制件化学氧化工艺的渗氢现象不严重，但若生产过程控制不好（譬如酸洗溶液浓度过大、时间过长等），依然会产生氢脆。若产品强度较高，使用化学氧化表面处理后，应参考《钢铁零件化学氧化膜层技术条件》（QJ 474）中的规定进行除氢处理。

5.2.12 销钉材料使用错误，导致氢脆

规格为Φ8.2的定位销在产品装配状态下发生断裂（见图5–44）。图纸要求材料为T8A，HRC为50～55，表面发蓝处理。

图5–44 断裂定位销全貌及断口宏观形貌

断口低倍形貌如图5–45所示，在断口中心有一条状孔洞。对断口形貌放大观察，整个断口的微观形貌均为沿晶断裂，断裂源区形貌如图5–46所示，其他区域的断口微观形貌如图5–47所示，沿晶断口上有明显的微孔和“鸡爪”状撕裂棱。

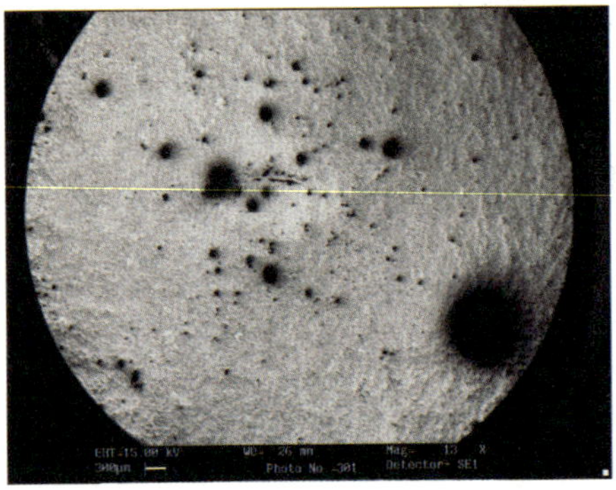

图5–45 断口低倍形貌

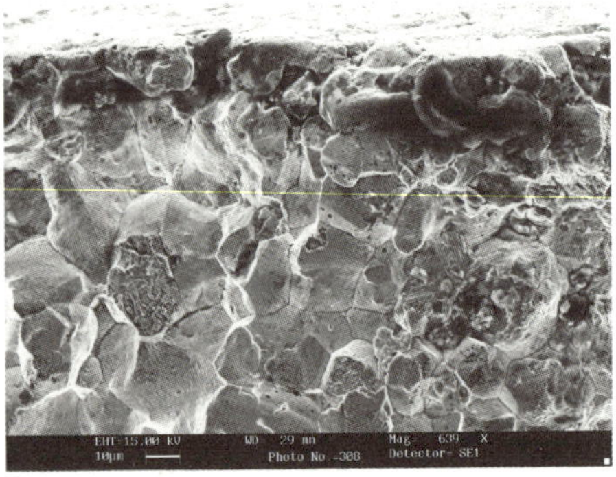

图5–46 断裂源区形貌

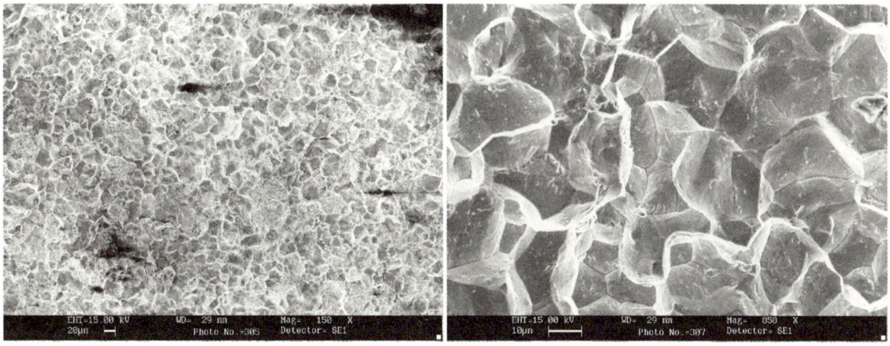

（a）　　　　　　（b）

图5–47　断口微观形貌

用能谱仪分析，定位销的材料应为含铬钢。用与断裂定位销同批次的定位销进行化学成分分析，结果如下：C为1.00%、Cr为1.49%、Mn为0.31%、Si为0.27%、S为0.008%、P为0.022%、Ni为0.04%、Cu为0.01%、（Cu+Ni）为0.05%。该定位销材料符合《铬轴承钢技术条件》技术标准中的GCr15钢牌号，而非设计要求的T8A钢。

金相观察发现，在定位销心部有一个较大的缩孔缺陷。该定位销的组织为正常的回火马氏体。在金相试样上进行显微硬度测试，结果为（HV0.5）764、756、773、756、760，平均值为762，相当于HRC62.7，超过了设计要求的HRC50~55。

以上分析结果表明，断裂定位销所用材料与设计要求不符，而且硬度超过了设计要求。由于材料使用错误，在同样的热处理工艺下，GCr15较T8A的强度和硬度高，并且断裂定位销心部有缩孔，存在材料缺陷，降低了材料的力学性能。断口微观形貌呈沿晶断裂，沿晶断裂面上有微孔和撕裂棱，结合材料的硬度、生产工艺（有发蓝表面处理工艺）综合分析，该定位销的断裂性质为脆性断裂，断裂机理是氢脆。

5.2.13　螺钉镀锌后未进行除氢，造成氢脆

试验过程中，两件钣金零件上的螺钉发生断裂（见图5–48）。钣金零件上螺钉规格为M12、12.9级，为外购件，购入时螺钉表面为发黑状态。将螺钉头三处焊接在钣金零件（Q235B板材）上，焊接后进行酸洗，酸洗后整体镀锌（用电吹风吹干，不进行除氢处理），镀锌后在使用力矩扳手

（66.4N·m）安装螺母的过程中螺钉发生断裂。

图5-48　断裂螺钉

钣金零件及断裂螺钉的宏观形貌见图5-49。采用体视显微镜观察螺纹面，发现螺钉断口源区位置的螺纹面均存在轴向裂纹，且部分螺纹根部及螺齿顶部存在周向裂纹。

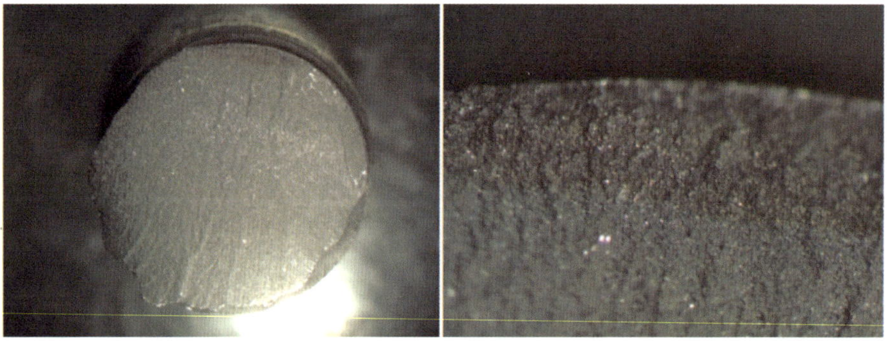

图5-49　螺钉断口形貌

扫描电镜进行观察及能谱成分分析的结果表明：两件失效螺钉断口源区均位于螺纹根部表面，断面均可见明显的止裂线，断面棕红色区域微观呈沿晶+氧化形貌；断面暗灰色区域微观呈沿晶+韧窝形貌，部分晶面可见“鸡爪”纹，典型形貌见图5-50。另外一个螺钉断口源区位于螺纹根部表面，源区位置存在轴向开裂，断面可见明显的止裂线，断面棕红色区域微观呈沿晶+氧化形貌；人工断口的扩展区呈韧窝形貌，终断区呈准解理形貌，典型形貌见图5-51。

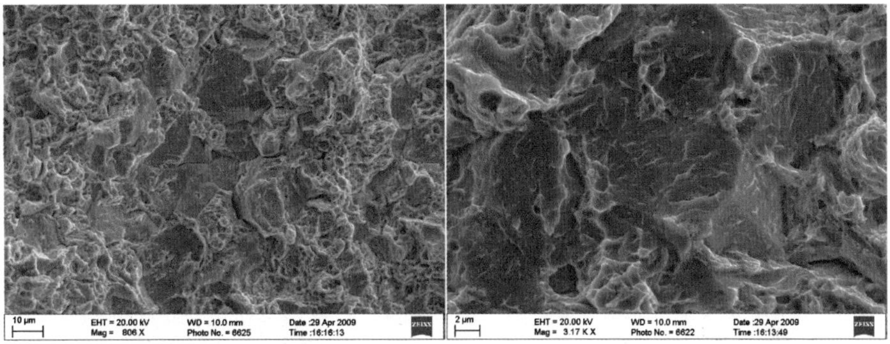

图5-50　螺钉断口微观形貌

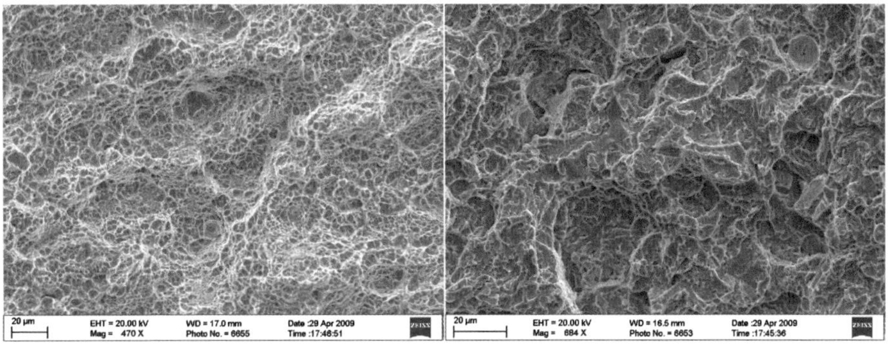

图5-51　螺钉断口微观形貌

能谱成分分析的结果表明，螺钉材质应属CrMnSi系钢，金相试样显微组织为回火组织，硬度为HRC41。分析认为，问题原因为螺钉在镀锌之前部分螺纹面已存在裂纹，酸洗及镀锌过程中Cl、Zn元素进入损伤区域，腐蚀性介质会使表面形成腐蚀损伤，电镀后未进行除氢处理会导致氢在裂纹尖端基体中聚集，使晶界脆化，安装过程中在应力腐蚀及氢脆双重作用下螺钉发生脆性断裂。对于外购标准件产品，应尽可能避免二次表面处理，减少产品吸氢环境;对于外购钢制零件，如使用酸洗、镀锌等工艺，应按标准要求进行除氢。

5.2.14 外购螺钉生产过程控制不严格，导致氢脆

某压力流量控制阀块上所用规格为M10×40–12.9的螺钉，在使用过程中，有四个螺钉断裂（见图5–52）。螺钉（外购件）按《内六角圆柱头螺钉》（GB/T 70.1—2008）标准生产，表面处理镀锌Ep.Zn7.c2C。

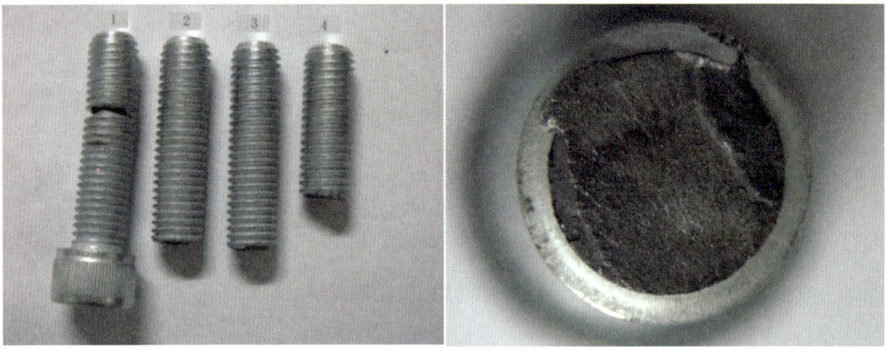

图5–52　断裂螺钉宏观形貌

失效螺钉的四个断口表面大部分区域具有金属光泽，未发现腐蚀痕迹，源区均位于表面，扩展区呈放射状（见图5–53）。四个断口扫描电镜形貌基本一致：源区位于表面，扩展区呈放射状，源区为沿晶形貌，晶面上可见“微孔”及“鸡爪”状发纹，并有较多沿晶二次裂纹存在；扩展区部分区域呈磨损形貌，其他区域主要呈沿晶+韧窝形貌，局部可见剪切韧窝形貌（见图5–54），其断口具有氢脆特征。

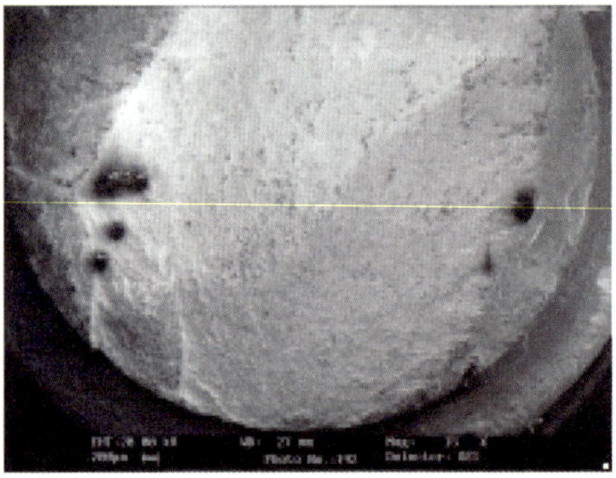

图5–53　源区形貌

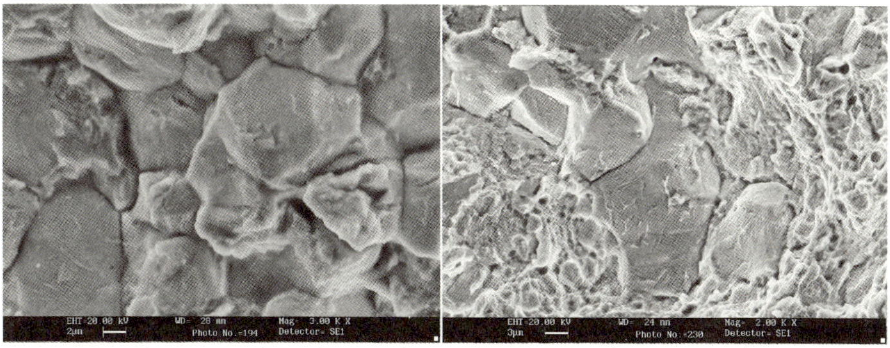

图5-54 断口典型微观形貌

对金相试样进行显微硬度测试（HV0.2），测试结果为411、419、435、424、431，平均为424，换算为HRC约43.1。能谱分析、金相分析结果表明螺钉所用材料及其热处理状态未见异常。

经分析认为，四个螺钉的断裂性质相同，均为氢致延迟断裂，断裂原因应是螺钉经历表面电镀处理后有氢残存在材料内部，导致其在长时间应力作用下发生断裂，反映出螺钉研制单位质量控制不到位。

5.2.15 螺栓在富氢环境下使用，出现氢脆

某分离装置进行静力试验后，用于分离面连接的双头螺栓中有7件出现断裂，双头螺栓所用材料为30CrMnSiNi2A，设计要求抗拉强度不小于1 500MPa，表面进行了达克罗涂层处理。

金相分析的结果为，组织均为回火马氏体组织，未见其他缺陷。根据显微硬度测试结果换算，其抗拉强度达到1 700MPa，硬度及强度符合设计要求。

断裂源区呈沿晶形貌，晶面上可见较多的“鸡爪”纹和个别微孔（见图5-55），扩展区主要呈沿晶+韧窝形貌（见图5-56），终断区呈剪切韧窝形貌。7个螺栓断口形貌均具有氢脆形貌特征。

复查、试验与分析的结果表明，螺栓金相组织为回火马氏体，具有较高的氢脆敏感性，表面糊了泥进行防护，使螺栓周围形成电化学腐蚀反应环境，反应中阴极析出氢，部分原子氢进入螺栓材料内部使局部氢富集、晶界弱化，导致螺栓发生氢脆。使用环境中与水、H_2S、H_2等介质长时间接触会导

致零件表面形成电化学腐蚀环境，零件将会吸氢并在局部区域形成氢富集，高强度结构零件在此条件下使用容易发生氢脆。

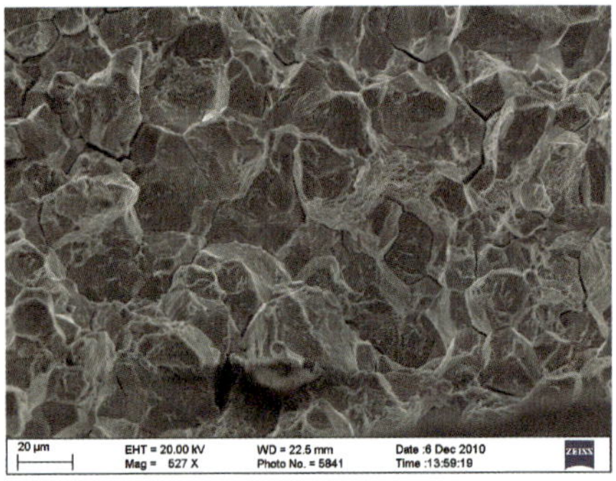

图5-55　源区沿晶及纵向裂纹形貌

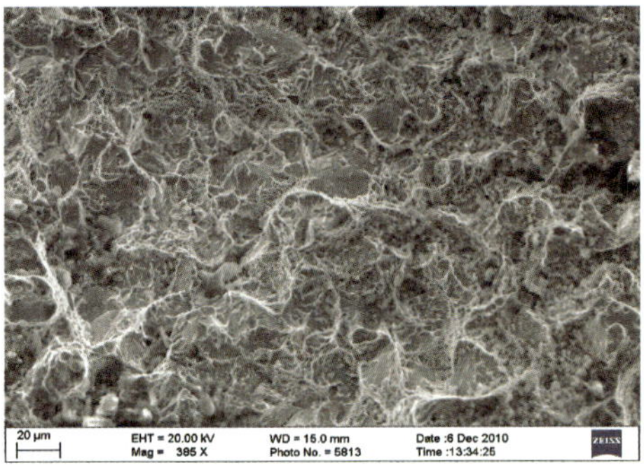

图5-56　扩展区沿晶+韧窝混合形貌

5.2.16　试验过程与水接触，出现氢脆

某低冲击分离装置进行湿热试验临界气动解锁试验时发现，有一套产品解锁气动值偏低，操作者重新安装对接螺栓，刚开始拧紧，发现对接螺栓头掉落，在根部断裂。对其余已经试验的19套产品进行复查发现，另有一套产品临界气动解锁试验结果较低，进一步检查发现，该套产品对接螺栓根部已有裂纹（见图5-57）。

图5-57　故障件照片

产品材料为30CrMnSiNi2A，硬度为HRC51，对应抗拉强度约为1 770MPa。扫描电镜下进行微观形貌观察和能谱分析，断口源区位于表面，为多源起裂，源区及扩展区均呈沿晶形貌，晶面上可见大量“鸡爪”纹和个

别微孔，并存在沿晶二次裂纹（见图5-58）。以上形貌特征表明，螺栓的断裂模式具有氢脆形貌特征。

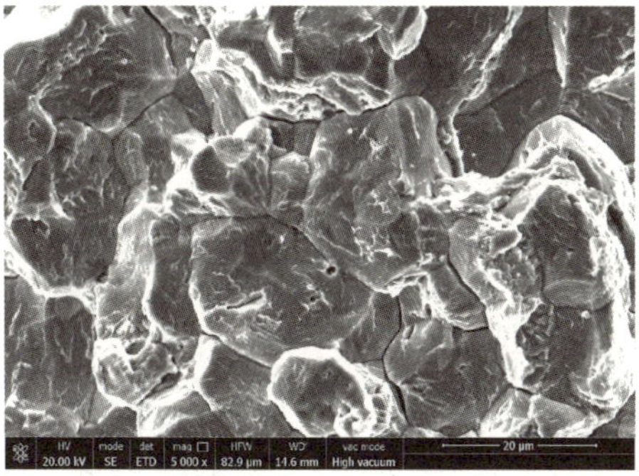

图5-58　断口微观形貌

通过对生产试验过程复查发现，由于设备压缩机过载保护，设备停止运行时间大于12h。在设备停止运行时间内，箱内95%湿度保持不变，温度从60℃恢复到常温30℃左右，箱内出现积水，积水附着在工装表面，导致连接工装产生腐蚀。分析结果表明，腐蚀产物中含有少量的S、Cl元素。同时，检测发现湿热试验设备用蒸馏水中含有Cl离子，浓度达13.4mg/L，硫酸根离子浓度为9.8mg/L。产品含有Cl元素（腐蚀性介质），表明螺栓表面可能存在污染，螺栓易于发生腐蚀、析氢。通过微观观察发现，达克罗涂层的分子间隙较大，不能阻止氢元素进入金属基体内，阻止氢脆的发生。工装表面腐蚀试验前后对比见图5-59。

图5-59　工装及试验件对比图

经分析，本次故障定位为：对接螺栓为氢脆敏感材料（30CrMnSiNi2A材料，HRC大于45），湿热试验中试件表面产生冷凝水，形成析氢环境，诱发螺栓氢脆。

5.2.17 长期处于潮湿环境，出现氢脆

某发动机进行强度试验时，卸载后发现发动机与附件舱模拟件之间的连接螺柱（螺纹M10）有6个断裂，断裂螺柱位置见图5-60。

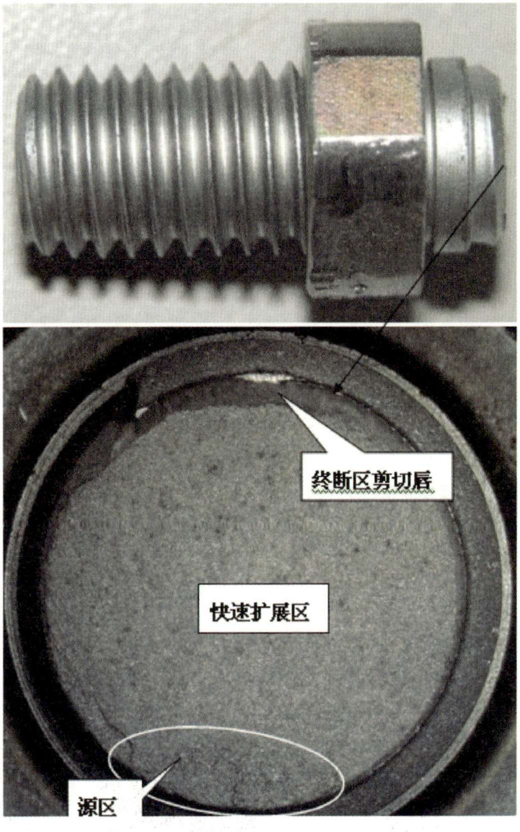

图5-60 断裂螺柱的宏观形貌

强度分析结果表明，断裂时螺柱所受最大拉伸应力为637MPa，远小于设计值。

能谱分析及金相分析结果表明，螺柱所用材料成分、组织及硬度未见明显的异常，断口具有氢脆断口特征（见图5-61），判定螺柱断裂性质为延迟脆性断裂，断裂机理为氢脆。氢脆原因应与材料对氢脆敏感以及生产和使用过程中引入氢有关。据了解，螺柱在进行试验准备时曾长期被放置于相对潮

湿的环境之中，而且在向燃烧室内注水加压时曾发生泄漏情况，后经返修补焊才满足密封要求，原因可能是泄漏的水与螺柱发生了接触。

图5-61 源区沿晶晶面“鸡爪”纹和微孔

经分析，问题定位于螺柱在存放过程中长期处于潮湿环境或与水接触，发生电化学腐蚀，表面达克罗涂层中的锌起到牺牲保护作用，析氢反应析出的氢以及环境中的氢进入了材料内部，并使局部氢富集、晶界弱化，在长时间应力（试验已进行至第四个状态）作用下，螺柱发生氢脆。

5.3 影响因素

研究表明，氢脆的发生与氢在材料中的扩散和聚集有关，因此，氢在材料中的扩散和聚集的影响因素即为氢脆的影响因素。通过理论分析与工程实践，可以认为，航天产品发生氢脆主要与以下几个方面的影响因素有关：氢含量，材料微观组织与成分，应力水平及持续时间。其中，氢含量主要与产品制造、使用过程有关，材料微观组织和成分主要与材料自身特性、冶炼、热处理过程有关，应力水平及持续时间主要与产品的强度设计、结构设计、使用工况有关，具体影响因素介绍如下。

5.3.1 氢含量

产品发生氢脆，首先是因为材料中存在氢。金属中氢的来源可以分为“内含的氢”和“外来的氢”两种。“内含的氢”主要是产品制造过程引入的，如非真空条件下的材料冶炼，电镀、酸洗等表面处理过程，湿环境焊接、热处理等热工艺过程等；“外来的氢”又称环境氢，主要是由存储及使用过程引入的，如电化学腐蚀引入氢、高温临氢环境等。金属中引入的氢最终会以氢原子、氢离子、氢分子、原子团、氢化物等多种形式存在，并产生不同的影响。

在工程应用上，金属材料中必然会有氢的引入，只有氢的含量达到一定程度才可能引起氢脆，而引起氢脆的氢含量门槛值与产品的材料、结构、强度等均密切相关，当前还无法准确地给出具体数值。一般情况下，在材料强度处于材料抗拉强度中等水平以下，其材质中氢的质量分数小于1ppm的条件下不会发生氢脆；在材料强度处于抗拉强度的上限时，其材质中氢的质量分数即使小于1ppm，氢脆敏感性也急剧增加。资料显示，当高强钢硬度为HRC35以上、氢含量高于10ppm时或材料硬度为HRC50以上、氢含量高于1ppm时发生氢脆的可能性极大。

5.3.2 材料微观组织与成分

氢脆的发生与氢在材料中的扩散和聚集有关，不同的材料组织，其氢扩散能力和聚集程度不同，因而材料的氢脆敏感性不同，在各种不同的显微组织中，对氢脆敏感性从大到小一般顺序为马氏体、上贝氏体（粗大贝氏体）、下贝氏体（细贝氏体）、索氏体、珠光体、奥氏体。

材料的微观组织又与材料组成成分密切相关。研究表明，钢中碳含量的增加能明显提高晶界碳化物的数量，增加氢脆敏感性。而不同的合金元素对于氢脆敏感性的影响也是不同的，研究发现，P、S等杂质元素的偏析会促进氢的吸收，导致氢脆敏感性增大。另外，S和Mn结合生成MnS夹杂物，氢致裂纹易在此处萌生。

5.3.3 应力水平及持续时间

研究表明，长时间处在较高应力水平条件下的产品，将导致延迟断裂时间缩短，氢脆敏感性增加。这里的时间与应力是相互关联的，一般认为，较高的应力水平将导致较大的应力梯度，而氢易于在应力梯度的诱导下，在应力最大处或材料内部的缺陷处（如位错、点阵空穴、晶界、第二相质点、微裂纹等）偏聚而形成氢阱。而氢的扩散与聚集过程需要一定的时间，长时间高应力将导致产品中氢聚集程度增加，容易引起高应力区氢致延迟断裂。

反之，若产品只承受瞬间的高应力，则氢无法实现聚集，氢脆风险将大大降低。

从应力的来源看，应力主要有加载应力、残余应力、腐蚀产物应力三种，这些应力与产品使用工况、产品强度、产品结构均相关。例如，对常用的低合金高强度钢材料而言，其强度的提高将导致塑性和韧性下降和残余应力水平提高，会增加氢脆敏感性，一旦残余应力到达一定程度，甚至存在产品在不加载情况下发生氢脆的情况。

从应力作用的形式看，应力主要有拉应力、压应力、剪切应力、扭转应力等。工程实践表明，受拉应力的产品发生氢脆概率较高，仅受压应力的产品氢脆发生概率较低。但在工程应用过程中，产品的载荷往往处于多种应力混合的状态，应根据使用工况充分识别。

5.4 预防与控制

由于氢脆形成的机理尚不完全清楚，因此完全杜绝氢脆问题理论上尚不具备条件。但现有研究工作及工程实践经验表明，可以通过控制氢脆影响因素降低氢脆发生的概率，以满足工程应用需要。因此，按照上述分析的氢脆影响因素，氢脆预防与控制的基本措施为：合理选用产品材料，降低产品氢含量，优化产品应力状态。

在工程应用中，“合理选用产品材料”是解决氢脆问题的最主要措施，选择综合性能好的材料能有效降低氢脆敏感性，可从产品设计源头实现对氢脆的控制；“降低产品氢含量”和“优化产品应力状态”是解决氢脆问题的次要措施，可以通过控制原材料、控制表面处理工艺、控制使用环境、优化产品结构、降低产品强度、优化热处理工艺等措施实现。

虽然各项措施对氢脆的防治效果不同，但各项氢脆影响因素都可以在一定条件下诱发氢脆，所以只有对各项措施进行综合使用才能最大程度达到氢脆防治的效果。为保证措施的可执行性，现按产品设计、原材料采购、生产过程、使用过程等研制生产流程对控制措施进行分解及细化，并确定氢脆预防与控制的总体方法为：对产品全生命周期过程中进行综合防控，源头合理选用产品材料，并在产品设计、生产、使用等过程中尽可能地降低氢的引入，优化产品应力状态，实现对氢脆的有效防治（见图5–62）。

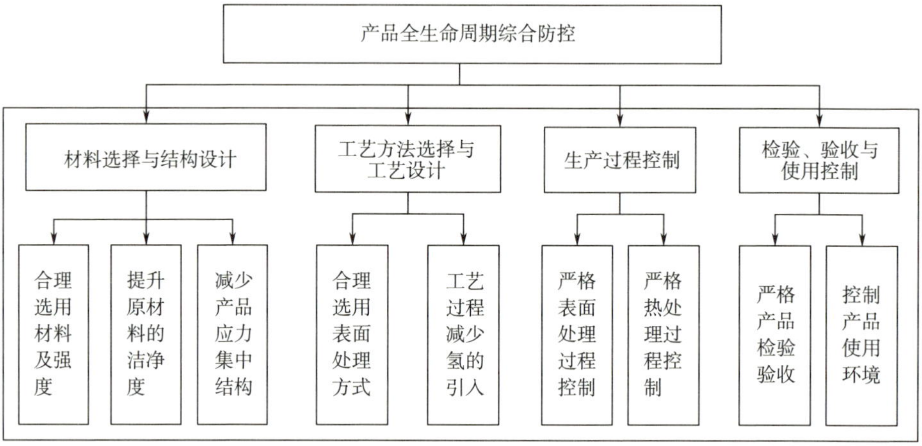

图5-62　氢脆预防与控制总体方法框图

5.4.1　材料选择与结构设计

5.4.1.1　材料选择与质量控制

氢脆源头控制措施为合理选用产品材料，即选用高强度、高韧性、耐延迟断裂的材料，并控制产品强度。其选择原则如下：

①对于有高强度、超高强度要求的产品，避免选用含碳马氏体钢，应优先选择采用弥散析出的第二相强化的材料，这类材料强度、韧性、抗延迟断裂等综合性能较好，如贝氏体钢、沉淀硬化钢、超低碳马氏体时效钢、镍基合金、冷作硬化不锈钢等。

②在选用材料强度时，应综合考虑材料的强度、塑性和韧性指标，应避免片面追求高强度。一般情况下，若标准或材料手册对材料强度有上下限要求，应按照材料强度的中下限区间使用。

③若产品只有表面硬度或耐磨性要求，而对材料强度要求不高，建议降低产品整体硬度，并通过表面改性等方式实现表面硬度或耐磨性要求。常用表面改性工艺方法见5.4.2。

④对于仍然需要使用的氢脆敏感材料，应结合具体材料特点限制其使用条件，如使用强度、使用环境等。

针对当时材料的选用现状，对高强度、超高强度材料选用提出了改进要求（见表5-2）。

表5-2 高强度、超高强度材料选用要求

序号	种类	标准	牌号	使用性能	可替代材料	建议使用产品	备注
1	沉淀硬化不锈钢	QJ/DT01.23196、Q/Y 766	0Cr13Ni8Mo2Al（PH13-8Mo）	σ_b：1 410～1 580MPa $\sigma_{0.2}$：1 310MPa δ_5：10%	30CrMnSiNi2A、30Cr、40Cr、35CrMnSi	螺栓类产品	
2	沉淀硬化不锈钢	GJB 8268、Q/Y 641、GB/T 12207	0Cr17Ni4Cu4Nb	σ_b：1 200±100MPa $\sigma_{0.2}$：1 180MPa δ_5：10%	30CrMnSiA、2Cr13、3Cr13、4Cr13、9Cr18	阀门、活门、接头、伺服机构、紧固件	新牌号为05Cr17Ni4Cu4Nb
3	高温合金	GJB 3165A	GH2132	σ_b：930MPa δ_5：20%	30CrMnSiA、30CrMnSiNi2A、30Cr、40Cr、35CrMnSi	发动机壳体、高温部位紧固件	
4	高温合金	辽新600152004（板）、GJB 713（棒）	GH4169	σ_b：1 300～1 450MPa $\sigma_{0.2}$：1 035MPa δ_5：12%	30CrMnSiA、30CrMnSiNi2A、30Cr、40Cr、35CrMnSi	发动机壳体、高温部位紧固件	
5	高温合金	GJB3527A（丝）	GH4169	σ_b：1 270MPa $\sigma_{0.2}$：1 035MPa δ_5：12%	65Mn、60Si2Mn、60Si2MnA、60Si2CrVA	弹簧类产品	直径6mm以下
6	奥氏体不锈钢	GJB 3320	1Cr18Ni9	σ_b：1 200～2 050MPa	碳素钢丝	弹簧类产品	直径6mm以下
7	马氏体不锈钢	GJB 7960、8268	07Cr16Ni6（S07）	σ_b：1 180～1 300MPa $\sigma_{0.2}$：980～1 100MPa δ_5：12%	30CrMnSiNi2A、30Cr、40Cr、35CrMnSi	发动机主轴、阀门中的受力螺栓螺母等紧固件	
8	高强马氏体时效钢	Q/GYB7741	00Ni18Co8Mo5TiAl（18Ni）	σ_b：1 760MPa $\sigma_{0.2}$：1 720MPa δ_5：6%	30CrMnSiNi2A、30Cr、40Cr、35CrMnSi	发动机壳体等产品	
9	高强马氏体时效钢	辽新50040 2004	TM210A	σ_b：2 040MPa $\sigma_{0.2}$：1 940MPa δ_5：7.5%	30CrMnSiNi2A、30Cr、40Cr、35CrMnSi	发动机壳体、阀门壳体	
10	高强马氏体时效钢	GJB9446	00Ni19Mo3Ti1Al（T250）	σ_b：1 766MPa $\sigma_{0.2}$：1 650MPa δ_5：6%	30CrMnSiNi2A、30Cr、40Cr、35CrMnSi	发动机壳体等产品	

0Cr13Ni8Mo2Al（PH13-8Mo）采用真空感应加真空自耗重熔的双真空冶炼，具有较高的强度，同时具有优良的断裂韧性及良好的横向力学性能和在海洋环境中的耐应力腐蚀性能，广泛用于航空、航天紧固件、结构件等。0Cr17Ni4Cu4Nb是一种马氏体沉淀硬化不锈钢，相近牌号为17-4PH。从固溶温度冷却至室温时，组织转变为马氏体，经过480～560℃时效处理，马氏体基体沉淀出富铜相，使强度进一步升高。因含碳量较低，其耐腐蚀性和可焊性优于马氏体型不锈钢，接近于某些奥氏体不锈钢。其在400℃以上长期使用时有脆化倾向，用于制造400℃以下工作的高强耐蚀部件，用作航空航天结构紧固件，发动机零件和阀门等。0Cr12Mn5Ni4Mo3Al是20世纪我国自主开发研制的低镍合金，俗称“69111”，属于控制相变型的半奥氏体沉淀硬化不锈钢，其耐蚀能力介于奥氏体不锈钢和马氏体不锈钢之间。在固溶状态下的组织为奥氏体δ相铁素体（5%~20%），有类似于奥氏体不锈钢的良好加工成形性能和焊接性能。经过适量的冷变形、冷处理和时效处理，组织转变为马氏体+沉淀相，具有比马氏体型不锈钢更高的强度，适合制造飞行器的多种超高强度不锈钢构件，可满足500℃以下中温高强度的使用要求，亦适宜于制造300℃以下工作的弹性元件；适用于制造航空、航天产品的管接头、结构件、紧固件等，工作温度不超过350℃。

GH2132是一种可析出高温合金，加入钼、钛、铝、钒及微量硼综合强化。该合金在650℃以下具有高的屈服强度和持久的抗蠕变强度，并且具有较好的加工塑性和焊接性能，适合制造在650℃以下长期工作的航空发动机高温承力部件，如涡轮盘、压气机盘、转子叶片和紧固件等。在热处理状态下，常温抗拉强度在920MPa以上，δ_5不小于15%。优质（YZ）GH2132合金是在GH2132合金基础上发展起来的，热处理后的强度可达1 033MPa以上，如果再加上适当的冷变形，强度还可以进一步提高。高温合金GH4169是以体心四方的γ''相和面心立方的γ'相沉淀硬化的镍基合金，类似于国外的Inconnel718。GH4169合金在-253～700℃温度范围内具有良好的综合性能，650℃以下的屈服强度居变形高温合金的首位，并具有良好的抗疲劳、抗辐射、抗氧化、耐腐蚀性能以及良好的加工性能、焊接性能。该合金的另一个特点是合金组织对热加工工艺特别敏感，掌握合金相析出和溶解规律及组织与工艺、性能的相互关系，可针对不同的使用要求制定合理、可行的工艺规程，获得可满足不同强度级别和使用要求的各种零件，如锻件、锻棒、冷轧棒、圆饼、环件、板、带、丝、管等，可制成盘、环、叶片、轴、紧固件和弹性元件等。经过正常的热镦、固溶时效处理后，该合金在常温下的抗拉强度可以达到1 280MPa以上，延伸率δ_5达到15%以上，而且还有较好的塑性；如果增加适当的冷变形工艺（减面率为12%～13%），抗拉强度可以提高到1 550MPa以上，延伸率δ_5达到8%以上。另外，GH4169合金还具有很好的高温性能和超低温性能，是用来制造高温螺栓和超低温紧固件的理想材料。因此，采用GH4169合金制造紧固件，不仅可以彻底避开紧固件氢脆问题，还可以解决紧固件对高低温环境的适应性问题。

07Cr16Ni6高强度马氏体不锈钢俗称S-07，通过调节马氏体和奥氏体的比例来获得优异的强韧性配合，可在-196~400℃温度范围长期使用。S-07钢具有良好的热加工性能和冷变形塑性，缺口敏感性低，对氢脆不敏感，且在海水环境中具有优良的耐应力腐蚀性能。S-07钢目前在液氧、煤油等低温环境下应用，如用于制作发动机零部件及紧固件等。00Ni18Co8Mo5TiAl是一种高强马氏体时效钢，俗称F141，是以无碳或超低碳Fe-Ni马氏体为基体，经时效处理使金属间化合物沉淀硬化的一种超高强钢。该钢的突出特点为在超高强、高硬度的条件下仍具有良好的韧性和高的断裂韧度。同时，这类钢无冷作硬化，时效热处理变形下焊接性能良好，表面还可以进行渗氮处理，在航空、航天、精密模具等工业领域获得广泛应用。00Ni19Mo3Ti1Al（T250）钢是我国自主研发的马氏体时效钢，是在18Ni（250）的基础上去除Co、增加Ti开发出来的高强、高韧钢，该钢具有高强度的同时具有良好的塑、韧性和优异的抗应力腐蚀性能，强度达到了1 700MPa级别，主要用于火箭发动机壳体、飞机起落架的制造。

对于来不及更改材料的情况，为了降低产品氢脆风险，对相关材料的使用条件应进行限制，包括控制材料的技术条件、使用强度、使用工况等，具体建议如表5-3所示。

原材料质量的控制原则如下：

①在高强、超高强材料制造过程中，应尽可能地要求材料供应商使用更高等级的熔炼方法，减少钢中P、S、Sn、As等杂质元素的含量，提高原材料的洁净度，降低产品氢脆敏感性。

②应结合不同高强、超高强材料的特点，对材料中氢含量进行控制，尽可能地降低原材料中氢的含量，降低产品氢脆风险。

③在选择原材料供应商时，应综合考虑其工艺能力、装备能力、稳定批量交付能力、氢含量控制能力等，为材料氢脆控制提供前端保障。

表5-3　当前常用氢脆敏感材料使用条件建议

序号	种类	牌号	标准	使用强度（σ_b）	使用工况	备注
1	低合金高强钢	30CrMnSiA	GJB 1951	<1 080MPa	使用过程中应尽可能与环境的水、腐蚀性介质等不发生长时间接触；若使用在高温条件下，不能有临氢环境	
2	马氏体不锈钢	2Cr13	GJB 2294A	HRC35-40		
3		9Cr18	GJB 2294A	HRC45-55		应避免制造承受拉载荷的产品
4	高碳弹簧钢	65Mn	GB/T 4358（丝）	HRC45-51		直径6mm以上弹簧钢丝暂无可替代材料，暂时只能使用高碳弹簧钢材料，但应采取严格的氢脆控制措施
5		60Si2MnA	GJB 52593（丝）	HRC45-50		
6		60Si2CrVA	GJB 1957（丝）	HRC47-52		
7		65Si2MnWA	GJB 5259（丝）	HRC46-53		

原材料熔炼方法对控制氢脆十分重要，当前钢材的冶炼方法可以分为低、中、高三个等级。低级冶炼方法包括电弧炉、电弧炉+炉外精炼等；中级冶炼方法包括电弧炉+炉外精炼+电渣重熔、非真空感应+电渣重熔、真空感应+电渣重熔等；高级冶炼方法包括真空感应+真空自耗、真空感应+真空自耗+电渣重熔三联工艺等。目前型号产品用钢材应至少选用中级冶炼方法，当产品对材料有更高的洁净度要求时，可以采用更高等级的熔炼方法。

5.4.1.2　产品结构的设计

金属中的氢会发生应力诱导扩散，氢由低应力区向高应力区扩散并聚集，从而造成高应力区的氢脆，因此对于采用高强、超高强钢的零件，其结构设计应避免截面的突变等应力集中结构，应降低高应力区的应力集中系数。典型结构设计建议如下：

①对于采用高强、超高强钢的零件，应避免厚薄差异较大、尖锐、微小孔、凹槽等结构设计；微小斜孔结构如图5-63所示，凹槽结构如图5-64所

示，设计时应避免此类结构。

图5-63 阀门上微小斜孔

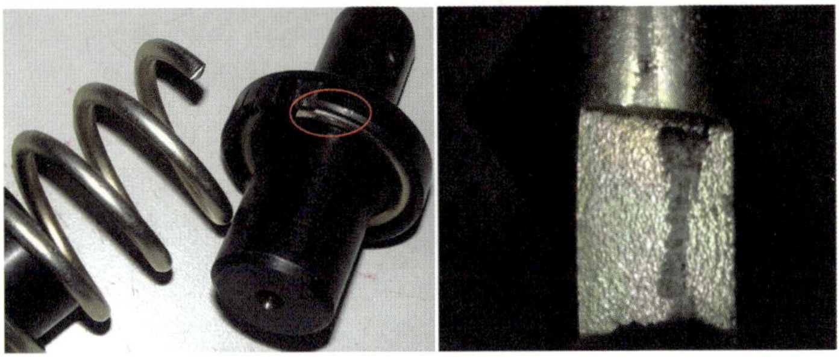

图5-64 弹簧上凹槽结构

②对于无法避免的应力集中结构，应尽可能地通过圆角、斜面等形式减小集中应力。例如，对于阀杆、顶杆等台阶结构如图5-65所示，应进行倒圆设计，台阶杆大径D比小径d一般不大于2，当$D/d\leqslant1.2$时，一般台阶根部倒圆半径R比小径d应不小于0.07；当$1.2<D/d\leqslant2$时，R/d一般不小于0.1。在条件允许的情况下优先选用锥面过渡，锥面与轴向夹角一般不大于45度。

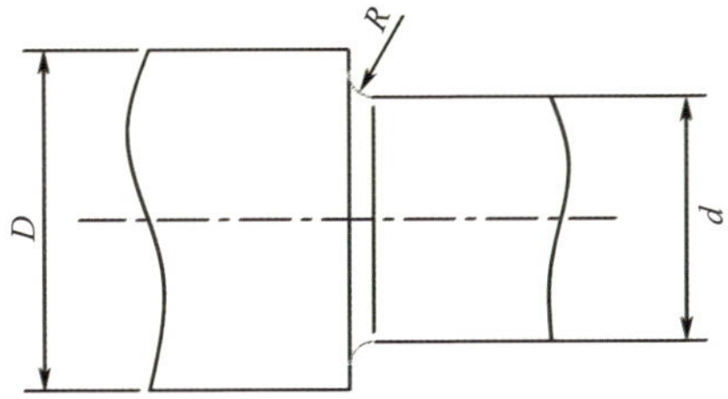

图5-65 台阶轴示意图

5.4.2 表面处理工艺与产品工艺设计

5.4.2.1 产品表面处理工艺的选择

（1）表面处理工艺选择原则

①对于使用氢脆敏感原材料且有高强度、超高强度要求的产品，表面处理应尽可能地采用低氢脆或无氢脆表面处理工艺，如机械镀、粉末渗锌、锌铬涂层等，禁止选用《航天型号产品禁（限）用工艺目录》中的易引起氢脆（锌脆、镉脆）的禁用工艺，具体如表5-4所示。

表5-4 易引起氢脆的禁、限用表面处理工艺

序号	工艺类别	工艺方法	备注
1	禁用工艺	直径大于或等于10mm的高强度钢（强度大于或等于1 050MPa）螺栓、抗拉强度大于或等于1 300MPa或经等温淬火后抗拉强度大于或等于1 500MPa的零件电镀锌工艺	
2		厚度小于0.5mm的钢制薄片零件电镀锌工艺	
3		钢制弹性件电镀锌工艺	
4		工作温度超过250℃钢制件电镀锌工艺	易产生锌脆
5		抗拉强度大于或等于1 300MPa的钢制件（不含弹性件）电镀镉工艺	
6		镀后要求焊接的钢制件镀镉工艺	易产生镉脆
7		工作温度超过230℃的钢制件电镀镉工艺	易产生镉脆
8	限用工艺	直径大于或等于10mm的30CrMnSiA等高强度钢螺栓电镀镉工艺	
9		厚度小于0.5mm的钢制薄片零件电镀镉工艺	
10		钢制弹性件电镀镉工艺	

②对于产品强度或硬度要求不高的产品，尽量避免选用《航天型号产品禁（限）用工艺目录》中的易引起氢脆（锌脆、镉脆）限用工艺。

③部分表面处理工艺存在使用高于材料回火温度的条件，选用时要注意识别，避免影响产品强度。

（2）表面处理工艺的选择建议

表面处理工艺的选择是结合产品功能需求、生产过程及使用工况等条件综合判断的结果。相关表面处理工艺选择建议如表5-5所示，具体表面处理工

艺见后续章节。

表5–5 航天型号产品表面处理工艺选用建议

序号	工艺名称	防腐、耐磨性	建议产品强度	建议产品对象	建议使用环境	备注
1	电镀锌	抗蚀效果好，不耐磨	$\sigma_b<$ 1 050MPa	一般使用条件下的钢制品，弹簧产品禁止使用	常温，250℃以上禁止使用	/
2	电镀镉	耐腐蚀性强，特别是耐海洋性气候腐蚀性强，不耐磨	$\sigma_b<$ 1 050MPa	一般使用条件下的钢制品，弹簧产品限制使用	常温、海洋腐蚀环境，230℃以上禁止使用	/
3	电镀锌镍合金	抗蚀性与镀锌、镀镉相当，效果较好，不耐磨	1 050MPa $\leqslant\sigma_b$ <1 300MPa	一般使用条件下的钢制品	常温，250℃以上禁止使用	工艺成本高于电镀锌，与镀镉相当
4	锌铬（锌铝）涂层+封闭涂层	抗蚀性高，不耐磨	1 050MPa$\leqslant\sigma_b<$ 1 700MPa	用于外露环境使用的高强钢结构件、紧固件，以及封闭环境使用的弹簧件	常温与低温环境均可，重复拆装零件不建议使用，250℃以上禁止使用	工艺成本高于电镀锌，与镀镉相当
5	氮化铬镀层	镀层抗蚀性尚可，耐磨性高	1 300MPa $\leqslant\sigma_b<$ 1 700MPa	用于封闭环境使用的高强钢、超高强钢螺栓类紧固件、弹性件，禁油环境使用并与有色金属及非金属件接触的钢制件	有耐磨性需求，使用环境在大气中500℃以下	工艺成本高于镀锌镀镉
6	复合氮化铬镀层	抗蚀性高，有一定耐磨性，综合性能好	1 300MPa $\leqslant\sigma_b$ <1 700MPa	用于高强钢、超高强钢螺栓类紧固件，以及外露及封闭环境使用的弹性件	有耐磨性需求，在500℃以下大气环境中使用	工艺成本高于镀锌镀镉

续表

序号	工艺名称	防腐、耐磨性	建议产品强度	建议产品对象	建议使用环境	备注
7	铝镀层	抗蚀性高，不耐磨	1 300MPa $\leq\sigma_b$ <1 700MPa	用于高强钢、超高强钢结构件、外露及封闭环境使用的弹性件，禁油环境使用并与有色金属及非金属件接触的钢制件	500℃以下大气环境、海洋腐蚀大气环境使用	工艺成本高于镀锌镀镉
8	涂料涂装	抗蚀性高，不耐磨	$\sigma_b\geq$ 1 700MPa	使用范围较广，对于精密零件及飞行中有动作的产品应结合实际情况选用	可根据不同环境选择涂料种类	相关表面处理工艺会使用到高于材料回火温度的条件，导致材料强度降低

5.4.2.2　产品工艺设计

（1）工艺设计原则

使用高强、超高强钢材料产品在进行工艺设计时，应合理选择工艺方法与工艺参数，尽可能地减少产品施工过程中氢的引入，降低产品氢脆风险，涉及的工艺主要为表面处理与热处理工艺。

①新产品工艺设计过程应禁止选用《航天型号产品禁（限）用工艺目录》中的禁用工艺，并尽可能避免选用其中涉及的限用工艺。

②在进行表面处理工艺设计时，除了关注电镀等表面处理工艺本身之外，还应该关注表面处理相关的前、后处理过程，如酸洗、除油、清洗等，这些过程同样会在产品中引入氢，需采取相应的防氢脆措施。

③热处理工艺设计过程中，在保证产品设计指标的基础上，一方面应严格控制热处理环境，避免保护气氛或淬火介质导致氢引入；另一方面应选择合理的热处理制度，改善产品氢脆敏感组织，并避免产生热处理回火脆，降低产品氢脆敏感性。

④其他种类工艺设计过程中应控制产品加工环境，避免环境引入氢。如

机械加工过程冷却液不能使用自来水配置，避免水中S、Cl等离子引发电化学腐蚀，导致材料氢的引入。

（2）表面处理工艺设计要求

①应采用适当的除油工艺，对于厚度小于1mm和抗拉强度大于1 300MPa（相当于HRC45）的钢制件和钢制弹性零件，不允许采用电化学阴极除油和阴阳极交替除油的方法，可采用化学除油、阳极电解除油、超声波除油等方法替代。

②应采用合理的酸洗工艺，对于弹性件或抗拉强度大于1 050MPa（相当于HRC32.5）的钢制件，镀前不允许强酸洗去除氧化皮，可采用喷砂、喷丸、液体喷砂或光饰等机械手段。

③应采用合适的镀前去应力措施，对于抗拉强度大于或等于1 050MPa的钢件，镀覆前应进行消除应力热处理。尤其是针对采用锻造、铸造等热加工工艺的产品，如需要进行表面镀覆，应根据产品实际强度，进行去应力热处理。

④应采取合理的除氢措施，对电镀后的零件进行一定条件的热处理，称为除氢处理。除氢应在电镀后4小时内进行，零件在除氢箱里悬挂或平铺放置，不允许堆放，对于镀锌、镀镉产品具体除氢规定如表5–6所示，实际除氢时间允许大于规定时间，需镀后除氢的零件一般只允许重镀一次。

表5–6　镀锌、镀镉钢制件除氢规定

材料强度	除氢热处理温度	除氢热处理时间
1 050 ~ 1 450MPa（含1 450MPa）	190 ~ 210℃	8h
1 450 ~ 1 800 MPa	190 ~ 210℃	18h
>1 800 MPa	190 ~ 210℃	24h

注：消除氢脆热处理应在电镀后及钝化前进行。经表面淬火后再电镀的零件应在190 ~ 210℃下保温不少于2 h，以消除氢脆。凡不符合本规定而又可以退镀重镀的零件，在退镀后必须按以上规定进行除氢热处理，才能重新电镀。退镀重镀的允许次数按有关工艺文件执行。凡氢脆不合格的零件，不允许退镀重镀

（3）热处理工艺设计要求

①应合理设置保护气氛，对于高温合金材料，不得在还原气氛进行热处理，如CO、氢气气氛等，否则容易产生脆性相。可以在真空条件或干燥空气环境进行热处理。

②应合理选用淬火介质，对于钛合金材料，不能采用氮气进行冷却，否则易产生脆性相，影响材料性能。建议用氩气冷却。对于有Ⅱ类回火脆性倾向的材料如65Mn等，回火时应采用快冷的方式。对于采用水冷进行热处理的产品，热处理后应尽快取出干燥，避免长时间在水中停留。

③热处理工艺设计中应尽量避免产生热处理回火脆，可通过采用等温淬火或避开回火脆性区间的方式对产品进行热处理。

④在设计热处理制度时，应尽可能使材料处理后的强度值远离设计上限，降低氢脆敏感性。

⑤应尽可能地采用合理热处理工艺，改善材料的显微组织，降低材料对氢脆的敏感性。例如，采用等温淬火工艺替代淬火＋低温回火以得到氢脆敏感性小于回火马氏体的下贝氏体组织，该组织具备较好的综合力学性能，冲击性能较高。30CrMnSiNi2A、65Mn、30CrMnSiA、40SiMnCrNiMoV等能够发生贝氏体转变的材料均可采用该热处理工艺。

5.4.2.3 避免氢脆的涂覆技术

（1）电镀锌镍合金技术

电镀锌镍合金技术属于低氢脆电镀合金技术，其具有优良的耐腐蚀性及镀后零件较低的氢脆倾向。电镀过程中应注意：一方面，镍在零件表面沉积时被阴极生成的原子态氢所还原，这一过程需要大量的氢原子，使得进入钢基体中的氢原子显著减少；另一方面，镀层合金金属的生长结构便于氢原子向外溢出，经过除氢热处理后具有较低的氢脆性。示例见图5-66。

图5-66　电镀锌镍合金样

20世纪70年代开始，日本和其他一些国家为了提高钢板的耐蚀性，系统研究了钢基体电镀Zn–Ni合金的工艺。镀液多用硫酸盐或氯化物，同时加入适量的缓冲剂以维持稳定的pH值，工艺操作简单，目前国外已经有了成熟的锌镍镀液在市面上销售。我国同时使用碱性和酸性两种类型的Zn–Ni合金电镀液。酸性体系现在向弱酸性发展，以前主要是氯化铵型，现在主要是氯化钾型。其优点是：电流效率高（通常在都在95%以上），沉积速度快，氢脆性小，污水处理简单，容易得到镍含量高的镀层（通常在13%以上），耐蚀性比镀锌层高5倍以上。其缺点是：镀液的分散能力差，对设备腐蚀性大。碱性体系是最近几年才发展起来的。其优点是：镀液的分散能力好，在较宽的电流密度范围内镀层合金成分比例较均匀，镀层厚度也较均匀，对设备和工件的腐蚀较小，工艺操作容易，工艺稳定，成本较低，镀层含镍多在7%~9%，镀层容易钝化处理。其缺点是：阴极电流效率较低（60%~80%），不适合电镀铸铁和硬质钢，废水处理也较困难。近年来，碱性体系还在一些直接将卤化物镀锌溶液转化为锌镍合金镀液的工业化领域使用。但是，针对航天产品种类多、批量小、氢脆性控制严格的特点，相关的工程化使用研究尚未开始。

（2）电镀镉钛合金及松孔镀镉技术

电镀镉钛合金及松孔镀镉技术主要应用于航空产品中的高强钢、弹性钢表面电镀，以代替氢脆倾向高的电镀镉技术。电镀镉钛合金及松孔镀镉技术于20世纪80年代就成为波音、麦道等国际航空公司的定型工艺，后来空客等航空企业也采用这些技术。国内航空企业也把电镀镉钛合金技术作为飞机的低氢脆电镀技术。镉钛合金镀层具备低氢脆性是由镀层成分和结构综合决定的，在镀层生成时，金属钛被还原需要消耗大量的氢原子，降低了氢原子的初始浓度。而金属钛生成后对氢原子还具有吸收作用，这样增加了镀层的含氢量，进一步阻止了氢原子向基体扩散。同时，镉钛合金镀层具有柱状晶结构，具有一定的孔隙率（见图5–67），进行除氢热处理时氢原子易于向外扩散，使除氢后基体内含氢量进一步下降。两种因素综合作用使得最终基体中的含氢量非常低。松孔镀镉的镀层具有较大的孔隙率，使其除氢热处理时氢原子易于向外扩散，以此来获得低氢脆性能，但其耐蚀性需要在镀层上涂覆涂层来加强。

由于氰化物镀镉钛溶液体系的不稳定性，镉钛合金镀层的应用并不广泛。波音、空客等航空公司规定松孔镀镉技术与电镀镉钛电镀技术可直接替代，但实际生产中以松孔镀镉为主，鲜有镀镉钛合金。航空系统研究了乙酸–

氯化铵体系电镀镉钛合金技术，评价了这种体系的溶液稳定性以及在高强钢材料的适用性，并进行了推广。

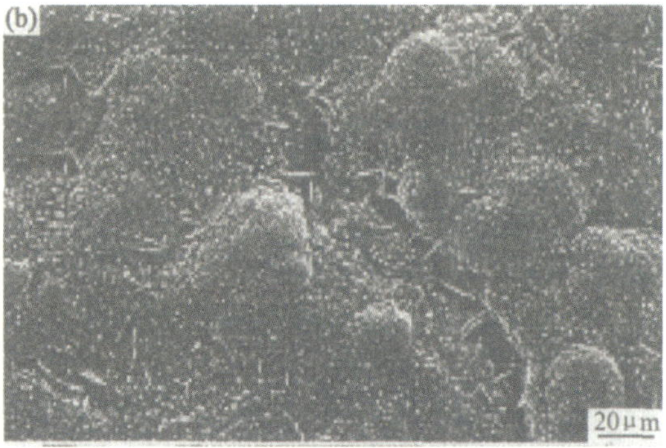

图5–67　电镀镉钛合金镀层微观形貌图

（3）达克罗涂层技术

达克罗涂层技术于20世纪60年代在美国产生，国际上于20世纪80年代开始将其广泛用于汽车、机械、交通、建筑、国防等多种工业领域，我国于80—90年代随汽车工业引进，现已在汽车、电力、交通、建筑等行业广泛使用。国际上关于达克罗涂层技术标准的有美国军用标准、德国标准、欧洲标准和国际ISO标准，我国颁布了国家标准《锌铬涂层技术条件》（GB/T 18684—2002），航天标准《锌铬、锌铝涂层技术要求》（QJ 20171）。现国内已形成完整、成熟的达克罗涂层技术体系，有许多单位专门从事技术研究和推广、应用工作，掌握了制粉、设备设计制造、涂覆工艺、涂层性能检测等相关技术，为达克罗涂层技术在国内各行业的推广应用奠定了基础。示例见图5–68。

图5–68　达克罗封闭样件

达克罗涂层分为锌铬涂层和锌铝涂层两种。

锌铬涂层（也称有铬达克罗）是将由片状锌铝粉、铬酐、乙二醇等组成的水基锌铬涂料浸涂、刷涂或喷涂于钢铁零件或构件表面，经烘烤固化形成的以鳞片积层状锌铝片及包覆锌片的铬酸盐化合物为主要成分的无机防腐蚀涂层。锌铝涂层（也称无铬达克罗）将涂料成分中的铬酐用其他物质替代，以达到无铬化目的。达克罗涂层由数十层积层锌片组成，相当于数十层锌镀层钝化膜。达克罗涂层通过锌粒子的牺牲保护作用、积层锌片的屏蔽作用和钝化膜的耐腐蚀作用等产生复合效应，具有极强的抗腐蚀性。但锌铝涂层的耐蚀性要低于锌铬涂层。

达克罗涂层涂覆中没有电化学过程，前处理也不采用电化学除油和酸洗，因此没有渗氢现象的产生。达克罗涂层涂覆过程不会增加基体的氢含量。

达克罗涂层还具有高附着性、高减磨性、高耐气候性及高耐化学品稳定性等优点，其综合防护性能高于电镀锌、镉层。所以说达克罗涂层技术是优良的钢铁材料防护技术，可以在一定范围内替代锌、镉镀层。

但是，由于达克罗涂层为固化烧结涂层，与镀锌镀镉层的磨损形态不同，工作过程中若受一定程度摩擦，表面涂层则可能形成粉状脱落（掉渣），有产生多余物的风险，限制了达克罗涂层在特定环境中的使用（封闭环境的摩擦及往复动作等）。

为提高达克罗涂层的表面性能，可以采用封闭技术，这是对涂层进行强化处理的主要方式。达克罗涂层涂后封闭技术是在达克罗涂层表面再涂覆一层有机或无机涂层，实现达克罗涂层表面改性。通过不同种类封闭剂的涂覆，可实现达克罗涂层耐蚀性、附着力、耐冲击性和耐磨性的成倍提升。目前，国内外对达克罗封闭剂的研究，按照成型模式可分为自干型和烘烤型，按照封闭剂主溶剂类型可分为有机涂层和无机涂层，按照加工工艺类型可分为电泳型和喷塑型。

（4）PVD制备CrN膜及CrN基多层膜技术

物理气相沉积（PVD）是一种清洁的涂镀层工艺，在众多替代电镀技术中，因其对环境的影响最小而被视为最具竞争力的技术之一。应用先进的PVD涂层技术可以制备具有不同成分结构的复合涂层，而这些涂层用电镀以及其他方法是难以实现的。在PVD涂层领域中同样存在着许多不同的技术，基于磁控溅射技术和多弧离子镀技术获得的PVD涂层最适合替代电镀镀层。国内外常见替代电镀镀层的PVD涂层有氮化物硬质层（TiN、TiMeN、CrN、CrMeN等），防腐蚀单层（Al、Cu、Ag、Au等）及金属化合物层（Ti3Al、Al_2O_3等）。其中，TiN镀层在航天产品的结构件防护已有应用，但因TiN镀层比较薄，对较粗糙的机加表面防护不良，镀TiN镀层的零件经常发生锈蚀问题。

CrN涂层被广泛用作抗磨损、耐腐蚀的保护涂层。相对于电镀层，CrN涂层的摩擦系数相当，但其内应力特别低，这使得该涂层可以制备得比较厚，例如，汽车制造领域常以厚度超过40μm的CrN涂层作为保护涂层。由于属于铬家族，CrN涂层具有较好的耐蚀性，是最优先考虑的电镀层替代产品。8~12μm的CrN涂层已具有不亚于镀锌层的抗蚀性。示例见图5-69。

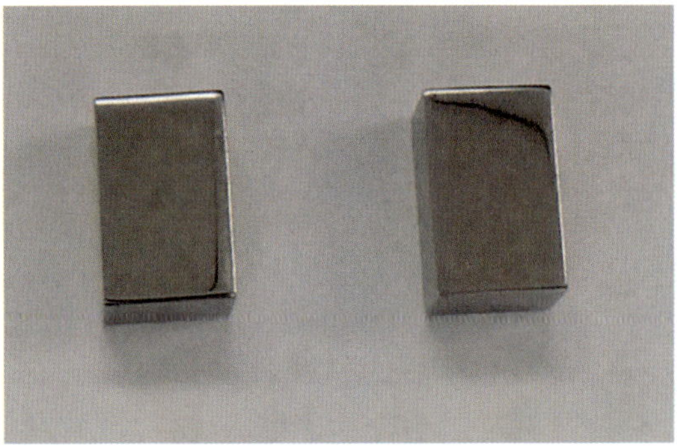

图5-69　PVD镀CrN样件

CrN基多层膜技术用磁控溅射技术，将Cr、Zr等单金属镀层与CrN等氮化物镀层交替沉积，可以进一步提高镀层抗蚀性，或者说在同样的镀层厚度上获得更高的防护性能，是替代在恶劣环境下使用的防护镀层（如镀镉）的良好途径。

（5）离子镀铝技术

离子镀铝是美国麦道公司在20世纪70年代研制出的一种新工艺，可作为锌、镉镀层的替代技术用于结构钢、钛合金的结构件、紧固件的防护。经过几十年的发展，该工艺使用的设备已得到很大改进，生产效率明显提高，工艺成本有所降低。离子镀铝由于其价格较低、耐腐蚀性良好而被用作防护性镀层。示例见图5-70。

与其他技术相比，离子镀铝具有以下优点：

①离子镀铝为物理气相沉积，无氢脆隐患，和基体结合力好，镀层厚度均匀可控。

②耐蚀性好，涂层厚度达13μm时，可通过中性盐雾试验504h考验（满足《锌镀层技术条件》和《镉镀层技术条件》中对镀锌、镀镉层耐96小时中性盐雾试验的要求），无电偶腐蚀。

图5-70 离子镀铝样件

③耐高温，使用温度可达496℃，远远高于镀锌层的250℃和镀镉层230℃，同时还可用作防高温粘结层。

④离子镀铝为低温工艺，对基体材料无不利影响。

⑤镀层无毒，且全过程无排放，无污染。

离子镀铝目前在国外已有较多使用，美军标在MIL-STD-1568A中明确规定离子镀铝工艺可作为钢铁零件的镀镉替代工艺，且在AMS2427规定了离子镀铝层的性能指标要求。美国F/A-18和AV-8B等飞机起落架、波音767和DC-10发动机吊架等，都采用离子镀铝防护。国内很多高校和企业也开展了离子镀铝工艺研究，并将该工艺作为高强度钢和钛合金的防护工艺编入《金属镀覆层和化学覆盖层选择原则与厚度系列》（GJB 594A）中。在航空和核工业中，离子镀铝层在高强钢300M、TC4、铀等材料防护中得到广泛应用，航天领域离子镀铝工艺应用较少。

离子镀铝可采用蒸发镀、磁控溅射、多弧离子镀等方法，以防护为目的的离子镀铝一般要求镀层厚度≥10μm，多采用磁控溅射、多弧离子镀技术。

5.4.2.4 常用表面改性工艺

（1）表面渗碳

表面渗碳适用于产品表面有硬度、耐磨性和接触疲劳强度要求，心部又有高韧性要求的使用环境，如齿轮、轴承等。渗碳温度约为920~1 050℃，渗层可达0.2~4mm，表层硬度约为700~900HV，渗碳层浓度梯度平缓，抵抗表层脆性剥落能力强，一般适用于低碳钢或低碳合金钢。渗碳可以显著地提高表面渗层硬度，从而提高处理工件的耐磨性（特别是抗磨粒磨损）及表层的承载能力。同时渗碳可以形成较大的表面残余压应力而显著提高渗碳工件的疲劳性能。但是钢经渗碳后冲击韧度和断裂韧度均会降低，而且表面质量分数越高，渗层越厚，韧性降低越明显。

渗碳用钢一般为碳含量在0.10%~0.25%范围内的碳素钢和合金渗碳钢。常用的碳素渗碳钢有08、10、15、20、25碳钢，其中尤以10、20钢应用最广。

（2）表面渗氮

表面渗氮可大幅提高钢的表面硬度、耐磨性、抗咬合性能和疲劳强度，渗氮温度一般在400~590℃，渗层深度一般不大于1mm，表层硬度约为1 000~1 200HV，适合变形要求较小的零件，渗氮前需对零件进行调制处理。由于渗氮温度相对较低，零件心部无组织转变，且渗氮后无须淬火，所以渗氮零件变形较小。但是渗氮生产周期长，渗氮处理一般要求钢含一定量的Cr、Mo、Al等合金元素，成本相对较高。

渗氮钢的碳质量分数一般在0.1%以上，以0.15%~0.45%为宜。渗氮用钢一般含有Al、Ti、Cr、Mo、V等渗氮物形成元素，如38CrMoAl、40Cr、35CrMo、Cr12、Cr12MoV等。

（3）离子注入

离子注入是新兴的表面改性方式，注入元素种类较多，对基体材料要求不严，注入层在200μm左右，变形小，适合表面精度较高的产品，可提高材料的表面硬度和耐磨性，不改变零件的基础尺寸。

金属和合金可被非金属元素（如氮、碳、硅，硼、氧、氩等）或金属元素（如钛、铝、铬、铜、金、银、钼、锆、钇）注入。离子注入是一个非平衡的过程，注入元素选择不受冶金学的限制，注入的浓度也不受平衡相图的约束。注入元素的数量可精确测量和控制。离子注入使金属表面的晶格畸变，形成密结的位错网格，使金属表面强化，与此同时注入原子与位错相互作用，使位错被“钉扎”，位错运动受到阻碍。

离子注入的优点是可将任何选定成分的金属或非金属的气体离子或固体离子注入任何材料，但其也有局限性，主要受加工表面对离子束的溅射效应影响。

（4）QPQ技术

“QPQ”是英文“Quench-Polish-Quench”的缩写，是“淬火—抛光—淬

火”的意思，从专业技术上来讲，这种说法不准确，但是长期以来在国际上已经形成了这种惯例。QPQ技术在我国也叫作QPQ盐浴复合处理技术，即低温盐浴氮化和低温盐浴氧化，或者低温盐浴氮碳共渗加盐浴氧化。盐浴氮化由盐浴氰化和盐浴软氮化（液体氮碳共渗）发展而来。

QPQ基本原理如下：

①预热。工件在空气炉中进行350~400℃的预热处理时，工件的表面会发生氧化反应，生成铁的氧化物。氧化物的生成不仅不会阻碍氮的渗入，反而会促进氮原子的渗入。

②氮化。氮化是QPQ技术中的重要步骤。盐浴渗氮中的氮化是在盐浴条件下进行的，在工作温度下，氮化盐中的氰酸根会发生分解产生活性氮原子，活性氮原子渗入工件表面形成化合物层和扩散层，在盐浴渗氮的过程中，氰酸根分解产生的CO会分解出碳原子渗入工件表面，但渗碳量较小，以渗氮为主。在大量工件盐浴渗氮的条件下，氰酸根含量会降低，可加入再生盐提高氰酸根含量。

③氧化。氧化工序可以分解工件从氮化盐中带出的氰根及氰酸根，消除公害，并在工件表面形成一层致密的Fe_3O_4氧化膜。

④抛光、再氧化。抛光和再氧化工序的目的在于去除氮化层外面的疏松层，进一步补充工件表面的氧含量，提高工件的耐磨性及耐蚀性，美化工件外观。

QPQ处理技术应用广泛，使零件获得高耐磨性、高耐腐蚀性、高抗疲劳性以及畸变量小的特性。因其采用的渗氮或氮碳共渗方法为盐浴，相较于其他方法速度快、周期短，生产效率高，设备简单，操作方便，均匀性好。不过利用盐浴渗氮或氮碳共渗，氰化物是必不可少的，因此具有较大局限性。

常用的材料有42CrMo钢、45钢、40Cr、Q235钢、65Mn合金、SAF3207特级双相不锈钢、W6Mo5Cr4V2高速钢、Ti6Al4V、GCr15、H13、4Cr5MoVSi、3Cr2W8V、50钢、20CrMnMo、N80钢、316L不锈钢、F690钢、35CrMo、4145等。

5.4.3 产品生产制造的控制

对于氢脆隐患产品，应严格进行过程管理，并从人、机、料、环、测等角度对产品进行量化控制，以保证产品质量的稳定，现针对热处理过程及表面处理过程提出具体要求如下。

5.4.3.1 表面处理过程控制要求

（1）人员控制要求

针对从事表面处理的工艺、检验、操作等人员，应加强氢脆相关基础知识培训，增强各级人员对电镀、酸洗、除油、清洗等与氢脆关系的了解。

（2）设备控制要求

电镀用直流电源一般采用整流器或直流发电机，高强钢电镀电源纹波系数不大于10%，电镀用电流和电压表精度不低于1.5级。

除氢烘箱应在电镀生产工位附近，并具有温度自动控制、指示和记录装置，工作区温度均匀性应符合《热处理炉温控制与测量》（QJ 1428）对第Ⅳ类加热设备的要求。每台除氢烘箱至少安装两套控制系统，一套用于自动记录和指示，另一套用于报警和自动切断电源。

（3）原材料控制要求

电镀主槽使用的化学药品应该满足化学纯级以上的要求，其他镀槽化学药品应满足工业纯级以上的要求。金属镀覆用水应使用有一定纯度的纯净水，符合《金属镀覆和化学覆盖工艺用水水质规范》（HB 5472）要求。

（4）环境控制要求

生产现场温度应满足5~35℃，涂装现场湿度应不大于70%。

（5）工艺量化控制要求

表面处理过程应进行工艺量化控制，其中涉及氢脆的工艺过程及需要进行量化控制的要素如表5-7所示，生产单位应根据产品实际情况具体量化执行。

表5-7 表面处理涉及氢脆工艺参数量化控制要素

技术方向	工序	工艺参数量化控制要素
电镀	前处理	化学或电化学除油方式、弱腐蚀溶液成分、弱腐蚀时间
	电镀	电流密度或电流强度阴阳极面积比、允许重复电镀次数
	除氢	电镀出槽至除氢时间间隔、除氢温度、除氢时间、除氢零件摆放要求
化学处理	前处理	溶液成分、处理时间
	化学处理	允许化学处理重复次数
	除氢	处理出槽至除氢时间间隔、除氢温度、除氢时间、除氢零件摆放要求

5.4.3.2 热处理过程控制要求

（1）人员控制要求

针对从事热处理的工艺、检验、操作等人员，应加强氢脆相关基础知识培训，增强各级人员对材料组织、材料强度、热处理环境等与氢脆关系的了解。

（2）设备控制要求

热处理炉、硬度计、计量器具等应定期进行周检。

炉温均匀性、热电偶、补偿导线的精度和检验周期应满足《热处理炉温控制与测量》（QJ 1428）标准要求，真空度应满足材料热处理相关标准要求。

（3）原材料控制要求

产品原材料的规格牌号、技术状态等应符合图纸要求。

淬火介质一般采用空气、氩气、氮气等气体，水，5%～12%浓度盐水，L-AN15、L-AN32全损耗系统用油，以及真空淬火油、快速淬火油、光亮淬火油和快速光亮淬火油等。

热处理用油、水、盐水、碱浴和硝盐浴的槽液技术要求、检验及质量控制应符合《热处理常用槽液技术条件》（QJ 3131）的规定。

绑扎用（铁）钢丝的选用一般按材料相近的原则，真空炉一般采用不锈钢丝进行零件绑扎，绑扎用铁丝不得有镀层。

（4）环境控制要求

产生危害物质的区域如盐浴炉、碱槽、油槽等处应设置足够能力的抽风装置。各作业场所应具备良好的通风排尘条件，厂房内温度应不低于10℃。夏季厂房内外空气温差及其他环境条件应符合《金属热处理生产过程安全、卫生要求》（GB 15735）的规定。

（5）工艺量化控制要求

热过程应进行工艺量化控制，其中涉及氢脆的工艺过程及需要进行量化控制的要素如表5-8所示，生产单位应根据产品实际情况具体量化执行。

表5-8 热处理专业涉及氢脆工艺参数量化控制要素

技术方向	工序	工艺参数量化控制要素
淬火、固溶、回火、时效	淬火、固溶	淬火或固溶保温温度、时间，冷却转移时间、方式（介质），冷却介质温度，搅拌要求，冷却时间，工作真空度（真空处理）
	回火、时效	淬火或固溶与回火或时效的时间间隔，冷却方式（介质）、速率、时间，工作真空度（真空处理）

续表

技术方向	工序	工艺参数量化控制要素
可控气氛热处理	可控气氛热处理	热处理气氛，气氛预置/延滞气流时间，气氛浓度，保温温度、时间，冷却介质成分、温度、时间
渗碳、渗氮处理	渗碳	渗剂滴量，渗碳温度、时间，冷却方式、速率、时间
	渗氮	氨分解率，渗氮温度、时间，退氮处理温度、时间，冷却方式，出炉温度

5.4.4 产品检验、验收与使用控制

5.4.4.1 产品工艺验证要求

对于新研产品或采用了新工艺的产品，应结合产品研制生产过程，分析产品氢脆隐患风险，并根据风险情况开展相关的工艺验证，具体内容包括：

①通过对比原材料与成品的氢含量，验证产品制造过程对氢引入控制能力。

②通过对产品进行剖切检查，验证制造过程对微裂纹的控制能力。

③结合产品实际结构，开展相关氢脆敏感性试验，验证产品的抗氢脆能力。

5.4.4.2 产品检验要求

对于氢脆隐患产品，应重点关注产品表面微裂纹的检查，具体要求如下：

①一般毛料或半成品零件可采用目视检查的方式进行裂纹检查，必要时采用放大镜进行检查。

②对于容易淬火开裂的材料或对表面状态要求不高的产品，热处理后可采用浸煤油吹砂的方式进行裂纹检查。

③对于尺寸精度较高的零件，可采用磁力探伤或荧光检查的方式检查表面是否有微裂纹。

5.4.4.3 产品验收要求

对于氢脆隐患产品，应重点对易引起氢脆的生产过程进行验收，具体

如下：

①对成品进行验收时，应注意外表面不允许有任何明显的机械损伤（包括划痕、压伤、凹陷等）和锈蚀；产品外表面防护漆应完整、均匀、洁净，无磕碰损伤。

②对过程进行验收时应注意：检查原材料供货合格证明，包括原材料采购的技术条件、成分杂质情况、原材料氢含量等；检查表面处理过程控制情况，包括酸洗、除油方式，除氢过程执行情况等；检查热处理过程控制情况，包括热处理气氛、淬火介质等。

③对性能指标进行验收时应注意了解：产品原材料成分满足情况；产品力学性能满足情况及一致性情况；产品表面质量的满足情况。

5.4.4.4 产品使用过程控制

氢脆隐患产品在使用过程中，应重点控制产品使用环境，避免环境不良导致的氢脆，具体要求如下：

①在试验及使用环节要避免氢脆隐患产品与水长时间接触，防止发生电化学腐蚀，引起氢脆。

②在湿热试验及类似使用环境中应控制氢脆隐患产品表面冷凝水的产生，防止形成析氢环境，引起氢脆。

③在液压试验等直接与水或酸性压力介质接触环境中，应尽量避免氢脆隐患产品与这些压力介质直接接触，尤其是应采取合理密封方式，避免螺栓螺纹等应力集中部位与介质的接触；若无法避免接触环境，也应尽量减少接触时间，并及时烘干产品表面残留水或酸性介质。

④对于重复拆装使用的零件，如起吊板螺栓、端轴颈等，应根据使用工况规定定期裂纹检查要求，必要时应规定使用次数。

与传统的归零对象面向具体的故障不同，针对氢脆问题，我们首先研究了其失效模式的特征及危害性，对历史上出现的氢脆故障进行了统计和案例分析，明确了分步整改的目标与措施。首先，设计上采取措施，规避氢脆敏感材料的使用；其次，工艺上采取措施，制造过程中减少产品中氢的引入；再次，为了保证设计和工艺的改进，完善生产和试验条件；最后，在管理上形成了控制氢脆等断裂失效模式的标准，并将氢脆问题的治理工作分别纳入型号和单位的具体工作计划，不断固化成果，不断推广应用。

6 失效模式控制——软件中断和接口故障

随着计算机技术在航天领域的广泛应用，航天型号软件系统规模和复杂度迅速增长，软件系统或子系统间的信息通信量也大规模地增加，并对软件系统运行的协调性和稳定性产生了较大影响。同时随着系统安全性、可靠性要求的增加，冗余、复杂信息处理要求也日益复杂。

对2008年至2021年发现的187个软件归零问题的原因进行统计分析发现，设计方面的原因占比最大，软件设计问题可归结为几大类：接口、中断使用、并发处理、数据和计算、控制流、复位、时序时限、内存使用、人机界面。近年来，随着软件工程化要求的持续加强、工程化水平的不断提高、软件设计人员的经验技能提高和软件测试检查工具的不断完善，诸如初始化错误、运算比较、死循环、编码规则类的问题在开发阶段即可发现、修正，因此，数据和计算、控制流、内存使用等问题呈下降趋势。

由于航天任务的日趋复杂化，新技术、新方法、新器件的大量应用使得航天产品接口部件众多，任务的时序性和紧凑性愈来愈强，人机操作的内容不断增加，相应的软件产品的接口、任务处理随之强化，接口问题和中断问题的发生数量增加。在航天型号软件系统设计中，中断设计和接口设计实现成为影响软件系统质量的重要一环。

接口问题主要表现为配置项间的消息接口数据处理方法存在缺陷和接口协议可靠性设计不完善。中断使用问题主要表现为中断开关时机、中断寄存器使用、中断内外共用资源的保护等问题。由于中断信号的到达是随机的，它的到达会打断程序的正常运行，在某些特殊条件下，程序被打断会产生异常的错误后果，这种中断设计中存在潜在缺陷。此外，多中断源系统还必须考虑两个以上独立中断源“同时”到来产生的无序“竞争”。因此中断设计缺陷发生一般都可能带来严重的后果，且不容易被发现。

6.1 中断机理分析

6.1.1 中断控制器

中断是将正在运行的进程暂停，该暂停是由进程之外的事件引起的。中断处理完成后，被暂停的进程又恢复运行。中断能强化计算机的实时响应能力，因此计算机应用系统大多采用中断方式，中断服务程序在其中承担了通信、同步等重要角色（见图6–1）。

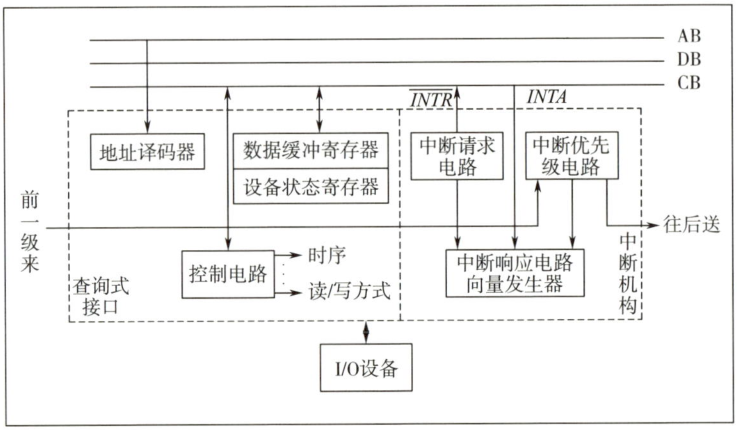

图6-1　中断方式接口

中断是一种使中央处理器（CPU）中止正在执行的程序而转去处理特殊事件的操作。引起中断的事件称为中断源，它们可能是来自外设的输入输出请求，也可能是计算机的一些异常事故或其他NB原因。由外设控制器或协处理器引起的中断一般称为外中断，由程序中安排的中断指令INT产生的中断或由CPU的某些错误结果产生的中断称为内中断。外部设备的中断通过Intel 中断控制器可编程中断控制器连接到主机上。CPU通过一组I/O端口控制中断控制器，而中断控制器则通过INTR管脚给CPU传送中断信号（见图6-2）。

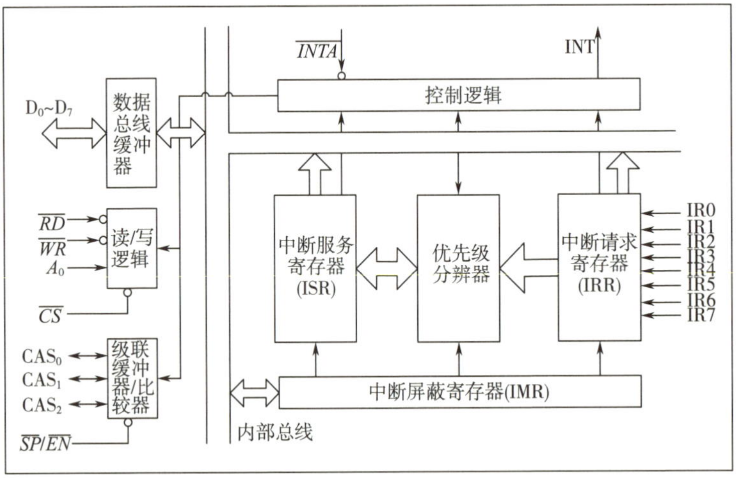

图6-2　中断控制器的NB结构

中断控制器的引脚一般有：

①INT。INT是连接到CPU的INTR引脚的输出信号。

②$\overline{INTA}$。$\overline{INTA}$是8259的输入信号，来自CPU的INTA引脚。

③IR0 ~ IR7。输入引脚IR0 ~ IR7（中断请求）用作硬件中断。当IR0 ~ IR7中的任何一个接收到一个HIGH信号时，CPU将跳转到向量表中的某个位置。每个IR在中断向量表中都有一个物理逻辑单元。

在中断控制器中，激活中断输入IRQ的方式有两种，这取决于中断控制器的编程方式。一种是电平触发（level-triggered）模式，另一种是边缘触发（edge-triggered）模式。

①电平触发模式。在电平触发模式中，中断控制器将IRQ输入的高电平视为中断请求。IRQ线路上的请求必须保持在高电平上，直至第一个INTA是来自中断控制器的确认为止。然后，必须立即清除IRQ输入的高电平。

②边缘触发模式。在边缘触发模式中，只有当一个由低电平到高电平的翻转作用于IRQ输入时，中断控制器才将该IRQ输入视为中断请求。这说明，在IRQ输入信号由低到高的转变后，8259A将通过激活$\overline{INTA}$确认中断请求，而且即使在发出EOI命令后，高电平输入也不会产生进一步的中断，即使不快速清除高电平也不会产生多个中断。（无论是在边缘触发还是电平触发，为了确认中断请求，在第一个$\overline{INTA}$脉冲下降边缘之前，IRQ必须保持在高电平。）

中断控制器的IRR（中断请求寄存器）起作用时，在电平触发模式中，IRR锁存随时准备将IRQ上的高电平作为中断请求加以确认。但在边缘触发模式中，在中断请求被确认之后IRR锁存被禁用，而且在IRQ输入回到低电平之前不会锁存另一个中断。

6.1.2 中断使用故障模式

中断的使用是软件很关键的一个环境，中断如果使用不恰当很容易发生软件异常，从而导致软件故障或软件跑飞。首先说明一下中断发生的过程（见图6-3），当中断发生时，由硬件自动完成下列动作：

①取中断类型号N。

②标志寄存器（PSW）内容入栈。

③当前代码段寄存器（CS）内容入栈。

④当前指令计数器（IP）内容入栈。

⑤禁止外部中断和单步中断（IF=0，TF=0）（在中断发生时，CPU会自动清除IF位和TF位，中断转入处理程序后，不允许再产生新的中断，如果在执行中断处理程序过程中还允许外部的中断，则可通过STI指令再把IF置为1）。

⑥从中断向量表中取中断向量，偏移地址送IP，段地址送CS。

⑦转入中断处理程序。

⑧中断处理结束后，将IP、CS和PSW的内容出栈。

⑨返回到中断发生时紧接着的下一条指令。

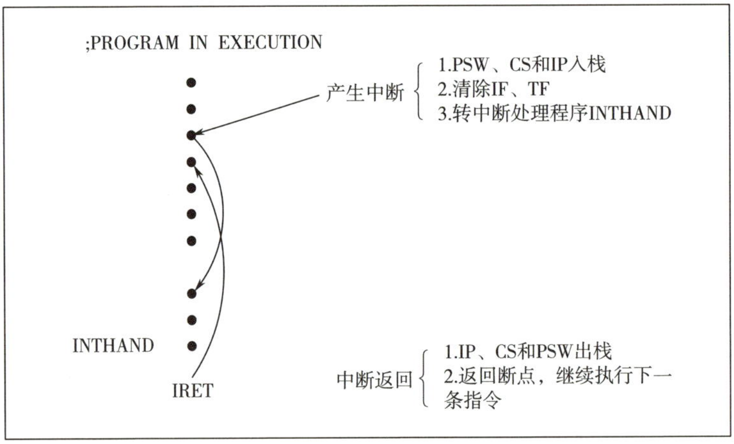

图6–3　中断过程示意图

6.1.3　内中断的异常分析

异常中断也属于中断的一种，属于内中断的范围，它是与特定指令的执行相联系的不正常的或非法的条件。当CPU识别异常后会通知系统，并产生异常处理。系统出现异常往往会使软件故障或跑飞。异常及产生异常的指令对照见表6–1。

表6–1　异常及产生异常的指令对照表

矢量号	异常名	产生异常的指令	异常发生的情况
1	除法出错	DIV，IDIV	除法计算时，除数为0，或商超出了结果操作数的表示范围

续表

矢量号	异常名	产生异常的指令	异常发生的情况
2	排错	任何指令	调试中设置断点
3	单字节INT3	INT3	
4	溢出	INTO	EFLAGS寄存器中的OF位为1
5	边界检查	BOUND	BOUND指令发现被测试的值超出了规定范围
6	非法操作码	非法指令编码或操作数	操作码字段的内容不是一个合法的CPU指令的代码； 要求使用存储器操作数指令时，却规定的是寄存器的操作数； 不能被加锁的指令使用LOCK前缀
7	设备不可用	浮点指令或WAIT	执行浮点指令时，控制寄存器的CR0中的EM位或TS位为1； 在执行WAIT指令时，控制寄存器CR0中的TS位及MP位都为1
8	双重故障	任何指令	当检测到段或页异常时，已有另外一个异常正通知系统，则产生一个双重故障； 如果正通知一个双重故障的过程中又检测到一个段或页异常，则处理机暂停执行指令，进入关机方式，该关机方式类似处理机执行一条HLT指令后的状态：处理机空转并维持到处理机接收到一个NMI中断或处理机被重新启动为止
9	协处理器段越界	访问存储器的浮点指令	浮点指令操作数超过段界线时产生，引起协处理器段越界的指令不能重新启动，须先用FINIT指令使协处理器重新初始化，然后才能从处理程序返回
10	无效TSS	JMP、CALL、IRET、中断	
11	段不存在	装入段寄存器的任何指令	处理器访问除SS以外的其他有效的段描述符时，发现P=0产生
12	栈段异常	装入SS寄存器的任何指令 对以SS寄存器寻址的段中进行存储访问的任何指令	由SS寄存器寻址的段中的界限超出范围，引起栈段故障； 要装到SS寄存器的描述符，其存在位为0，引起栈段故障

续表

矢量号	异常名	产生异常的指令	异常发生的情况
13	通用保护	任何特权指令 任何访问存储器的指令	保护方式下的故障
14	页异常	任何访问存储器的指令	同时满足：分页机制被启用；指令在进行存储访问时，被访问的线性地址所在的页未驻留在内存，或用不适当的访问类型访问同一内存页
15	协处理器异常	浮点指令或WAIT	协处理器发生了未被屏蔽的数字错误（如上溢和下溢）
0~255	软中断	INT n	

6.1.4 外中断的异常分析

外中断来自处理机的外部条件，如I/O设备、定时器或其他处理机等，以完全随机的方式中断现行程序而转向另一处理程序。这类中断属于强迫中断。外中断又可分为非屏蔽中断（NMI）和可屏蔽中断（INTR）。非屏蔽中断优先级较高，常用于应急处理，如电源掉电、主存读、写校验错等；可屏蔽中断优先级较低，常用于一般的I/O设备的数据传送。下面是主程序为中断所做准备工作和硬件（包括CPU和外设接口）自动完成的动作：

主程序所做准备工作：

①设置中断向量。

②设置设备的中断屏蔽位。

③设置CPU的中断允许位IF（开中断）。

硬件自动完成的动作：

①外设接口送中断请求给CPU。

②当前指令执行完后，CPU送响应信号给外设接口。

③CPU接收中断类型号。

④当前的PSW、CS和IP保存入栈。

⑤清除IF、TF。

⑥中断向量送IP和CS。

⑦至此，CS和IP寄存器取得了中断处理程序的段地址和偏移地址，CPU就把控制转给中断服务处理程序。

中断处理程序的控制过程：

①保存寄存器内容。

②关中断（CLI，清除中断允许为IF=0）；如允许中断嵌套，则开中断（STI，设置中断允许为IF=1）。

③处理中断。

④送中断结束命令（EOI）给中断命令寄存器。

⑤恢复寄存器内容。

⑥返回被中断的程序（IRET）。

由此可见，中断处理是一个软硬件匹配的过程，单纯硬件上的干扰所产生的假中断信号不会直接引起软件程序跑飞，必须还存在软件结构设计方面的缺陷或程序指令寻址方面受到干扰发生指令操作错误（如中断程序无中断返回操作等），才有可能导致软件跑飞。

6.2 中断使用故障模式分析

6.2.1 中断初始化问题

常见的中断初始化问题有初始化顺序（含中断堵塞）、优先级配置、结束方式等设计不合理等。中断初始化问题举例如下。

6.2.1.1 系统定位定向导航设备高程计串口接收中断初始化顺序错误

（1）问题

某系统定位定向导航设备合练过程中，导航设备上电启动后导航软件显示“高程计通信异常”；导航设备断电重启后（没有任何操作）故障消失。后经数据分析证实，发生故障时高程计正常发送数据。后续经强度试验、压力测试、电源通断电测试等试验，历时几月，在几百次电源通断电测试试验中仅再现一次“高程计通信异常”故障。

当导航软件进入高程计串口初始化程序时，原初始化顺序为：关闭接收中断，设置串口属性，清除串口所有中断标志，使能串口接收中断，复位硬件中断控制位，设置新的中断服务程序向量。

当导航软件执行串口初始化流程时，先执行了“使能串口接收中断”和“复位硬件中断控制位”操作，其后执行了“设置新的中断服务程序向量”操作，由于三条指令执行时间很短，所以一般情况下串口均能工作正常。

从串口初始化流程中分析，在执行“使能串口接收中断”操作完成串口中断使能之后到执行“设置新的中断服务程序向量”操作之前，存在时间间隔；如果有一个或一个以上的数据在此时到达串口，由于中断服务程序指向默认的中断服务程序向量（默认的中断服务程序为空），进入中断后不能执行读串口寄存器、清除串口所有中断标志和复位硬件中断控制位的操作，此时串口中断被挂起，串口无法再产生新的中断，串口通信出现异常。

因此，该异常的主要原因是导航软件的高程计串口接收中断初始化顺序错误。在设置FIFO缓存功能的情况下，上述异常概率极小。但是在“使能串口接收中断”和“设置新的中断服务程序向量”操作之间存在时间间隔，虽然时间间隔极小，一定会偶发串口中断被挂起的现象，导致“高程计通信异常”故障发生。

（2）采取的措施

①更改串口接收中断初始化顺序。将使能串口接收中断的操作移至设置新的中断服务程序向量操作之后，保证触发串口中断时中断服务程序能够正确响应。

②增加串口接收中断挂起后的自恢复措施。在主程序中增加串口中断监测变量（串口中断监测变量为1代表监测周期 T 秒内有串口中断发生，为0代表监测周期 T 秒内无串口中断发生），设置监测周期 T 秒（要求符合 T 秒内串口必定有数据的前提）。如果在监测周期T秒内进入串口中断，则在串口中断服务程序内将串口中断监测变量置为1；如果监测周期 T 秒后发现串口中断监测变量为0，代表未进入接收中断，则在主程序中调用串口初始化程序，实现串口自恢复功能。

（3）经验与启示

①软件中断初始化时，应合理设置中断初始化顺序，先设置中断服务程序向量，再复位硬件中断控制位，最后使能中断，确保触发中断时中断服务程序能够正确响应。

②应从总体角度考虑串口接收报错机制和串口功能自恢复措施。

③中断向量设置时必须关中断，中断使能应在中断向量设置之后，确保

中断开启后响应正确的中断服务程序。

④不使用的中断应确保屏蔽，同时挂接空中断服务程序，对于使用后不再使用的中断应及时屏蔽，必要时重新挂接空中断服务程序。

⑤中断打开之前，应确保中断涉及的全局变量、双口RAM、重要寄存器完成初始化。

⑥打开中断前，尤其第一次打开中断前，应该考虑中断信号是否已经到达，是否需要把第一次中断请求清掉或将第一次中断服务的结果丢掉。

⑦中断使能时，应确保外中断信号状态与中断标志寄存器（IFR）状态的一致性。

⑧测试时分析中断初始化的顺序：先关中断，设置属性，清除所有中断标志，然后设置中断服务程序向量，复位硬件中断控制位，最后按照使能中断的顺序设计初始化程序。分析中断响应时序：是否存在中断已经开启，但中断向量未指向有效的中断服务程序、未清除所有中断标志、硬件中断控制位未复位等情况。

6.2.1.2 系统引爆控制软件初始化流程中断提前使能

（1）问题

某系统引爆控制软件在第三方测试过程中，监测引爆控制软件通过RS485串行接口向引信发送的控制指令，发现部分测试中加电后第1帧控制指令与预期不一致，经过比对多次异常条件下的第1帧控制指令发现，发送的指令数据为随机数，且与串行接口协议的数据格式要求不一致。

某系统引爆控制软件引信控制指令在主程序中更新，接收BC总线指令后，响应1553B中断，在中断内通过RS485异步串行接口向引信发送，当进入1553B中断后，软件认为满足引信指令输出条件，随后向引信输出控制指令。

在软件加电初始化过程中，引爆控制软件首先对1553B中断寄存器进行配置，配置完成后使能1553B中断，随后对软件申请的全局变量进行初始化，初始化完成后进入主程序并等待响应1553B中断。由于1553B中断使能先于全局变量初始化，因此在1553B中断使能后到初始化完成前，接收到BC总线消息进入中断后，通过RS485向引信发送未初始化且未在主程序更新的引信控制指令。

（2）采取的措施

更改引爆控制软件初始化流程，首先对申请的全局变量进行初始化，然后对1553B总线中断寄存器进行配置，待所有接口及全局变量初始化配置完成后，使能中断，随后进入主程序，等待响应中断。

调整全局变量与中断初始化及使能顺序后，在初始化完成后到主程序更新引信指令前，接收到1553B总线指令的条件下，软件通过RS485异步串行接口向引信发送的第1帧指令为初始化后的与串行接口协议要求一致的控制指令，不存在向引信发送随机数指令的情况。

（3）经验与启示

嵌入式软件在进行初始化设计时，应在寄存器、接口、全局变量及中断初始化完成后使能中断，避免中断提前使能引起的软件功能异常。

在开展软件开发方测试或第三方测试的过程中，应通过代码审查的方式确保中断相关寄存器、接口、全局变量及初始化的正确性；应充分考虑软件系统功能要求、内外部接口交互特点及可靠性安全性要求，识别可能存在的故障模式，通过合理设计测试用例，及早发现软件设计缺陷。

6.2.1.3 某系统起落架收放控制单元软件中断优先级错误

（1）问题

在某系统总测试验中，控制单元接收GNC系统发出的“指令自检”命令后，A处理器通道（主通道）反馈给GNC应答帧中的指令自检结果为：未接收到指令自检（0xFF）。B处理器通道（备通道）反馈给GNC应答帧指令自检结果为：指令自检正常（0xD5）。反馈结果表明，A处理器通道指令自检结果异常。

在8051处理器中，当定时器中断和串口中断设置优先级相同时，系统优先响应定时器中断。

对控制单元软件接收指令、解析、执行及反馈应答帧部分逐一复查分析，出现该异常现象的原因为：由于串口中断优先级与定时器中断优先级设置为同一优先级，如果同时产生串口中断和定时器中断，处理器会立即响应定时器中断，在执行定时器中断的过程中，串口中断被挂起，导致控制单元未能接收到完整的指令。

（2）采取的措施

调整串口中断优先级，使其高于定时器中断优先级。串口中断优先级设置高于定时器中断优先级后，当两个中断同时请求时，CPU先响应串口中断，完成后再响应定时器中断。即使当响应定时器中断正在响应时出现串口中断请求，处理器CPU也会将定时器中断挂起，先响应串口中断，完成后再响应定时器中断，优先保证指令数据接收，提高其接收可靠性。

（3）经验与启示

①软件设计人员避免在同一优先级下设置多个中断（8051）。

②软件在中断使用设计时，某一中断响应完，不再被使用时必须进行关中断操作。

③软件在中断使用设计时，应尽量避免中断嵌套。

④串口中断优先级高于定时中断优先级时，需要分析串定时中断被串口中断打断时定时中断运行时间会否超时。

⑤软件测试人员对中断设置中存在多个中断同一优先级的情况要进行分析测试，以确认这些中断不会同时产生；如存在同一优先级中断同时产生的情况，需与设计人员进行分析，确认其影响。

6.2.1.4 某系统收星检查组合导航软件中断阻塞

（1）问题

某系统进行收星检查测试时，地面测发控系统报“30H帧未收到”，问题出现后，再次运行分系统测试中的收星检查时，问题未复现。该问题在多次进行收星检查测试时仅出现两次。

组合导航软件采用电平触发串口中断方式。当组合导航程序运行至外部串口中断使能而CPU串口中断尚未使能的阶段时，收到串口接收机的数据中断，导致中断信号电平无法回到初始状态，中断阻塞，后续串口中断无法正常响应。经分析定位为：组合导航软件上电后未正常收到接收机通过串口周期性发送的“30H”定位状态帧。

常见的外部中断触发方式有两种：电平触发和脉冲触发。详细逻辑如图6–4、图6–5所示。

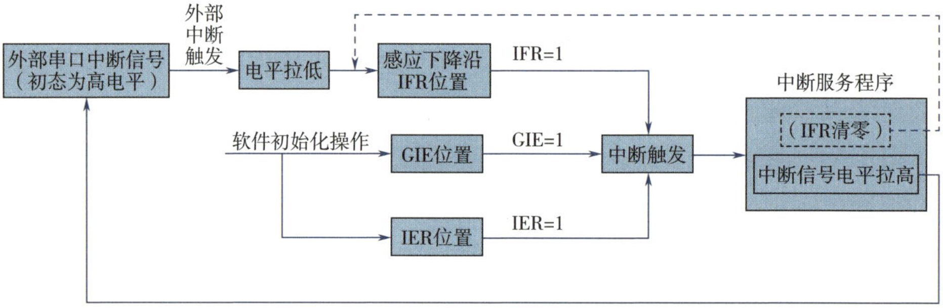

图6-4　电平触发逻辑

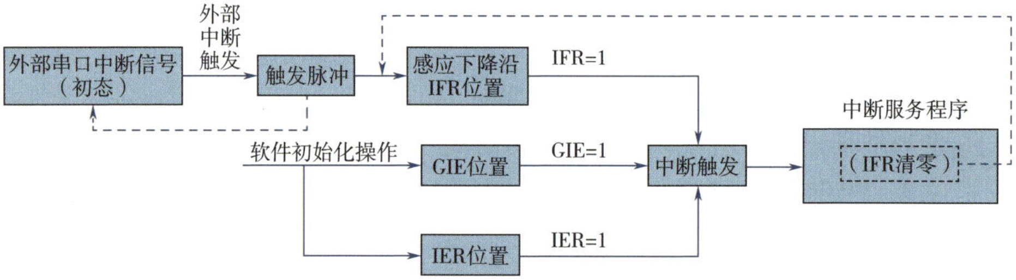

图6-5　脉冲触发逻辑

比较上述两种方式，电平触发的中断需要通过软件在中断服务程序中将外部信号电平恢复到初始状态才能够响应下一次中断，而脉冲触发的中断在脉冲过后会自动回到初始态，无须软件进行任何操作。

组合导航软件使用电平触发的中断方式接收卫星接收机软件发送的数据，通信接口为232串口，由现场可编程逻辑门阵列（FPGA）实现。当中断触发条件满足时，串口中断信号由初始状态的高电平降为低电平。CPU中断为下降沿触发，感应此电平变化时，将中断标志寄存器IFR置位。当且仅当IFR、IER相应位以及GIE全局中断使能位均置位时，CPU才会真正进入中断服务程序进行处理。中断服务程序会将中断信号拉高，以便响应后续的中断。组合导航软件上电初始化中断存在如图6-6所示的流程。

串口中断信号在外部串口中断使能至CPU串口中断使能之间触发（信号由高电平降为低电平）见图6-7。

由于串口中断信号的电平拉高操作仅在中断服务程序和初始化阶段进行，一旦图6-7中的情况出现，即初始化过后，中断信号在IFR串口中断位清除前变为低电平时，程序将无法拉高串口中断信号电平，进而无法正常触发中断，将会导致图6-8所示的执行结果。

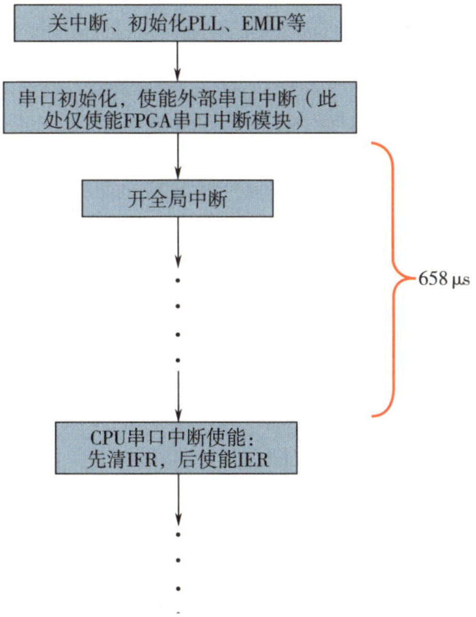

图6-6　组合导航初始化流程

图6-7　导致阻塞的中断触发时机

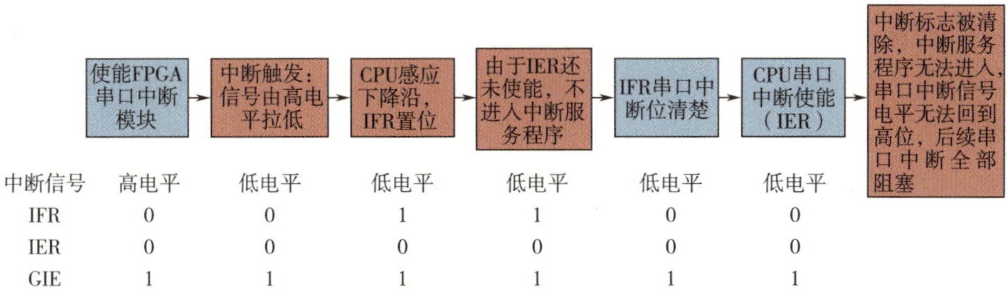

图6-8　阻塞机理分析

该故障仅在组合导航程序运行到串口FPGA模块使能至CPU中断标志IFR串口中断位清除时间段内（约658μs）、串口中断被触发的情况下才能够复现，概率约为0.3%。

（2）采取的措施

修改组合导航软件初始化流程，将串口初始化函数COM_Init（完成FPGA串口模块使能）从DSP开中断处理（CPU串口中断使能）之前挪至之后。此更改使外设串口模块的使能操作晚于CPU串口中断的使能操作，保证了外设FPGA中断使能前CPU的中断初始化及使能工作已全部完成，规避了外设模块可响应中断而CPU却无法响应中断的情况。

（3）经验与启示

①CPU及外设中断使能顺序：当外围中断信号采用电平触发机制时，应严格遵循“先初始化DSP中断，再初始化外围接口中断；先使能DSP中断，再使能外围接口中断”的原则。

②CPU中断使能前操作：正确清除CPU中断标志寄存器以及外部中断信号（尤其注意电平触发的信号），确保在中断使能前所有NB及外设的中断痕迹均已去除，中断使能后各使能中断均可正常响应。

③测试人员应在充分理解被测件的CPU中断及外设中断触发机理的基础上，严格开展中断相关操作的代码审查工作。

6.2.2 中断开关问题

常见的中断开关问题有开关匹配、开/关中断时机与方法等设计错误。

6.2.2.1 总装测试飞行控制软件外部中断误使能问题

在进行某系统总装测试技术阵地模拟发射项目中，流程进行到自检时，测发控计算机显示总线B通道自检结果一级伺服自检异常，显示自检结果为“0xFFFF”。系统断电后重新进行模拟发射测试，结果正常，故障消失。

故障定位为飞行控制软件未向一级伺服发出B总线自检模式命令。

按照原本设计意图，上述自检操作过程中本应不受任何外部中断（5ms和1553B中断）的干扰，在该运行状态下，软件应始终通过B堆栈组织与自检相关的所有1553B消息，1553B总线上的数据流也应只包括与自检相关的数据。

故障发生时，总线上出现了通过A堆栈发送的惯组采样消息和惯组遥测消息的情况。

飞行控制软件在组织1553B消息时使用了BC双缓存模式。BC双缓存使用原则为：中断内组织1553B消息时使用A区堆栈，中断外组织1553B消息时使用B区堆栈。因此，在中断使能的情况下，当前使用的堆栈区成为中断内、外的共享资源。

在实际运行过程中，由于飞行控制软件接收各RT自检结果时调用了通用的中断外BC读取消息模块，该模块在进入时将5ms中断和1553B中断关闭，在退出前会将两个中断打开。因此，在自检过程中首次调用该模块后，即飞行控制软件读取完RT1的自检结果后，5ms中断和1553B中断被误使能，造成了飞行控制软件在发送模式命令过程中存在被5ms中断和1553B中断打断的情况。

由于外部中断被误使能，自检过程中发生以下两种情况可能改变共享资源（即当前使用的堆栈区）：

①当外部中断5ms被触发时，中断内软件会进行1553B惯组数据采集，该操作涉及共享资源（当前使用的堆栈区）的更改，即将自检状态下的B堆栈更改为A堆栈。

②1553B惯组数据采集消息结束时会触发1553B中断，在该中断内软件会组织每500ms周期的1553B惯组遥测数据（其中包括惯组温度数据），该操作也涉及共享资源（当前使用的堆栈区）的更改，即将自检状态下的B堆栈更改为A堆栈。中断外自检运行过程中，飞行控制软件通过调用通用模块BC_SendModeCode函数向每个RT发送自检模式命令，该模块处理过程如图6-9所示。

从图6-9中可以看到，发送模式命令时没有对5ms中断和1553中断进行屏蔽处理，并且发送模式命令时使用B堆栈发送数据，当5ms中断或1553B中断发生，软件刚执行完A区代码尚未通过B堆栈发送模式命令，软件响应中断后返回执行发送模式命令时，中断内外共享资源（当前使用的堆栈区）被中断服务程序改为A堆栈，但模式命令被填写在B堆栈，因此造成软件无法正常发出自检模式命令，从而导致一级伺服B总线自检结果异常。

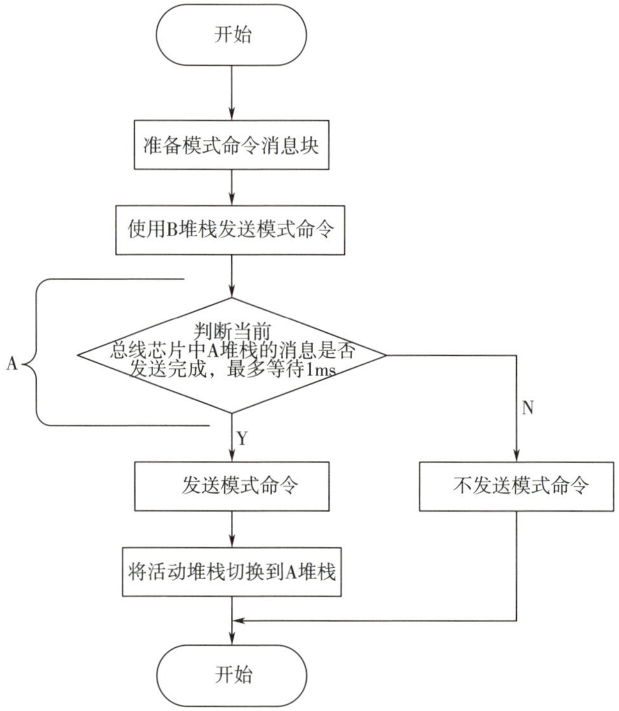

图6-9　BC_SendModeCode模块逻辑流程图

6.2.2.2　采取的措施

为确保飞行控制软件自检过程中不被中断服务程序打断，新增加一个使用B堆栈读取消息的底层处理模块，该模块中不对中断进行操作，专用于读取各RT自检结果的调用。

6.2.2.3　经验与启示

应根据软件的功能、时序要求，合理设计软件在不同运行状态下的中断开、关策略，包括时机、顺序等。

重用库函数若需要对中断进行操作，在调用入口应保存调用该函数时的中断使能状态，并在退出该函数时恢复。

使用通用函数时，应关注该函数是否存在中断操作。若存在，应分析相关操作是否会改变原有的中断使能状态。若会改变，应分析对软件响应时序的影响，是否存在中断内外共享资源冲突的问题。

应分析和梳理本软件运行过程中各中断的有效状态区间，包括使能且能触发状态、未使能状态，以及使能却不被触发的状态。对于后两种中断运行状态，应确保程序的后续修改不会改变原中断有效区间。

程序设计应尽量避免过多的中断内外共享资源，对所有的中断内外共享资源在任何运行状态下都应采用合理的保护措施。

6.2.3 中断嵌套问题

中断嵌套问题是指采用中断嵌套的工作模式时未正确配置中断嵌套导致软件实现错误。中断嵌套问题举例如下。

6.2.3.1 中断嵌套造成脉冲发送不稳定

某系统惯组软件向控制系统发送惯组数据周期（要求1ms）不稳定，造成控制系统误差。

软件运行于DSP中，主要完成硬件初始化、数据采集与发送、与上位机进行通信等功能。其中，采用1ms定时中断的方式完成数据采集与发送，采用CAN中断响应上位机指令，完成与上位机间通信交互。为保证对上位机指令响应的可靠性，软件设置CAN中断优先级高于1ms中断。程序流程图如图6–10所示。

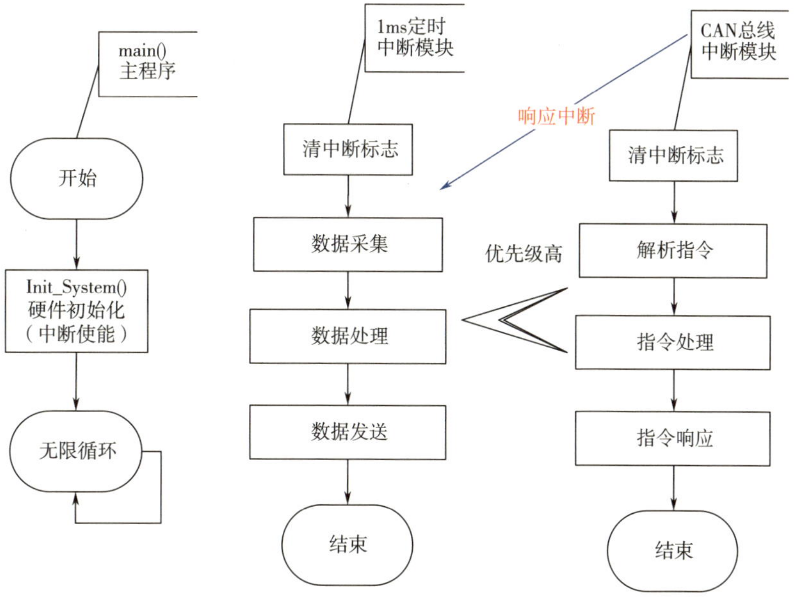

图6–10 更改前程序流程图

由于1ms中断的优先级低于CAN总线中断，当1ms中断执行过程中有CAN总线中断便会造成中断嵌套，将1ms中断挂起，响应CAN中断。CAN中断的执行时间约为0.6ms，相对于1ms的定时中断周期，该影响不可忽略，造成软件向控制系统发送惯组数据周期不稳定，继而引起控制系统偏差。

6.2.3.2 采取的措施

①更改DSP硬件初始化设置（初始化时更改IE设置：IE = IE | 0x01；即只使能1ms中断，屏蔽其他中断）；更改CAN初始化设置［更改CAN中断屏蔽寄存器初始化设置：WriteDataToSJA1000（IER_SJA，0x0），即屏蔽CAN接收中断使能］。

②将CAN指令接收与回复移至主程序中，通过查询方式处理。

③CAN响应方式修改后，可能出现主程序在执行数据处理时被1ms中断打断，导致该次计算或发送的数据不是同一拍的情况。因此，修改主程序和中断程序，进行中断判断，即增加一个全局标志IntFlag，在1ms中断程序入口将该标志IntFlag= 0；主程序在CAN惯组数据应答帧数据赋值操作前设置IntFlag= 1；在应答帧数据赋值操作后判断IntFlag是否为0，若为0，则再次进行应答帧数据赋值操作，这样保证了CAN惯组数据应答帧中的所有数据为同一拍。

更改后的程序流程如图6-11所示。

6.2.3.3 经验与启示

程序设计时应优先考虑中断不允许嵌套的工作模式。若出现中断冲突，要求各中断服务占用的时间不会造成其他中断不能及时响应，且应留有时间余量。

多中断处理程序应合理设置中断优先级，重要的中断处理（高实时性、高可靠性）建议设置为高优先级，避免被其他中断打断，发生中断嵌套，对系统造成较大影响。

外部请求的响应处理应权衡其在软件组成中的重要性，合理选择中断或查询方式，以降低多中断处理造成的程序的复杂性。

查询方式进行I/O交换时应考虑中断处理对其的影响，必要时应进行中断前后的数据保护处理，如全局变量、静态变量等。

尽量避免中断嵌套，周期性且频率较高的中断，不建议被嵌套。

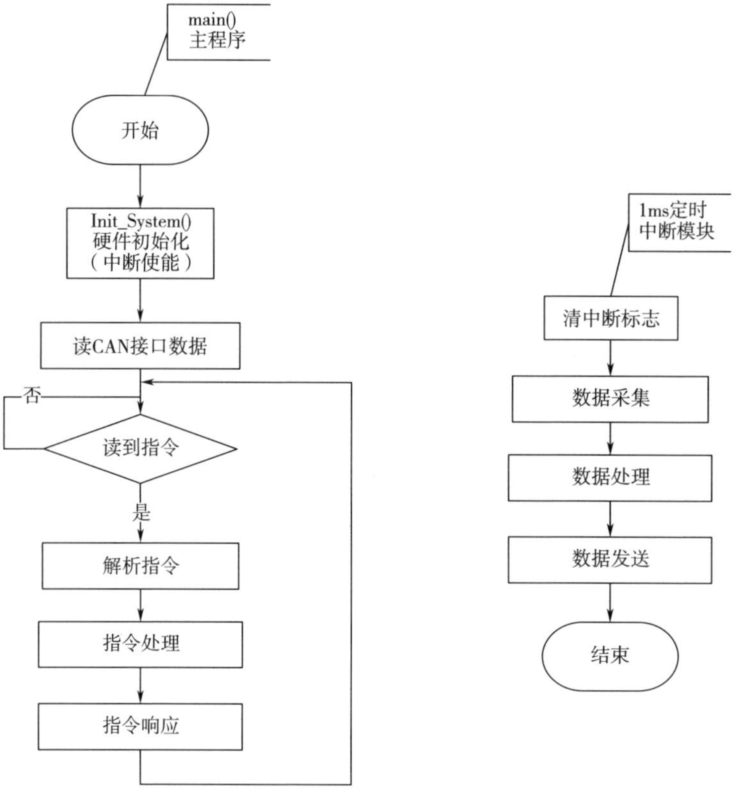

图6–11　更改后程序流程图

测试时对中断嵌套的测试应包括中断优先级设置是否合理、中断嵌套时机的影响、中断嵌套的深度设置是否符合系统资源的要求、发生中断嵌套后的最坏服务执行时间是否满足系统性能要求；定时中断服务执行时间的考核应包括正常执行时间及中断执行的最长时间，避免中断执行超时，同一中断自身发生嵌套。

6.2.4　中断内外共用资源冲突问题

中断内外共用资源冲突问题是指中断内外共用资源（全局变量、硬件相关的寄存器、端口等）的逻辑处理错误导致软件实现错误，包括不同中断内或中断内外共用资源出错。中断内外共用资源冲突问题举例如下。

6.2.4.1 星敏感器软件空闲线程中断资源冲突

某系统星敏感器在参加合练试验时，出现上位机发送"启动CCD"指令后，星敏感器CCD状态为关闭的异常情况。

软件在空闲状态下反复调用喂狗函数，该函数由于优先级最低，随时会被中断服务程序打断。软件在该函数中存在三处操作PCR寄存器的语句如下：

```
void WatchDog（ ）//空闲线程
{
    ……
    MCBSP_FSETH（hMcbsp1，PCR，XIOEN，1）；//配置为通用IO口
    MCBSP_FSETH（hMcbsp1，PCR，DXSTAT，1）；
    while（ndelay--）；              //延时，正脉冲
    MCBSP_FSETH（hMcbsp1，PCR，DXSTAT，0）；
    ……
}
```

执行语句MCBSP_FSETH（hMcbsp1，PCR，DXSTAT，1）对应的汇编代码如下：

```
MVKL  .S1   _hMcbsp1，A3
MVKH  .S1   _hMcbsp1，A3
LDW   .D1T1  *A3，A3
MVKL  .S2   _hMcbsp1，B4
MVKH  .S2   _hMcbsp1，B4
LDW   .D2T2  *B4，B4
NOP        1
LDW   .D1T1  *+A3（12），A3
NOP        4
LDW   .D1T1  *+A3（36），A3
LDW   .D2T2  *+B4（12），B4
NOP        3
CLR   .S1   A3，5，5，A3
SET   .S1   A3，5，5，A3
STW   .D2T1  A3，*+B4（36）
```

NOP　　　2

若软件运行在空闲状态且CCD未打开状态，此时PCR寄存器的CLKRP位为“0”。在执行PCR寄存器的值被加载到CPU寄存器A3操作后（汇编10-14行），若收到“CCD启动”命令，则立刻响应高优先级中断函数ExecuteHostCmd（）。在该中断服务程序中软件完成对PCR寄存器CLKRP位置“1”操作，中断返回后软件继续执行第15个汇编语句，将中断前A3寄存器的值返回给当前PCR寄存器，使得中断内原本被置位为“1”的CLKRP位更改为“0”，造成“CCD启动”命令丢失。相关执行逻辑见图6-12。

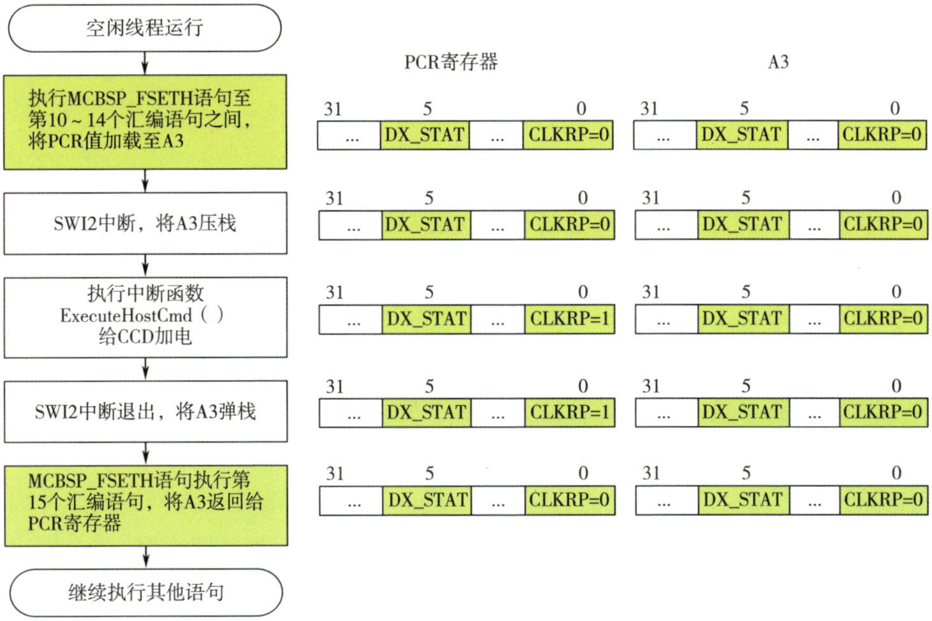

图6-12　执行逻辑

6.2.4.2　采取的措施

①在空闲线程中不进行喂狗操作，将该操作转移至定时器中断服务程序中，避免中断资源冲突。

②在执行CCD通断电操作的函数中增加中断屏蔽保护措施，防止I/O操作互相嵌套干扰。

6.2.4.3 经验与启示

①应尽量避免设计过多的中断内外共享资源，合理规划其数量。

②中断内外共享资源不仅包括软件全局变量，还包括与硬件设备相关的寄存器、端口等。

③对于需要共享的资源，应设计合理的资源共享策略，如读、写锁定，实现软件“读”使用与“写”更新状态的及时匹配。

④中断共享资源一旦使用完成后，应立刻释放该资源；在锁定期间发生中断时，中断服务程序不允许更新该资源。

6.2.5 中断冲突问题

中断冲突问题是指多个中断到来时，某些中断不能响应，或响应时机、响应时间不满足要求。中断冲突问题举例如下。

6.2.5.1 某系统箭机飞控软件中断冲突

某系统在实施出厂测试全箭第三次总检查项目，验证箭机的两个CPU工作状态（起飞前模拟惯组故障，箭机仅启动CPU1、CPU2工作，平台模飞）时，在Ⅲ级第二主动段42.3s（起飞后1 274.7s），笔录仪记录的箭机四路D/A曲线上均出现约400ms左右的波动，其中D/A2波动最大，幅值约2.8V。

参与姿控系统运算的平台姿态角信息是由箭机采集的平台框架角转换来的，因此箭机采样值有误会导致软件使用错误的输入信息，引起输出异常。出现问题时，D/A曲线上波动的宽度为400ms，恰好与姿控校正网络的脉冲响应时间吻合。这样当箭机出现一个20ms周期的框架角采样值跳变时，D/A输出就会出现同样的波动过程。

在箭机运行过程中飞行软件除响应20ms中断外，还会响应25ms遥测中断，因此当遥测中断和20ms中断间隔很近时，两个CPU就可能进入不同的中断服务程序。由于在飞行软件中不允许中断嵌套，待响应完遥测中断的CPU再去执行20ms中断服务程序时已经和先响应20ms中断的CPU不同步（时间差超出3.2μS）。这时CPU读取到的框架角数据可能是随机的。因此，相对上一周期就会有一跳变，由于校正网络的作用，该跳变在姿控输出表现为D/A输出的波动，这一过程与出问题时的D/A输出的波动完全相同。

6.2.5.2 采取的措施

①在软件进行平台倒台判别中，对箭机框架角信号增加“滤波”处理。具体为：当软件诊断出平台框架角有0.3°以上的跳变时，在累计一次平台故障的同时，对当前周期取用的惯组姿态角信息进行姿控运算。这样与本次故障类似的跳变就会被软件“滤除”，从而保证姿控系统工作不受影响。

②在软件进行平台倒台判别后，增加姿态角合理性判别。具体为：将当前周期三通道姿态角偏差进行比较，如果某一通道变化量大于等于2°，则认为相应通道当前周期姿态角偏差不合理，本周期使用上一周期的姿态角信息进行姿控运算，同时对应通道姿态角偏差不合理累计次数加1。如果某一通道连续三个周期姿态角信息均判出不合理，则第四个周期直接取采样值（实际值），相应通道姿态角偏差不合理累计次数清零，本周期不进行合理判别，从第五个周期重新进行合理性判别。

6.2.5.3 经验与启示

在不允许中断嵌套的软件设计过程中若使用了多个中断信号，要仔细分析是否存在中断冲突的可能性，如果存在中断冲突的情况，还要分析在出现中断冲突的情况下，中断的不同响应顺序是否会对系统产生影响，该情况要求各中断服务占用的时间都不会造成其他中断不能及时响应，且应留有时间余量。

6.2.6 中断使用寄存器保护问题

中断使用寄存器保护问题是指进入中断服务程序时未对使用的寄存器进行压栈保护现场处理，中断服务程序退出前未进行弹栈恢复现场处理。中断使用寄存器保护问题举例如下。

6.2.6.1 某型号中断处理程序保护现场不当导致异常复位

环控数据处理装置在系统联试运行中，不时发生复位现象。经排查，错误发生在一个硬中断的现场保护部分。在该硬中断中，先给寄存器AX赋值，然后才保护现场，致使产生该硬中断后恢复现场时AX值没有恢复到硬中断产生前的AX值，引起其他程序运行错误。在容错管理软件模块管理下，认为出现故障，将环控数据处理装置进行复位处理。由于该硬中断产生时间的不确定性，以及中断后AX值对其他软件在不同时刻的影响不同，故错误发生的时间和位置是不固定的。

该软件在使用前曾经过多次测试，但由于测试时底层软件中的各个模块间的联系较为松散，所以问题未暴露出来。

6.2.6.2 采取的措施

调整中断现场保护的顺序，先保护现场，再对寄存器AX赋值。

6.2.6.3 经验与启示

对于采用汇编语言开发的软件，进入中断服务程序时应先对中断中使用的寄存器进行压栈操作，以保护现场，在中断服务程序退出前进行弹栈操作，恢复现场。

对于采用汇编语言开发的软件，需要对中断服务程序中寄存器的压栈操作和弹栈操作开展专项代码审查，审查的内容包括：需要保护的寄存器是否都进行了压栈操作，弹栈操作与压栈操作是否匹配。

6.2.7 中断设计的技术准则与禁忌

对中断问题进行分析，总结出的技术准则与禁忌如下。

6.2.7.1 设计时应采取的措施

（1）中断初始化和使能方面

①在中断初始化前，应禁止可屏蔽中断。

②对于未使用中断，需要挂接空中断处理程序；对于使用后不再使用的中断，在软件中应及时进行屏蔽操作，必要时还需挂接空中断处理程序。

③在中断使能前，中断服务程序中使用的全局变量、寄存器、双口RAM等全局资源应完成初始化操作。

④开中断前，一般应对中断寄存器进行清除操作，避免因干扰造成中断服务程序的意外响应。

⑤应确保CPU中断标志寄存器以及外部中断信号的一致性，避免出现中断堵塞。

（2）中断优先级及嵌套方面

①对于不允许中断嵌套的系统，需要考虑某个中断服务程序运行时间较长，导致其他中断不能得到及时处理的情况。

②在多CPU冗余的情况下，在系统设计方面应保证中断信号是同源的；在硬件不保证的情况下，软件设计应考虑进行同步处理以保证中断同步。

③对于周期性响应的中断，必要时，应考虑采用周期内只响应一次中断的处理措施，避免或减轻硬件故障导致软件不断响应中断（硬件故障引发的中断）进而发生软件运行异常的情况。

（3）中断内外资源使用方面

①从系统时序安排上，尽可能避免中断内外资源访问冲突情况，尽量中断内写、外读，避免写操作被打断。

②资源锁定应遵循使用后即刻释放的原则，锁定时应考虑软件运行时间和状态，确保资源锁定内容的完整性和锁定时段的准确性。

③对于中断内长时间访问控制的资源，建议中断优先级降低或转入中断外进行操作。

④对于存在中断嵌套的软件，除考虑中断外可能存在的资源竞争外，还需要考虑不同中断之间可能存在的资源竞争问题（包括时间等）。

⑤对于中断外未进行读写锁定的共享资源，应尽可能确保资源使用为原子操作。

6.2.7.2 进行软件测试时需要考虑的问题

①通过代码审查确认中断初始化（包括中断优先级、中断向量设置、空中断处理）的正确性。

②测试时要关注中断开关的正确性，包括中断使能的时机，中断使能的位置等。

③在中断测试过程中，当存在中断嵌套时，要重点考核嵌套中断是否有共同的参数被使用，其使用是否正确。

④对于多机冗余控制的软件，测试时要充分考虑多机不同步时控制处理的实现，尽可能覆盖所有可能出现的异常，包括多机时间不同步的等待处理、多机关键控制字不等时的判别处理、多机关键控制量不等时的判别处理、多机控制信号（指令）输出前的冗余判别处理等。

⑤对于存在中断嵌套情况的软件，在相关性能测试时，需要考虑中断嵌套情况对软件性能的影响，如中断控制周期被其他通信中断打断或被挂起时，其周期执行时间是否能满足任务书要求；当总线中断被周期中断打断时，总线响应时间是否能够满足型号接口要求。

⑥对于有周期性信号的软件，应考虑开展强度测试，可采用加快数据的发送频率或加大数据发送的长度等方式，测试软件在重负载情况下的响应情况。

6.3 接口故障模式分析

6.3.1 协议设计问题

协议设计问题是指通信协议设计存在缺陷，如CRC校验、重试、重复帧判别、握手、超时处理等设计不合理。协议设计问题举例如下。

6.3.1.1 多个状态值进行或操作后与其他状态值相同导致误判

测发控软件在执行星敏感器状态检查流程中，会依次接收星敏感器下传的状态并显示在界面上。测试时发现星敏感器发送的是“停止跟踪”状态，而测发控软件界面上显示的是“关闭CMOS”。

箭地接口协议中，星敏感器状态标志位约定为：启动CMOS— 0x01，星敏状态查询—0x02，等待星敏状态查询结果—0x04，启动跟踪—0x08，停止跟踪—0x10，关闭CMOS—0x11。应按顺序依次向地面发送。

在测发控软件的星敏感器数据分析函数中，收到星敏感器发送的状态后，将当前状态gbXmgqCurState置为下一个状态的值，历史状态gbXmgqHisState为gbXmgqHisState和gbXmgqCurState进行或运算后的结果，在显示时进行按位判断。

测发控软件在接收到停止跟踪（0x10）时，已经收到启动CMOS（0x01），操作以后再进行按位判断，取值为0x11，正好与关闭CMOS（0x11）相同，这样测发控软件在后续执行时按照关闭CMOS（0x11）进行处理。

6.3.1.2 采取的措施

对箭地接口协议进行更改，星敏感器状态标志位“关闭CMOS”标志由

0x11改为0x20，这样各个状态标志位之间进行或操作后不会互相影响。

6.3.1.3 经验与启示

①设计人员设计过程中要仔细分析设备的各个状态，对于接口协议中同一个字段表示多个状态的情况，要分析多个状态之间是否会互相影响，尤其避免按位表示和按位表示混用的情况。

②测试人员在接口测试中，除了正常的接口数据外，还需要测试异常数据对软件的影响，及早发现软件设计缺陷。

6.3.2 协议使用问题

协议使用问题是指协议的接收方或发送方未按照协议要求实现，如未实现或实现错误，字节、字传输顺序错误。协议使用问题举例如下。

6.3.2.1 某系统伺服控制软件协议使用错误

某型号伺服系统联试过程中，从伺服控制驱动软件能正常接收主伺服控制驱动软件通过CAN总线转发的角度指令，并通过CAN总线返回遥测数据，但对主伺服控制驱动软件转发的“自检”及“再入段启动”指令无响应。

该型号伺服系统配套两个伺服控制驱动软件——主伺服控制驱动软件和从伺服控制驱动软件，主要用于实现伺服系统的闭环控制及性能补偿功能。主伺服控制驱动软件通过1553B总线实现与控制、遥测系统的通信；通过CAN总线实现与从伺服控制驱动软件之间的通信，将控制系统发送的各项指令转发给从伺服控制驱动软件，并接收从伺服控制驱动软件回传的相关遥测数据。

该型号从伺服控制驱动软件使用CAN总线邮箱12接收主伺服控制驱动软件转发的“自检”及“再入段启动”指令，使用邮箱13接收主伺服控制驱动软件转发的“角度指令”，使用邮箱3、4、5、6回传相关遥测数据。

在CAN总线初始化时，从伺服控制驱动软件使能邮箱为3~15，实际配置邮箱ID只配置使用到的邮箱3、4、5、6、12、13，导致一定概率下出现邮箱15默认ID与邮箱12重合，使得邮箱12始终无法接收到数据，被邮箱15接收走，造成软件不响应“自检”及“再入段启动”命令的情况。

因此，该故障的主要原因是伺服控制软件CAN协议使用错误。

6.3.2.2 采取的措施

按照CAN总线通信协议进行初始化设置，在初始化时仅使能使用到的邮箱，其他未使用的邮箱均禁止。

按照协议对使用到的邮箱进行ID、数据字个数等设置。

6.3.2.3 经验与启示

CAN总线初始化时对所有使用到的邮箱/子地址按照协议要求进行设置，未使用到的应该禁止。

软件测试时通过代码审查的方式确认CAN总线设置是否与任务书、需求规格说明要求一致。

6.3.3 接口数据读写冲突问题

接口数据读写冲突问题是指读写双方未制定有效措施，导致一方写数据时，另一方消息被响应并读取了不完整的数据，常见在双口RAM等非中断存储数据方式。接口数据读写冲突问题举例如下。

6.3.3.1 某系统引爆控制软件遥测数据读写冲突

某型号引爆控制软件在开发方测试过程中发现，软件在采用1553B总线发送遥测数据时采用RT发送单缓冲的方式，接收的部分遥测数据帧校验和与计算值不一致，经过总线数据源码分析发现，校验和错误的数据帧前半帧计数更新，后半帧与前一帧消息一致。

在数据更新完成前接收到BC发送的遥测数据请求命令字，RT将数据缓冲中已更新的前半帧与未更新的后半帧作为当前遥测数据通过总线发往BC，从而引起遥测数据发送异常。

引爆控制软件采用1553B总线发送遥测数据时，采用RT发送单缓冲的方式，在向RT数据缓冲更新遥测数据时，无法判断当前是否有BC遥测数据请求，因此存在RT遥测数据缓冲更新过程中接收到BC遥测数据请求，向BC返回遥测数据的情况。当RT在数据更新过程中接收到BC发送的遥测数据请求命令字，RT将数据缓冲中已更新的前半帧与未更新的后半帧作为当前遥测数据通过总线发往BC，从而引起遥测数据发送异常。

6.3.3.2 采取的措施

修改1553B总线通信设计，将RT发送模式更改为发送双缓冲模式。对于一个发送子地址，当该发送子地址查询表指针指向A数据块时，在B数据块缓冲区内更新数据。当数据更新完成时，将查询表指针切换到B数据块，在A数据块缓冲区内更新数据。

在双缓冲情况下，BC向RT发送遥测数据请求命令字，RT根据查询表指针获取已完成更新的遥测数据，该处理方式可以保证BC取数的数据块为已经更新过的数据块，避免出现向RT更新与BC请求同一数据区域的现象。

6.3.3.3 经验与启示

RT进行1553总线消息发送时，应采用多缓冲方式发送数据，避免读写冲突造成读取到的数据不是一帧正确数据。

软件向同一发送子地址缓冲区写入数据的时间间隔应不小于该条消息的传输时间。

6.3.4 消息接口数据处理方法问题

消息接口数据处理方法问题是指处理总线接口数据的方法存在缺陷，短时间不能处理多条消息，导致消息丢失的现象。例如，RT采用读取总线最新消息命令寄存器的方法获取最新消息，存在消息被覆盖、消息丢失的风险。消息接口数据处理方法问题举例如下。

6.3.4.1 某系统综合试验伺服系统控制软件消息覆盖

综合试验中，伺服控制驱动器按照BC指令正常完成了自检、起控、同步、更新遥测数据、执行闭环控制等功能，但未响应停控指令。试验结束后判读数据时发现，BC连续发送了三次伺服停控指令，伺服控制驱动器均未正确返回状态字（正常停控后反馈参数应为0x5555，而MT实际记录到的参数为0xAAAA），伺服系统未正常停控。在随后进行的现场排故试验中，伺服系统工作正常，停控正常。

伺服控制软件设计存在两个中断：定时器中断和1553B中断。定时器中断用于定时处理伺服软件周期性任务，1553B中断用于响应BC发送的1553B总线命令，为提高软件运行可靠性，伺服控制软件不允许中断嵌套。

当伺服控制软件执行定时中断服务程序时，收到BC发送的1553B总线命令，由于不允许中断嵌套，总线消息接收中断将暂时被挂起，待定时器中断执行完毕后再执行总线消息接收中断服务程序。在接收中断被挂起的过程中，如果BC又对RT发送新的1553B消息，其命令字将会覆盖LCRW中的前一条消息的总线命令字，导致前一条消息丢失，从而出现中断源与命令字内容不一致的情况，导致触发接收消息中断的总线命令不被执行。

因此，该故障的主要原因是：伺服软件设计采用通过读取总线最新消息命令字寄存器（又叫RT上一个命令寄存器）来获取最新消息命令字；当伺服控制软件没有及时处理总线消息时（消息处理延时时间大于两条总线消息时间间隔时），后继发出的总线消息的命令字覆盖了前一条消息的命令字，导致伺服系统未正常执行停控指令。

6.3.4.2 采取的措施

①采用中断方式处理消息。

②总线消息采用命令堆栈处理（能够解决中断方式下总线消息在很短的时间间隔内紧密发送情况）。

③采用命令堆栈的情况下，获取总线新消息方式是通过读取命令堆栈指针寄存器或读取共享内存RAM中活动区域中堆栈指针这两种方式。

④采用子地址双缓冲或多缓冲方式，使得连续的消息被存放在两/多个数据块之一，可以防止消息丢失（能够解决同一总线消息发送间隔小于消息处理延时造成的消息覆盖的情况）。

6.3.4.3 经验与启示

消息发起方：应合理安排总线消息时序，即是否存在多条总线消息紧密发送的情况，从而超出系统的响应能力。

消息接收方：消息读取可以考虑使用中断或查询方式；如果使用中断方式，需要考虑1553B中断是否存在被其他中断影响的可能。

测试时分析总线消息时序是否存在周期性消息与随机（周期）消息碰撞的可能；分析软件是否具备一次读取完多条消息的能力，即是否采用读取命令栈方式，读取方式是否正确（如果不具备该能力，必须提出问题）；分析总线消息间隔是否超出处理能力（包括非同一总线消息和同一总线消息）。

6.3.5 健康管理软件转义处理错误

6.3.5.1 问题

健康管理软件需要将主从设备的电压、温度、状态、总线序号与重传次数进行编帧后通过串口发出。编帧数据由帧头、数据域、信息域、帧尾组成，其中帧头长度为2字节，用“0x5A，0x54”表示；信息域包括数据长度和校验和，数据长度为“0x50”；帧尾用“0xAA，0x5A，0xFE”表示；数据域中存放主从设备的电压、温度、状态、总线序号与重传次数信息。数据域中若有帧尾“0x5A 0xFE”，则需要在前面插入“0x00”，因此信息域中的数据长度也会相应增加。

而实际软件测试结果为：当从设备的电压值（处于串口消息中间）是“0x5A 0xFE”时，“0x5A 0xFE”前面未插入“0x00”，数据长度是“0x50”，并不是期望的“0x51”。

在对数据做转义处理时，代码处理如下：

```
for(i = 0; i < wLength; i++)
{
    //添加转义
    if((i < wLength- 1) && (0x5A == *pData) && (0xFE == *(pData+1)))
    {
        //如果有帧尾标志
        *(pFrameData + wFillPointer) = 0x00;
        wFillPointer++;
        *(pFrameData + wFillPointer) = 0x5A;
        wFillPointer++;
    }
    else
    {
        //如果不是帧尾标志，转存
        *(pFrameData + wFillPointer) = *(pData + i);
        wFillPointer++;
    }
}
```

这段代码中添加转义的判断语句：

```
if((i < wLength- 1) && (0x5A == *pData) && (0xFE == *(pData+1)))
```

只对数据域中第一个字节和第二个字节进行了是否为“0x5A 0xFE”的判断，未对数据域内后面的数据进行判断，导致当数据域中非第一、第二字节数据是“0x5A 0xFE”时，未做转义处理。

6.3.5.2 采取的措施

判断数据域中的任意两个连续字节是否为“0x5A 0xFE”，将是否需要转义的判断语句修改为如下：

```
if((i < wLength-1) && (0x5A == *(pData+i)) && (0xFE == *(pData+i+1)))
```

6.3.5.3 经验与启示

软件设计时对于转义的处理应严格按照协议要求覆盖整个数据区，确保数据区所有转义均得到处理。

对数据转义的测试，要采用边界值分析方法对数据区头、尾、中间分别设计测试用例，以验证转义实现的正确性。

6.3.6 文件接口问题

文件接口问题是指文件操作、处理方法存在问题，如文件的读写方式与文件数据类型（如二进制、文本格式）不一致。文件接口问题举例如下。

6.3.6.1 某型号点位诸元文件比对错误

在进行控制系统技术阵地发射流程项目时，出现点位诸元文件比对错误，具体表现为：当进行到“上传点位诸元”流程步时，弹出错误提示对话框，提示信息为“诸元文件比对错误”，但是1号屏显示的上传点位诸元内容和下传点位诸元相同。

参试的显控计算机软件运行操作系统为Windows XP SP3。

1号屏显示的上传点位诸元和下传点位诸元相同，说明收到的下传诸元数据正确。查看显控计算机软件本地日志，显控计算机软件本地点位诸元日志如下：

显控计算机软件上传的点位诸元文件16进制内容如下：

8F 0A 50 90 67 E3 E6 3F 60 D6 F9 F3 5D 01 FC 3F 57 5B B1 BF EC BF 8F 40 6F 6A 1C C1 F8 98 23 40 A6 A3

显控计算机软件生成的点位诸元回传文件16进制内容如下：

8F 0D 0A 50 90 67 E3 E6 3F 60 D6 F9 F3 5D 01 FC 3F 57 5B B1 BF EC BF 8F 40 6F 6A 1C C1 F8 98 23 40 A6 A3

通过分析两个原始字节码发现，与本地上传点位诸元文件相比，回传文件中第二个字节“0x0A”前出现了一个多余的字节码“0x0D”，存储的下传诸元与收到的下传诸元不一致。因此，故障定位于对下传点位诸元文件存储错误。对诸元文件存储功能的代码进行复查发现，显控计算机软件在保存回传文件时采用了文本写入方式。

对于不同的操作系统，该方式可能导致特殊字符在写入时出现“转义”现象。具体情况为：在文本写入模式下，某些操作系统会将特殊字节码（如“0x0A”）作为ASCII码的控制字符进行解析并添加额外的字节进行转义。

计算机的存储在物理上是二进制的，因此文本文件和二进制文件的区别不在物理上，而在软件编码层次上。文本文件是基于字符编码的文件，常见的编码有ASCII码、UNICODE编码等。二进制文件是基于值编码的文件，数据本身不代表任何含义。在Unix/Linux平台下，软件采用“文本模式”或“二进制模式”写入文件是没有区别的，但是在DOS/Windows NT内核系统平台下，两者在读写处理上存在差异。

在微软的系统中，C/C++程序处理文本是自动转换这两个符号的，读的时候将格式控制符“\r\n”自动当作一个字符“\n”；写的时候将一个“\n”转换为“\r\n”。这就是说，应用程序在将二进制数据写入文件时，用文本的方式打开了文件，此时依据上述规则，遇到“\n”（即“0x0A”）的时候，自动在“\n”（即“0x0A”）前添加“\r”（即“0x0D”），文件就会由“0x0A”变成“0x0D 0x0A。显控计算机软件在Windows平台下使用了文本模式保存下传点位诸元数据，且点位诸元文件中含有“0x0A”字节，导致软件在保存文件时在“0x0A”前多出了“0x0D”，下传点位诸元文件存储错误。

6.3.6.2 采取的措施

修改点位诸元回传文件的打开方式，将原文本模式改成二进制模式。

6.3.6.3 经验与启示

软件设计人员需要关注在Windows系统平台下，软件采用“文本模式”或“二进制模式”写入文件在读写处理上存在的差异。在进行文件处理时，应使文件本身模式与其使用方式保持一致。

测试时应对打开软件的方式与文件存储模式的一致性进行梳理分析和

测试。

6.3.7 接口初始化问题

接口初始化问题是指接口初始化错误，如接口配置错误、初始化顺序错误、使用前对外部条件的处理或响应机制不满足要求、初始化不完全或多初始化等。接口初始化问题举例如下。

6.3.7.1 数据记录装置DSP初始化B61580芯片时的顺序错

数据记录装置在进行电气匹配试验时，控制系统通过1553B总线进行点名自检，数据记录装置返回状态字为“0x8400”，控制系统判断数据记录装置未在线，正常情况下数据记录装置应返回状态字“0x8000”，出现故障。

DSP初始化B61580芯片时的顺序如图6-13所示。DSP首先初始化B61580的寄存器区域，然后再初始化B61580的RAM存储区。根据B61580的数据手册可知，B61580上电后寄存器和RAM区存放的数据为随机状态，在初始化完寄存器中的Config1寄存器后，B61580就会处于工作状态。

根据任务需求，接口控制器的工作模式为同步RT/MT模式。因此，在Config1初始化完成后，B61580立即处于既做RT又做MT 的模式。数据记录装置在上电期间1553B总线上会有消息传输。因为具有MT功能，DSP在初始化B61580芯片的过程中B61580会接收到总线消息。如果MT消息中断正好在图6-13中1所示的位置，即DSP在初始化B61580的RT存储区非法化列表完成或在完成过程中，这时B61580接收到MT消息中断，需要把总线上的消息存储下来，但由于这时未初始化MT存储区中的命令栈和数据栈指针位置，而之前该区域存放的为随机数，数据很有可能为RT非法化列表中的地址区域。这样MT消息中的数据就会放入RT的非法化列表区中，导致该区域之前写入的数据被覆盖。如果写在RAM地址为“0x03C0”中的数据的第3位正好为“1”，则B61580会将自检指令“0x8403”认为是非法指令，返回RT状态字为“0x8400”，从而导致问题出现。

通过上述分析可知，由于接口控制器初始化B61580寄存器Config1过早，而在B61580初始化过程中1553B总线上存在数据，因此存在B61580将MT消息数据覆盖RT的非法化列表区域的可能，从而导致自检指令被判断为非法指令，返回“0x8400”异常状态。

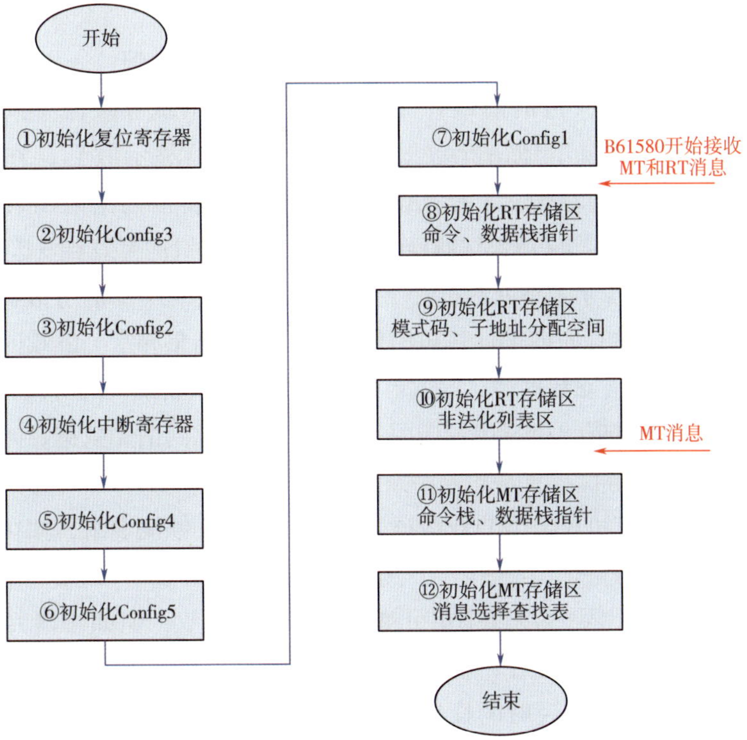

图6-13　DSP初始化B61580顺序框图

6.3.7.2　采取的措施

通过以上分析可知，故障的主要原因是DSP软件对B61580的寄存器初始化顺序错误，因此更改措施为：更改DSP软件，调整DSP对B61580寄存器的初始化顺序，在其他寄存器初始化完成后再对Config1寄存器操作，启动B61580工作。

6.3.7.3　经验与启示

规范初始化顺序，应确保完成外设所有相关寄存器配置后，才允许使能；应重点审查初始化外设的顺序、参数和使能时机。

6.3.8　软硬件匹配问题

常见的软硬件匹配问题有软件设置的时间值在某些条件或环境下无法与硬件配合完成任务等。软硬件匹配问题举例如下。

6.3.8.1 前端计算机向系统等效器发送数据与缓冲区不匹配

在综合试验中，地面前端计算机依照协议向系统等效器（以下称等效器）发送112字节本地诸元数据文件时，等效器显示收到，同时由等效器向前端计算机反馈的诸元数据比对正常。为模拟数据区出现连续的“0x5A”“0xFE”需进行转义的特殊情况，前端计算机向等效器发送117字节超长诸元数据（112字节诸元数据+5字节转义字符“0x00”），等效器显示未收到诸元数据，没有向前端计算机回传诸元数据，结果异常。继续向等效器发送112字节正常诸元数据后，等效器连续两次显示未收到，同时没有向前端计算机回传诸元数据，第三次发送后，等效器显示收到诸元数据，同时回传的诸元数据比对正常。

依照串口通信协议，为防止数据区内数据与协议帧尾混淆，如在数据区中出现连续的“0x5A”“0xFE”，则应进行转义，即在“0x5A”“0xFE”前填入“0x00”。虽然协议中诸元数据为112个字节，但如果诸元数据中出现连续的“0x5A”“0xFE”，加入转义字符“0x00”会导致数据区长度大于112字节。异常出现时的操作即为模拟测试诸元数据中出现连续的5个“0x5A”“0xFE”，即112字节诸元数据+5字节转义字符“0x00”。

等效器NB采用FPGA编写数据接收逻辑，故不存在驱动异常问题。复查等效器代码，检查缓冲区设置。等效器为诸元数据开辟了（200+56）字节的缓冲区。在接收到异常数据后不清空缓冲区，待接收到新数据后继续填入。缓冲区中的200个字节的空间为固定空间，56个字节的空间为浮动空间，在200个字节的固定空间被填满后再开辟这个浮动空间。故障现象为发送（117+15）字节（15字节为协议帧头、帧尾及校验位等信息）的诸元数据异常，再连发两次（112+15）字节诸元数据异常，第三次发送（112+15）字节诸元数据能够正常。具体的故障过程如下：

第1次发送：前端计算机向等效器发送（117+15）字节诸元数据包。

缓冲区状态：

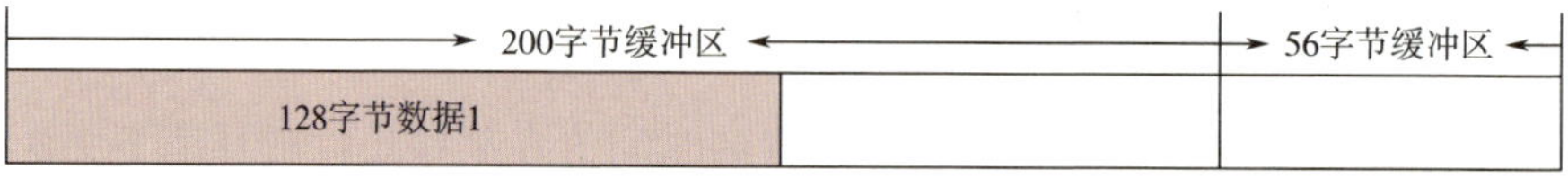

说明：前端计算机虽然调用串口板卡驱动的发送函数，向其中写入132字节数据，但由于地面前端计算机的串口板卡驱动最大仅支持128字节数据，故等效器缓冲区仅能收到128字节没有帧尾的串口数据包，所以等效器显示未收到诸元数据。

第2次发送：前端计算机向等效器发送（112+15）字节诸元数据包。

缓冲区状态：

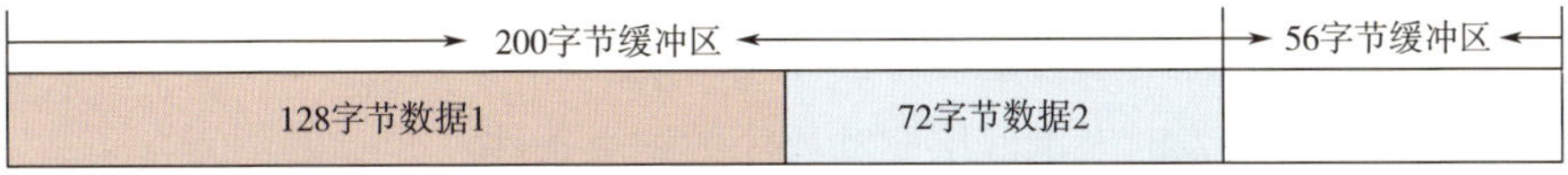

说明：前端计算机向等效器发送了127个字节的数据，但由于等效器缓冲区设计问题，在将200字节缓冲区存放满后，仅会初始化56字节缓冲区，并不会向其中放入数据。故串口缓冲区中仅保存了72个字节的诸元数据，没有一个完整的串口数据帧，所以等效器显示未收到诸元数据。

第3次发送：前端计算机向等效器发送（112+15）字节诸元数据包。

缓冲区状态：

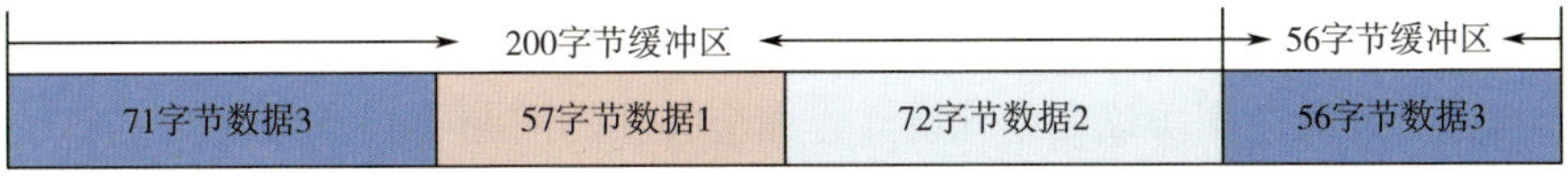

说明：等效器在收到前端计算机127个字节的串口数据包后，先将56个字节的缓冲区填满，继而从起始位置开始覆盖之前的缓冲内容。等效器的串口帧校验逻辑为由前至后查找帧尾帧，此时缓冲区中的71个字节数据仅有帧尾、没有帧头，所以等效器显示未收到诸元数据。

第4次发送：前端计算机向等效器发送（112+15）字节诸元数据包。

缓冲区状态：

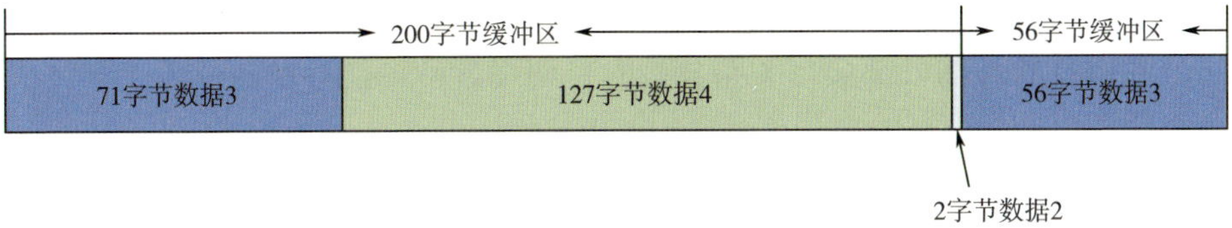

说明：前端计算机发送的127个字节串口数据包在上一步所占用的71个字

节后继续填充缓冲区。此时在缓冲区中有一个完整的127字节诸元数据包。所以此时等效器显示收到诸元数据，同时回传的诸元数据比对正常。

6.3.8.2 采取的措施

将前端计算机的串口驱动发送限制由128字节改为512字节。

6.3.8.3 经验与启示

①编写驱动程序时要考虑硬件的使用约束。

②应用软件开发时考虑底层驱动程序的约束条件。

③软件测试时除对任务书及协议规定的正常状态进行测试外，还应关注系统中的异常情况，尤其是各单机间的接口，应对异常情况及边界进行测试。

6.3.9 接口设计的技术准则与禁忌

6.3.9.1 接口故障方面

针对接口故障方面的问题，应从系统设计、软件设计与实现和软件测试三个方面采取应对措施。

（1）针对应用协议在系统设计方面应关注的问题

在制定软件的接口协议时，一是要关注配置项之间协议的一致性，包括传输数据类型的一致性、传输数据顺序一致性、传输数据的量纲一致性等；二是要关注不同系统间软件接口协议的一致性和匹配性，如箭上系统与地面系统之间的一致性、测发控系统与指控系统、车控系统之间的一致性。

在制定软件的接口协议时，注意协议本身的完备性，一般通信接口协议帧应至少包含帧头、帧尾、长度、校验和等基本信息，对于在通信中传输数据的情况，应考虑在协议中增加转义的处理要求，避免在数据中出现特殊字符导致数据传输或识别的错误，对数据长度的范围给出合理性判别要求。

在进行软件内外部接口关系分析时，明确各种可能存在的故障、异常或特殊情况以及这些情况下软件的处理要求。

（2）需要识别的异常状态

在软件接口设计、实现时除要实现正常的任务要求外，还要充分识别通信过程中可能存在的特殊异常状态，一般包括：

①收不到数的情况、收到数据超时的情况、收到空数据包的情况、收到的数据包格式错误（包括帧头错、帧尾错、长度错误、校验和错等）的情况。

②收到的数据包格式正确但数据错误（包括收到无效指令、无效的数据、转义处理错误等）的情况。

③对于有重发机制的软件，接收方需要考虑收到重复性数据和指令的情况。

④软件在进行文件操作时，须注意文件打开、处理所使用的函数与文件数据类型（二进制、文本等）一致。

（3）在进行软件测试时，针对接口方面应采用的措施

①必须针对配置项开展接口的专项测试。

②在开展接口测试时，应画出软件/系统接口关系图，明确被测软件/系统内外部所有的软、硬件接口。

③要明确每个接口传输的数据类型、数据的值域范围、传输的方式（总线、A/D、I/O、共享内存等）、传输的数据量等；要分析每个接口的正常状态和异常状态，并逐项考核软件的处理是否满足要求。

④测试时要覆盖协议中的所有故障类型，确认被测软件判别出故障后处理实现正确。对于转义字符，除了要考核转义字符有和没有的情况，还要考虑转义字符错误时软件的处理是否正确。

⑤在进行软件测试验证时，除了正常状态的测试外，还需要考虑在各种可能的故障、异常状态下开展测试，必要时还可针对接口开展专项的强度测试工作，通过增加数据的发送频率或数据长度来考核软件的适应性。

⑥应注意在综合实验环境下验证并覆盖靶场的所有状态，同时应加强软件自查力度和软件测试覆盖性。

6.3.9.2 总线方面

总线接口因其复杂性和应用的广泛性，在接口问题中所占比例较高，在软件设计和测试中应注意以下问题。

（1）总线的接口方面，在软件设计时应考虑的问题

①在总线接口中断使能前必须完成CPU接口初始化操作。

②应进行总线消息的时序分析，对周期性消息和随机消息进行时间间隔分析，是否存在消息碰撞的可能。

③应分析是否存在低优先级任务被高优先级任务打断而造成消息响应延时的可能，必要时采取措施。

④软件应具备处理连续总线消息的能力：接收总线消息应采用堆栈方式进行消息命令的读取，以确保总线消息的全部读取。

⑤进行总线消息发送时，应采用多缓冲方式发送数据，避免因读写冲突造成数据无法读取或读取到的数据不是一帧正确数据。

（2）在开展总线的相关测试时要注意的问题

①通过代码审查的方式针对总线接口初始化的正确性进行审查。

②从接口协议要求出发，考核被测软件实现接口通信的正确性。

③对总线冗余使用的正确性，设计故障考核总线切换的正确性。

④考核总线消息碰撞或一个处理周期多个总线消息时软件的处理能力。

⑤考核软件写接口数据的同时对方进行读消息，消息是否能被正确读取的情况。

7 失效模式控制——FPGA软件时序故障

软件在装备中发挥着越来越重要的作用，软件研制正在主导硬件研制，装备研制小型化、集成化、智能化使得可编程逻辑器件特别是FPGA的应用逐渐增多，FPGA软件数量和规模成倍增长，个别型号箭上A/B级软件中，FPGA软件占比已经接近一半。近年来，软件研制周期大幅度缩短，国产硬件和国产基础软件在型号中广泛应用，对FPGA软件的质量保证提出了新的挑战。

随着FPGA产品复杂度和通信速率的提高，时钟域划分越来越复杂，时序设计已经成为影响FPGA产品安全性、可靠性的核心因素。只要数据传输中寄存器建立保持时间不满足要求或者复位过程中复位信号的释放相对于有效时钟沿移除恢复时间不满足要求，寄存器可能会出现亚稳态，导致时序余量不足。

在型号研制过程中发生的48例FPGA软件问题中，通信接口问题（19例）与跨时钟域处理问题（7例）占所有设计问题的62%（26/42），是FPGA软件的主要问题，基本上每年都会出现跨时钟域处理不当或同步时序错误的归零问题。跨时钟域处理问题发生的主因是设计人员对跨时钟域处理不当，时钟域之间的数据交互较为随意，并且研制方缺少检查的验证工具。随着FPGA软件第三方测评工作的深入展开，简单的跨时钟域处理错误问题有所降低，但是在时钟域复杂或高速设计中还是会偶尔发生。通信接口问题主要集中在总线接口时序错误、芯片时序错误、接口通信协议实现错误、输入信号未作同步等错误上，问题的原因主要是时序设计错误、接口时序分析不到位、安全性设计缺失等，需要设计人员在接口时序设计与分析、异常处理设计等方面进一步规范，保证工作质量。

因此，为了降低或消除时序失效模式对FPGA软件设计的影响，需要针对异步电路采用跨时钟域处理的方式，针对同步电路通过时序分析的方法，进一步提高FPGA软件设计的安全性和可靠性。

7.1 时序机理分析

7.1.1 时钟域理论

如图7-1所示，单个时钟通过分频模块产生不同频率的两个时钟属于同一时钟域，PLL锁相产生的不同频率时钟属于两个时钟域（频率成倍数关系的可看作同一时钟域）。

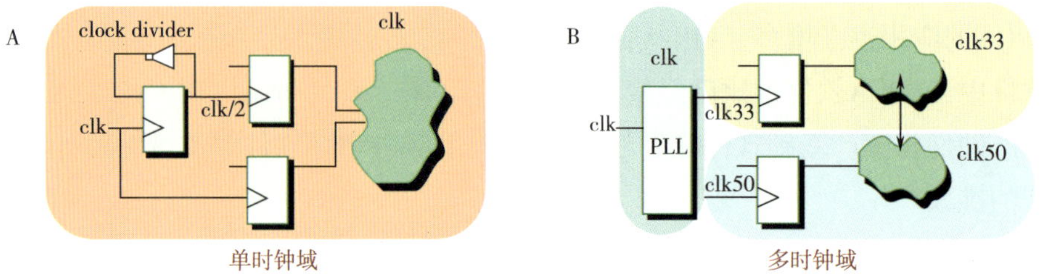

图7–1　时钟域示意图

7.1.2　亚稳态理论

亚稳态是指触发器无法在某个规定的时间段内达到一个可确认的状态。对任何一种触发器，在时钟触发沿前后存在一个小的时间窗口，输入信号在判决窗口内必须保持稳定，否则触发器就会进入一个不稳定的状态，既无法预测该单元的输出电平，也无法预测何时输出才能稳定在某个电平上。

输入信号在建立、保持时间期间发生变化，在时钟上升沿过后，由于输入端不满足建立、保持时间的要求，触发器输出端出现震荡，我们称这个不稳定的状态为亚稳态。

建立时间是指在有效的时钟沿到来之前，寄存器输入信号需要保持稳定不变的最小时间。

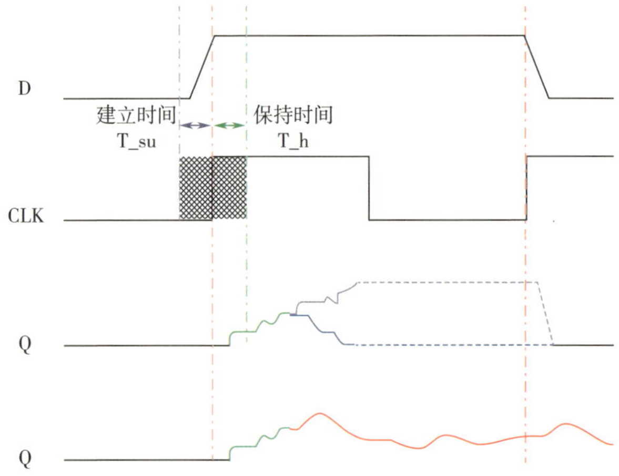

图7–2　产生亚稳态的电路示意图

保持时间是指在有效的时钟沿到来之后，寄存器输入信号需要保持稳定不变的最小时间。

图7–2是亚稳态发生时电路输出时序的示意图，当建立、保持时间不满足设计要求时，会输出产生长度不定的震荡电路，轻则控制在一个时钟周期内，重则超过一个

时钟周期，甚至多个周期。一旦震荡电路超过本周期，产生的影响会继续传递，影响后续电路的稳定性。

7.1.3 跨时钟域处理理论

随着FPGA内外部时钟域划分越来越复杂，FPGA软件跨时钟域处理方式不对或处理不彻底导致归零的情况屡见不鲜。在多时钟域的电路设计中，当信号从一个时钟域传递到另一个时钟域时，该信号对于目的时钟域来说是异步的。因此，接收该信号的电路需要对该信号做同步处理。同步处理可以避免新时钟域下连接的第一级触发器产生亚稳态问题并通过电路继续向后传播。

亚稳态是FPGA软件出现跨时钟域问题的根源，一般由于建立保持时间余量、移除恢复时间余量不足，数据传输会产生错误。亚稳态带来的功能性错误以概率低、故障复现定位难著称。例如：某型号FPGA软件出现异常帧出现的频率约为2～3次/10 000帧，并且异常帧中开始的位置没有规律；某型号复现跨时钟域故障的时间长达一周，造成了大量的人力物力损耗。因此，跨时钟域处理不当带来的问题已经严重影响到型号研制进度和产品质量。

7.2 故障案例

7.2.1 异步时钟域处理故障模式

7.2.1.1 存在隐患的处理电路

不同极性的两级同步如图7–3所示。

不同极性的数据同步如图7–4所示。

控制总线采用门控目标时钟如图7–5所示。

数据总线采用门控目标时钟如图7–6所示。

采用dmux结构如图7–7所示。

同步冗余一如图7–8所示。

同步冗余二如图7–9所示。

再聚合逻辑如图7–10所示。

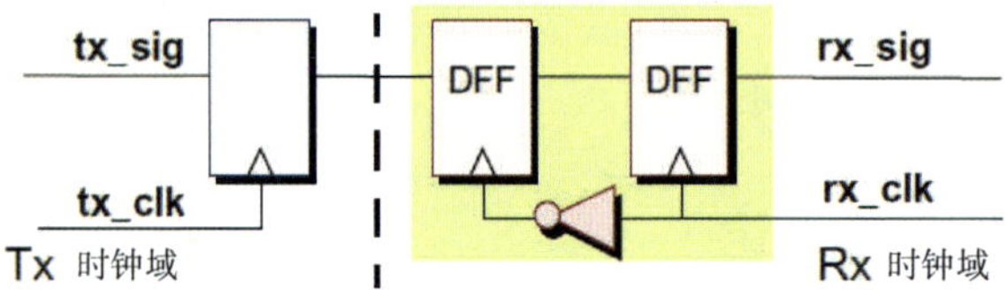

图7–3　不同极性的两级同步示意图

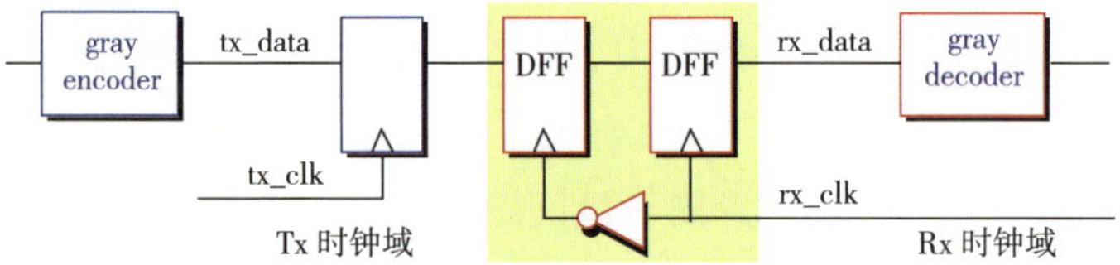

图7–4　不同极性的数据同步示意图

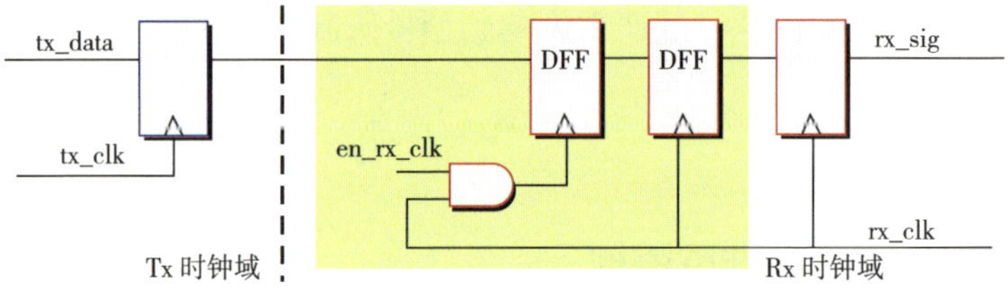

图7–5　控制总线采用门控目标时钟示意图

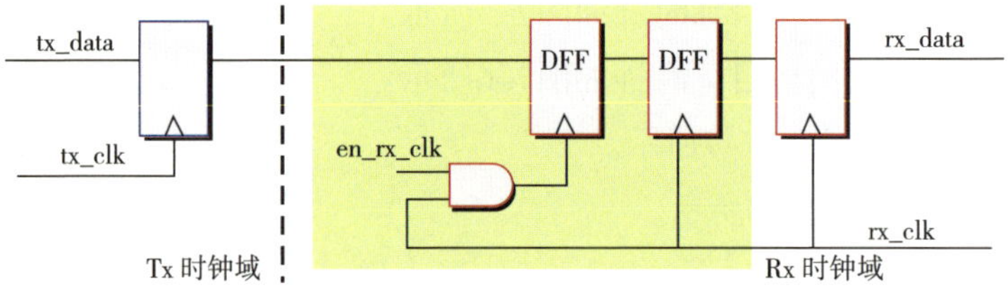

图7–6　数据总线采用门控目标时钟示意图

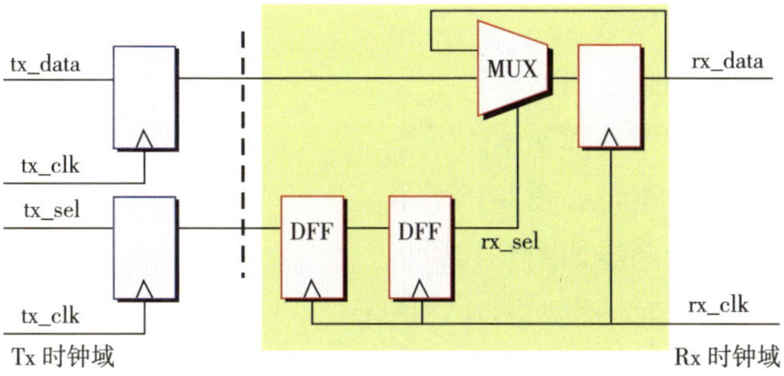

图7-7 采用dmux结构示意图

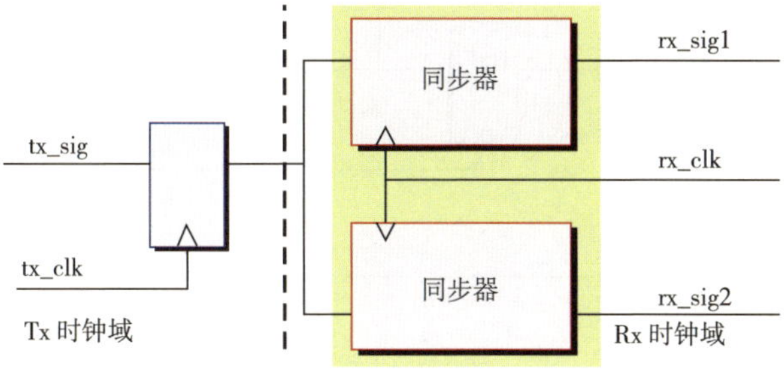

图7-8 同步冗余一示意图

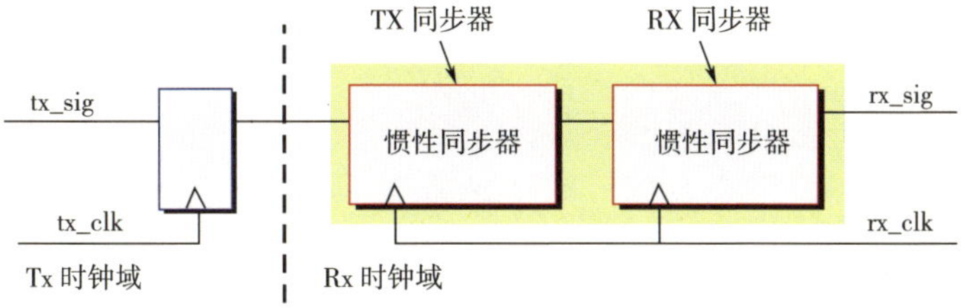

图7-9 同步冗余二示意图

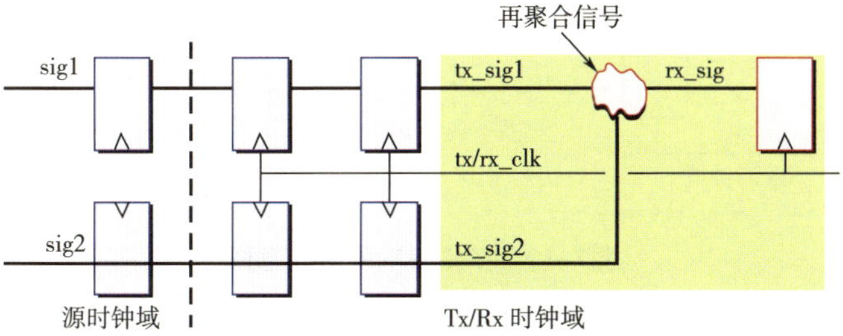

图7-10 再聚合逻辑示意图

7.2.1.2 无效的处理电路

单比特未同步如图7-11所示。

多比特未同步如图7-12所示。

同步器前有组合逻辑如图7-13所示。

异步复位逻辑未同步如图7-14所示。

源时钟存在多个时钟组如图7-15所示。

存在同源再聚合逻辑如图7-16所示。

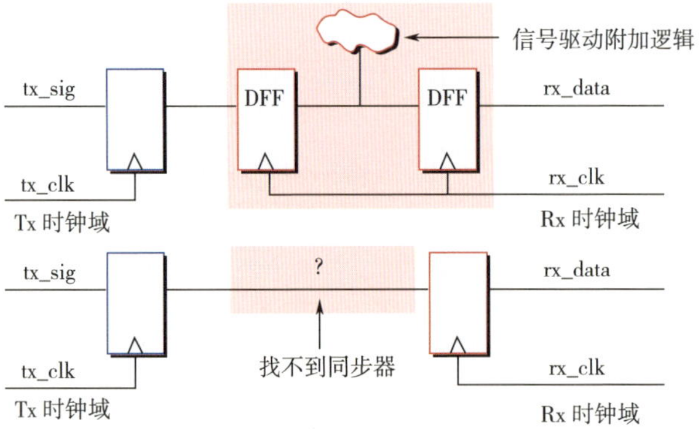

图7-11 单比特未同步示意图

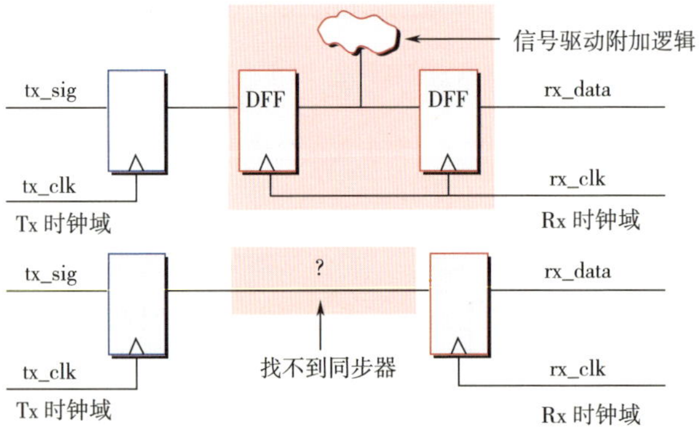

图7-12 多比特未同步示意图

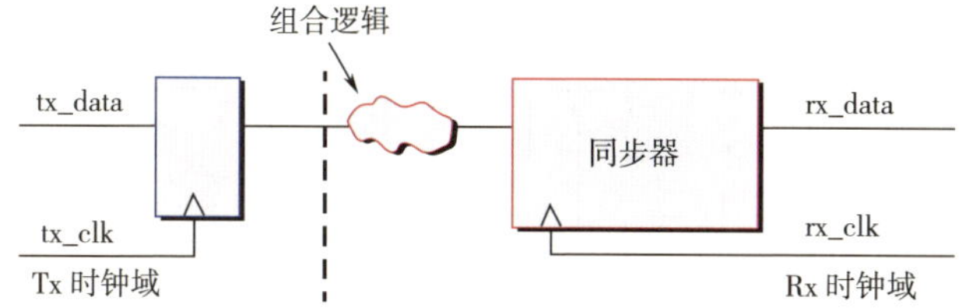

图7-13 同步器前有组合逻辑示意图

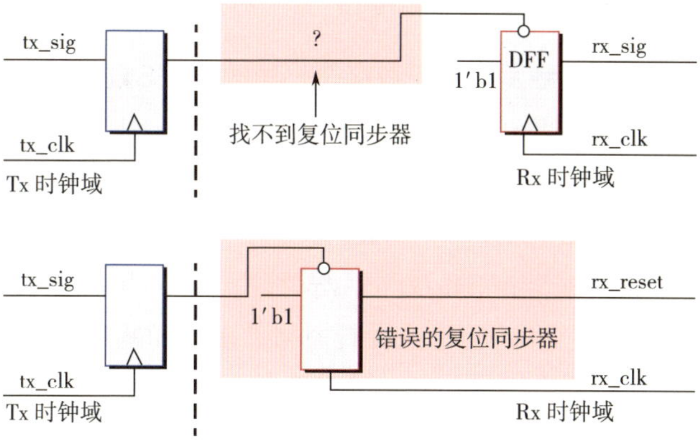

图7-14 异步复位逻辑未同步示意图

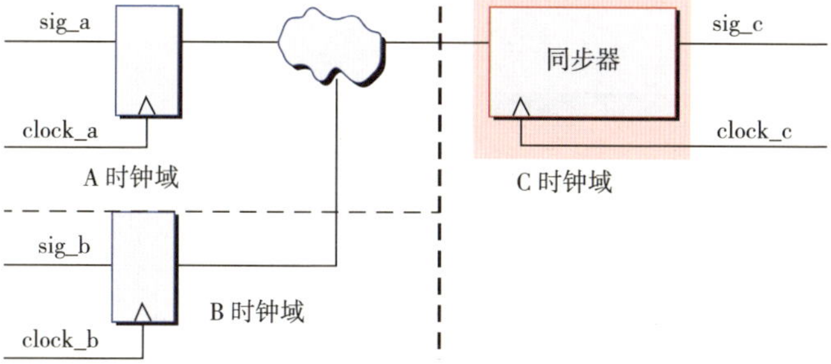

图7-15 源时钟存在多个时钟组示意图

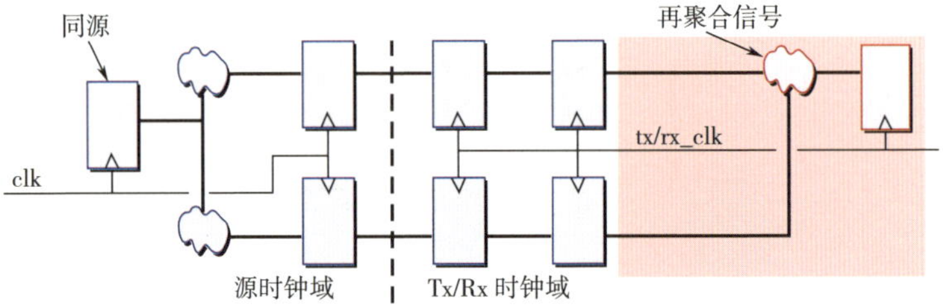

图7-16　存在同源再聚合逻辑示意图

7.2.2　异步时钟域处理失效案例

7.2.2.1　时钟异步造成触发器处于亚稳态，导致GNSS数据间歇错误

某测量综合控制器测试台（以下简称“测试台”）测试振动试验中测量综合控制器时，测试台记录的全球卫星导航系统（GNSS）结果数据间歇性出现异常数据帧。正常数据应为“0x003355FF”的循环，而异常数据帧的前半帧正常，后半帧数据全为“0x00”。异常帧出现的频率约为2～3次/10 000帧，异常帧中“0x00”开始的位置没有规律。发现问题后，更换另一台测试台进行测试，结果仍然有同样的异常情况发生。

外部帧同步信号与CPLD内部沿触发时钟异步可能导致触发器处于亚稳态。测试台工作原理如下：测试台内部信号源产生GNSS数据并将其传输到综合控制器，综合控制器把GNSS数据编码组帧进PCM码流，再回送到测试台，测试台对接收到的PCM数据进行记录和解析，如果解析出的GNSS数据和信号源发送的数据相符，说明综合控制器工作正常。数据流图如图7-17所示。

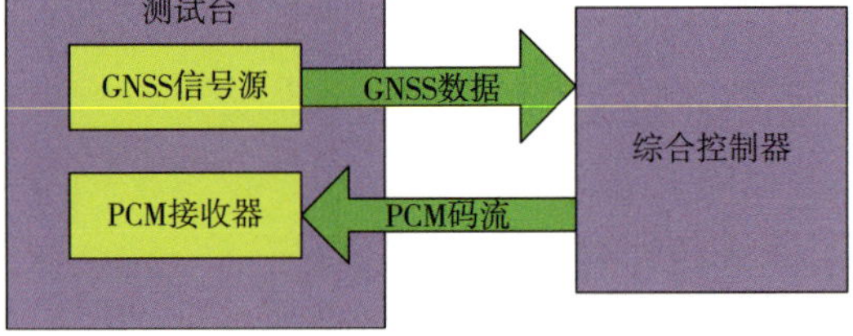

图7-17　数据流图

GNSS信号源的时序如图7-18所示。帧同步信号（frame_in）为外界输入

信号；移位脉冲、数据、中断信号（mcu_int）为输出信号。工作流程如下：CPLD接收到帧同步信号后会产生中断信号，并在帧同步信号的上升沿开始，经过“t2”时间后，产生移位脉冲和数据信号，共1 000个移位脉冲，即125个字节数据。

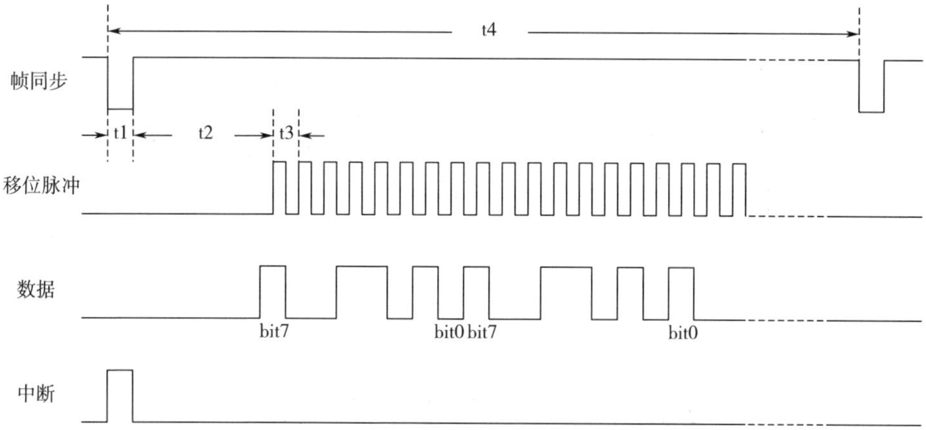

图7-18　GNSS信号源时序

通过代码走查发现：t2和t3的时间均是依靠CPLD内部计数器count_11的计数来实现的。count_11的计数源为一个400kHZ的时钟，计数器count_11的值在帧同步的上升沿初始化为2 047，并且在400kHz时钟sys_ck的每个下降沿递减，直至count_11的值递减到0为止。在count_11的值处于2 047和2 001之间时，移位脉冲保持低电平，以实现图7-18中的t2延时；在count_11的值处于2 000和1之间时，移位脉冲在400kHz时钟sys_ck的下降沿反转以输出移位脉冲信号；在count_11的值为0时，移位脉冲保持低电平。部分代码RTL图如图7-19所示。

但由于帧同步信号frame_in与CPLD内部时钟sys_ck为异步关系，当帧同步信号上升沿时刻与采样时钟下降沿接近时，与该信号相关的寄存器将进入亚稳态，复现故障时示波器观测结果如图7-20所示，重要寄存器count_11初始化值错误，11位寄存器某些位为0，某些位为1。

采取的归零措施是增加同步化处理模块，具体操作是在帧同步信号输入端增加D触发器，对CPLD内部使用的帧同步信号进行同步化处理。

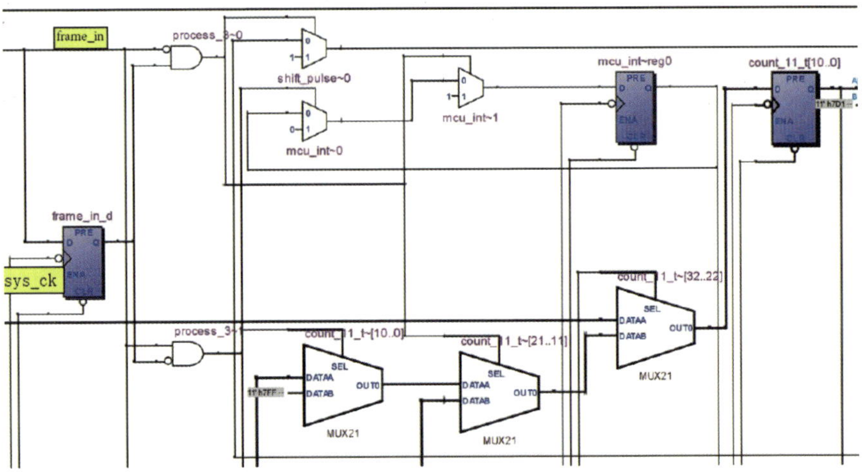

图7–19　部分代码RTL图

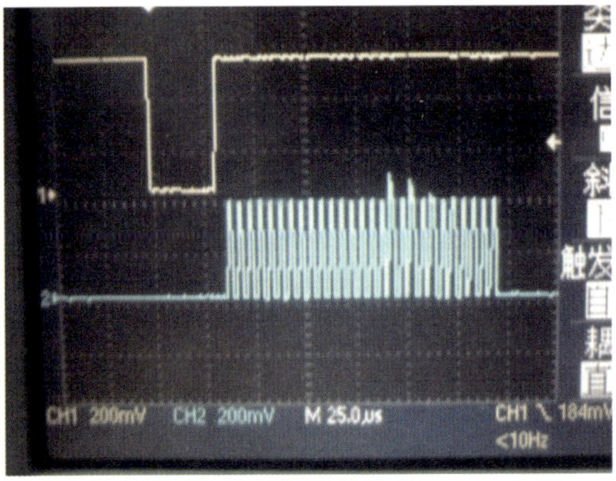

图7–20　波形图

7.2.2.2　跨时钟域同步处理不到位造成测量数据帧计数未清零

某型号遥测系统参加技术阵地第四次总检查，测试结束后相关人员对箭上存储器下载的数据进行分析，发现控制系统发出“起飞”指令时，头遥数据中的帧计数未清零。

经故障树分析和试验验证，遥测系统收到“起飞”指令后帧计数未清零故障定位为：由于对跨时钟域信号同步处理不当，握手信号变成高电平的同时，帧计数清零信号没有变成高电平，从而未能实现帧计数清零。

当起飞有效信号fly_valid为高电平后，在时钟clk_rd的上升沿，帧计数清零信号fly_valid_m置为高电平，帧计数就可以清零了；帧计数清零后，信号fly_valid_m置为低电平，帧计数继续累加。帧计数清零时序图如图7–21所示。

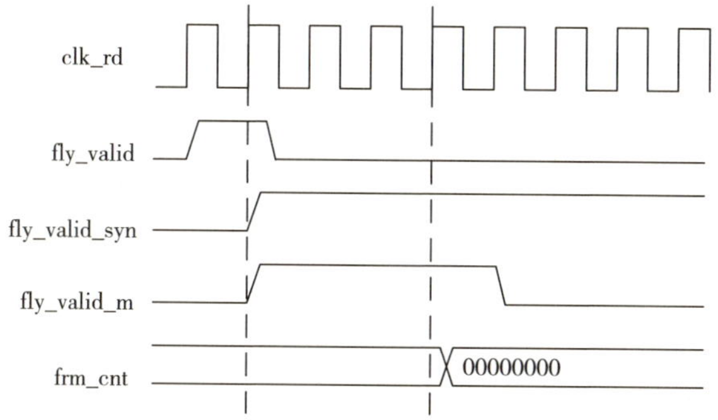

图7–21　帧计数清零时序图

信号fly_valid（1）和fly_valid（2）为fly_valid的两个同源分支，如图7–21所示，其波形相同，但由于在FPGA内部经历的实际路径不同，故存在如图7–22所示的时序关系，即两信号间存在相位差。

时钟clk_rd来自时钟clk_20M的分频，由于加入了额外的组合逻辑，未使用锁相环，故clk_rd（666k）会相对于clk_20M产生不确定的时延。如果时钟clk_rd的上升沿正好落在如图7–23所示的位置，即落在信号fly_valid（1）上升沿之后和fly_valid（2）上升沿之前，使得应答信号fly_valid_syn在clk_rd第一个上升沿后输出为高电平，而 fly_valid_m没机会被成功置位为高电平，保持低电平不变。

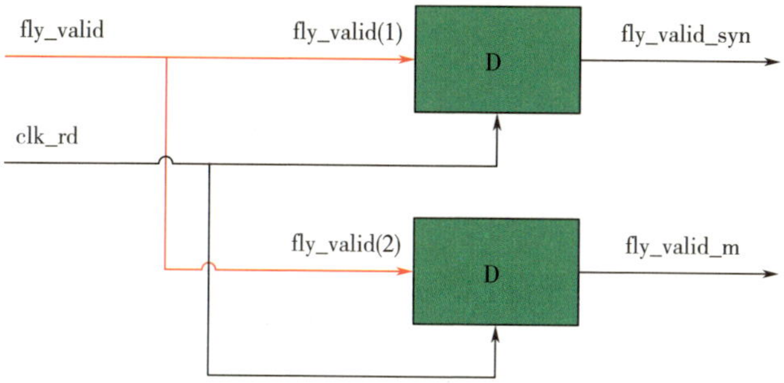

图7–22　握手信号与帧计数清零信号逻辑关系图

fly_valid_syn为高电平后，在下一个时钟clk_20M的上升沿将fly_valid撤除为0，fly_valid（1）和fly_valid（2）伴随为0。全过程中，fly_valid_m信号失去了被置高电平的机会，即未实现帧计数清零，故障出现。

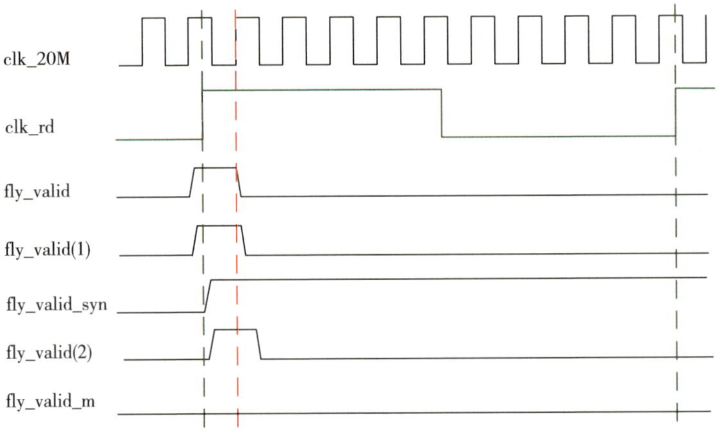

图7-23　收到“起飞”信号后帧计数未清零时序图

根据分析，只有当时钟clk_rd采样到fly_valid（1）为高而fly_valid（2）为低时才会出现故障，其他情况均不会出现故障，该故障为概率事件。

采取的措施是增加同步化处理模块，具体的操作是在帧同步信号输入端增加D触发器，对CPLD内部使用的帧同步信号进行同步化处理。

最终解决的措施是将所有跨时钟域信号统一在同一个全局时钟域下。

在许多应用中，只将异步信号同步化是不够的，最好的方法是将所有非同源时钟同步化。使用CPLD内部的锁相环（PLL或DLL）是一个效果很好的方法，但不是所有场合都可以使用锁相环，此时需要采用别的方式对时钟进行同步处理。

如图7-24所示，假设系统有两个不同的时钟源，一个为3MHz，一个为20MHz，为了系统稳定，我们用20MHz时钟对3MHz时钟同步化，20MHz时钟将作为系统时钟，输入所有触发器的时钟端，clk_en将接到原来接3MHz时钟的触发器的使能端，从而利用20MHz时钟将3MHz时钟同步化。

7.2.2.3　接口信号滤波未同步导致总线点名自检外频标错误

在对某产品做“总线点名自检”流程时，飞控计算机自检异常，自检码“0xAA41”代表惯组外频标异常，飞控计算机已切换到内频标；而将惯组设

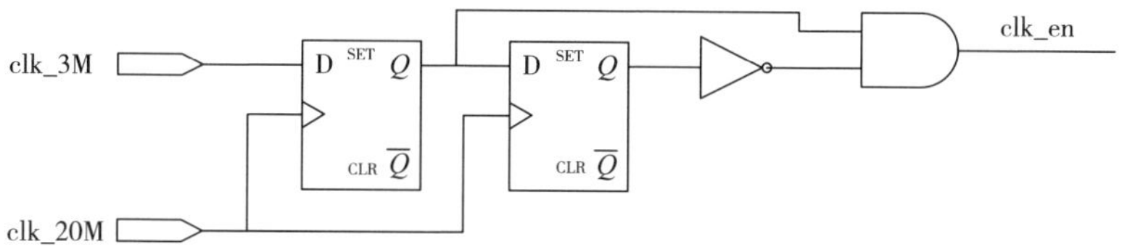

图7-24 时钟同步

备换成遥一状态时，设备自检正常，飞控计算机为外频标。

系统要求如下：

惯组5ms输入到FPGA内部，通过数字滤波器，滤波宽度100μs，并同时将FPGA内部切换标志设置为“0”。

复位（上电、手动）结束后9s（系统稳定建立阶段）开始检测，如果检测不到惯组5ms，采用内部时钟分频给出5ms周期时钟作为飞控周期中断信号，该5ms信号与外部5ms不同步，并不再与惯组5ms进行同步对时。如果检测到惯组5ms，将FPGA产生的5ms信号与惯组5ms同步。

在判断惯组5ms有输入后，判断之后的每个周期的当前上升沿距上一个上升沿的时间是否符合4.8~5.2ms的周期宽度要求。

若符合要求，则用该上升沿产生分频计数器的清零信号，同时输出的5ms周期产生一个由高到低的跳变，置FPGA内部切换标志为“1”。飞控软件通过读取标志，判断该位的值为“1”时，表明当前5ms中断与惯组5ms同步。

当检测到惯组5ms间隔大于5.2ms或小于4.8ms时，计数器的清零信号由本机时钟产生，同时置FPGA内部切换标志为‘0’，之后不再与惯组5ms进行同步对时。飞控软件通过读取该标志，表明当前5ms中断没有与惯组5ms信号同步。

在本机自己产生5ms阶段，由本机计数周期为5ms的计数器产生5ms信号，并置内部切换标志为‘0’。

经过分析，问题定位于对接口信号滤波时没有采取同步两拍的操作，出现了亚稳态的问题。

代码如下：

```
process（main_clk，rst_n）
begin
  if rst_n = ‘0’ then
```

```
............
  elsif main_clk’event and main_clk =’1’ then
   if sig_i = ‘1’ then
     if count25000_high = x”9c4” and sig_fil_real_high =’0’ then
   ............
```

对于以上代码，sig_i信号为外部输入的惯组5ms，即外频标。测试判断sig_i是否为1，对高电平进行计数器滤波处理。

但是由于sig_i没有进行同步处理，外部sig_i与内部main_clk下的信号属于不同的时钟域，属于异步关系。

分析网表如下：综合后，f5msin_c信号为外部sig_i信号，f5msintemp信号为输出信号，如图7-25所示。

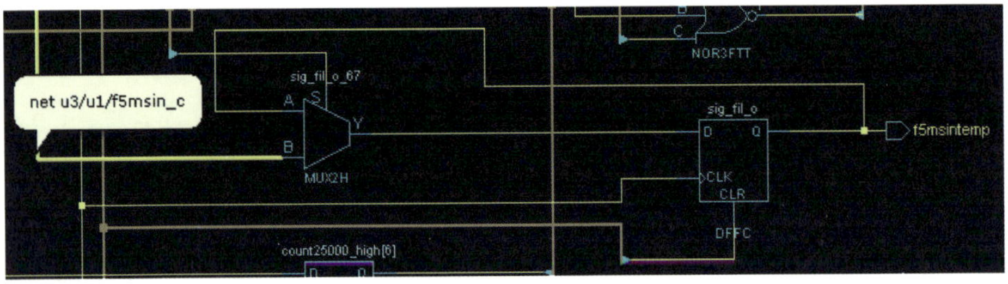

图7-25 网表综合结果

设计应当在f5msin_c信号连接到MUX之前对f5msin_c进行跨时钟域的同步化处理。

亚稳态情况如图7-26所示。

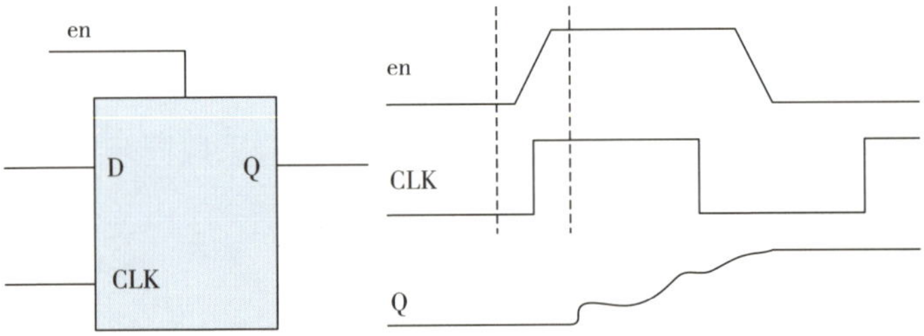

图7-26 亚稳态情况

根据以上分析，对FPGA程序进行了修改，增加了以下代码：

```
process（main_clk）
begin
  if main_clk’event and main_clk =’1’ then
   sig_i_temp<=sig_i_temp（1 downto 0）& sig_i;
  end if;
end process;
```

其中，sig_i为输入5ms 信号，使用sig_i_temp（2）作为计数器的使能控制信号。在进入滤波计数器前进行了三级寄存器采样处理，防止亚稳态问题的传播，使其不会对滤波计数器产生影响。修改后的程序写入初样状态计算机，没有出现频标异常问题。

7.2.2.4 跨时钟域信号未做同步处理直接使用导致数据传输错误

某产品进行图像分系统测试时，稳定成像装置图像存储组合读取数据异常。地面测试设备接收了162幅图像，并同时将图像写入存储组合，测试过程中稳定成像装置图像输出和其他指标均正常；进行读存储组合测试，结果只读出11幅完整图像，正常情况下从存储组合读出的图像应为162~163幅。之后重新进行图像分系统测试，测试连接状态无变化，进一步定位故障，故障未复现。

经分析，问题定位于FPGA软件运行异常，即跨时钟域问题。上电后，存储组合进入自动读操作状态，检测到一页数据均是“0xFF”时，该地址即为上次写数据的末地址。当写操作使能信号en为“1”时，在片内50Mhz时钟上升沿，将末地址赋值给写起始地址寄存器。信号en是由外部4Mhz时钟产生的，存在跨时钟域问题，且未做时钟同步处理，会产生亚稳态现象，导致写起始地址寄存器赋值不正确。

在FPGA系统中，如果输入信号（en）刚好在D触发器时钟信号的边沿处变化，数据传输时不满足触发器的建立时间和保持时间要求，就会产生亚稳态，此时触发器输出端在有效时钟沿后比较长的时间内处于不确定的状态，造成数字电路逻辑混乱（见图7-27）。

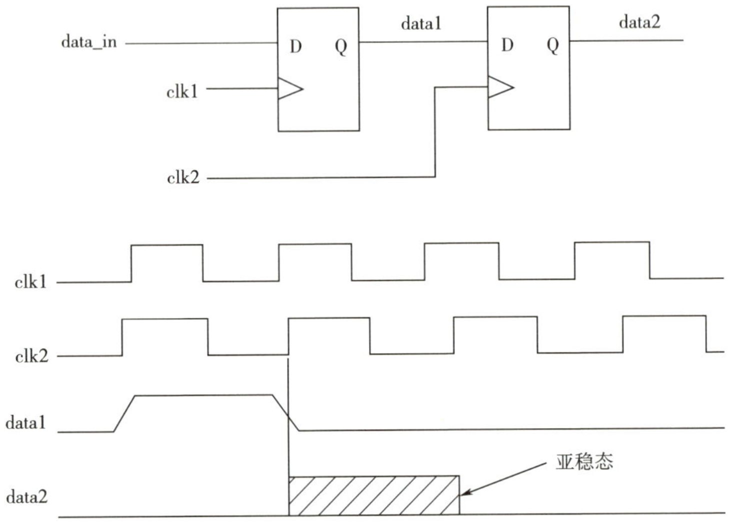

图7-27　亚稳态产生示意图

上电后FPGA所有触发器的输出均复位为00H。搜索数据末地址模块输出数据末地址到写数据模块，以便开机信号到来后，写数据模块从此地址开始执行写操作。指令译码模块在4Mhz时钟下工作，当收到有效的写指令后，使能信号en有效，在50Mhz时钟的上升沿，触发器的输出Q更新为触发器的输入D。

由于en信号和D触发器的50Mhz工作时钟是异步的，因此会产生图7-28所示的亚稳态。在触发器的输出端Q还没有稳定时，写数据模块（状态机）锁定一个错误地址，作为起始写地址，控制写操作，导致后续写数据时没有从正确的地址开始写入。

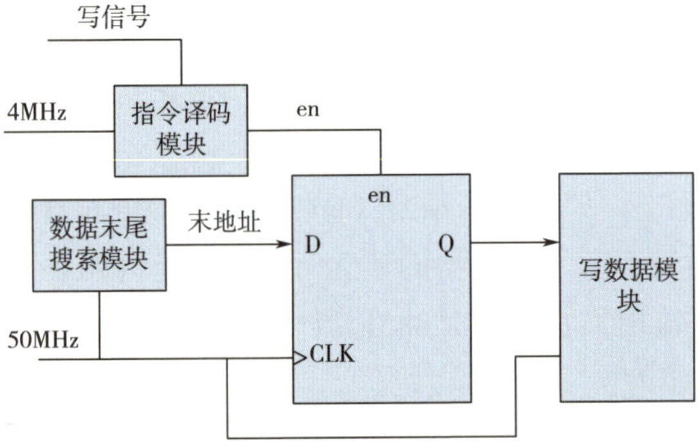

图7-28　图像存储组合原理框图

在本次故障发生时，地址没有正确更新，保持为初始化后的地址X“00000”，导致追加存储工作时，两次写操作中前次写入数据被部分覆盖（见图7-29）。其中蓝色部分表示整个flash的地址，嫩绿色部分表示第一次写入的地址（从地址X“00200”开始），灰色部分表示第二次写入的地址（从地址X“00000”开始）。

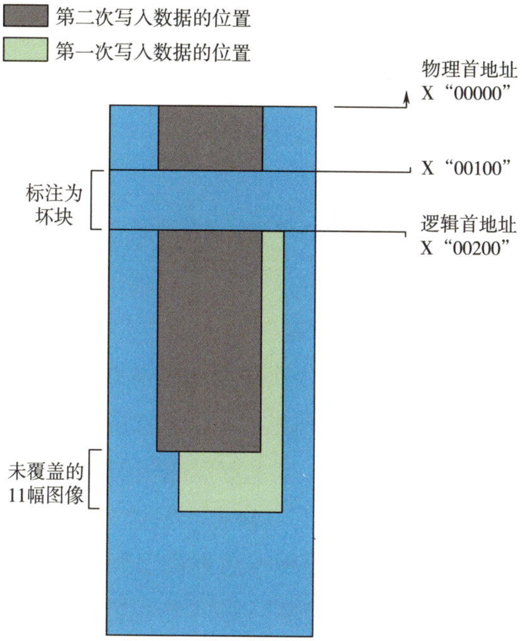

图7-29　数据写入覆盖示意图

注：逻辑首地址为读数据地址和首次写数据地址

在本次故障测试中，50Mhz时钟上升沿采到信号en的变化沿时产生了亚稳态现象，写数据起始地址寄存器赋值不正确，依然保持初始值X“00000”。

采取的措施是跨时钟域信号同步两拍后再使用。

模块inf_cmd产生的使能信号en，作为第一级寄存器DFF1的输入，输出信号为en1；第二级寄存器DFF2以en1位输入端，输出信号为en2；寄存器DFF3以en2为输出使能控制信号，即当en2为“1”时，给输出信号Q赋值，否则，信号Q保持原来状态。3个寄存器的时钟频率均为50Mhz，原理图见图7-30。

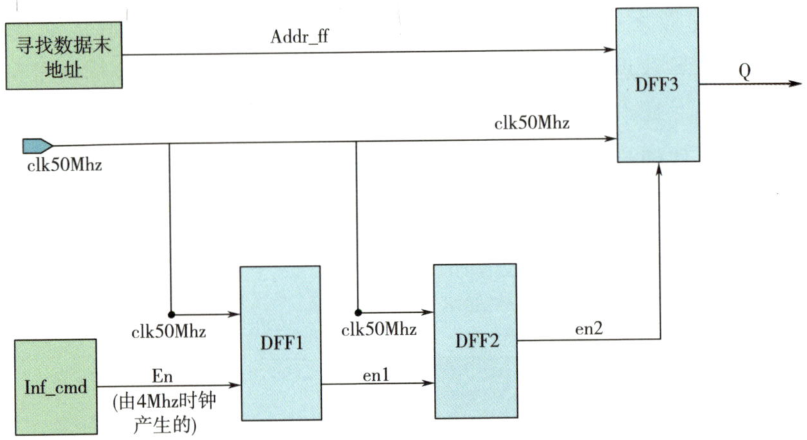

图7–30　修改后的原理图

7.2.2.5　跨时钟处理信号再聚合问题

某产品多星分离控制装置FPGA软件进行第三方测试，采用跨时钟域检查工具检查接口跨时钟域处理的正确性时，发现存在跨时钟域处理出现信号再聚合问题（见图7–31）。

Type	Check	TX Signal	RX Signal	TX Clock	RX Clock	TX Module	RX Module	Through
Violation (3)								
Violation	Async Reset No Sync	reset_p_buf[2]	bu64703_control1.busy_n	Global_clk_16M	VCLK_64703	kk22_ap4	bu64703_control	bu64703_control1.rst
Violation	Single Source Reconvergence (2)							
Violation	Single Source Reconvergence	bu64703_control1.cwc2,... (2)						
Violation	Single Source Reconvergence	bu64703_control1.cwc2,...	relay_output1.finish_rec	Global_clk_16M,...	Global_clk_16M	bu64703_control,...	relay_output	
Violation	Single Source Reconvergence	bu64703_control1.cwc2,...	relay_output1.mark1	Global_clk_16M,...	Global_clk_16M	bu64703_control,...	relay_output	

图7–31　跨时钟域检查

经过分析发现，FPGA在完成与外围芯片64703接口之间的跨时钟域处理时，某信号被分别进行了跨时钟域处理，分别做了同步化处理，然后再次做了数据交互。这就使得程序可能出现节拍上的不一致（见图7–32）。

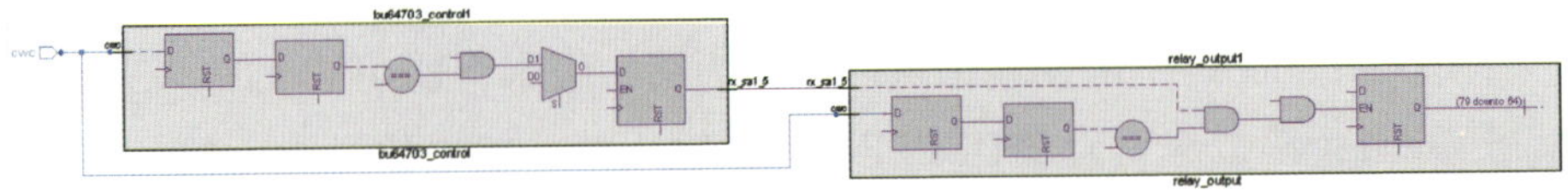

图7–32　跨时钟域处理

CWC信号分别通过两次同步后进行后续处理，应当先对CWC信号做完两级同步后再做处理。

```
elsif clk'event and clk ='1' then
    wr_n1 <= ACE_MEMWR_n;
    wr_n2 <= wr_n1;
    wr_n3 <= wr_n2;

    CWC1 <= CWC;
    CWC2 <= CWC1;

    data1 <= ACE_D;
    data2 <= data1;
end if;
```

```
elsif clk'event and clk ='1' then
     INCMD_1 <= INCMD_n;
     INCMD_2 <= INCMD_1;
     INCMD_3 <= INCMD_2;
     T_R1 <= T_R;
     T_R2 <= T_R1;
     SA1 <= SA;
     SA2 <= SA1;
     CWC1 <= CWC;
     CWC2 <= CWC1;
     rst_n_64703 <= '1';
 end if;
```

采取的措施是将CWC先同步后再使用。再次进行跨时钟域检查，发现此问题被修复。

7.2.3 同步时序设计失效模式

7.2.3.1 时序约束编写错误

时序约束编写错误是指对时钟域划分不清晰、没有区分时钟域之间的同步异步关系、时钟频率过约束或欠约束等。

7.2.3.2 时序约束编写遗漏

时序约束编写遗漏指同步接口时序缺少输入输出时序约束、伪路径时序约束、多周期时序约束、计数器分频约束遗漏等。

7.2.3.3 静态时序分析结果不通过

静态时序分析结果不通过指没有覆盖三种工况、建立保持时间不满足、移除恢复时间不满足、最小时钟脉冲宽度不满足等。

7.2.4 同步时序设计失效案例

7.2.4.1 采集处理软件高速链路初始化问题

在某产品导引头开展高速链路的初始化举一反三复查时发现，采集处理FPGA软件中ADC与FPGA之间的204B高速链路握手信号SYS_REF时序设计不足。

根据举一反三的要求，复查了采集处理FPGA软件中的高速总线的配置时序，发现204B总线的参考信号SYS_REF在FPGA输入端没有约束input delay 的延迟值，导致程序编译时没有对该信号进行静态时序分析，存在出现亚稳态的风险（见图7–33）。

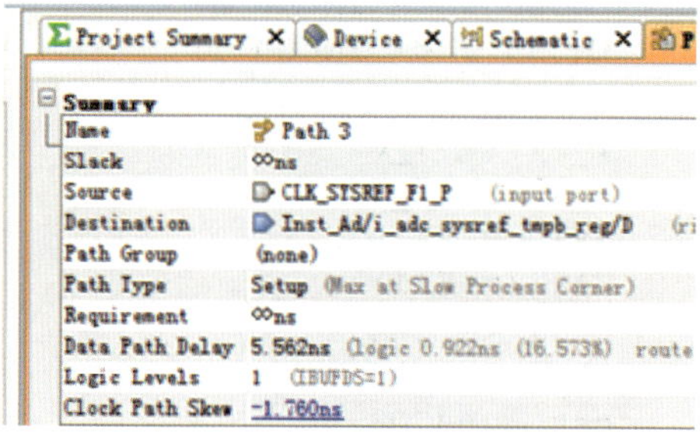

图7–33 SYS_REF输入端时序约束

针对SYS_REF信号的输入延迟进行进一步时序分析。

（1）FPGA内部时序分析

当采样时钟CLK150MHz的上升沿与SYS_REF信号的上升沿重合时，会发生采样亚稳态。根据编译结果，SYS_REF数据路径延迟为5.562ns，CLK150MHz时钟延迟为–1.76ns。根据Xilinx官方接口分析公式计算时序余量：

Slack=requirement time – Data Path Delay

其中Slack为时序余量，当Slack=0时会出现采样亚稳态；requirement time是采样时钟CLK150MHz的延迟时间，为6.67（150MHz周期）–1.76=4.91ns；Data Path Delay是数据路径延迟，为5.562ns。计算得到Slack= 4.91–5.562= –0.652ns。因此，FPGA输入端SYS_REF信号若超前时钟信号CLK150MHz 约0.652ns时会发生采样亚稳态。

SYS_REF信号和采样时钟CLK150MHz信号均由时钟芯片提供给FPGA，因此，对时钟芯片的输出的这两路信号的时序进行分析。

（2）FPGA外部时序分析

204B高速总线是ADC与FPGA之间的数据总线，该总线需要SYS_REF作为参考信号才能完成高速总线的链路建立。在硬件设计中，SYS_REF信号和采样时钟CLK150MHz信号均由时钟芯片提供（见图7–34）。

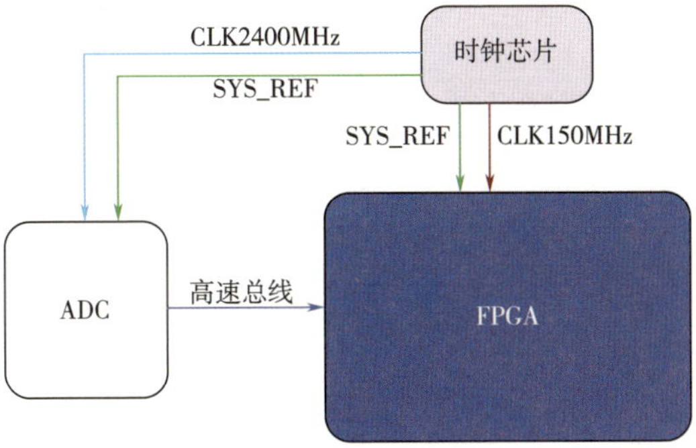

图7–34 ADC与FPGA原理框图

分析时钟芯片的内部工作原理框图可知，CLK150MHz时钟由CLK2400MHz分频16倍输出，SYS_REF信号由CLK2400MHz分频2 048倍输出。两个信号的分频器为两个独立的分频电路红色箭头（见图7–35），多次上电时CLK150MHz时钟和SYS_REF信号会出现不同的延迟。

FPGA外部的SYS_REF信号与时钟CLK150MHz的相对延迟由时钟芯片输出延迟和PCB路径延迟两部分组成。SYS_REF信号和时钟信号均由2 400MHz分频得到，2 400MHz的周期为0.416ns，由于分频器不同步，所以相对延迟会以CLK150MHz 1个时钟周期（0.416ns）的整数倍变动。当某次上电出现SYS_REF超前时钟CLK150MHz 1个时钟周期（0.416ns）时，加上根据PCB走线长度计算的传输路径延迟0.152ns，在FPGA输入端SYS_REF超前时钟CLK150MHz 0.568ns，考虑时钟CLK150MHz最大抖动约为0.1ns，那么最终SYS_REF超前时钟CLK150MHz的范围为 0.568ns~0.668ns。当超前时间约为0.652ns时，可能导致SYS_REF信号发生采样亚稳态。

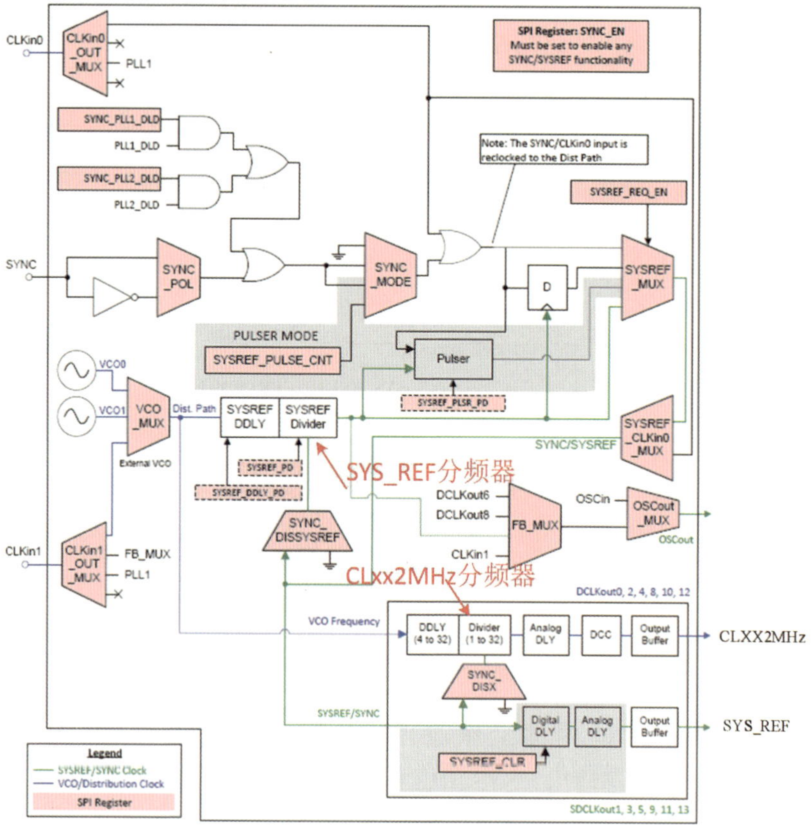

图7–35　时钟芯片内部原理框图

（3）存在的风险

当SYS_REF信号发生采样亚稳态时，会出现SYS_REF信号的上升沿前后抖动一拍，之后对204B的IP进行ModelSim仿真，在SYS_REF上升沿前后抖动一拍时，204B链路会重新建链，建链过程中ADC无法正确传输数据给FPGA，导致信号丢失。如果亚稳态持续存在，会导致长时间丢失信号（见图7–36）。

（4）采取的措施

①增加配置时钟芯片：采集处理FPGA软件增加时钟芯片的配置内部SYNC信号同步两个独立的分频器，确保每次上电时输出CLK150MHz时钟和SYS_REF信号相对延迟固定。

②增加SYS_REF输入延迟约束：采集处理FPGA软件增加SYS_REF输入延

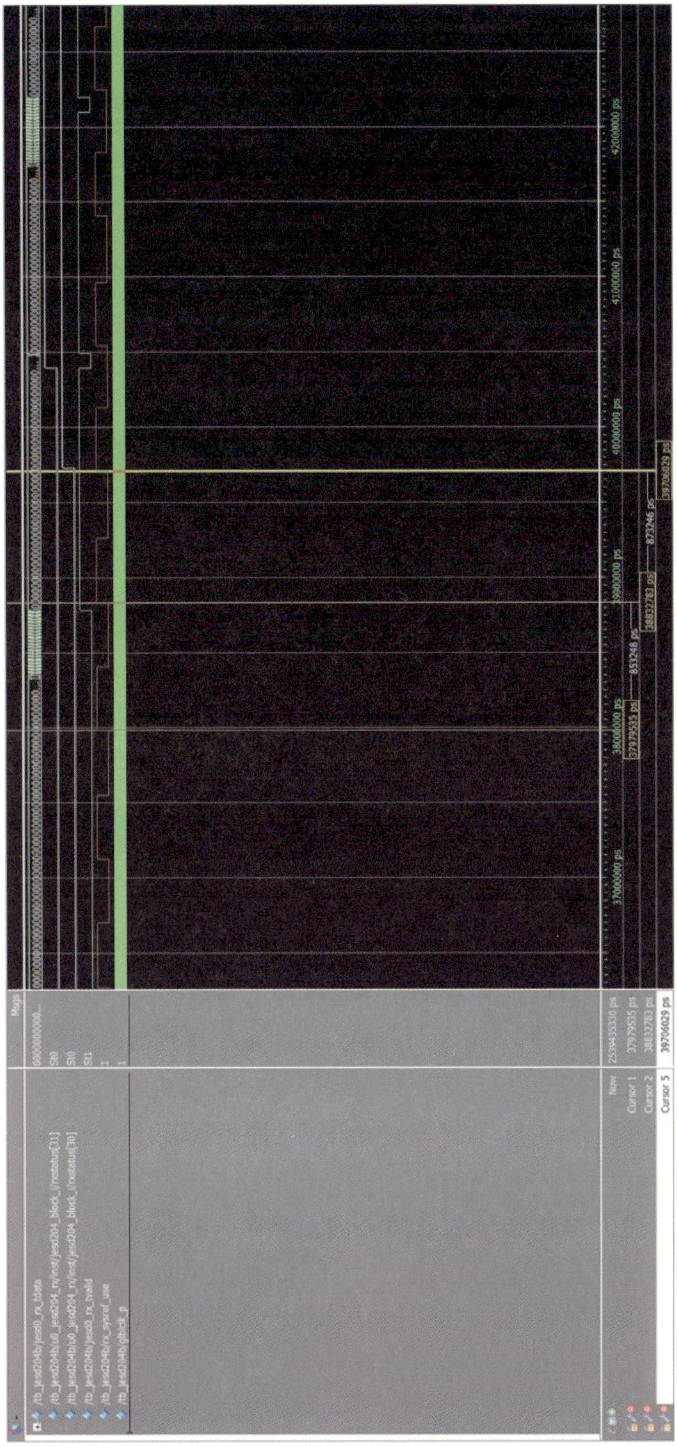

图7-36 SYS_REF输入抖动后204B重新建链仿真示意图

迟值的约束，确保FPGA内部编译完成静态时序分析，避免出现采样亚稳态。

通过芯片手册分析和示波器测量结果确认SYS_REF信号超前时钟3.1ns，根据XILINX推荐的源同步中心对齐的手段分析输入最大延迟为6.67ns（时钟周期）–3.1ns=3.57ns，取3.6ns为最大延迟，最小延迟为5ns（有效数据窗口）–3ns=2ns。具体见图7–37。

```
set input delay –clock [get_clock {CLK_300M_F1_P}] –min –add_delay 2  [get ports {CLK_SYSREF_F1_P}]
set input delay –clock [get_clock {CLK_300M_F1_P}] –max –add_delay 3.6 [get ports {CLK_SYSREF_F1_P}]
set input delay –clock [get_clock {CLK_300M_F1_P}] –min –add_delay 2  [get ports {CLK_SYSREF_F1_N}]
set input delay –clock [get_clock {CLK_300M_F1_P}] –max –add_delay 3.6 [get ports {CLK_SYSREF_F1_N}]
```

图7–37　延迟约束实现

③增加SYS_REF第一级寄存器锁定到IOB中：

（* IOB = “TRUE” *）reg i_adc_sysref_tmpb

更改后时序分析结果如下：

更改编译完成后对FPGA内部时序分析报告进行复核，输入延迟约束成功，第一级寄存器也锁定到IOB内，时序余量为0.881ns，满足时序约束要求（见图7–38）。

7.2.4.2　CPU双口RAM读写操作冲突造成测试时序数据错误

在进行某型号技术阵地控制系统与遥测系统匹配测试的发模飞测试项目时发现，起飞430.74s后出现了异常现象：时序测试参数丢失“抛罩”和“电气解保”两项时序，头部舵偏指令曲线异常，箭上计算机遥测计算机字异常。

在CPU对双口RAM进行一次读/写操作时双口产生冲突，在BUSY信号有效的情况下，由于CPU操作与双口RAM的BUSY返回信号在时序上的冲突，总线占用指示信号RDY#产生了一个20ns左右的负脉冲。在某一温度点时，由于延时的变化，RDY#负脉冲的上升沿恰好与下一个周期的上升沿重叠，就会产生RDY#建立、保持时间不足的情况，导致CPU内部运行单元部分异常，最终导致程序跑飞。需要说明的是该故障只在40~50℃出现，在其他温度试验中未暴露出该问题。分析如下。

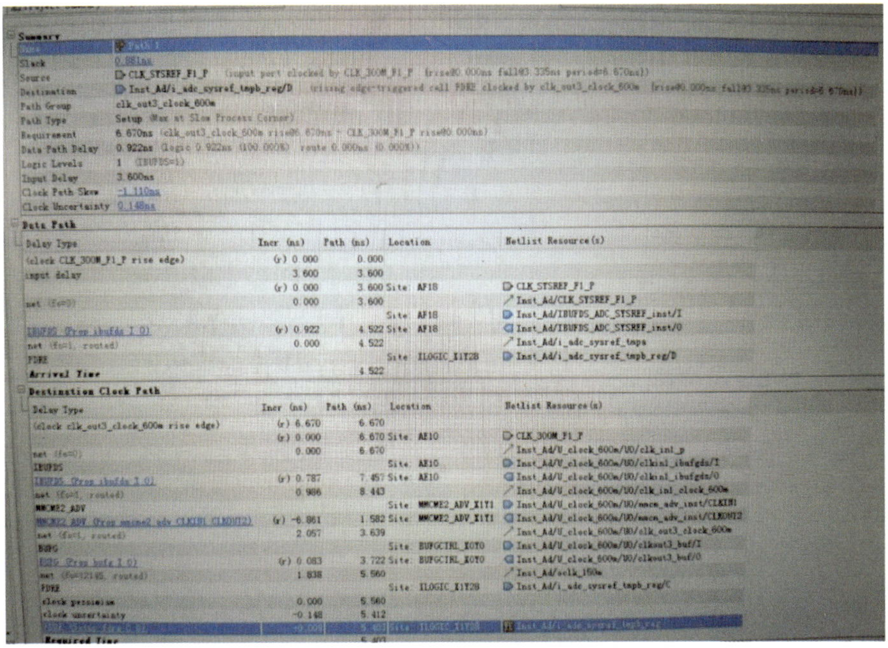

图7-38　更改后的SYS_REF信号时序分析报告

箭上计算机工作原理如下：

箭上计算机采用主、从机工作方式（见图7-39），主机由CPU、SRAM、FLASH和CPLD等组成；从机由DSP、CPLD、双口RAM、FLASH、SDRAM等组成。主从机通过双口RAM进行数据交换。

飞行控制软件程序存储在主机FLASH中，数据存储在主机SRAM中，软件在FLASH中运行；组合导航软件存储在从机FLASH中，上电后搬移到SDRAM中运行。

双口RAM双端控制冲突（BUSY）下总线时序设计原理如下：

CPU在时钟T_1时刻上升沿处发出ADS#（地址状态信号）。ADS#信号有效（表明开始一次有效的总线操作），同时置RDY#信号高（表明总线正在占用），在T_2时刻开始检测RDY#信号，一旦检测到RDY#为低，说明本次的总线操作结束，可以开始下一次的总线操作。通常对于慢速接口芯片的访问会在T1时刻之后插入几个时钟周期的RDY#，即将RDY#保持高，确保总线的读写时间满足慢速接口芯片的要求。

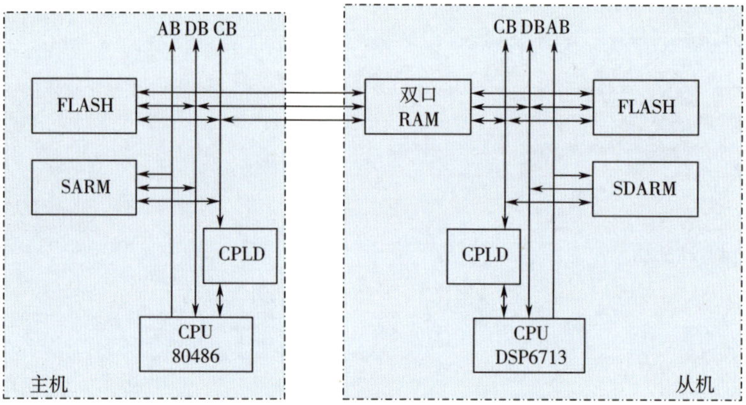

图7-39　箭上计算机主从机工作原理框图

目前主机CPU对双口RAM芯片访问时插入2个等待时钟周期。图7-40是对双口RAM访问时的不冲突及冲突情况下的总线时序设计图。其中，CLK为主时钟，ADS为地址状态信号（低有效），BUSY为冲突时产生的“忙”信号（双口芯片输出低为“忙”，图中所示为反相器之后，高为“忙”），RDY为准备好信号，低有效）。

CPU对双口RAM进行一次读/写操作时，双口无冲突，BUSY信号无效，如图7-39中的虚线状态，在T_1时刻ADS#有效时，插入2个等待周期，在T_4时刻上升沿RDY为低，此次访问双口RAM的总线周期为4个时钟周期125ns。

若CPU对双口RAM进行一次读/写操作时双口产生冲突，BUSY信号有效，如图7-40中的实线状态。如果在T_4时刻总线周期结束（RDY置“低”）之前检测到BUSY信号有效，则RDY继续置高状态，直到检测到BUSY信号无效后，再等待三个总线周期置RDY为低结束该总线周期。

针对BUSY信号的特点，在控制上增加了超时退出功能，即如果BUSY信号一直为高，为了防止CPU总线被BUSY锁死，检测到BUSY信号有效3个时钟周期后，该模块将置一个标志，该标志有效，则等待3个时钟周期将RDY置为低，这样持续有效的BUSY信号不会影响RDY的发出。

故障状态下的时序分析如下：

故障状态下，测量的波形如图7-41所示。

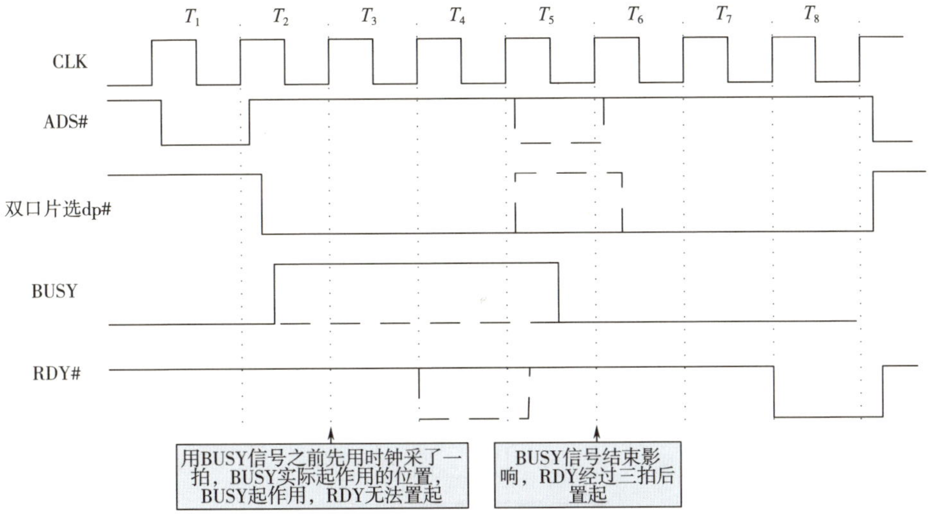

图7–40　CPU双口RAM时序设计图

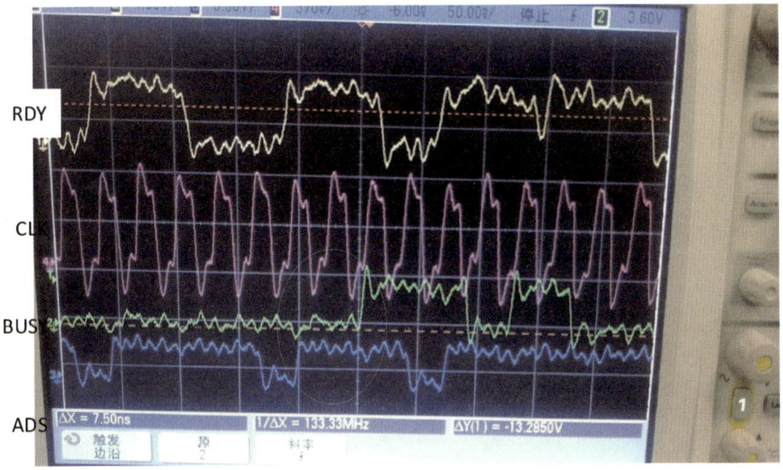

图7–41　故障状态下的示波器图形

在CPLD中对双口RAM的片选（dp#）在T_2时刻产生，而由于双口RAM在从板上，地址线及控制线经过2个驱动器到双口RAM，双口RAM的BUSY经过1个驱动器及1个反向器到CPLD，BUSY线路传输延迟为t_2。因此，BUSY信号对T_1时刻的延时时间为（t_1+t_2），双口冲突总线时序如图7–42所示。

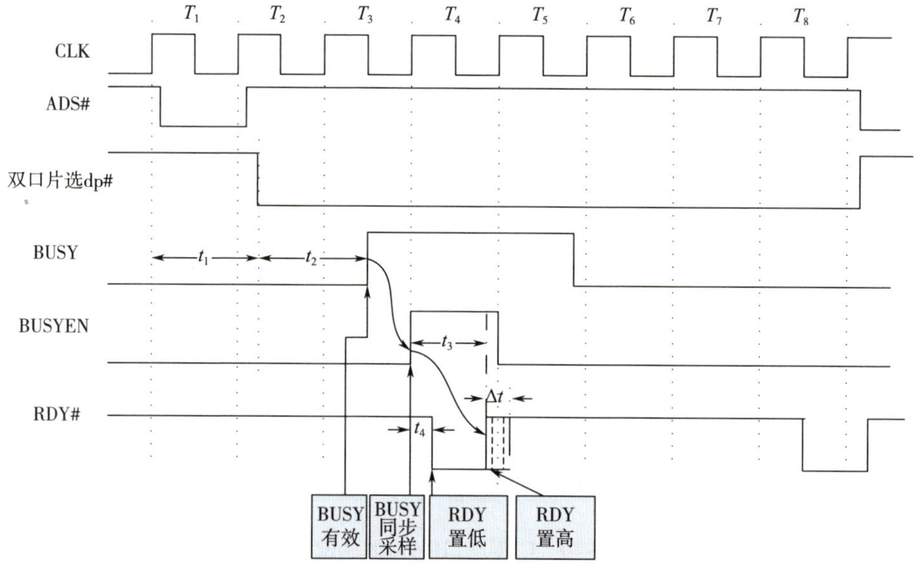

图7–42　双口冲突总线时序

由图7–42故障波形可以看出，CPU对双口RAM进行一次读/写操作时双口产生冲突，BUSY信号由于延迟（t_1+t_2）在T_3周期有效，在T_4周期的上升沿同时对RDY#置低及检测到BUSY信号对RDY#置高。而RDY#置低在T_4上升沿后t_4时间响应，RDY#置高在T_4上升沿后t_3时间响应。

图7–43是t_3和t_4产生的分析。

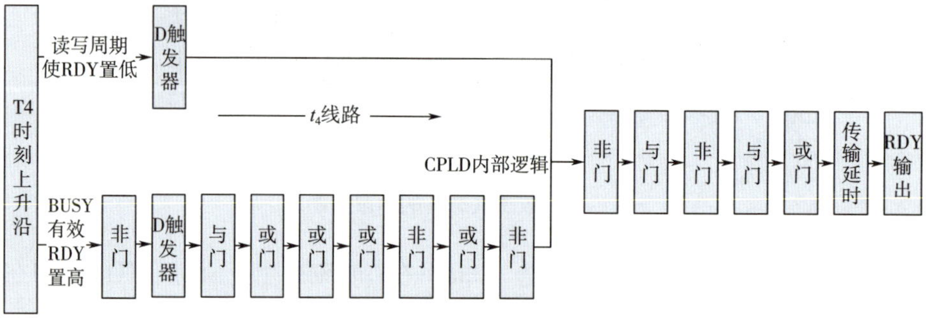

图7–43　t_3和t_4产生

t_4时间大约10ns，t_3经过了多个逻辑门之后大约延时30ns左右，这样就出现了一个大约20ns宽度的RDY#负脉冲信号，而一个时钟周期为31.25ns，因此异常RDY#（20ns）信号与时钟上升沿相近。在常温情况下，该信号的上沿超前T_5周期的上升沿到达，不会产生异常；当温度在40~50℃时，t_3和t_4延时发生变化，该负脉冲的上升沿与T_5周期的上升沿恰好重叠，会出现异常；当温度再高时，该信号上升沿滞后T_5周期的上升沿，也不会出现异常。

图7-44为80486对RDY信号的时序要求，其中t_{16}（setup time）为5ns，t_{17}（hold time）为3ns。

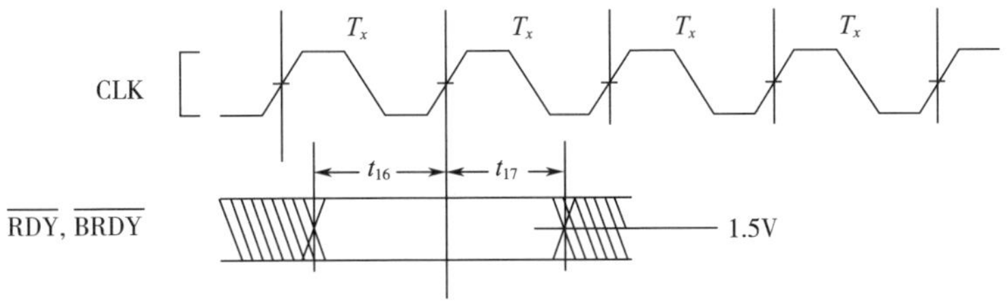

图7-44　80486对RDY时序要求

当CLK上升沿与RDY上升沿重合时，RDY建立、保持时间不足，导致486内部运行单元部分异常，最终导致程序跑飞。

综合以上分析，问题发生的原因为：为适应产品新状态研制，计算机设计更改提速后等待周期由3个减少到2个，因此RDY#的同步置位点（置低）发生于T_4周期上升沿。而未提速状态下，RDY#的同步置位点（置低）发生于T_5周期上升沿，BUSY异步清零点（置高）仍发生于T_4周期上升沿，BUSY异步清零超前同步置位一个时钟周期，在传输延时不变的情况下，BUSY异步清零（置高）先于同步置位信号起作用，不会在T_5周期产生RDY#信号。未提速状态时序图如图7-45所示。

对BUSY信号的传输延时t_1、t_2及CPLD内部响应延时t_3、t_4分析不足导致该故障发生，而在硬件环境相对一致的情况下，该故障只在40~50℃出现，在高温（60℃）试验中未暴露该问题。

采取的措施是对可编程逻辑进行完善修改，内容如下：

增加双口总线控制一个时钟周期，由120ns增加到150ns。该更改是将总线周期的等待由2个改为3个（对双口RAM总线控制周期改回未提速状态），这样RDY同步置低由T_4周期上升沿改为T_5周期上升沿。

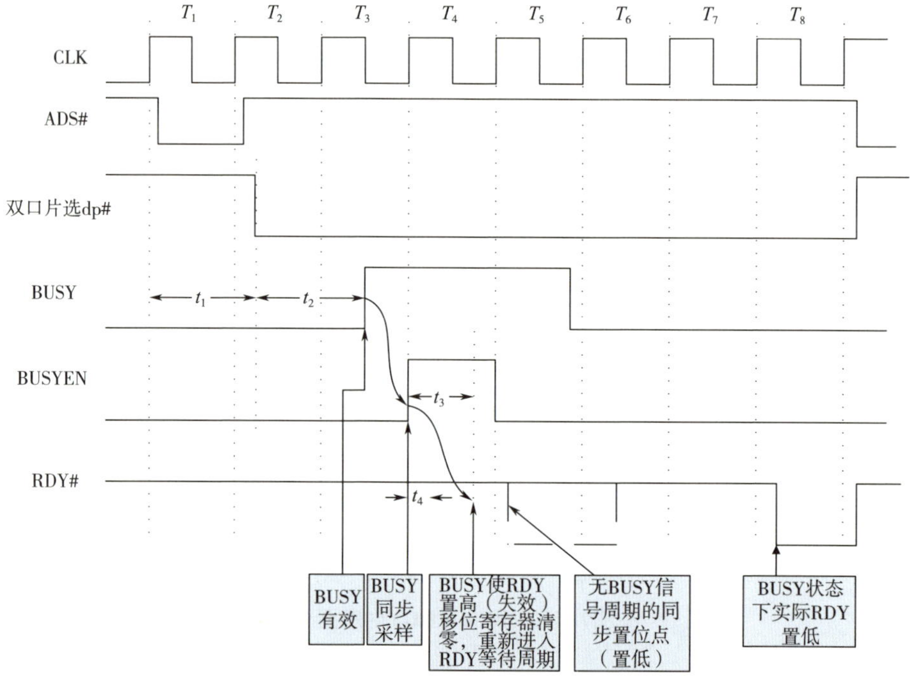

图7-45　未提速状态时序图

将双口RAM的片选改为与ADS信号同步输出，以减少BUSY延迟时间。该更改是将BUSY延时时间中的t_1取消，即在T_1周期输出双口RAM的片选。

优化CPLD内部BUSY清零，RDY置高的逻辑延时。该更改是优化BUSY有效到RDY置高的内部线路，减少t_3时间。

7.2.4.3　静态时序分析发现时钟的保持时间不满足要求问题

在某产品FPGA软件的第三方测试过程中发现，FPGA软件出现了保持时间不满足要求的情况。

经分析，原因是静态时序分析存在hold违例的情况，如图7-46所示。

I_tckn_in、I_tckp_in时钟的offset in约束，导致hold违例。在时钟的采样沿，数据的保持时间不够，导致时钟沿不能在数据有效期间进行采样。

采取的措施是修改延迟数据的到达时间，将相关约束进行修改，如图7-47所示。

	Met	Constraint	Check	Worst Case Slack	Best Case Achievable	Timing Errors	Timing Score
1	No	OFFSET = IN 3 ns VALID 6 ns BEFORE COMP "1_tckp_in" "FALLING"	SETUP HOLD	1.332ns -1.504ns	1.668ns	0 1	0 1504
2	No	OFFSET = IN 3 ns VALID 6 ns BEFORE COMP "1_tckn_in" "FALLING"	SETUP HOLD	1.332ns -1.504ns	1.668ns	0 1	0 1504
3	No	OFFSET = IN 3 ns VALID 6 ns BEFORE COMP "1_tckp_in" "RISING"	SETUP HOLD	0.421ns -0.985ns	2.579ns	0 1	0 985
4	No	OFFSET = IN 3 ns VALID 6 ns BEFORE COMP "1_tckn_in" "RISING"	SETUP HOLD	0.421ns -0.985ns	2.579ns	0 1	0 985

```
OFFSET = IN 3 ns VALID 6 ns BEFORE COMP "1_tckp_in" "RISING";
  Setup paths
  Hold paths
    Paths for end point Inst_dual_chl_ad9970/Inst_ddr_in_1/Mshreg_b12_shift_0_p_0/SRL16E (SLICE_X0Y1.BY), 2 paths
      -0.985  From  1_d0p_in  to  Inst_dual_chl_ad9970/Inst_ddr_in_1/Mshreg_b12_shift_0_p_0/SRL16E
      -0.985  From  1_d0n_in  to  Inst_dual_chl_ad9970/Inst_ddr_in_1/Mshreg_b12_shift_0_p_0/SRL16E
    Paths for end point Inst_dual_chl_ad9970/Inst_ddr_in_1/Mshreg_b12_shift_1_p_0/SRL16E (SLICE_X4Y1.BY), 2 paths
OFFSET = IN 3 ns VALID 6 ns BEFORE COMP "1_tckn_in" "RISING";
  Setup paths
  Hold paths
    Paths for end point Inst_dual_chl_ad9970/Inst_ddr_in_1/Mshreg_b12_shift_0_p_0/SRL16E (SLICE_X0Y1.BY), 2 paths
      -0.985  From  1_d0p_in  to  Inst_dual_chl_ad9970/Inst_ddr_in_1/Mshreg_b12_shift_0_p_0/SRL16E
      -0.985  From  1_d0n_in  to  Inst_dual_chl_ad9970/Inst_ddr_in_1/Mshreg_b12_shift_0_p_0/SRL16E
    Paths for end point Inst_dual_chl_ad9970/Inst_ddr_in_1/Mshreg_b12_shift_1_p_0/SRL16E (SLICE_X4Y1.BY), 2 paths
OFFSET = IN 3 ns VALID 6 ns BEFORE COMP "1_tckp_in" "FALLING";
  Setup paths
  Hold paths
    Paths for end point Inst_dual_chl_ad9970/Inst_ddr_in_1/ddr0_d_n (SLICE_X0Y0.BY), 2 paths
      -1.504  From  1_d0p_in  to  Inst_dual_chl_ad9970/Inst_ddr_in_1/ddr0_d_n
      -1.504  From  1_d0n_in  to  Inst_dual_chl_ad9970/Inst_ddr_in_1/ddr0_d_n
    Paths for end point Inst_dual_chl_ad9970/Inst_ddr_in_1/ddr1_d_n (SLICE_X7Y1.BY), 2 paths
OFFSET = IN 3 ns VALID 6 ns BEFORE COMP "1_tckn_in" "FALLING";
  Setup paths
  Hold paths
    Paths for end point Inst_dual_chl_ad9970/Inst_ddr_in_1/ddr0_d_n (SLICE_X0Y0.BY), 2 paths
      -1.504  From  1_d0p_in  to  Inst_dual_chl_ad9970/Inst_ddr_in_1/ddr0_d_n
      -1.504  From  1_d0n_in  to  Inst_dual_chl_ad9970/Inst_ddr_in_1/ddr0_d_n
```

图7-46　静态时序分析结果

```
OFFSET = IN 0 ns VALID 6 ns BEFORE "l_tckp_in" RISING;
OFFSET = IN 0 ns VALID 6 ns BEFORE "l_tckn_in" RISING;
OFFSET = IN 0 ns VALID 6 ns BEFORE "l_tckp_in" FALLING;
OFFSET = IN 0 ns VALID 6 ns BEFORE "l_tckn_in" FALLING;
```

图7-47　时序约束

7.3　总体处理方法

7.3.1　异步电路开展跨时钟域设计

FPGA与外部设备进行交互时，设计的内部逻辑、与外部之间的接口存在多个不同时钟，各时钟来源不同、频率不同、相位随机，相互间为异步关系，每个时钟控制相应的逻辑，构成不同的时钟域。不同时钟域之间的数据交互需要通过跨时钟域处理来避免亚稳态的传递。

为避免出现亚稳态问题，要求存在不同时钟域信号交互时FPGA必须进行信号的可靠性处理。FPGA软件跨时钟域处理主要包括外设接口处理、内部功能模块接口处理、内部时钟处理。

异步电路开展跨时钟域设计的特点为：FPGA设计内部逻辑与外设接口间存在着多个不同的时钟，时钟间频率不同，相位关系也完全随机。

异步电路开展跨时钟域设计的措施为：不能单纯通过静态时序分析工具来进行解决，后续将重点介绍多时钟设计当中将会出现的多时钟设计的问题与解决方案。

7.3.2 同步电路开展时序设计

同步电路开展时序设计的特点为：同步设计内部所有时钟的频率/相位确定。

同步电路开展时序设计的措施为：通过采用STA静态时序分析工具确定设计时序是否满足要求，判断设计是否存在亚稳态路径。对于多接口之间，通过接口时序分析保证时序分析结果的正确性，保有一定的时序余量。

7.4 跨时钟域处理控制措施

7.4.1 跨时钟域处理设计

下面将从单比特信号、多比特信号、复位信号三方面说明跨时钟域处理的措施。

7.4.1.1 单比特信号跨时钟域处理

（1）对单比特信号进行多级同步处理

①对于单比特信号进行跨时钟域处理，通常需要采用两级同步处理。如果软件工作频率较高，可能需要三级甚至四级同步处理，进一步降低亚稳态发生的概率。常用的同步器包括电平同步器、边沿检测同步器、脉冲同步器，设计人员可根据自身需要进行选择。

②输出端信号只能通过寄存器输出，不能通过组合逻辑输出。例如，A时钟域信号S必须通过时钟域A上的触发器输出，信号S不能经过任何组合逻辑，需直接进入B时钟域下的同步器。

③两级同步电路不能应用在快时钟域向慢时钟域传递信号，对于一些宽度过短的信号慢时钟无法对其进行获取。应当在快时钟域下将时钟进行信号展宽后再进行传递，避免产生数据丢失的风险。

④尤其需要对顶层输入的异步端口进行跨时钟域处理，避免产生亚稳态影响后续电路的功能，例如状态机、计数器等产生混乱。

（2）典型处理方式示例

两级寄存器同步如图7–48所示。

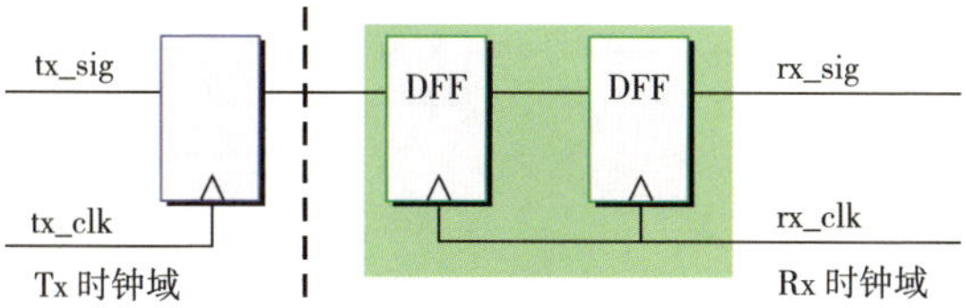

图7–48 两级寄存器同步

7.4.1.2 多比特信号跨时钟域处理

（1）确保多比特数据交互时数据采样稳定

①对于多比特信号进行跨时钟域处理，如果采用与单比特同样的两级同步的处理方式，虽然并行信号能使用两级同步避免亚稳态发生，但会出现准确性和关联性问题，可能会产生不必要的中间数据，一旦中间数据被错误传递，会引发功能性错误。

②对于多比特信号的跨时钟域处理，通常采用格雷码、握手协议、异步FIFO等多种处理方式，例如：采用握手协议时，A时钟域中逻辑电路发出请求信号REQ_A、总线信号BUS_A，当B时钟域中电路检测REQ_A有效后，采集BUS_A信号并输出响应信号ACK_B，当A时钟域电路A检测到B时钟域下响应信号ACK_B有效后，释放请求信号REQ_A与总线信号BUS_A；采用异步FIFO时，A时钟域中逻辑电路将需要进行通信的总线信号BUS_A写入异步FIFO，B时钟域下的电路通过读取FIFO中数据完成异步总线通信。

③对于多比特总线数据的传输，设计人员需要注意避免设计出现大扇出和再聚合问题导致数据在传递过程中产生数据错位。

（2）典型处理方式示例

总线两级寄存器同步如图7–49所示。

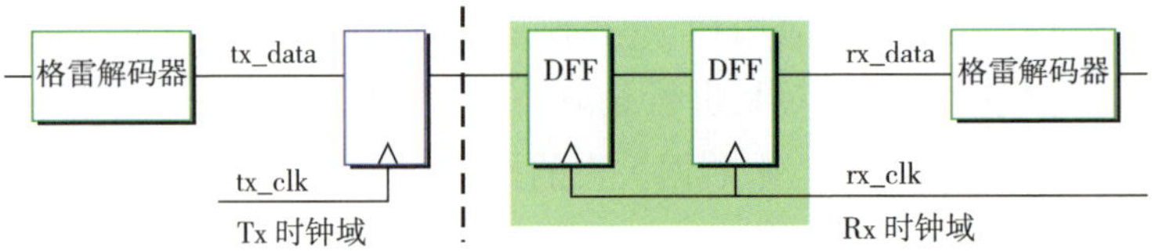

图7–49　总线两级寄存器同步示意图

异步FIFO如图7–50所示。

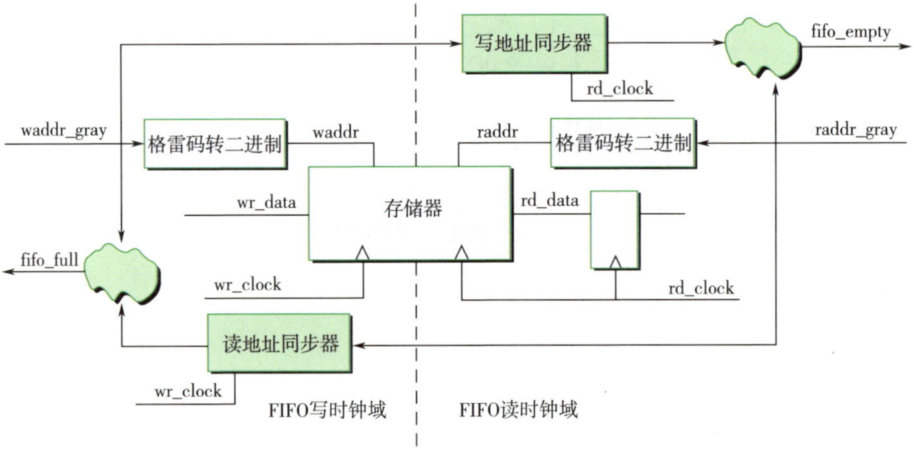

图7–50　异步FIFO示意图

握手协议如图7–51所示。

7.4.1.3　复位信号跨时钟域处理

（1）对复位信号采取有针对性的跨时钟域处理方式

对于复位信号，同样需要进行跨时钟域处理：

①建议采用外部RC滤波后的电路作为异步复位端，然后对异步复位信号采用“异步复位、同步释放”的方式，避免软件出现复位信号亚稳态的情况出现。

②如果是IO信号输出的手动复位，则可以采用同步复位设计，跨时钟域处理的方式与单比特信号处理的方式一致。

（2）典型处理方式示例

异步复位同步释放如图7–52所示。

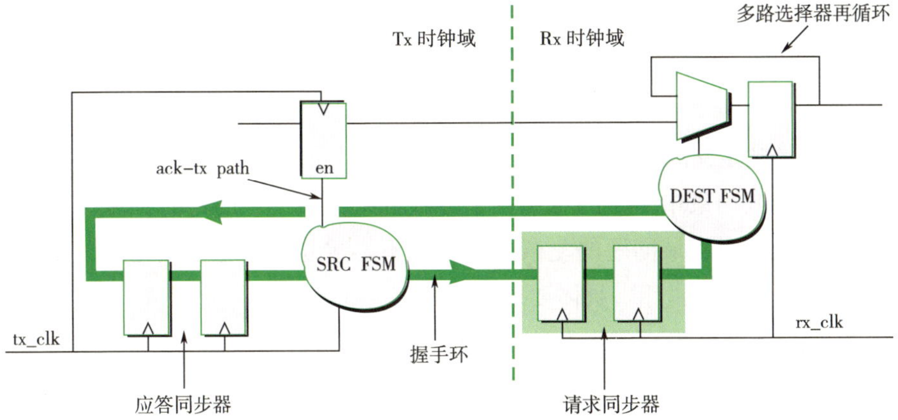

图7-51 握手逻辑示意图

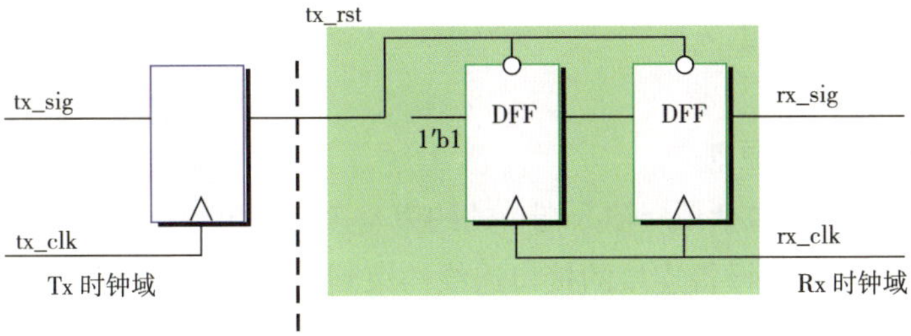

图7-52 异步复位同步释放示意图

7.4.2 跨时钟域检查

7.4.2.1 时钟域划分原则

①外部输入的不同时钟信号分别单独划分时钟域。

②外部输入的不同复位信号分别单独划分时钟域。

③内部时钟模块分频/倍频产生的时钟信号与时钟模块输入时钟属于不同时钟域。

④内部时钟模块分频/倍频产生的时钟信号各自为不同时钟域，若产生的时钟信号间频率存在倍数关系，可划为同一时钟域。

⑤内部时钟模块产生的LOCKED信号单独划分为一时钟域。

⑥内部调用的IP核，若输出端产生时钟，其输出的时钟信号单独划分为

一时钟域。

⑦FPGA与外部设备连接的接口连线统一划分为一个时钟域。

7.4.2.2 黑盒定义原则

跨时钟域约束中黑盒的意义在于屏蔽复杂成熟模块的跨时钟域检查，对于已确定无跨时钟域问题的复杂成熟模块不再重复做跨时钟域测试，提高测试效率，减少资源占用。具体要求如下：

①综合工具开发厂商提供的IP核可定义为黑盒。

②单独做过跨时钟域测试、验证内部无跨时钟域问题的IP核，可定义为黑盒。

③对IP核单独做跨时钟域测试时，输入信号必须定义为异步信号。

④对定义了黑盒的跨时钟域测试，重点关注与黑盒连接的内部接口是否隐藏跨时钟域的问题。

7.4.2.3 端口约束原则

端口约束主要包括顶层输入端口的约束与黑盒输出约束。具体要求如下：

①FPGA与外部设备连接的接口连线约束到同一时钟域。

②不同类型的信号输入约束到不同时钟域。

③综合工具开发厂商提供的IP核，其作为黑盒的输出端口按厂商提供的手册约束到黑盒的输入端口上。

7.4.2.4 检查结果分析关注点

跨时钟域检查必须通过专用的跨时钟域检查工具进行测试。对于工具使用的具体关注点如下：

①log文件中的error信息是否全部解决。

②顶层模块的端口信号是否全部定义时钟域。

③黑盒模块输出端口是否全部定义时钟域。

④工具报出的Violation（红色）与Caution（黄色）问题是否进行全面分析。

⑤单比特信号是否做两级同步处理。

⑥多比特信号是否有握手机制、异步FIFO、异步双口RAM等处理。

⑦复位信号是否做异步复位同步释放处理。

⑧信号同步之前是否存在组合逻辑。

⑨是否存在同源再聚合问题。

⑩是否存在慢时钟下采样快时钟数据的问题。

7.5 同步时序设计控制措施

7.5.1 时序约束设计

7.5.1.1 设计过程

应在可编程逻辑器件软件开发的设计阶段、综合与布局布线阶段开展时序约束设计。

（1）设计阶段

①梳理与明确可编程逻辑器件软件设计的时钟域信息。

②依据需求分析的要求添加内部时钟约束，如基本时钟、衍生时钟、虚拟时钟；应使用不低于时钟实际工作频率的要求对时钟进行时序约束设计，并保有一定的时序余量。

③依据接口使用说明、芯片手册、PCB走线时序信息完成接口时序约束设计，如输入延时、输出延时。

④针对设计内部具体情况添加时序例外，如伪路径约束、多周期约束等。

（2）综合与布局布线阶段

①根据设计阶段的约束设计，通过图形化或标准约束语言的方式编写完成；建议采用SDC语法进行时序约束设计。

②检查设计时序约束是否编写完整，路径覆盖是否全面，必要时可进行约束覆盖率进行检查。

③根据时序分析报告中的未覆盖时序路径情况修改时序约束设计，必要时可增加最大最小路径延时、多周期路径等约束设计。

④通过静态时序分析工具依据时序分析理论进行时序分析。

⑤对不满足时序设计要求的时序路径更改设计文件，包括RTL源代码及编译选项、物理约束等。

⑥迭代进行时序分析直到所有的时序路径都被覆盖且满足时序的要求。

7.5.1.2　时钟约束

（1）基本时钟

基本时钟约束用于规定可编程逻辑器件时钟的时钟周期和时钟波形。具体要求见表7-1。

基本时钟约束设计依据外部输入端口的时钟信息进行。

基本时钟约束设计应描述时钟周期（描述时钟的频率信息）和时钟波形（描述一个周期内的行为描述，即时钟上升沿与下降沿的具体位置）。

宜按照略高于实际运行频率的要求对时钟进行约束。

表7-1　基本时钟

约束类型	基本时钟
约束语法	语法： create_clock-name<clk_name>-period <period_num><source_port> -wave_form{r_num，f_num} 含义： clk_name：时钟名称 period_num：周期数值 source_port：物理管脚位置 r_num：　时钟上升边沿位置 f_num：　时钟下升边沿位置
约束实现	时钟波形如下图所示： 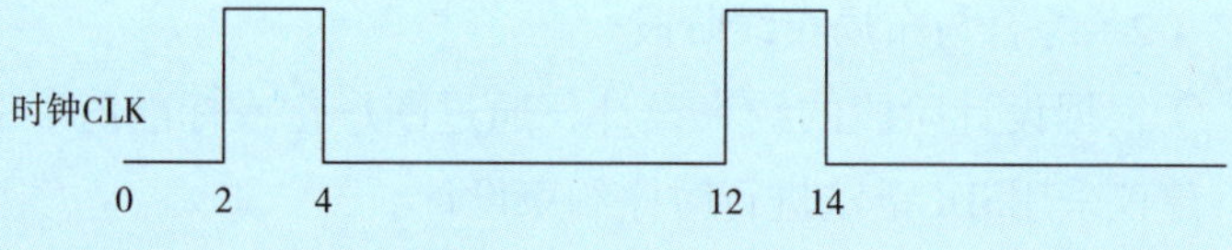 #时钟周期和时钟波形设计 create_clock -period 10 -wave_form {2，4} {gets ports clk}

（2）时钟延时

时钟延时约束用于规定时钟信号源（外部晶振或其他时钟源）传递到时序单元模块（寄存器、存储器）的时钟输入端所用消耗的时间延时，包括外部延时和内部延时。具体要求见表7-2。

外部延时约束设计依据实际硬件电路PCB板时钟源与可编程逻辑器件之间走线引入的延迟信息进行。

外部延时约束设计应描述外部晶振或其他时钟源输入至不同可编程逻辑器件外部时钟管脚之间的延时。该延时一般在多片可编程逻辑器件之间存在数据交互时进行。

内部延时约束设计依据可编程逻辑器件内部时钟走线延时进行。

内部延时约束设计应描述可编程逻辑器件内部时钟源至时序单元模块（寄存器、存储器）时钟输入端延时。内部延时一般通过可编程逻辑器件产生的标准延时文件得到。

表7–2 时钟延时

约束类型	时钟延时
约束语法	外部延时设置 语法： set_clock_latency <sl_num>–source [clock_list] 含义： sl_num：时钟端口外部延时 clock_list：时钟名称 内部延时设置 语法： set_propagated_clock [clock_list]–delay [d_num] 含义： clock_list：时钟名称 d_num：理想时钟延迟
约束实现	时钟延迟示例框图如下图所示： 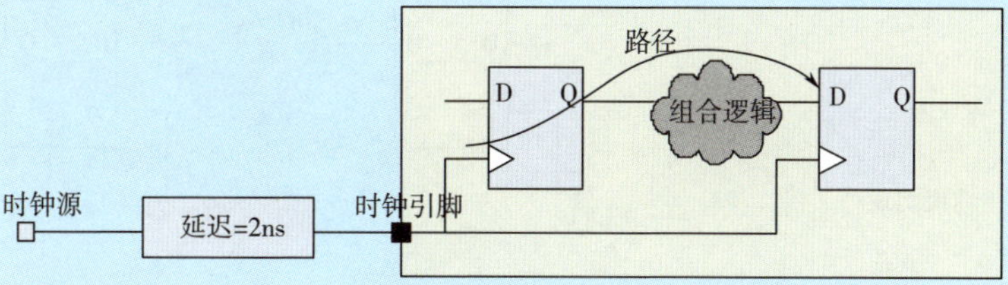 #外部延时设计 set_clock_latency 2 –source [get_clocks CLK] #内部延时设计 set_propagated_clock [get_clocks CLK]

（3）时钟不确定度

时钟不确定度约束用于规定可编程逻辑器件内部同源时钟网络中，信号源端时钟信号与信号接收端时钟之间路径延时的不确定度；时钟的不确定度主要由时钟抖动原因造成。具体要求见表7–3。

时钟不确定度约束设计依据晶振或其他时钟源（如PLL）手册中给出的时钟抖动参数进行。

时钟不确定度约束设计应描述两个不同时刻（主要是相邻两个周期）的时钟信号由时钟源本身的不稳定产生的时钟信号边沿的时间差异。

表7–3　时钟不确定度

<table>
<tr><th>约束类型</th><th>时钟不确定度</th></tr>
<tr><td>约束语法</td><td>独立时钟设置
语法：
set_clock_uncertainty <un_num> [clock_list]
含义：
un_num：时钟不确定度数值
clock_list：时钟名称
相对时钟延时设置
语法：
set_clock_uncertainty <un_num>–from [clock_list]–to [clock_list]
含义：
clock_list：时钟名称
un_num：时钟不确定度数值</td></tr>
<tr><td>约束实现</td><td>时钟不确定度示例如下图所示：
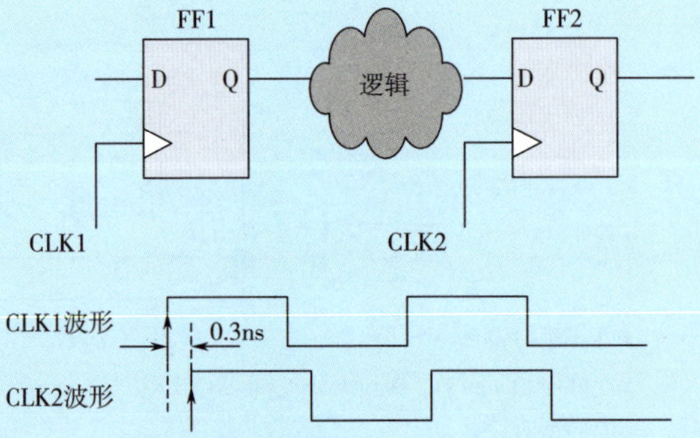

#时钟不确定度
set_clock_uncertainty 0.3 –from [get_clocks CLK1] –to [get_clocks CLK2]</td></tr>
</table>

（4）衍生时钟

衍生时钟约束用于规定可编程逻辑器件内部同源时钟网络中，基本时钟通过分频或专用时钟管理模块输出得到的二级时钟。具体要求见表7–4。

衍生时钟约束设计依据基本时钟生成的内部时钟进行。

衍生时钟约束设计应描述衍生时钟的名称、源时钟输入管脚、衍生时钟的周期和波形等信息。

常用的衍生时钟包括内部专用时钟管理模块输出的时钟、内部时序模块（触发器，存储器模块等）时钟输入端连接的信号。

表7–4　衍生时钟

约束类型	衍生时钟
约束语法	语法： creat_generated_clock –name <gen_clk_name> –source <source_clk_name> –divide_by <d_num> –mulitply_by <m_num>–edge <e1 e2 e3> –edge_shift <en1，en2，en3> 含义： gen_clk_name：衍生时钟名称 source_clk_name：源时钟名称 d_num：源时钟分频数值 m_num：源时钟倍频数值 e[*]：源时钟边沿的位置1为第1个上升沿，2为时钟下降沿，3为第2个周期上升沿 en[*]：衍生时钟边沿之间的相对关系，正数表示向右偏移，负数表示向左偏移
约束实现	内部分频时钟示例框图如下图所示： 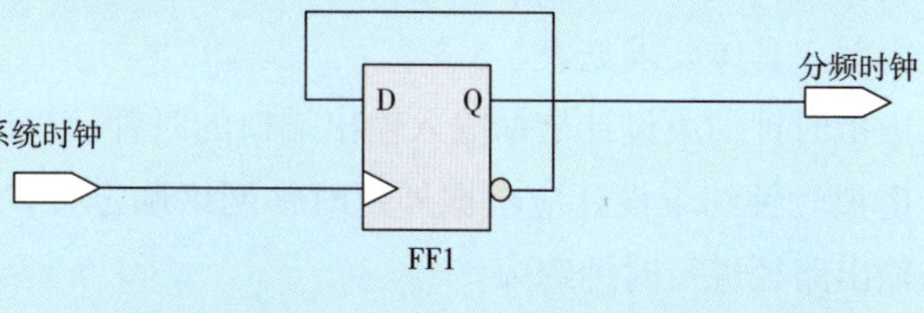 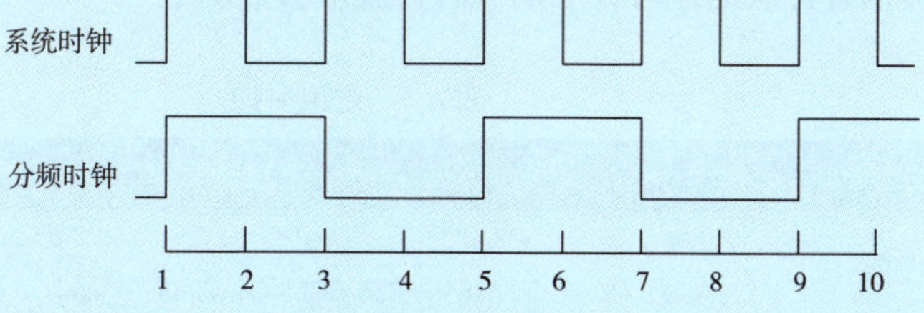 create_generated_clock –name DIVIDE –source [get_ports SYSCLK] –divide_by 2 [get_pins FF1/Q] PLL输出时钟示例框图下图所示：

续表

约束类型	衍生时钟
约束实现	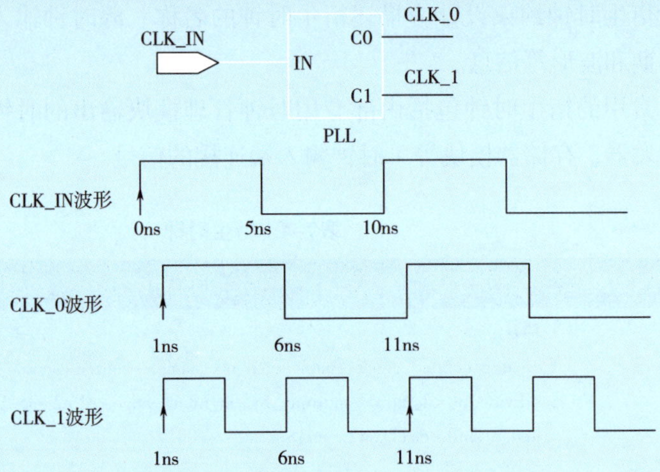 create_generated_clock –name CLK_0 –source [get_ports CLK_IN] – edges {1 2 3} –edge_shift {1 1 1} [get_pins PLL/C0] create_generated_clock –name CLK_1 –source [get_ports CLK_IN] – edges {1 1 1} –edge_shift {1 3.5 1} [get_pins PLL/C1]

（5）虚拟时钟

虚拟时钟约束用于输入或者输出路径延时约束的参考基准，实际不存在芯片内部。具体要求见表7–5。

虚拟时钟约束设计依据输入输出端口的时钟信息进行。

虚拟时钟约束设计应根据外部时钟网络确定接口的每一条无时钟信息的输入输出路径进行时钟约束。

虚拟时钟应描述时钟周期和时钟波形参数。

表7–5　虚拟时钟

约束类型	虚拟时钟
约束语法	语法： create_clock – period <period_num>–waveform {r_num，f_num}
约束语法	含义： period_num：周期数值 r_num：时钟上升边沿位置 f_num：时钟下升边沿位置

续表

约束类型	虚拟时钟
约束实现	虚拟时钟波形如下图所示： 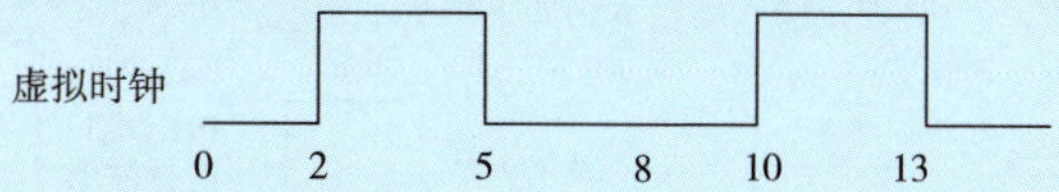 #虚拟时钟 create_clock -period 8 -name vclk -waveform {2 5}

7.5.1.3 时序分析条件

（1）输入延时

输入延时约束用于定义外围元器件寄存器输出信号至输入管脚之间的路径延时，包含最大延时约束和最小延时约束两种情况，保证同步元件输入信号满足建立保持时间要求。具体要求见表7–6。

输入延时约束设计依据如下内容进行：

①输入管脚的时序信息，即与芯片相连的外围芯片管脚输入时序信息。

②外围芯片的接口时序信息。

③PCB的延时信息。

为保证正确采集外部输入数据，约束设计应描述与输入管脚相关的外部输入时序信息，包括延时参考时钟、选择最大或最小延时、设置延时值、输入的物理管脚等信息。

表7–6 输入延时

约束类型	输入延时
约束语法	语法： set_input_delay -clock <clk_name>-max/min <delay_value >-add_delay <port_list> 含义： clock_name：延时参考时钟 delay_value：设置延时数值
约束语法	-max/min：表明delay_value属于最大还是最小延迟，没有使用该选项表明延迟数值为标准值 -add_delay：当输入延时相对应多个时钟或者多个时钟边沿时，增加该设置，避免覆盖 port_list：带约束的物理管脚位置

续表

约束类型	输入延时
约束实现	已知外围器件输出寄存器（L1）的时钟信息，一般应将外围芯片的时钟设置为虚拟时钟，输入延迟示例如下图所示： 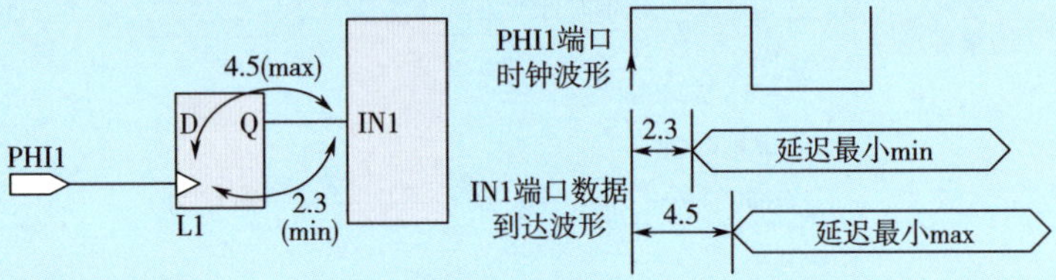 #建立虚拟时钟 create_clock －period 10 －name PHI1 －waveform {0 5} set_input_delay 4.5 －max –clock PHI1 –add_delay { get_ports [IN1]} set_input_delay 2.3 －min –clock PHI1 –add_delay { get_ports [IN1]}

（2）输出延时

输出延时约束用于定义输出管脚至外围元器件寄存器输入信号之间的路径延时，包含最大延时约束和最小延时约束两种情况，保证芯片输出给外围器件的信号满足建立保持时间要求。具体要求见表7–7。

输出延时约束设计依据如下内容进行：

①输出管脚的时序信息，即与芯片相连的外围芯片管脚输入时序信息。

②外围芯片的时钟时序信息。

③PCB的延时信息。

为保证输出信号与外围器件接口时序收敛，约束设计应描述与输入管脚相关的外部输出时序信息，包括延时参考时钟、选择最大或最小延时、设置延时值、输入的物理管脚等信息。

表7–7　输出延时

约束类型	输出延时
约束语法	语法： set_output_delay–clock <clk_name>–max/min <delay_value >–add_delay <port_list> 含义： clock_name：延时参考时钟

续表

<table>
<tr><th>约束类型</th><th>输出延时</th></tr>
<tr><td>约束语法</td><td>delay_value：设置延时数值
-max/min：标明为delay_value的属于最大延迟还是最小延迟，没有使用该选项表明延迟数值为标准值
-add_delay：当输出延时相对应多个时钟或者多个时钟边沿时，增加该设置，避免覆盖
port_list：延迟物理管脚位置</td></tr>
<tr><td>约束实现</td><td>已知外围器件输入寄存器钟信息和寄存器的建立、保持时间模型，一般应将外围芯片的时钟设置为虚拟时钟，输入延迟示例如下图所示：
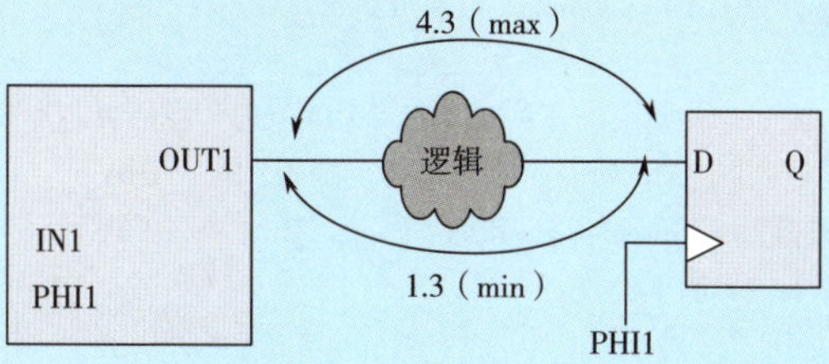

#建立虚拟时钟
create_clock －period 10 －name PHI1 －waveform {0 5}

#分析建立时间
set_output_delay －max 4.3 –clock PHI1 –add_delay {get_ports OUT1}

#分析保持时间
set_output_delay －min 1.3 –clock PHI1 –add_delay {get_ports OUT1}</td></tr>
</table>

（3）器件工作条件

随着工作环境（制作工艺，工作电压，工作温度）的变化，可编程逻辑器件的内部延时特性也会发生变化，应根据任务要求选择时序分析所需的延时文件。具体要求见表7–8。

表7-8 器件工作条件

约束类型	器件工作条件
约束语法	某器件（QuartusII环境） 语法： set_operating_conditions <oc> 含义： oc：环境温度电压参数，Altera可编程逻辑器件（stratixIII、cycloneIII）只存在固定的几种数值，如4_slow_1100mv_85c，4_slow_1100mv_0c，MIN_fast_1100mv_0c；其他芯片不单独区分工作电压和工作温度。 某器件（ISE环境） 语法： TEMPERATURE = <tem_num> C; VOLTAGE = <vol_num> V; 含义： tem_num：商用级芯片温度范围为0~85℃，军品级芯片温度范围为-40~100℃ vol_num：商用级、军品级电压范围为1.14 ~ 1.26V 某器件（Libero环境）设置： 在GUI界面下设置
约束实现	某器件环境设置：SDC文件中添加以下语句 set_operating_conditions 4_slow_1100mv_85c 某器件环境设置：UCF文件中添加以下语句 TEMPERATURE = 85 C; VOLTAGE = 1.05 V。 某器件设置：通过GUI设置 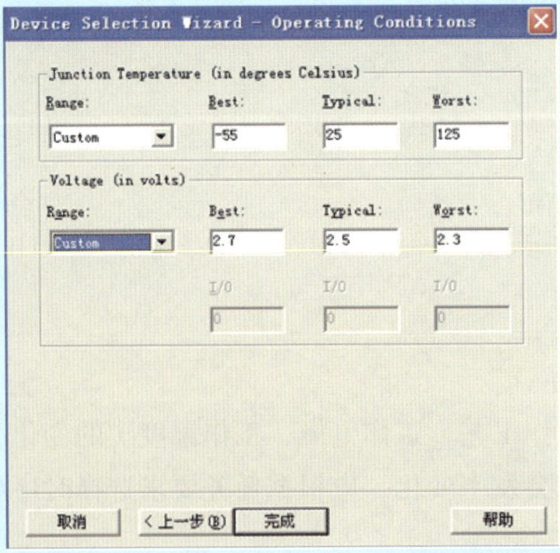

器件工作条件设计依据如下：

①系统工作环境要求（芯片工作的温度、电压）。

②芯片类型。

根据不同芯片的工作电压、工作温度选择产生不同的延时文件，其中：

①工作电压：在特定的范围内，可编程逻辑器件内核电压越高，内部延时越小。

②工作温度：在特定的范围内，可编程逻辑器件环境温度越低，内部延时越小。

7.5.1.4 时序例外

（1）伪路径约束

伪路径约束是设计中现实存在却无法进行时序分析的部分逻辑电路，在进行时序分析前应设置为伪路径，避免进行时序分析。具体要求见表7-9。

表7-9 伪路径

<table>
<tr><th>约束类型</th><th>伪路径</th></tr>
<tr><td>约束语法</td><td>语法：
set_false_path-from <source>-to <sink>
含义：
source：路径的起点或者源点时钟
sink：路径终点或者终点时钟</td></tr>
<tr><td>约束实现</td><td>情况1：clk1、clk2属于异步时钟域，信号交互时应进行同步处理，伪路径设计电路1如下图所示：
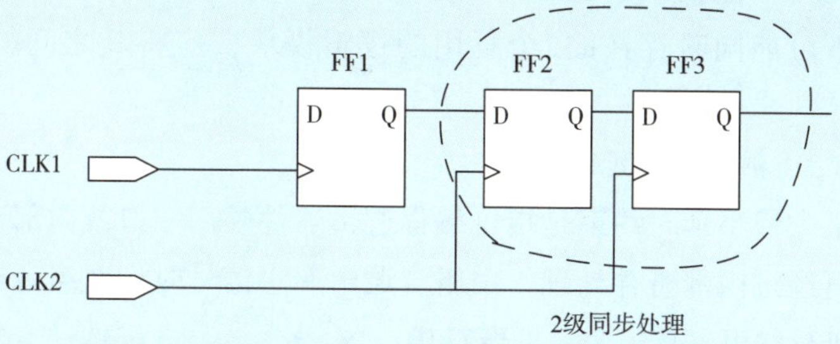

set_false_path -from [get_cells FF1] -to [get_cells FF2]
情况2：不可能同时存在的伪路径设计电路2如下图所示：</td></tr>
</table>

续表

约束类型	伪路径
约束实现	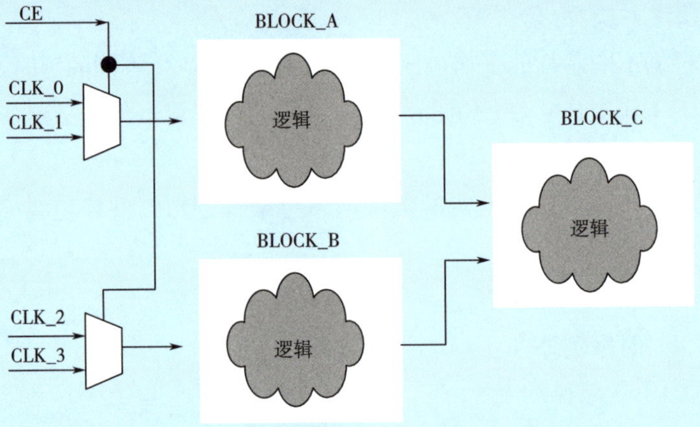 set_false_path –from [get_clocks CLK_0] –to [get_clocks CLK_1] set_false_path –from [get_clocks CLK_1] –to [get_clocks CLK_0] set_false_path –from [get_clocks CLK_2] –to [get_clocks CLK_3] set_false_path –from [get_clocks CLK_3] –to [get_clocks CLK_2] set_false_path –from [get_clocks CLK_0] –to [get_clocks CLK_3] set_false_path –from [get_clocks CLK_1] –to [get_clocks CLK_2] set_false_path –from [get_clocks CLK_2] –to [get_clocks CLK_1] set_false_path –from [get_clocks CLK_3] –to [get_clocks CLK_0]

伪路径约束设计依据内部异步时钟域信息进行。

伪路径约束设计应描述伪路径起点时钟和终点时钟。

异步时钟域设计中，由于相位关系不确定，不应进行时序分析，应将同步化处理的电路模块设置为伪路径。

不可能同时存在的2个复用的逻辑模块，应将其之间的路径设置为伪路径。

（2）最大最小延时约束

最大最小延时约束是指可编程逻辑器件外部端口或内部节点输入输出之间没有经过内部寄存处理，由组合逻辑产生信号时，对组合逻辑产生的时序特性进行约束。具体要求见表7-10。

最大最小延时约束应用场合包括逻辑延时、延迟约束重定义。

逻辑延时中应描述输入输出管脚的时序信息，选择最大、最小延时及其参数设置值。

延迟约束重定义中对于关键路径进行更严酷时序分析时，通过加严设置关键路径的最大和最小路径延时命令实现。

最大最小延时约束设计依据最大最小延时路径的源端、终端、延迟值等信息进行。

最大最小延时约束设计应描述最大最小延时路径的源端、终端、延迟值等信息。

最大最小路径延时是以接收端的时钟边沿作为计算最大最小路径延时的参考基线，与虚拟时钟配合使用。

表7-10　最大最小延时

约束类型	最大最小延时
约束语法	最大延迟设计 语法： set_max_delay-from <source_pin>-to <sink_pin><delay_value> 含义： source_pin：最大延迟路径源端 sink_pin：最大延迟路径终端 delay_value：最大延迟数值 最小延迟设计 语法： set_min_delay-from <source_pin>-to <sink_pin><delay_value> 含义： source_pin：最小延迟路径源端 sink_pin：最小延迟路径终端 delay_value：最小延迟数值
约束实现	逻辑延迟，具体电路如下图所示： 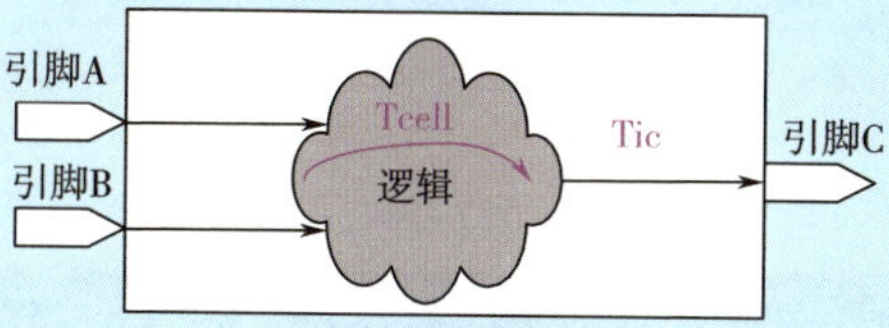 约束信息　6<Tcell+Tic<8 径延时大于6ns小于8ns，设置如下： set_max_delay －from [get_ports {PIN_A PIN_B}] –to [get_ports {PIN_A，PIN_B}] 8 set_min_delay －from [get_ports {PIN_A PIN_B}] –to [get_ports {PIN_A，PIN_B}] 6

续表

约束类型	最大最小延时
约束实现	延迟约束重定义，具体电路如下图所示： 例如，clk的时钟频率为10ns，由于FF1至FF2为逻辑器件的关键路径，应约束在8ns范围内，在这种情况下应设置最大最小路径延时命令实现 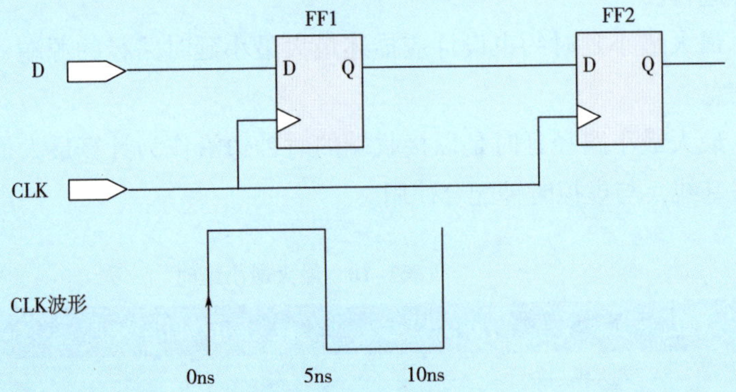 #计算建立时间情况下的接收寄存器时钟沿由10ns提前至8ns set_max_delay 8 –from [get_cells FF1] –to [get_cells FF2] #计算保持时间情况下的接收寄存器时钟沿由0ns延时至4ns set_min_delay 4 –from [get_cells FF1] –to [get_cells FF2]

（3）多周期路径约束

多周期路径约束是针对不能在单个周期内完成的信号逻辑处理电路进行的时序约束设计。具体要求见表7–11。

当可编程逻辑器件内部存在延时较大的逻辑路径，单个时钟周期内无法完成相应的功能设计时，应通过多周期路径的设置告知时序分析软件，可通过多个周期完成设计实现，并不影响设计的功能实现。

多周期路径约束设计依据时序分析结果进行。

多周期路径约束设计应描述多周期路径的源端、终端、周期数等信息。

表7–11 多周期路径

约束类型	多周期路径
约束语法	语法： set_multicycle_path–setup/hold <multi_num>–from <source>–to <sink> 含义： source：多周期路径源端

续表

<table>
<tr><th>约束类型</th><th>多周期路径</th></tr>
<tr><td>约束语法</td><td>sink：多周期路径终端
multi_num：多周期数值
-setup/hold：多周期路径一般建立时间和保持时间同时出现，保持时间数值为建立时间数据减1</td></tr>
<tr><td>约束实现</td><td>当可编程逻辑器件内部存在延时较大的逻辑路径，如下图中寄存器FF4和FF5之间的数据传输不可能在一个时钟周期内完成，逻辑设计中将其进行FF5的时钟端进行使能处理，使能信号每2个时钟周期中存在1个时钟周期有效。为了保证数据传输的正确性，避免信号跳变时进行采样，同时应告知时序分析软件，FF4至FF5之间的路径延时要求由1个时钟周期扩展至2个时钟周期
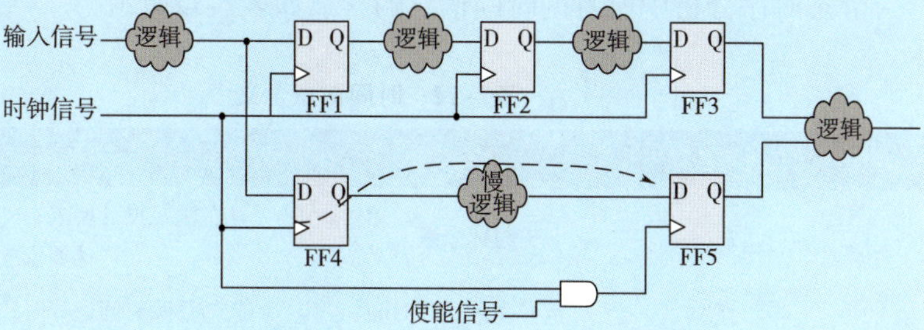

set_multicycle_path -setup 2 -from [get_cells FF4] -to [get_cells FF5]
set_multicycle_path -hold 1 -from [get_cells FF4] -to [get_cells FF5]</td></tr>
</table>

7.5.2 静态时序分析

7.5.2.1 时钟边沿确定方式

进行建立时间的时序分析时，应确定目标端寄存器时钟的latch edge，时序分析器选用前一个最近的源端寄存器的时钟边沿作为launch edge；进行保持时间的时序分析时，时序分析器选用后一个最近的源端寄存器的时钟边沿作为launch edge。

保持时间的T_{cla}与建立时间的T_{cla}时钟边沿不同。建立时间向后看一个时钟周期，保持时间向前看一个时钟周期，如图7-53所示。

目标端latch edge为E_1，计算建立时间时源端的launch edge 为E_3，计算保持时间时源端的launch edge为E_4，目标端latch edge为E_2，计算建立时间时源端的launch edge 为E_5，计算保持时间时源端的launch edge为E_6。

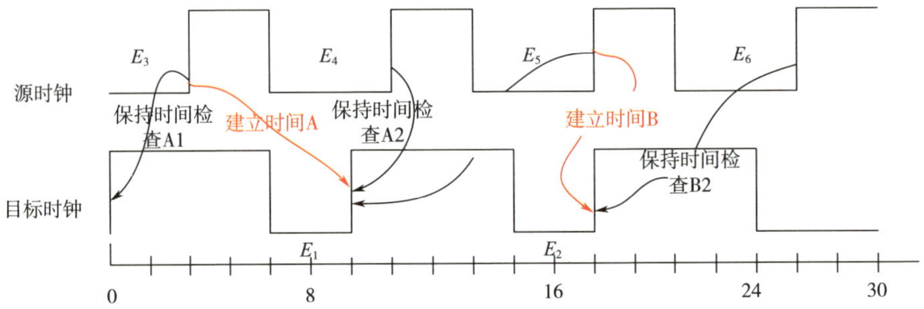

图7-53　时钟边沿示意图（时序分析）

7.5.2.2　时间信息含义

静态时序分析中所有的时间信息的含义如表7-12所示。

表7-12　时间信息含义

序号	时间名称	描述	备注
1	T_{slack}	时序余量	“>0”满足设计要求；“<0”不满足设计要求
2	T_{da}	信号实际达到时间	建立/移除时间运算时$T_{slack}=T_{req}-T_{act}$
3	T_{dr}	信号要求达到时间	保持/恢复时间运算时$T_{slack}=T_{req}-T_{act}$
4	T_{su}	建立时间	
5	T_{h}	保持时间	
6	T_{cnd2sr}	源端寄存器时钟路径延迟时间	
7	T_{cnd2dr}	目标端寄存器时钟路径延迟时间	
8	T_{co}	时钟有效到输出有效的时间	
9	T_{cla}	目标段时钟绝对时刻	目标端时钟可追溯的最早源头（时钟物理管脚）
10	T_{clu}	源端时钟绝对时间	源端时钟可追溯的最早源头（时钟物理管脚）
11	T_{id}	信号输入PCB延迟路径信息	
12	T_{od}	信号输出PCB延迟路径信息	
13	T_{cell}	逻辑器件内部延时	
14	T_{ic}	互联线延时	
15	T_{un}	不确定时间	

7.5.2.3 建立时间时序分析（setup）

（1）内部寄存器至寄存器之间的建立时间

电路框图如图7-54所示。

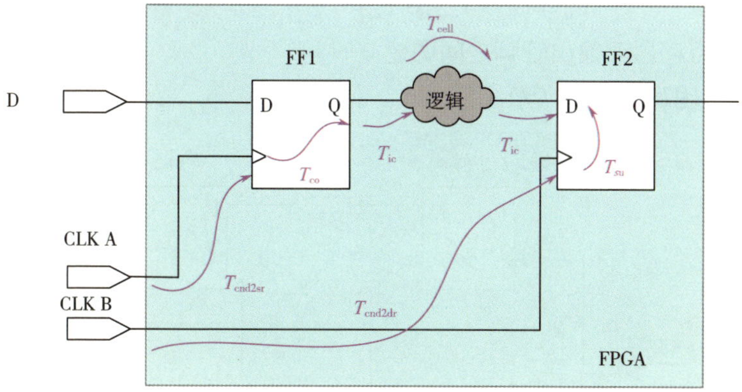

图7-54 内部建立时间

冗余时间计算如下：

$$\left.\begin{aligned} T_{slack} &= T_{dr} - T_{da} \\ T_{da} &= T_{clu} + T_{cnd2sr} + T_{co} + T_{ic} + T_{cell} \\ T_{dr} &= T_{cla} + T_{cnd2dr} - T_{su} - T_{un} \end{aligned}\right\} \quad (7.1)$$

（2）输入管脚至寄存器之间的建立时间

电路框图如图7-55所示。

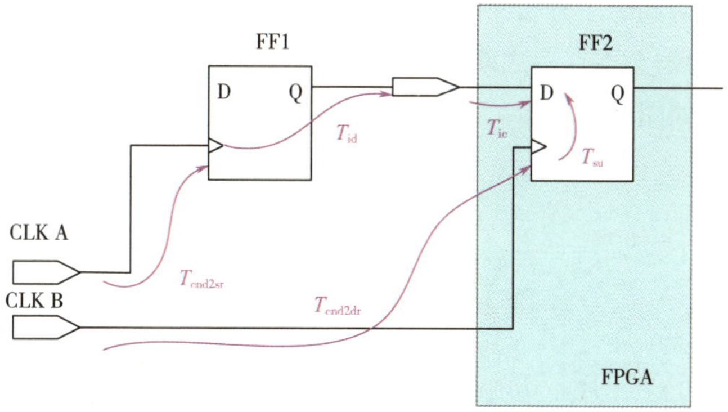

图7-55 输入管脚建立时间

冗余时间计算如下：

$$\left.\begin{aligned} T_{slack} &= T_{dr} - T_{da} \\ T_{da} &= T_{clu} + T_{cnd2sr} + T_{id} + T_{ic} \\ T_{dr} &= T_{cla} + T_{cnd2dr} - T_{su} \end{aligned}\right\} \quad (7.2)$$

（3）寄存器至输出管脚之间的建立时间

电路框图如图7–56所示。

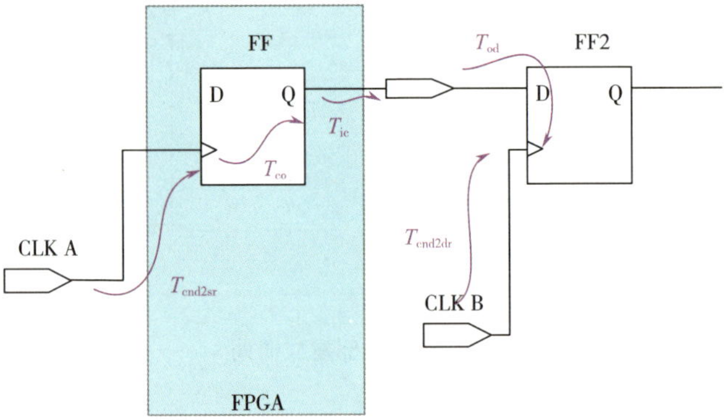

图7–56　输出管脚建立时间

冗余时间计算如下：

$$\left.\begin{aligned} T_{slack} &= T_{dr} - T_{da} \\ T_{da} &= T_{clu} + T_{cnd2sr} + T_{co} + T_{ic} \\ T_{dr} &= T_{cla} + T_{cnd2dr} - T_{od} \end{aligned}\right\} \quad (7.3)$$

7.5.2.4　保持时间时序分析（hold）

（1）寄存器至寄存器之间的保持时间

电路框图如图7–57所示。

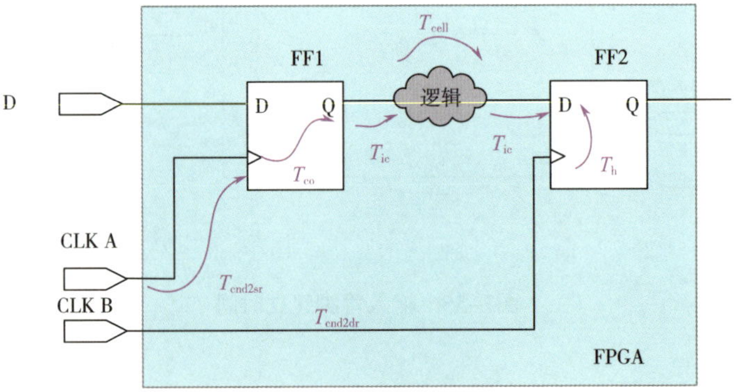

图7–57　内部保持时间

冗余时间计算如下：

$$\left.\begin{aligned} T_{slack} &= T_{da} - T_{dr} \\ T_{da} &= T_{clu} + T_{cnd2sr} + T_{co} + T_{cell} + T_{ic} \\ T_{dr} &= T_{cla} + T_{cnd2dr} + T_{h} + T_{un} \end{aligned}\right\} \quad (7.4)$$

（2）输入管脚至寄存器之间的保持时间

电路框图如图7–58所示。

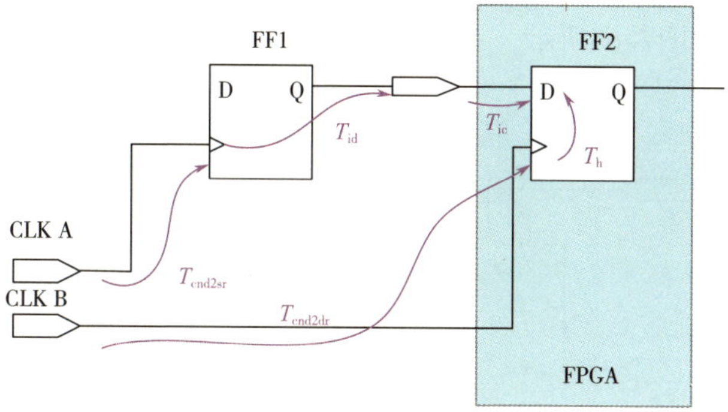

图7–58　输入管脚保持时间

冗余时间计算如下：

$$\left.\begin{aligned} T_{slack} &= T_{da} - T_{dr} \\ T_{da} &= T_{clu} + T_{cnd2sr} + T_{id} + T_{ic} \\ T_{dr} &= T_{cla} + T_{cnd2dr} + T_{h} \end{aligned}\right\} \quad (7.5)$$

（3）寄存器至输出管脚之间的保持时间

电路框图如图7–59所示。

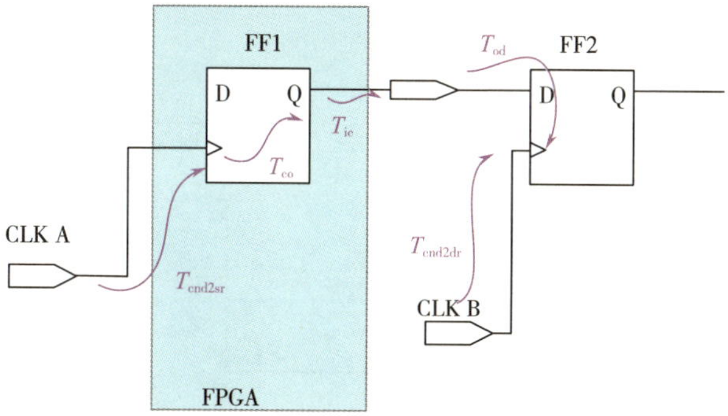

图7–59　输出管脚保持时间

冗余时间计算如下：

$$\left.\begin{aligned} T_{slack} &= T_{da} - T_{dr} \\ T_{da} &= T_{clu} + T_{cnd2sr} + T_{co} + T_{ic} \\ T_{dr} &= T_{cla} + T_{cnd2dr} - T_{od} \end{aligned}\right\} \qquad (7.6)$$

7.5.2.5 重恢复时间时序分析（recovery）

（1）寄存器至寄存器之间的重恢复时间

电路框图如图7-60所示。

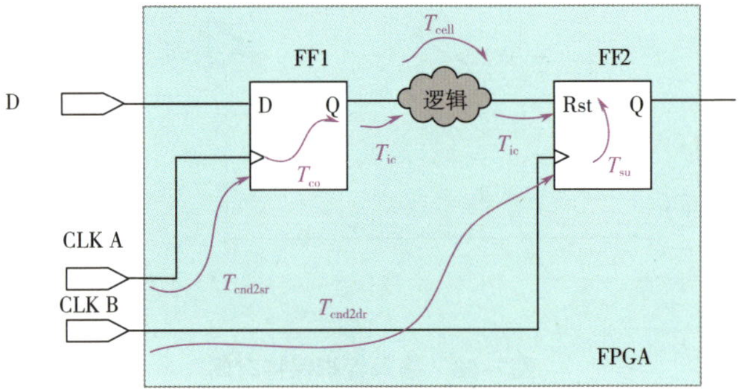

图7-60　内部管脚重恢复时间

冗余时间计算如下：

$$\left.\begin{aligned} T_{slack} &= T_{dr} - T_{da} \\ T_{da} &= T_{clu} + T_{cnd2sr} + T_{co} + T_{ic} + T_{cell} \\ T_{dr} &= T_{cla} + T_{cnd2dr} - T_{su} - T_{un} \end{aligned}\right\} \qquad (7.7)$$

（2）输入管脚至寄存器之间的重恢复时间

电路框图如图7-61所示。

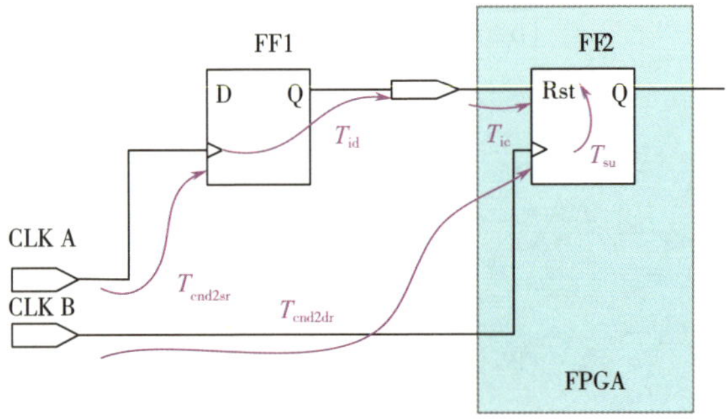

图7-61　输入管脚重恢复时间

冗余时间计算如下：

$$\left.\begin{aligned} T_{slack} &= T_{dr} - T_{da} \\ T_{da} &= T_{clu} + T_{cnd2sr} + T_{id} + T_{ic} \\ T_{dr} &= T_{cla} + T_{cnd2dr} - T_{su} \end{aligned}\right\} \qquad (7.8)$$

7.5.2.6 移除时间时序分析（removal）

（1）寄存器至寄存器之间的移除时间

电路框图如图7-62所示。

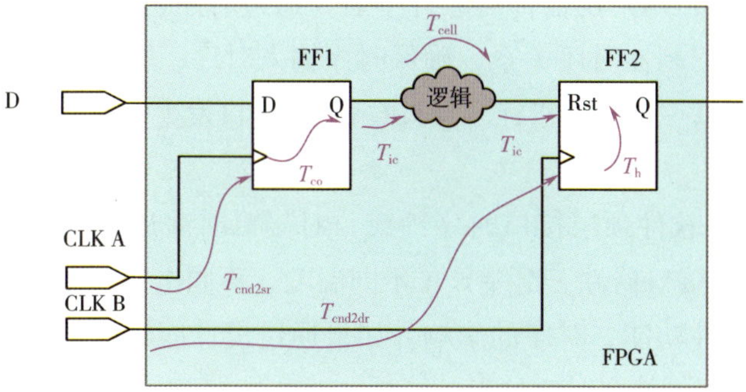

图7-62 内部管脚移除时间

冗余时间计算如下：

$$\left.\begin{aligned} T_{slack} &= T_{da} - T_{dr} \\ T_{da} &= T_{clu} + T_{cnd2sr} + T_{co} + T_{cell} + T_{ic} \\ T_{dr} &= T_{cla} + T_{cnd2dr} + T_h + T_{un} \end{aligned}\right\} \qquad (7.9)$$

（2）输入管脚至寄存器之间的移除时间

电路框图如图7-63所示。

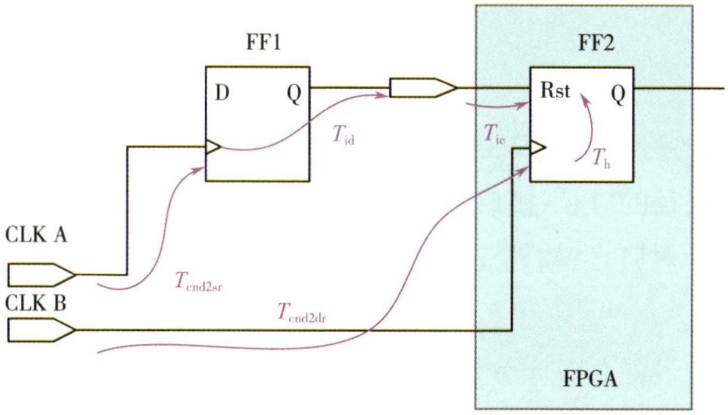

图7-63 输入管脚移除时间

冗余时间计算如下：

$$\left.\begin{aligned}T_{\mathrm{slack}} &= T_{\mathrm{da}} - T_{\mathrm{dr}}\\ T_{\mathrm{da}} &= T_{\mathrm{clu}} + T_{\mathrm{cnd2sr}} + T_{\mathrm{id}} + T_{\mathrm{ic}}\\ T_{\mathrm{dr}} &= T_{\mathrm{cla}} + T_{\mathrm{cnd2dr}} + T_{\mathrm{h}}\end{aligned}\right\} \tag{7.10}$$

7.5.3 接口时序分析

7.5.3.1 应保证不同工况下接口时序满足芯片手册的时序要求

认真研究FPGA外围器件的芯片手册，通过时序仿真分析FPGA与外围芯片之间的接口控制器时序关系，确保时序输入时序、输出时序满足芯片手册接口时序图中每一个时序指标。当FPGA外部接口发生变化时，应重新计算接口时序余量。

添加FPGA软件顶层接口时序约束，对接口时序进行时序分析，并考虑FPGA以及外围接口器件工况差异（不同温度、不同电压、不同工艺）带来的时序偏移对软件功能、时序的影响。如果通过设计能够保证接口数据采集时稳定，可以不添加接口时序约束。

7.5.3.2 确保FPGA与DSP接口时序设计正确

FPGA与DSP之间一般通过EMIF总线进行数据交互，对于EMIF的接口时序，设计人员应根据DSP实际需要的读写速率配置EMIF接口的时钟频率、setup/strobe/hold配置字，并通过仿真确认接口时序的正确性。

设计人员需要根据不同的DSP芯片选择不同的接口设计方式。如果采用的是异步EMIF接口设计，需采用本地时钟进行同步化处理；如果采用的是同步EMIF接口设计，要进行接口时序约束设计，并在三种工况下进行接口时序分析。

7.5.3.3 基于时序路径的FPGA接口时序分析

基于时序路径的FPGA接口时序测试流程依次是：

步骤一：针对FPGA软件三种工况下执行仿真，得出接口信号的无延时仿真波形。

步骤二：通过静态时序分析，计算接口时序路径延时。

步骤三：查询芯片数据手册获得接口信号的协议值。

步骤四：人工计算FPGA接口信号的建立时间和保持时间。

下面给出DSP与FPGA之间的接口时序分析结果。

（1）数据建立时间计算

建立时间T_{setup}是指在时钟沿到来之前数据保持稳定不变的时间，时间基准是DSP时钟沿，时序路径起点是DSP寄存器输出端，终点是FPGA寄存器输入端，包含DSP输出延时、电路板走线延时和FPGA输入延时。在一般设计中，电路板走线延时相对于FPGA芯片管脚到触发器的延时时间来说非常小，可以忽略不计。建立时间应计算经FPGA同步后的关键信号的跳变沿与数据总线的时间关系：

$$T_{setup} = T_{写信号最小延时} + T_{写信号最小同步时间} - T_{数据的最大延时}$$

（2）数据保持时间计算

保持时间T_{hold}是指在时钟沿到来之后数据保持稳定不变的时间，其计算同样基于功能仿真和静态时序分析的结果。与建立时间相反，三种工况下，最小工况（低温高压）对保持时间不利，最苛刻情况下的数据保持时间应该让写信号最晚到达，让数据最早到达。

$$T_{hold} = T_{数据的最小延时} + T_{数据保持有效的最小时间} - T_{写信号最大延时} - T_{写信号同步最大延时}$$

8 质量提升
——组织问题的解决方案

由实践到认识，再由认识到实践，是人类认识交替发展的两个基本阶段。在60多年的型号研制实践中，航天一院形成了一系列质量保证的有效方法和流程。在早期计划经济时期，质量管理的行政色彩浓厚，其中，“在家搞复查”“到了靶场搞‘双想’”“出了问题搞整顿，都是针对问题的措施，被称为质量管理的“三板斧”，由于在实际执行中存在形式主义的成分，“三板斧”多少含有“戏称”的含义，但在历史上的确是传统的方法，曾经发挥了重要的作用。传统方法如何取得新成效，质量工作如何从被动走向主动、走向预防，关键是我们如何因时制宜、因地制宜地丰富其内容和方法，使其具有针对性和高效率。

每个时期都有每个时期的问题，也有每个时期的解决问题的方法。2007年7月，航天一院时任院长吴燕生提出“地面试验充分，验收眼见为实，测试覆盖全面，操作准确无误”是型号确保成功的规律；把型号永葆成功作为一切工作的基础和前提，是航天一院工作的基本规律。2013年航天科技集团公司“921”质量日这一天，时任董事长许达哲提出要“牢固树立大质量观，推动四个转变：从事后管理向预防控制转变；从事后质量复查向过程质量确认转变；从依赖个人经验向依靠规范制度转变；从问题式管理向零缺陷系统工程管理转变”，明确了树立大质量观、扭转质量工作被动局面、完善零缺陷系统工程的要求。

进入新时代，面对市场化竞争、高质量发展、高密度发射任务等特征，质量管理能力、质量保证能力必须与时俱进，为此航天一院不断改进质量复查、检查、双想、整顿等传统质量方法，针对存在的基础性和系统性质量问题等开展系统性、主动性的归零工作，包括质量检查、质量教育、改进设计、改进工艺、改进检验、开展业务培训、实施技术改造、完善流程、提升标准等一系列的质量大检查、整改工作；与此同时，针对未来发展需求，寻找现实差距，投入资源，开展质量提升工程，即通过系统性的归零和质量提升工程工作，使各方面的质量能力不断提升，既解决当前、现实的保成功问题，奠定后续任务成功的基础，又通过不断的技术和管理突破，建设可靠的组织，实现组织和任务的持续成功。

8.1 复查

质量复查的溯源，有史可查的是第二章提到的1964年DF-2号螺丝钉丢失的108事件，虽然不是航天产品的第一次复查，却是航天产品复查工作历史上具有里程碑意义的一次复查。从中国航天事业奠基的那天起，许多领导和专家就认识到航天是一项复杂的系统工程，需要成千上万人的通力协作，在质量管控上一个微小的疏忽会让整个工程功亏一篑。为了避免大事故，必须从杜绝小问题开始。

8.1.1 从出厂把关抓起，对完成的工作进行再确认

质量复查就是为了确保产品质量可靠，对产品形成全过程所做的工作、技术文件及产品本身进行再次检查。在一定程度上和范围内，质量复查可以发现产品质量隐患，起到质量控制和再次把关的作用。

通过反复的工作、反复的检查来确认工作的有效性，一是源于“防微杜渐”、“不能因小失大”和万无一失的要求，二是源于我们管理、技术认识、手段的局限性，做不到一次把事情做对。在型号研制初期就是这样开展工作，但当时尚未形成和明确提出质量复查的概念。1979年4月，在DF-3型号零件转批过程中首次提出了“质量复查”的概念，并在以后的型号研制过程中一直沿用和推广，并不断丰富其内涵。

1980年至1984年，在CZ-2C和CZ-3产品研制生产过程中沿袭了前期武器型号产品转批（转阶段）质量控制的做法，在产品转批工作中也开展了质量复查的相关工作。

1983年，产品质量复查的工作程序和工作方法趋于成熟，航天一院印发的文件中多次出现“质量复查”的提法和工作要求；质量复查也逐渐从产品生产质量复查延伸到产品设计质量和试验质量环节的复查，包括设计复核复算等工作。

1984年6月，航天一院印发院标《航天产品质量复查管理办法》（YW 131—84）。1991年4月，航天一院对此标准进行了修改，对复查时间、复查内容和质量复查的组织管理等内容进行了补充完善。

从1984年6月起到1995年底，质量复查从关键单机产品、部段产品到全弹（箭），从总装前、出厂前到靶场发射前，工作的范围逐渐扩大、不断延伸。

1996年“2·15”和“8·18”失利后，航天一院提出所有靶场飞行型号产品不进行全面的产品质量复查不能出厂的质量管理规定。

历史上通过质量复查发现了很多质量隐患。但随着生产任务量的增加、复查要求的不断增多，单纯依赖复查的针对性、有效性，效率不高，质量复查工作表现出“走形式”的弊端。

8.1.2 从过程控制抓起，将检查确认流程化

2003年9月，航天科技集团公司开始组织人员编制《航天产品质量检查确认要求》（Q/QJ A16），并于2004年3月20日下发实施。该标准吸收了航天一院型号产品质量复查工作的经验，将质量复查更改为“质量检查确认”。它的含义是通过提供客观证据证实对规定要求已得到满足而进行的系统的、有计划的认定活动。“质量检查确认”概念既是对“质量复查”的明确和规范，体现了质量复查工作的核心内容，又强调了该项工作的系统性和计划性，突出了“从过程抓起、质量控制重心前移、全过程控制”的原则。由质量复查到检查确认是思路和方法的完善，更是观念的进步。

质量检查确认是一种与产品形成过程相吻合的管理模式，属于质量保证的范畴。确认形式是：质量检查确认与产品实现同时进行，质量信息的采集与确认工作同时进行，即在完成产品设计、工艺生产、试验的同时完成质量检查确认工作，产品交付之前确认记录已填写完整、正确。

推行质量检查确认取得的实际效果是：思想观念得到了质的转变；将事后复查变成了过程控制；提高了确认工作的质量和效率。

8.1.3 从问题源头抓起，推行零缺陷管理

2000年3月，航天一院印发了《强化型号研制质量的保证措施》（简称“一院质量60条”），提出了质量控制的六条原则。其中，第五条是：“坚持零缺陷原则。以零缺陷为质量控制目标，不断改进设计、生产、试验和管理工作，确保产品质量。”零缺陷理念倡导的是“第一次就把事情做对”，体现了辩证唯物主义认识论；强调在问题产生的根源处一次做对事情，并积极主动地探索客观规律，按客观规律办事，始终做正确的事。只有过程受控、精准可靠，才能保证把事情一次做对。要做到过程受控，首先是做事的目标必须明确量化，做事的要求也要量化；其次是产品或工作实现的过程控制要量化，用完整的量化数据和评价结果证明“一次把事情做对”。

马克思指出：“理论一经掌握群众，也会变成物质力量。理论只要说服

人，就能掌握群众；而理论只要彻底，就能说服人。”多年来，航天一院强调零缺陷管理，一方面开展零缺陷的质量文化建设，另一方面强化群众性质量活动，提升全员的质量素养。2001年，航天一院在全院型号战线开展争创“质量信得过班组”达标活动，制定了达标班组考核办法，“十五”期间全院注册班组达1 134个，以务实推进、树立典型、培训交流、转化成果、提高全员质量意识和小组凝聚力为宗旨，全面推动QC小组活动。2012年，航天一院印发零缺陷手册，确定了零缺陷质量文化的核心理念，开始系统推进零缺陷管理。

零缺陷管理强调的是一次把事情做对，从理念上讲，与过去的质量复查，即通过反复迭代的工作和检查把事情做对不同。但是，将反向的质量复查演变为过程的正向的检查确认活动则发生了本质的变化，与零缺陷管理具有一致性，是零缺陷管理的组成部分。

8.2 双想

8.2.1 概念

“双想”源于1960年航天型号研制中提出来的一项大型试验的质量管理方法，当时叫“两想”，是指在飞行试验或大型地面试验过程中对前期工作进行回想和对后续工作进行预想的活动，是模拟方法的具体应用。“双想”活动最初主要用于靶场试验，1985年，航天工业部印发的《航天工业部型号飞行试验工作条例》中提到“根据试验工作的进展情况，及时开展‘两想’（回想、预想）活动，查漏补缺，采取预防措施”。后来，“两想”一词演变为“双想”，叫法虽有变化，但含义却没有改变。“双想”是一种查漏补缺的方法，“回想”是补漏，“预想”是预防。从时间上讲，“回想”是对某一个时点之前的一段时期的工作进行回想，“预想”是对某一个时点之后的一段时期的工作进行预想。“双想”的基础是前期设计、生产、试验、出厂的完备的工作。通过“双想”活动的开展，使广大参试人员对以往的工作进行回溯，对后续的工作进行前瞻和检查。一旦发现问题、隐患甚至疑点，都要慎重处理、制订预案，确保后续工作不出差错。

“双想”活动多用于产品的靶场飞行试验期间，是传统的质量复查和检查确认的深化和创新。随着航天一院质量工作的不断深化，“双想”活动已从过去自下而上、自由式的对研制工作进行回想、对后续工作进行预想的粗糙概念，逐步深化、细化为活动目的更加明确、工作重点更加突出、针对性更加直入、措施落实更加有效的“问题回想”和“事故预想”。“双想”活动已成为航天一院型号靶场工作中一道必经的程序，是确保型号飞行试验成功的一项卓有成效的措施和环节。

2012年，航天一院开始系统总结“双想”活动的经验，规范“双想”的定义与内涵，完善了发射场的“双想”流程，并制定了《型号发射场双想工作管理要求》（QJA 627）集团公司标准。“回想”即围绕任务目标，从设计质量、产品质量、操作质量等方面，对已完成的工作是否还可能存在薄弱环节进行分析和重新审视的过程。“预想”即围绕任务发射场工作流程，从设计质量、产品质量、操作质量等方面，对即将开展的工作进行基于故障模式和工作重点的预先分析和模拟演练。发射场“双想”工作流程如图8-1所示。

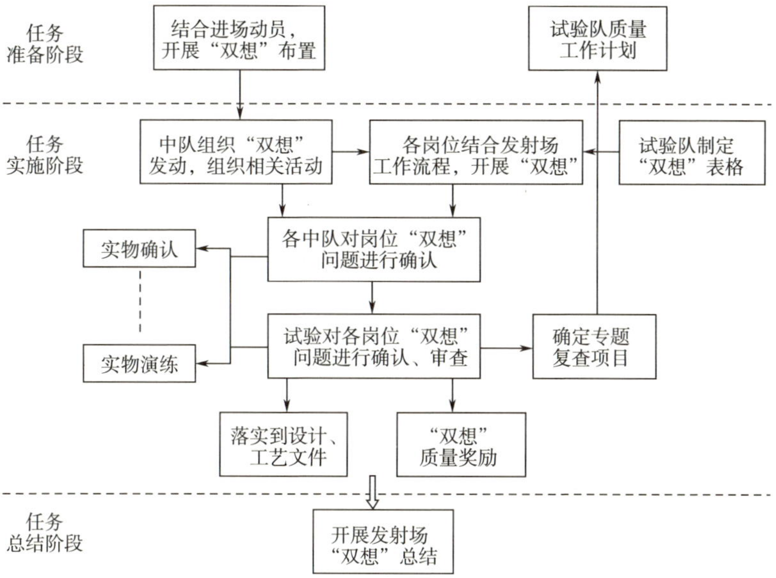

图8-1 发射场“双想”工作流程图

8.2.2 应用

历史上开展“双想”活动有不少成功的案例。例如，某型号在靶场进行产品对接工作时，一位操作者回想起该型号以前在产品总装时曾发生过产品干涉问题，提出本发产品也可能存在隐患的预想。由于无法从外侧观察且内部空间狭小，因此安排个头较小的人员进入火箭内实际观察产品对接情况，发现产品的间隙确实过小；后经设计人员确认，产品确实不符合设计要求，如不及时发现将会对飞行试验造成影响。

“双想”不惧小事，在靶场中出现的任何小细节，试验队员都要讨论一番。例如，火箭点火时序里的断中频时序与涡轮启动时序虽然是沿用了几十年的设计，但都要经过仔细的研究和探讨，并与总体沟通协调，既提高认识又提升产品可靠性。同时，对成熟产品和技术进行再认识。例如，重新翻看老一辈伺服专家20世纪60—70年代编写的技术文献，再一次学习老一辈伺服人员的宝贵经验，对伺服产品有了进一步的认识。

“双想”活动在靶场已逐步形成了人人重视、人人参与、人人思考的工作惯例，成为靶场飞行试验中参试人员的自觉行动，并作为日常的工作程序。例如，对一天完成的工作进行回想，并对第二天即将进行的工作按流程进行预想，保证了靶场工作的严谨性和对现场管理的有效性。以“双想”为主题的质量活动包括：产品状态、技术文件、操作规程的正确性和协调性，出现的各种异常是否作为问题进行管理，流程中是否存在遗漏问题和隐患，测试检查内容是否全面，操作控制的重点与重点关注的测试数据，预案的演绎与执行，等等。

“双想”也是各级领导对靶场工作的一项基本要求，即要把“双想”活动做到火箭点火前。从思想方法层面上研究“双想”，它可以是FMEA等分析方法的继续，也可以是“头脑风暴”法的应用，但目前已经发展成有组织的质量活动，不是漫无边际的“头脑风暴”，对活动的组织要求越来越高。如何提出针对性的项目，如何选择恰当的时机，如何确定工作的层次、组织相关接口的协调启发、集体的研究讨论等，都是注意的要点。

随着时间的推移，有一些型号的“双想”活动不仅限于靶场，作为靶场的工作项目提前安排在进场前完成，也取得了不错的效果。

8.3 整顿

辩证唯物主义认为，事物的发展是螺旋式上升或波浪式前进的过程。这就要求在实际工作中认清事物发展的总方向、总趋势，坚持前进，反对倒退；同时，客观地对待发展中的问题与困难，既要看到一定的曲折是正常现象，又要时刻注意把握前进的大方向，尽量少走弯路。中国航天事业的发展历程充分证明了航天道路的曲折性、复杂性。如何避免走弯路，是一个组织不断思考的现实问题。

8.3.1 概念

“整顿”一词的基本含义就是将想要的东西摆放成有秩序的样子，也就是在现场的每一项物品都必须放置在正确的地方，在需要的时候随即可以取用。每一项物品都应有一个特定的位置，而且必须放置在该位置上。

“整顿”有两层含义：一是使紊乱变得整齐，使不健全的健全起来。白居易在《琵琶行（并序）》中所说的“整顿衣裳起敛容”表达的就是这层含义。二是收拾准备。我们经常说的“整顿一下饭菜”表达的就是这层含义。此外，整顿也有整饬、整治的意思。例如，毛泽东的《在中国共产党全国宣传工作会议上的讲话》中提到：“整风就是整顿思想作风和工作作风。”在日常生活中，我们经常可以听到、看到“整顿”这个词，如整顿经济秩序、整顿非法运营商、整顿某市场、整顿电视购物、整顿作风等。

而航天领域所说的整顿，更多的是“整治”的意思。一般是在出现问题的情况下，针对问题所暴露出的原因，利用一段时间集中精力分析问题，并采取有针对性的措施，使问题得到彻底解决，从而避免类似问题再次发生。作为系统工程的范畴，航天领域的整顿并不是就事论事，而是从深层次挖掘问题的根源，从技术、管理等多个层面入手，有组织地采取纠正措施，使问题得以真正、彻底的解决，实现彻底归零。

航天一院是在一次又一次的成功和失败之间不断磨练和打拼的，历次整顿工作为航天一院的持续改进提供了有力支撑。通过对以往整顿工作的系统梳理和反思并对照整顿的内涵要求，不难看出以往的整顿工作多是被动的，多是在出现重大问题后，上级和用户对工作不满意、不放心，而被迫开展整顿工作的。以往的整顿工作在顶层策划时往往只出思路和要求，相对宏观，需要下级单位结合自身实际查摆问题并提出解决措施，缺少系统性，整顿的工作成果难于推广和普及。而实际上，整顿应当成为一个组织的主动行为。当一个组织出现矛盾或危机时，只有通过采取有针对性的措施，主动解决矛盾，化解危机，才能推进组织的持续进步。

对照持续改进的全面质量管理原则可以看出，主动开展的整顿也是一种由计划、实施、检查和处置构成的PDCA循环，通过一次整顿，将组织由原有水平提升到一个新的高度和水平，从而促进组织的不断发展。同时，随着新的环境变化和新的需求，组织仍会遇到新的问题或瓶颈，从而需要进行再次整顿，能力和水平也将再次提高（见图8-2）。因此，整顿也是一种持续的改进。

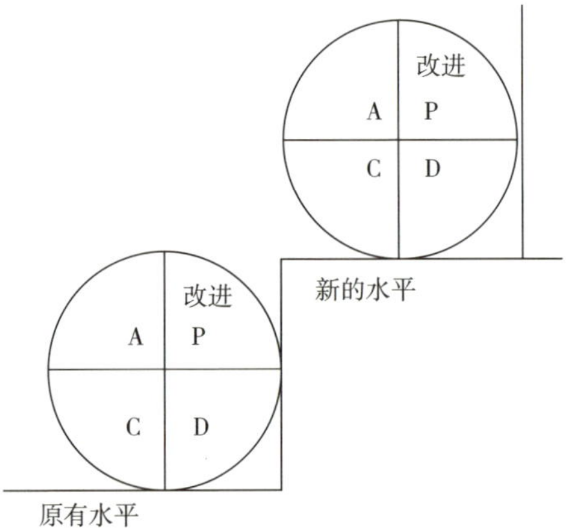

图8-2　整顿效果提升简图

8.3.2　历史

对于重大问题或失利，通过整顿解决组织的矛盾使其更好地发展，是航天事业发展中的重要手段。第二章提到的108事件，即1964年2月20日，DF-2试车弹出厂复查时一颗螺丝钉下落不明，随即开展质量检查的事件，既是航天一院开展的一次全面的质量复查，也是中国航天史上的第一次全面整顿。

1991年，面对某低温发动机质量问题不断发生，严重威胁科研生产任务的现状，航天一院决定在有关厂、所对发动机研制工作进行质量整顿，总结经验教训，并提出确保发动机研制质量的保证措施，彻底扭转被动局面。通过实例分析，检查设计纪律、工艺纪律、试验纪律执行情况，对技术文件、规章制度的完整性、正确性、协调性进行检查，对有章不循、执法不严的状况进行清理和整顿，并完善和改进了质量控制措施。

特别是近20年来，面对航天工程的重大失利，为了集中精力保证任务成功，又相继开展了多次整顿工作。整顿的形式多种多样，既有全面整顿，也有针对具体问题的专项整顿；既有按照上级要求开展的整顿，也有责成下属单位开展的整顿。其中，按照上级要求开展的整顿一般都在出现重大失利或重大问题时开展。例如，1994年，航天一院为贯彻落实航天总公司“整顿作风和质量技安工作会”的精神，在全院范围内开展了以质量、技术安全工作为重点的思想、作风、纪律、技术、管理等为内容的全面整顿工作。针对自查出的1 968个问题，制定了以《型号大型试验技术安全管理规定》为代表的一系列规章制度和实施细则。再如，2004年9月，面对两个型号的飞行试验连续失败，根据航天科技集团公司党组决定，航天一院开展了一次思想、作风、纪律和质量的全面整顿，在强化管理上取得成效。

航天一院也针对自身存在的问题自觉开展整顿工作。例如，面对2010年型号飞行试验的失利，航天一院认识到在总体能力、总装总测能力等方面距离确保成功和永葆成功的差距依然很大，特别是工作的精细程度还不高，造成了“失之毫厘，谬以千里”的严重后果，为此，全院自觉开展了一次以“做细工作、提升能力”为主题的全面整顿工作。通过三个月的整顿工作，按照回归基础的工作要求，共制定和修订规章制度、标准规范837项；针对确保型号成功和解决制约发展的瓶颈问题两个方面，对后续工作提出了44条明确的工作意见和建议。

航天一院也会针对某一单位在某一时期中暴露出的问题而责成其开展整顿，促其反思自身不足，并采取改进措施，提高能力和水平。例如，1996年9月，针对惯性器件中电子产品质量问题突出的情况，航天一院印发亮黄牌的通报，要求设计和生产两个单位开展整顿工作，采取有效措施提高产品质量。此后，航天一院其他部分单位也先后被责成整顿。通过这一形式的整顿，各单位在自身能力和产品质量两个方面均得到了有效提高，特别是把整顿中取得的成果及时转化为标准规范和规章制度，有效地引导和推进了后续工作。

有关单位也能够主动发现和认识到自身存在的典型问题，并主动开展整顿工作。例如，2012年，某研究所针对某型号飞行试验过程中出现的重大问题，在全所范围内自觉开展了以“强化危机意识，全面提升能力”为主题的整顿工作，重点从吃透技术和状态、型号研制模式及其管控、供应商的管理等方面深入查找问题，并采取了有针对性的改进措施。

由此可见，在一些重大问题面前，航天一院人敢于面对，敢于承担；能够运用整顿这一有效手段，使问题在较短时间内得以解决；在解决“短、平、快”问题的同时，利用整顿工作的契机，对制约组织长远发展的问题进行系统深入地思考，统筹安排，分段实施，使“老大难”问题得以逐步解决。

8.3.3 流程

整顿是组织的主动修正调节行为，开展整顿工作就是要通过组织各层面的系统反思确定整体工作目标。应当按照精细化的要求，做细工作计划、项目流程以及验收标准，加强过程控制和指导，对工作完成情况进行客观评价，以达到整顿的目的和效果。

对问题的深入分析和深刻反思是做好整顿工作的前提。只有问题找准了、找全了，才能提高整顿工作的针对性和有效性，通过整顿提升组织的能力和水平。这就要求在整顿工作的策划阶段，积极开展多层面、多角度的系统反思，查找问题，如具体飞行试验失利暴露出的薄弱环节，飞行或靶场中问题的深层次原因，研制过程中执行和落实上的问题，以及在思想、作风、纪律、能力等方面存在的问题，等等。

在系统反思的基础上，合理确定工作目标是做好整顿工作的基础。一方面，工作目标的确定不能大而全，而是要抓主要矛盾和矛盾的主要方面，集中精力重点突破，确保目标的实现。另一方面，虽然整顿工作是在一段时间内集中开展的，但从目标的制定上，既要解决制约型号成功的“立竿见影”的问题，为确保型号任务的成功做好充分准备，又要解决制约长远发展的问题。通过持续改进不断提升能力，为组织的长远发展打下坚实的基础。

工作项目的细化分解是做好整顿工作的关键。要围绕确定的整顿工作目标，细化分解工作项目和工作内容，确定每一项工作内容的具体目标和计划，并明确具体的验收标准。工作项目的分解应从两个层面入手：一是在顶层策划中就要做好分解细化，确保整顿策划能有效地指导下级单位；二是下级单位要结合自身特点和重点问题，对顶层策划进行进一步细化分解和补充完善，形成各自的整顿计划。例如，航天一院2010年开展的以“质量在我手中，学会把工作做细”为主题的思想、作风、纪律和提升能力的整顿工作，就从总体能力、总装总测能力、确保成功和交付、管理能力、基础能力、学习和执行能力等6个方面进行分解和策划，制定了45个工作项目、119项工作内容，各单位、型号、部门全面细化、分解整顿工作项目共计1 817项，并制定出具体的整顿工作目标和实施方案。

过程的有力监督与控制是做好整顿工作的保证。整顿工作通常按思想发动、问题查摆、落实措施、总结验收四个阶段展开，每个阶段的工作重点均有所侧重，阶段性的工作成果也不一样。例如，问题查摆阶段从思想、作风、纪律、技术、管理和基础能力等方面入手，眼睛向内，自查自纠。对存在的各类问题逐项查，对可能存在的各种隐患逐项摆，从而查找突出问题，并补充和完善整顿工作策划。作为整顿的总体策划和组织者，上级部门要利用质量分析会、型号计划协调会等契机，主动了解各单位、各型号整顿工作的进展情况，为单位、型号学习交流提供平台。

整顿成果的及时转化是做好整顿工作的核心。要围绕量化控制、回归基础和提升能力的目标，把各项要求和措施变成可操作的流程和规范，明确管理界面责任，使其可检查、可控制、可考核；对形成的规章制度和标准规范，要及时进行宣传、贯彻和培训，确保理解一致，执行到位。

对整顿工作给予客观公正的评价，体现持续改进的方针。例如，2010年的整顿工作改变了以往的整顿验收模式，明确验收工作不给出通过与否的结论；重在对整顿工作的完成情况对标检查和评价，并对后续工作提出意见和建议，找出工作亮点，以便在全院范围内推广实施。

虽然航天一院已将行政化的整顿理念转变为自觉的工作行为，但实质上仍然是按照领导者的要求开展的一种类似“群众运动”的活动。虽然已进入由强制管理向规范管理的转变，但由于精细化管理水平较低，在今后一个时期，作为一种简单有效的工作手段，整顿仍将继续发挥作用。

对照体系化建设的整体思路和目标，无论整顿在中国航天发展历程中起了多么重要的作用，在以体系的有效运行和追求卓越衡量组织是否先进的新时代，整顿必将转化为组织体系运行中的一种主动行为。也就是说，组织的修正和调节活动将按照管理体系的内在要求，围绕产品的实现过程展开，不断地测量、分析与改进，使组织体系的发展走上自主化、常态化和科学化的道路。

8.4 检查

8.4.1 分类

质量检查是督促质量标准和相关规章制度落实的重要举措。在航天型号研制过程中为监督相关要求落实的纵向贯通，型号、单位、部门常常会安排对质量、工艺和安全生产等方面的业务进行检查。

按业务性质划分，检查工作分为质量检查（包括质量体系审核、质量监督检查、产品保证能力检查和质量专项检查等）、工艺检查和安全生产检查。按组织方式划分，检查工作分为型号检查、单位检查和院主管部门检查。

8.4.2 工作流程

质量检查分为检查工作策划、检查工作准备、检查工作组织实施、检查发现问题分类、形成问题线索和典型案例等步骤。

8.4.2.1 检查工作策划

检查工作策划是指围绕年度目标的实现，结合当年型号任务特点、工作重点和上年度质量、工艺和安全生产工作综合分析情况，检查组织方应对检查工作进行系统策划，形成年度检查工作计划。

对临时增加的检查项目，围绕一个特定的检查要素，检查组织方应策划形成专题检查工作计划。

在具体实施前应编制现场检查计划，明确检查工作重点、检查准则、涉及的主要型号和部门（场所）、计划安排等。

8.4.2.2 检查工作准备

根据现场检查计划安排，检查组织方负责组建检查组，并保证检查人员在专业能力、业务水平和工作经历等方面能够胜任所承担的检查工作，指定检查组长，明确组员分工，由检查组长组织检查组全面负责现场检查工作，并对检查结果负责。

检查组长组织编写检查单（样式参见表8-1），将检查准则分解编制形成检查单，明确检查要素、依据的准则和检查细则；在检查实施前，检查组织方应组织对检查单进行审查，保证检查单内容全面、具体，检查细则最大可能形成定量的检查要求。

表8–1　多余物预防与控制检查单示例（部分）

序号	检查项目	检查内容	见证材料
1	设计单位关键环节多余物控制要求	被检查单位是否对设计结构中易产生、不易检测、不易清除多余物的部位进行分析，是否对多余物可能造成的影响及敏感性等进行分析	多余物薄弱环节分析报告
		总体设计单位是否研究分析系统间及型号总装测试、靶场测试、使用环节的多余物防控要求，并对总装测试、靶场操作、使用等环节提出具体技术要求	总装测试、靶场测试多余物防控要求
		分系统设计单位是否对下游单位提出多余物控制的具体要求，并以技术文件形式进行明确	分系统多余物防控要求
2	生产单位关键生产过程控制要求	被检查单位是否围绕重点产品的多余物多发环节，按照相关文件要求和标准制定了详细的防控要求	厂所级工艺规范或典型产品工艺规程
		机械加工毛刺清理与检查（阀门、油缸）	
		焊接清理（贮箱、管路；气瓶、贮箱）	
		涂脂涂胶（阀门、总装）	
		螺纹连接	
		装配试验（阀门装配试验、油缸装配；舱段装配）	
3	总装总测过程控制要求	产品接收检查要求： 对接面、夹缝等区域多余物的检查； 电连接器、管路加保护盖（套）的完整性； 电连接器接触件有无氧化，导管、波纹管的内腔有无油污、锈蚀的检查	产品交接检查记录
		生产准备检查要求： 多余物预防管理制度完善与执行情况； 总装测试环境洁净度、气液体品质检查及地面设备检查等	总装车间多余物防控管理制度； 总装测试环境洁净度、气液体品质检查确认记录； 产品总装生产准备检查确认记录

续表

序号	检查项目	检查内容	见证材料
3	总装总测过程控制要求	总装测试工艺设计要求： 仪器安装、电连接器插拔、导线压接、电缆网绑扎与敷设、防水防热操作、点胶与加固的控制措施； 产品运输、吊装、转运过程多余物控制量化与完善	总装测试工艺文件
		总装与测试过程要求： 总装测试过程中产品及辅材发放领用控制； 生产过程中剩余的绑线、不锈钢丝、聚氯乙烯带、卡带、玻璃纤维带等废弃物量化管控； 点胶部位和点胶量、油脂使用部位和使用量的控制； 现场返修、锉修控制	质量证明文件

被检查单位应依据检查单进行自查，并准备检查文件清单和相应的文件资料。

8.4.2.3 检查工作组织实施

检查工作要尽量压缩首末次会议和内部沟通时间，将更多的时间用在现场检查方面，保证检查时间充分、工作质量有效。首次会议由检查组长主持会议，向受检查方介绍检查组成员，会议签到；检查组长介绍检查的目的、范围、依据、检查方法、检查程序、检查计划及配合、保障要求；检查组织方领导对现场检查工作提出要求。

被检查单位要确定人员配合现场检查工作，提供检查活动必要的资源和保障条件，保证提供的文件和资料等客观证据真实、充分、完整、有效、及时。

检查人员按检查单逐项检查、评价，必要时增加检查项目；检查人员通过听、看、问、查等方法收集客观证据；检查人员填写现场检查记录单，对发现的问题描述清晰、完整、准确；对现场检查发现的问题，由检查人员填写问题和责任清单栏内容；检查组长组织检查组内部沟通，讨论问题和责任清单及检查结论；检查组与被检查单位领导交换意见，被检查方对问题和责任清单确认并签字。

检查组长组织将现场检查情况、发现的问题及检查结论向检查组织方领导进行汇报。召开末次会议，检查组长主持会议，与会人员签到；宣布检查结果，说明需改进方面、问题和责任清单，提出改进、纠正措施要求；检查组织方领导对发现问题的整改工作提出要求。

8.4.2.4 检查发现问题分类

基于质量体系问题原因分类见表8–2。

表8–2 基于质量体系问题原因分类表

问题分类	一级原因	二级原因
产品设计	设计输入	要求缺项
		要求不明确
		要求有差错
		未按要求进行设计输入评审
	设计技术	技术未吃透
		设计可靠性欠缺
		设计差错、不合理
		设计选用器材、材料不合理
		设计工艺性差
		设计工艺性分析不到位
	设计评审与验证	试验设计不合理
		未按试验技术要求、试验规范进行试验
		设计验证不充分
		评审与验证专家建议未闭环
	设计文件	设计文件缺失
		设计文件内容、标识、签署不完整
		设计文件差错
		设计文件不一致、不协调
	设计技术状态	设计更改控制不到位
		设计更改验证不充分
		技术状态基线不清楚

续表

问题分类	一级原因	二级原因
工艺设计	工艺设计	工艺技术未吃透
		工艺方案不合理、不明确
		工艺差错
		工艺选用不合理（含禁限用工艺）
		关键过程、特殊过程识别及要求、强制检验点设置不到位

基于产品保证问题原因分类见表8-3。

表8-3 基于产品保证问题原因分类表

问题分类	一级原因	二级原因
设计	设计	未认知的新技术
		设计方案错误
		设计可靠性欠缺
		设计功（性）能错误
		设计接口不协调
		设计文件差错
		测试覆盖性不全
		判读不细
		设计原因造成多余物
生产制造	工艺	工艺能力不足
		未认识的工艺（检验）问题
		工艺（检验）方案错误
		工艺（检验）文件差错
		工艺（检验）规程无多余物控制措施
	操作	违规操作
		误操作
		错漏检
		操作不当引发多余物
		操作人员不合格

续表

问题分类	一级原因	二级原因
软件	软件	软件任务书不明确或欠妥
		软件需求不明确或欠妥
		软件设计缺陷
		软件程序差错
		软件与软件、软件与硬件接口不协调
		软件技术状态不受控
		测试手段、方法欠妥

质量检查问题分类原因分类见表8–4。

表8–4 质量检查问题原因分类表

问题分类（检查要素）	一级原因（检查要点）	二级原因
要求传递、分解与闭环	要求不完善	设计要求不完善
		工艺要求不完善
		工艺参数横向要求不一致
		极性控制要求不完善
		多余物控制措施不完善
	要求不匹配	验收工艺与设计技术条件不一致
	要求不落实	标准和制度要求不落实
多余物预防与控制	多余物控制措施不完善	多余物管控体系没建立
		文件中未明确要求、方法
		文件指导性不强
		过程控制不严
单点故障模式识别与控制	I、Ⅱ类单点及三类关键特性识别和控制不到位	设计关键特性未分解
		故障模式分析不全
		关重件不全
		成败型项目清单不全
		关键特性、关重件未按要求控制
		关键特性无实测值、无确认人
		质量评审报告内容不准确

续表

问题分类（检查要素）	一级原因（检查要点）	二级原因
单点故障模式识别与控制	强制检验点设置	对强制检验点的内涵不理解
		设置不合理
		检验方法缺乏规范
外包质量管控	外包质量管控不到位	对外包产品关键特性未开展风险分析
		产品过程控制要求未传递至外包单位
		对供方人员培训不足
电子装联质量控制	电子装联质量控制	外包电装过程评估未落实
		禁限用工艺
		设计工艺性分析
		生产过程的量化控制
		产品验收规范
		生产现场检查确认

8.4.2.5 形成问题线索和典型案例

对检查发现的典型问题进行分类后应分析提炼问题线索，示例参见表8-5，编制典型问题通报，及时组织开展整改和举一反三工作，达到立竿见影的整改效果。

表8-5 问题线索示例

问题分类	问题描述	发生地点	问题分析	准则禁忌
管理要求不落实	某氧泵壳体由三段不同炉批铸件拼焊而成，固融处理时仅使用某一炉批次铸件的试棒随炉，不能完全代表本件氧泵壳体产品性能	××单位	批次管理落实不到位，旁证试样性能不能反映产品性能，存在产品质量隐患	多炉批次（不同冶炼炉批次、不同锻造炉批次、不同铸造炉批次）材料，同一炉次热处理时，随炉试棒应包括每个炉批次的材料的试棒，分别进行力学性能检验，才能表征产品的性能

对各类检查发现的问题进行分类分析后，共性及典型问题应及时形成案例，示例参见表8-6，建立典型案例库，并及时纳入知识管理系统进行知识积累，丰富产品设计、工艺设计准则内容及员工培训教材案例。

表8-6 典型案例示例

<table>
<tr><th>案例名称</th><th>十字交叉孔多余物去除不规范</th></tr>
<tr><td>案例描述</td><td>一、问题现象
2017年7月在院组织的质量检查工作中，发现机加零件相交孔去毛刺方法“横向不一致”，标准规定相交孔使用电火花加工、电解去毛刺，但检查外协某配套单位仍然采用手工去毛刺，毛刺不易除净，历史上多次出现多余物问题导致产品故障。
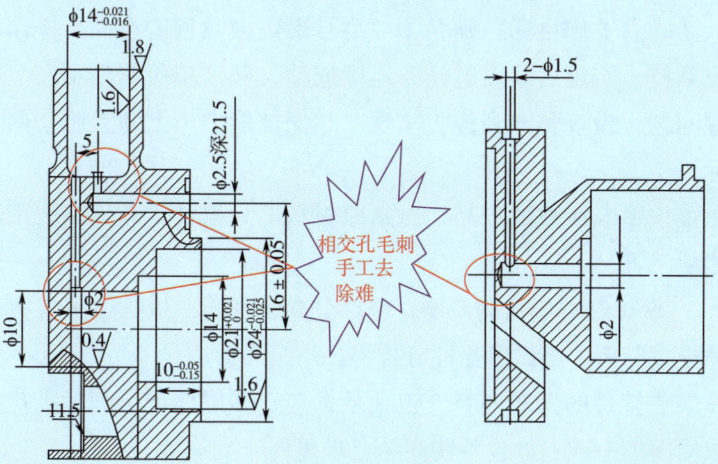

二、启示
1.形成的十字交叉孔多余物有效去除方法，没有有效传递给外包单位，在外包配套单位未得到落实，多余物控制要求“纵向不贯通”。
2.多余物控制方法没有及时形成标准规范进行固化</td></tr>
</table>

8.4.3 质量检查实践

2017年面对型号连续失利带来的极端严峻质量形势，航天一院策划了专项整改和质量检查工作：按照质量检查工作流程，通过系统地分析以往产品与组织质量问题，聚焦影响成败的产品、专题、过程和管理的薄弱环节，明确检查的关键要素，并为此梳理了16个核心文件和158项标准要求，制定检查单，成立11个专家组，开展专项检查；按照标准对发现的问题进行了归类、统计、分析，提炼出89项共性问题，识别了当前质量工作在产品数据包、要求传递分解与闭环、技术风险控制、外包质量管控和单点故障模式识别与控制等方面的主要矛盾，及时总结、固化检查和整改成果，一方面为恢复型号发射任务，保证产品质量和型号飞行试验成功发挥了重要作用，另一方面回归基础，促进了质量管理体系的完善。

8.4.3.1 实施过程

（1）系统策划，明确标准

①明确工作要求。按照上级要求，系统策划了专项整改和质量检查工作，印发了开展质量检查的文件要求。

②确立工作目标。确立了“型号聚焦成败型的产品、操作和特性，检查整改到位，实现后续发射任务连续成功”和“单位聚焦不严、不细和深层次管理问题，检查整改到位，实现产品保证能力迈上新台阶”两个层面的工作目标。

聚焦影响成败的产品，包括原材料、元器件、软件、火工品、发动机、管路活门等。

聚焦影响成败的专题，包括分离、环境、极性、多余物、Ⅰ/Ⅱ类单点故障模式分析、测试覆盖性分析等。

聚焦管理的薄弱环节，包括数据包、多媒体记录、标准执行、同类产品要求横向不一致、外包外购产品要求纵向未到底等。

聚焦影响成败的关键过程，包括总装、关键过程和特殊过程、禁限用工艺等。

③规范工作流程。按照面向型号、面向单位、面向专业，以总体研究院为牵引，辐射各配套单位的工作原则，制订了质量检查工作计划。确定了单位、型号自查和上级、院检查相结合的工作流程，明确了问题处置原则，确保成功的要立行立改，回归基础的要纳入质量提升，及时将上级和院检查出的问题纳入院质量问题归零周报，指导各单位、各型号做好举一反三。

④细化检查要求。为了提高质量检查的有效性，围绕14个大检查要素，系统梳理了2014年以来的16项工作要求、158个标准文件，对每个检查要素编制详细的检查单（见图8-3）。

聚焦影响成败的产品、关键过程、专题和管理薄弱环节，院按专业成立11个专家组开展专项检查。

⑤制定检查标准。为了规范质量检查工作流程和问题统计分析，制定院标准《质量检查工作管理要求》（Q/Y 764），明确质量检查要素原因分类，作为检查质量问题统计分析的工作依据。

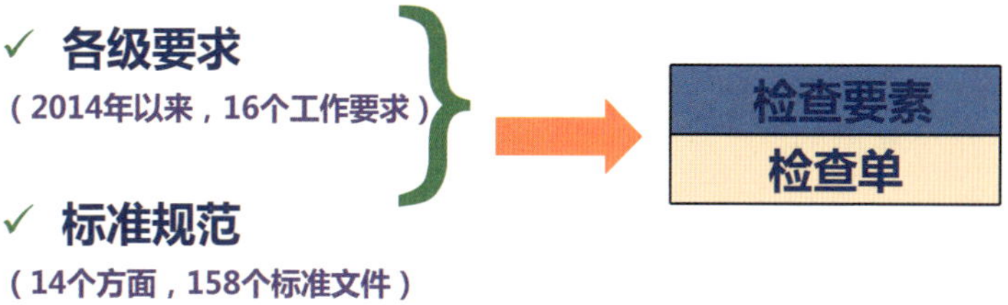

二.分系统的软件工程化检查

序号	检查项	已完成	部分完成	未开展	不适用	已列计划		证据与理由	备注
1	该系统级别制定或确认执行上级的软件质量保证大纲（具体名称可不同）								
2	2.1进行了该系统级的软件系统分析和策划工作，并形成了软件系统需求规格说明								
	2.2定义了完整的软件产品配套表和配置项间的接口并编制了相应的文档								
3	本系统所有软件研制正式确认了任务书								

图8–3　质量检查要求细化过程

（2）有效实施，及时整改

按照型号检查和专业组检查相结合、上级检查和院检查相结合、质量检查与质量体系评估、星级现场建设和工艺纪律检查相结合的工作原则，各型号和院属16个从事型号研制生产的重点单位按计划完成了自查和对外包单位的监督检查，集团公司、院专业组、型号队伍按计划完成了对相关型号和研制单位的检查工作，并按计划完成问题的整改，形成了型号、院属单位和专业组质量检查工作总结报告；回归基础，针对共性问题，策划并实施了型号质量保证核心标准群和“数据驱动”工作。

（3）系统总结，全面分析

按照航天一院大检查工作计划，11个专业组对照检查要素，系统策划检查工作，明确检查内容、单位、人员、时间，按计划完成各专业组的检查工作，对检查中发现的问题进行了分析总结，形成了总结报告，提出一些型号研制规律性、建设性的建议。

按照检查要素，对集团公司、型号队伍和院11个专业组及各单位检查发现的问题进行了分类，共分为要求传递分解与闭环、多余物预防与控制、单点故障模式识别与控制、外包质量管控等12个方面，在此基础上，又对产生问题的原因进行了分析、归类、统计，问题主要集中在产品数据包、要求传递分解与闭环、技术风险控制、外包质量管控和单点故障模式识别与控制等方面。

提炼总结了要求传递、分解与闭环，多余物控制，单点故障模式识别与控制等10类20个典型问题，为型号、单位、专业组检查提供线索。

从产品研制生产过程中无标准可依、产品设计生产过程中依据标准要求不协调、产品研制过程中未按标准开展质量控制工作、贯彻执行标准过程不严格和传递标准工作要求不到位6个方面对检查中发现典型问题原因进行综合分析。

（4）系统改进、回归基础

研究检查中提出的规律性、建设性的意见，梳理检查中的共性问题，针对产品研制生产过程中无标准可依、产品设计生产过程中依据标准要求不协调、产品研制过程中未按标准开展质量控制工作、贯彻执行标准过程不严格和传递标准工作要求不到位等问题策划型号质量保证核心标准群工作。

8.4.3.2 实施效果

本次检查共发现直接影响型号产品质量的问题200个。影响到型号出厂和飞行试验任务的问题立行立改，其他问题各单位、各型号进行了闭环落实，梳理出的共性问题为型号质量保证核心标准群和“数据驱动”等工作策划提供了依据。取得的成效主要有：

①规范了质量检查工作的流程，制定了质量检查的工作标准，提升了质量检查工作的有效性。

②质量检查对航天一院及其所属单位质量管理中存在的短板要素进行了系统的诊断与分析，识别出了当前型号质量管理中存在的主要问题，聚焦影响成败的产品、专题、薄弱环节和关键过程，完善了型号出厂放行准则及出厂前需要开展的检查确认工作要求，为型号取得飞行试验成功奠定了基础。

③各单位对共性问题进行了梳理，制、修订和完善标准规范，形成型号质量保证核心标准群，作为航天一院提升能力、走出低谷的发力点，有效弥补了型号管理质量的不足，提升了航天一院质量管理水平。

④聚焦质量检查中发现的产品数据包不规范、关键环节质量数据缺失、质量数据采集手段落后、大量数据未实现电子化、产品现有数据很难快速支撑对产品的质量评价等问题，提出了“数据驱动”研制生产模式推进方案，为回归基础、推进质量控制或保证流程的转型升级奠定了基础。

8.5 能力提升

8.5.1 概念提出

由于宇宙太空环境的复杂性和风险性，航天工程的发展始终处于探索之中，与其在出现重大失利后开展检查和整顿，不如主动分析问题，开展有针对性的质量提升工作，这是归零由被动走向主动和预防的新的发展阶段。在多型号研制并举、高强密度研制发射任务的形势下，传统的质量管理模式体现出不适应性，具体表现在：全员质量意识、风险意识、责任意识与航天强国建设需求不适应；质量基础薄弱，高质量保证成功的质量能力与常态化高强密度发射和研制生产任务要求不适应；质量体系有效性与常态化高强密度发射和研制生产任务及航天强国建设的高标准要求有差距。质量能力与当前任务形势的矛盾见图8–4。

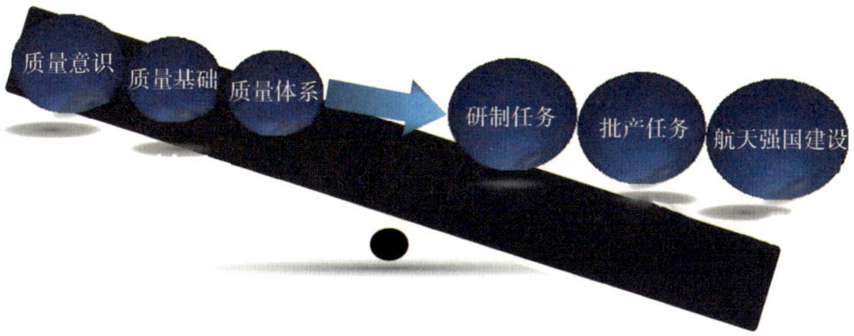

图8–4　质量能力与当前任务形势的矛盾

为解决当前质量工作的突出问题，急需从产品、过程、体系全方位提升型号产品质量保证能力。2015年9月，航天科技集团公司首次系统开展了为期三年的质量提升工程：总体思路上遵循“坚持、完善、创新、发展”的思想；以“坚持、完善”为基本准则，坚持成功是发展的基础，是一切工作的前提，坚持并弘扬航天优秀质量文化和质量理念，坚持行之有效的质量工作方法，坚持严格的质量工作制度标准和工作原则；在坚持中实践，在实践中完善和丰富航天质量文化和航天质量工作方法；以“创新、发展”为时代责任，主动作为迎接新时代航天质量工作的新挑战，不断推动质量理念创新、质量工作方法和手段创新、质量管理体系创新；在创新中不断总结提炼，丰富和发展新时代航天质量新文化、新方法、新体系，打造航天质量新能力。

8.5.2 提升的策划

质量能力提升以问题为导向，以体系为基础，面向产品、面向过程、面向组织，贯彻大质量观，推进精益质量保证转型，建设系统工程产品保证体系，解决突出问题、弥补能力短板、优化工作流程，完善基础体系，全面提升组织保证成功的能力。

8.5.2.1 聚焦突出问题

分析近年来突出的质量问题发现，其本质和质量基础能力均不适应新时代高质量发展的新要求，具体体现在：

第一，吃透技术、控制风险的能力与高强密度研制发射任务需求有差距，确保型号成功的方法有待改进。成熟产品质量可靠性水平不高，元器件、材料、惯性器件、火工装置、增压输送系统等基础产品可靠性存在较大差距。质量的总体抓总能力不强，外包单位问题比例在60%左右，供方管理的手段、规范不完善，有效性差。

第二，产品质量保证体系需持续改进。质量责任体系尚未达到人人有责、环环相扣的严密程度。技术流程和产品质量保证流程还不够清晰。检验、检测手段和方法相对型号质量保证要求落后，质量技术方法未形成实用的方法工具。质量保证的专业性、独立性、权威性和有效性不足。

8.5.2.2 聚焦提升目标

针对突出问题，急需提升六个方面的能力：一是总体对外包、外购产品与过程质量与可靠性方面的管控能力；二是产品质量保证策划与管控能力；三是设计师系统可靠性设计与分析能力，以及质量系统职业化能力；四是以数字化、信息化和智能化为特征的精益制造能力；五是型号研制风险识别和管控能力；六是质量数据的信息化管控能力。

8.5.2.3 实施四个工程

第一，实施“瓶颈突破工程”，为型号成功和组织成功提供保障。解决影响科研生产的典型质量问题，治理“常见病”“多发病”，杜绝研制生产试验过程人为差错、重复性等低层次问题。杜绝批产（装备）型号重大质量事故，杜绝研制型号非技术原因重大质量事故，使型号平均单发（次）飞行质量问题总数显著降低。

第二，实施“精品塑造工程”，推进精益质量保证转型。完善把成功作为信仰的零缺陷质量文化；推行精益质量保证，打造型号与产品精品，打造设计、工艺、试验、管理精品，形成一批管理规范、质量受控的星级生产现场。

第三，实施“用户满意工程”，推进市场化转型。完善和提升武器装备全寿命周期的综合保障体系，创建武器装备用户满意测评体系，建立武器装备全寿命周期综合保障信息管理平台、远程专家支持平台和交互式电子技术（IETM）平台；推进通用质量特性的应用工作；提升实战化和迅速满足市场需求的能力，增强顾客满意度。

第四，实施“基础夯实工程”，建设以卓越为特征的先进质量管理体系。建设航天一院系统工程产品保证体系，统筹建设一批高水平专业技术机构，完善科研流程，系统完善保障条件、完善风险管控机制；建设科学、规范的质量数据管理系统；推进质量技术方法研究，自主开发一批先进方法工具；建设高效的质量与可靠性培训体系，形成职业化的质量、可靠性等专业的管理与技术团队，实现型号产品研制管理人员质量培训上岗率100%和质量专业人员持证上岗率100%。

8.5.2.4 抓重点工作项目的有效落实

（1）开展关键技术攻关，实施“瓶颈突破工程”

全面分析型号研制过程中亟待突破的设计与工艺技术瓶颈，解决阻碍研制进度、影响产品质量、制约型号发展的重大技术问题，特别是深层次的技术问题。

①完善共性问题治理机制。研究共性问题识别与治理的程序和要求，以面向产品的质量分析为基础，识别产品和管理中存在的突出共性问题，确定治理措施、计划及其所需资源，形成持续改进机制。

②开展问题多发产品共性问题的专项治理。针对识别的问题，制定三年共性问题专项治理滚动计划，完成若干个院级、厂所级专项治理项目，解决当前型号研制的共性突出问题。

③协同攻关，最大限度突破技术瓶颈。围绕影响型号研制久攻不克的质

量技术难题，组织优势资源，集智协同攻关，突破瓶颈。同时，有针对性地开展技术改造，引入先进的技术方法和工具，掌握设计、制造核心技术。

（2）创新驱动，实施“精品塑造工程”

深化零缺陷和量化管理，推行精益质量保证，创优质产品，优质管理。开展精益设计、精益生产、精益试验、精益管理，建立高水平、高效设计与工艺技术流程，以及先进制造单元、车间与生产线，塑造技术先进与成熟度高、成本优化与可靠性高、稳定性和一致性好的优质产品。

①增强效率意识，建设优质产品精益示范项目。增强精益意识，从识别问题入手，减少浪费；从优化流程入手，提高效率。选取典型产品、典型过程，应用精益方法、精益工具，开展精益设计、精益生产、精益试验、精益管理的改进活动试点，塑造一批优质产品、创新管理的精益示范项目，并固化成果。同时，培育突出单位、型号及项目在行业或国家层面创奖，树立标杆。

②系统治理“常见病”“多发病”，系统梳理各单位存在的“常见病”“多发病”，建立本单位“常见病”“多发病”数据库，建立统计分析和改进机制。

明确量化的评价指标，基本消除“常见病”“多发病”，措施固化为规范，形成长治久安的防控体系。

③实施可靠性增长。以型号为牵引梳理产品可靠性薄弱环节，开展可靠性增长论证。按照单机产品改进与总体要求优化并重、硬件与软件并重、产品与共性基础研究并重、设计改进与先进工艺应用并重的原则，明确项目、目标、计划与资源要求。通过可靠性增长，优化成本与流程，提升产品成熟度。

④改进批生产过程质量管理。围绕组批生产的宇航产品和异地批产的武器装备，研究制定管理办法，强化总体研究院的管控能力，确认批产生产准备条件，规范认证和过程管控以及批产验收，全面提升过程质量保证能力。

⑤推行星级现场管理评价。强化生产现场管理，开展星级现场标杆建设，从条件建设、制造单元、流程改进和标准化作业方面开展工作，总结完善生产现场管控规范。

⑥推行精益生产，推进单元制造模式应用以及数字化、信息化改造，提升产业化能力。完善工艺技术体系，结合能力建设，开展生产流程优化和工

艺布局优化，推进单元制造模式的应用，促进两化应用，使短线产品生产效率提高30%以上。

（3）完善综合保障体系，实现“用户满意工程”

以好用、管用、实用、耐用的型号产品为目标，收集用户实战化改进意见，开展实战能力影响因素及指标表征体系研究，实施武器实战化提升。围绕用户的使用需求，加强面向使用的综合保障技术与方法研究，完善和提升全寿命周期的综合保障体系，提升武器作战能力及综合保障能力，最大限度实现顾客满意。

①开展装备综合保障技术研究，完善综合保障体系。针对军方用户贴近实战考核、综合保障、使用维修等方面的需求，在深化技术培训、优化保障资源配置、建设远程技术服务平台、迅速解决部队装备技术质量问题等方面，完善一院综合保障体系。

②完善单位产品保障机制，提升产品相关方用户满意度。针对产品研制问题和研制重大短线、瓶颈，建立重大问题、研制短线的沟通协调机制，定期开展与上游、下游等各相关方用户的联合质量分析，形成信息交流、共享机制。开展保障性设计与分析，完善售后服务体系。

③以典型型号、产品为试点，开展实战化提升。从提升系统实战性能出发，以用户使用中反馈的问题为抓手，制定实战化改进项目，包括产品使用流程的改进、现有产品的挖潜、工艺能力的提升等。

开展系统实战能力影响因素及指标表征体系研究，以及全寿命周期实战化指标论证、实战化设计考核方法和研制流程研究，注重通用质量特性指标体系的研究分解及验证考核，形成指南性研制要求及设计标准，完善型号研制流程。通过项目实施，探索实战化能力提升的模式与机制，突破制约实战化瓶颈的关键技术。

④开展通用质量特性应用示范工作。系统开展可靠性、维修性、保障性、测试性、安全性、环境适应性等通用质量特性的论证、策划、实施和验证等，包括论证与策划方法研究、实施和验证规范性研究、监督检查与过程控制研究等，形成示范项目。

（4）建设航天一院先进质量管理体系，实施“基础夯实工程”

强化质量管理体系建设与系统工程产品质量保证体系建设的融合，持续推行卓越绩效模式和精益质量保证，形成航天一院先进质量管理体系与运行模式。

在完善质量体系、强化培训与职业化团队建设、提升信息化水平、开展技术基础研究、总结先进方法、应用先进工具、完善技术支撑机构、鼓励创奖及取得各类专业资质等方面，实施质量“基础夯实工程”。

①建设先进、适用、科学、高效的质量管理体系。明确责任体系，突出产品全寿命周期质量管理要求，建立全方位的质量考核指标体系和考核制度，形成航天一院质量管理的顶层法规。

以市场需求和发展为导向，紧贴未来型号发展、技术发展的趋势，瞄准未来质量专业发展的方向，提出质量大体系的建设方案框架。

固化航天一院质量管理要求，全面推进《基于流程面向岗位的一体化质量管理体系要求》。

持续推进精益质量保证和卓越绩效模式。继续推进软件研制GJB 5000A认证、试验室GJB 2725A认证等资质认证。

建立健全可靠性保证工作体系。探索基础研究、工程应用、评估及验证等全寿命周期的可靠性工作模式，形成工作流程清晰、责任明确落实，监督评价完善的可靠性保证工作机制。

②规范风险分析与控制，提升型号全面风险管控能力。制定发布航天一院航天型号全面风险分析与控制工作要求，明确型号风险分析与控制工作的职责、方法、流程及管理要求。进一步总结型号技术风险与研制风险管控的经验和方法，加以推广应用。全面推进独立评估工作。

③完善培训与上岗机制，加大奖惩与考核。建立航天一院质量培训教材体系，推行质量培训上岗制度。落实研制队伍上岗、转岗前质量知识与技能培训，使型号产品研制管理人员质量培训上岗率达到100%。

设立质量专项奖励基金，完善质量激励机制。设立航天一院质量奖，规范评奖机制，航天一院及各单位都要按年度设立质量专项奖励基金，加大对在产品质量和质量工作方面做出突出贡献的集体、个人和项目的表彰力度与奖励额度。完善质量奖惩办法，建立院、型号、单位三级质量责任追究制度，综合运用行政和经济等手段，严肃责任追究。

大力开展质量技术创新、创奖，积极参加国家科技进步奖的评选，积极参加国家质量领域的创奖活动，包括质量技术、卓越绩效模式、QC小组、六西格玛、质量功能展开（QFD）、精益改善、星级现场等奖项。

④强化质量与可靠性专业队伍建设。依据客户要求和产品质量保证体系建设需要，以某领域型号背景为试点，按序列设置型号总质量师，并根据需要，在重点型号设置副总质量师和主任质量师，切实加强型号项目质量管理。

各单位根据需要设立首席质量官、质量总师，着力选拔培养质量与可靠性专业领军人才，提升质量管理部门、检验与检测部门的业务能力。建设质量与可靠性专家团队，充分发挥其研究、咨询、评价、把关作用。

推行质量从业人员资质管理。各级质量从业人员三年内要取得可靠性工程师、质量经理等质量专业社会资质或取得院认可的培训考核资质，使质量从业人员持证上岗率达到100%以上。

⑤完善质量管理标准体系，落实先进方法的学习、研究与推广应用。完成覆盖型号产品生命周期全要素，贯穿预研论证、型号项目实施、售后服务等全过程，满足运载、战略、战术与常规兵器等项目需求的质量管理标准体系框架及标准项目实施计划。

加强卓越绩效模式、六西格玛管理、精益改善、星级现场管理、供应链管理、QC小组等先进质量管理模式、技术方法的培训，并对培训效果进行考评。

开展产品可靠性设计、分析与验证技术研究，建立健全可靠性设计与试验规范。推进测试性、安全性、维修性、保障性、电磁兼容性和贮存期设计准则与设计方法的研究。建立型号工艺、检测与试验准则体系。

建立满足型号需求的、适用的质量与可靠性方法体系，形成方法体系表。继续推进六西格玛管理、精益改善、QFD、试验设计（DOE）等先进的质量技术方法，加强成果的应用与转化。

清理院及各单位型号产品（含软件产品）质量与可靠性设计、分析、验证、评估等工具软件，提出配置需求并组织落实。

⑥通过规范化、市场化和责任体系建设，完善优质供应链。建立环环相扣、人人有责的涵盖产品外包方、核心物资供应商的供应链责任体系和共赢机制。完善航天一院外包产品供应商选择、监督、评价、激励及退出的管理制度，实施供应商的培训和培育。按专业建立供方认证规范，并依托技术支撑机构或认证中心开展认证和动态管理，提高供方的认证管理水平。按专业识别关键过程和特殊过程，明确强制检验点与检验要求，建立供方过程控制

规范、产品验收规范体系。

⑦实施型号研制全寿命周期质量信息化管理。开展面向型号产品设计、生产、试验全过程的研发信息平台的统一规划。

完善航天一院航天产品数据包建设要求，进一步明确产品数据包策划、生成、分析利用、传递等环节的工作要求，规范数据包内容。

开展数字化研制模式下质量管控方法研究。梳理产品研发全过程的技术流程和过程控制量化规范，规范数字化设计、仿真、制造、装配等过程的质量控制工作，选取典型产品并建立设计、工艺、制造、试验一体化的数字化、信息化条件下质量控制的示范项目。

建立航天产品故障模式库、产品故障树库、航天质量案例信息库，推进跨单位、跨型号的交流与共享。

⑧统筹建设质量可靠性专业技术机构，发挥产品质量保证作用。按照“整合资源、明确职责、支撑型号、拓展领域”的原则，梳理各级、各类支撑机构，制订航天一院质量与可靠性技术支撑专业机构建设总体规划方案，完善技术支撑机构的工作流程，将其纳入型号研制流程。

组织开展航天一院质量与可靠性技术支撑专业机构的论证，从能力条件、制度建设、研究课题、运营保障四个方面，根据各专业技术的发展方向提出技术支持体系，确定核心能力和专业特长，分析短板，明确发展的重点，开展论证。在各单位论证的基础上，完成航天一院质量与可靠性技术支撑专业机构布局与挂牌，并组织实施有效运营。各类中心推行实验室认可制度，实施资质管理和开展监督评价。

各单位依据自身需要建立相关技术中心、验证中心，完善验证条件，并在型号研制流程中发挥作用，如建立电子产品认证中心、机械制造产品认证中心等，使外包产品供方认证与管理专业化；建设系统验证中心，提高系统对单机产品的验收能力和验收水平。

⑨加大投入，统一论证，提升检验检测能力。按统一要求，组织院属各相关单位、院级质量与可靠性支撑机构开展检验检测条件建设的项目论证与申报。重点围绕型号研制“常见病”“多发病”以及问题多发产品的关键共性问题，优先完成一批关键设备的检验检测。

清理单位所用检验检测标准、规范，提出需新增或修订的检验检测标准规范项目。瞄准未来型号产品新技术带来的检验检测的新要求，开展检验检测技术项目研究，确定一批研究课题，形成一批研究成果。

⑩持续推进工艺振兴计划和标准化工程。进一步完善院工艺管理制度体系；进一步加强工艺研发平台建设和专职工艺研发队伍建设，形成工艺研发自主投入的长效机制；积极推行精益工艺设计、工艺量化控制，持续开展面向产品的工艺质量问题分析，夯实工艺基础，进一步提升航天一院工艺水平和制造能力。

持续完善航天标准体系，加快型号、民用航天国际合作等方面急需标准的制定，加强型号标准化和产品标准化工作，通过设计模板、信息化等手段强化岗位标准的贯彻实施，不断夯实标准化信息服务平台等基础平台的建设。

8.5.3 提升实践

2014年9月，集团公司印发《关于实施航天质量提升工程的决定》后，航天一院迅速落实，成立了院质量提升工程领导小组，从院、型号、厂所三个层面，围绕集团公司要求的质量管理能力、产品保证能力、基础保障能力三个能力提升目标，从存在的问题分析、工作思路与目标、工作计划、主要任务、重点项目、工作要求等六个方面开展方案策划，制订了总体实施方案，按照“瓶颈突破工程”“精品塑造工程”“用户满意工程”“基础夯实工程”的基本思路，结合航天一院实现型号研制按计划、成本精益、一次成功，为组织持续成功奠定基础的要求，坚持问题导向、目标导向，确定了“四个工程”的11项总体目标，并确定了57项院级项目（其中集团级项目14项，院级项目43项），明确了院、型号、厂所三个层次的重点工作。院层面主要通过重大的瓶颈问题、共性问题和基础性问题示范性研究带动全局，型号重点在瓶颈突破和用户满意，单位重点在基础夯实工程。为保障工程实施，制定了单位、型号质量提升工程以及院级项目的工作联络表，明确各级责任，制定质量提升工程的管理要求，明确标准和要求。按年度分解制订工作计划，推进质量提升工程的实施，按计划完成全部工作，43个院级项目和14个集团级项目全部通过验收，解决了部分影响科研生产的典型质量问题，实现了院研制生产试验过程人为差错、重复性等低层次问题相比2014年下降50%的目标。

8.5.3.1 实施“瓶颈突破工程”，为型号成功和组织成功提供保障

航天一院开展了“常见病”“多发病”问题的治理，针对影响科研生产的典型质量问题重点开展了技术攻关研究工作，如低冲击分离装置技术攻关，弹箭上同类别、不同型号典型产品的环境条件、技术要求、验收方法的统一化研究及验证，发动机产品可靠性控制、过程控制与验收规范，基于系统应用需求的惯性器件过程控制与系统测试验证能力提升，火工品生产过程控制规范与验收过程控制规范，管路系统产品疲劳寿命设计，螺纹紧固件质量提升技术研究及松动试验机研制等。型号研制过程中未发生研制型号非技术原因重大质量事故，实现了型号研制生产试验过程人为差错、重复性等低层次质量问题同比下降50%的目标。

8.5.3.2 实施“精品塑造工程”，推进精益质量保证转型

航天一院从质量管理思想、规律、理念和方法等方面对院质量管理实践进行了系统总结，出版了《把成功作为信仰》和《思想的力量》；开展了“保成功、强基础、提能力”为主题的质量专项整顿、思想作风纪律质量整顿、质量大检查工作，进一步深化了对零缺陷质量管理的认识；打造型号精品，北斗二号区域组网工程运载火箭项目获得全国质量奖卓越项目奖；推进卓越绩效模式，获得中国质量奖提名奖，高凤林获中国质量奖唯一个人奖。十四所、十五所荣获中国航天质量奖，十八所获得全国质量奖鼓励奖。2016—2019年开展星级生产现场建设，共有74个现场通过全国星级现场评价，获得10个全国五星级现场评价、35个四星级现场评价、29个三星级现场评价，完成质量提升工程星级现场建设目标；92个生产现场完成集团公司生产现场全要素星级评价，获得集团公司五星级现场3个。

8.5.3.3 实施“用户满意工程”，推进市场化转型

航天一院探索了面向装备全寿命周期、高效运行、责权统一、协调一致的综合保障组织模式，完成了装备全寿命周期数据标准体系、技术状态管理软件、装备信息采集与管理系统、全寿命周期信息管理平台系统等工作；形成了一系列产品交互式电子技术手册。针对装备通用质量特性细化要求，研究通用质量特性技术方法及实施程序，开展保障性、可靠性、维修性、测试性、环境适应性综合协同设计。通过现场交流、通知函件、电话沟通等多种

方式同顾客交流，处理顾客提出事项，努力增加顾客满意，2016—2019年顾客满意度都在98%以上。

8.5.3.4 实施“基础夯实工程”，建设以卓越为特征的先进质量管理体系

航天一院完善型号产品质量保证体系，提出了质量与可靠性技术支撑机构布局的设想，成立了院软件评测中心、电磁环境效应测试与评估中心、元器件可靠性中心、强度环境可靠性验证评估中心和材料工艺性能检测与失效分析中心等6个中心；构建了院验收数据包、型号外包产品管理信息系统和通用质量特性协同工作平台；持续推动精益管理、可靠性、六西格玛、质量功能展开、星级现场等先进质量可靠性技术方法的应用。2016—2019年，航天一院在全国质量技术奖、全国质量标杆、六西格玛、精益管理、可靠性管理等方面共获得69项奖励；完成了质量可靠性工具箱建设，形成了30个方法的应用指南；建立了院质量培训教材体系，开发了十大业务模块共22门质量培训课程及相应的课件。航天一院持续推进质量工程师、质量经理、可靠性工程师、六西格玛绿带和六西格玛黑带等专业认证，质量工程师有288人获得全国资格证书；质量经理有242人获得全国资格证书；可靠性工程师有127人获得全国资格证书；六西格玛绿带61人获得全国资格证书；六西格玛黑带有30人获得全国资格证书。

8.6 核心标准群

标准是对重复性事物和概念所做的统一规定，也是衡量人或事物的依据或准则，“器范自然，标准无假”（出自三国袁宏《三国名臣赞序》）。标准是技术交流的通用语言，也是衡量产品质量优劣和质量工作好坏的尺度，还是知识管理的结晶和一个组织在某个产品或某个专业领域话语权的重要体现。运载火箭的成功发射当然也离不开标准的支持，其质量保证相关标准众多，但是，其中仅有小部分的标准居于核心地位，核心标准的水平和贯彻实施的程度决定了产品质量保证的水平和有效性。

从运载火箭研制历史来看，质量保证的核心标准往往来自运载火箭飞行试验失利后的深刻反思。在新的发展时期，建设国际一流宇航企业的目标呼唤我们发挥标准的引领作用，抓好核心标准的编制和贯彻实施是新时期航天

事业发展的重要基础。2017 年，面对两次运载火箭飞行试验失利，航天一院深刻反思存在的问题，总结固化专项整改成果，针对运载火箭产品质量保证标准中存在的问题，按照“全面策划、系统论证、迅速实施”的思路，实施了“运载火箭产品质量保证核心标准群”专项工作，研究明确了核心标准的内涵，梳理、建立了涵盖方法类标准、示范性规范、产品质量保证实施指南类标准的产品质量保证核心标准群，在科研生产中发挥了作用。

8.6.1 核心标准的内涵

企业标准根据自身业务、管理的需要有不同的分类。例如，NASA 的企业标准分为可用标准、优选类标准（非强制、有特定的限制应用范围）、核心标准（重点涉及核心业务的风险控制与评估、产品质量保证及体系良性运行）以及强制类标准。航天一院先期发布的《CALT 标准体系》以专业和产品相结合的方式进行分类，包括基础、设计、试验、生产制造、产品、型号（项目）管理、质量管理与安全、服务保障、信息化九大类。不同行业对“核心标准”的概念具有一定共识，即：“核心标准”是保障核心业务、支撑组织地位、保持组织优势的关键和重要标准。

企业质量管理体系是围绕《质量管理体系　基础和术语》（GB/T 19000—2016）、《质量管理体系　要求》（GB/T 19001—2016）、《质量管理体系业绩改进指南》（GB/T 19004—2011）3项核心标准展开的。GB/T 19000—2016 表述质量管理体系的基础，确定了80 个相关术语及其定义，明确提出了质量管理的原则。GB/T 19001—2016规定了质量管理体系要求，以证实组织有能力稳定地提供满足顾客和适用的法律法规要求的产品；通过体系的运行、过程的持续改进及保证符合顾客与适用的法律法规要求，不断提高顾客满意度。GB/T 19004—2011 标准提供了超出GB/T 19001—2016要求的指南，以便组织考虑提高质量管理体系的有效性和效率，进而考虑开发组织业绩的潜能。该标准强调实现持续改进，适用于组织的各个过程。

“共同核心国家标准”（Common Core State Standards）是近年美国教育界流行的名词。其发起者基于“统一标准能够让我们的学生跟世界上排名靠前的国家的学生进行比较，有可能实现美国教育真正、有意义的转变，造福所有美国人”的理念，希望通过建立标准提高美国课程的难度，使之在国际上更有竞争力。

IATF 16949 是汽车主机厂为控制供应链而专门设立的核心标准，在ISO 9001的基础上，将汽车供应商应具备的质量保证能力供货能力、产品同步开发及项目管理能力、优化成本能力4种能力全部纳入体系要求，并细化过程文件以确保其可执行，同时强调了工具的应用，更着重于缺陷防范、减少在汽车零部件供应链中容易产生的质量波动和浪费。汽车级电子元器件主要执行汽车电子委员会（AEC）颁布的几个产品规范及数十个支撑性规范，解决了汽车用电子元器件的鉴定、评价和质量保证问题，是汽车电子的核心标准。

8.6.2 运载火箭产品质量保证核心标准的发展

产品质量保证发展是以“核心标准” 为主线的中国航天工程管理自我完善的发展历程，在工程研制实践中不断发现问题和解决问题，分析总结教训，提炼固化经验。首先，提出一些原则性的质量保证要求、准则，即工作标准。其次，结合工程实践，将其转化为对产品、技术和管理的具体要求，量化为相应的方法标准、管理标准、质量保证标准等并持续改进。

8.6.2.1 产品质量保证“核心标准”的演化历程

1962年，我国第一个自行设计的近程导弹东风二号首飞失败，经过深刻反思，总结出“一切通过充分地面试验，一切按程序办事”等航天型号研制的原则要求，颁布了《国防部第五研究院暂行条例》（简称“70 条”），是最早的成体系的型号研制和质量保证要求，是系统工程在航天实践中的顶层工作准则，也是当时从事型号研制工作的工作标准中的“核心标准”。

1996年，两次运载火箭飞行试验失利反映了当时解决质量问题不彻底、对元器件的质量保证缺乏系统性、测试覆盖性和发射前对关键参数的监测存在差距、质量基础控制能力不足、基础标准缺失等问题。经过深入的整顿、从严管理，1997 年，原航天工业总公司颁布了强化型号科研质量管理的“28条” 要求，以及质量问题归零的两个“五条”标准。2000 年，航天一院颁布了《强化型号研制质量的保证措施》（质量60条）。这些要求成为当时航天一院质量保证工作的“核心标准”。

2003年至2007年，航天一院针对型号失利的问题，开始探索型号成功与组织成功的基本规律，提出了“方案正确合理可行、设计简捷正确可靠、系统协调匹配兼容、试验充分覆盖有效、产品受控合格稳定、操作准确协同无误”的型号质量工作的六项原则，以及通过“地面试验充分、验收眼见为实、测试覆盖全面、操作准确无误”来“确保成功”的基本规律；把“永葆成功”作为航天一院一切工作的前提和基础，是航天一院工作的基本规律；提出了技术风险的管理要求，以及数据差异性和一致性分析、型号研制测试覆盖性分析及“四不到四到”指南实施等要求，开始完善研究院“60条”的支撑标准。以上工作明确了这一时期航天一院质量工作的“核心标准”。

2009年至2016年，航天一院质量工作在三个方面得到了系统加强：一是强化了问题导向，完善了质量问题的归零工作，提出了“眼睛向内、系统抓总、层层落实、回归基础、提升能力”以及“梳理模式、提炼准则、统计分析、完善基线、积累数据”的质量问题归零的工作原则；二是提出了“把成功作为信仰”的质量文化核心理念，完善了零缺陷管理的质量管理体系；三是推行精益质量保证，研究制定了《航天型号量化控制手册》，内含55个有关产品质量流程和要素的控制文件。以上内容形成了这一时期从文化理念、问题解决原则到质量控制流程的“核心标准”。

2017年，航天一院从重大失利中深刻反思存在的问题，总结固化专项整改和质量检查成果，提出建立“运载火箭产品质量保证核心标准群”的设想，加强顶层策划，狠抓责任落实，大力推动型号产品质量保证核心标准群编制、宣贯和标准执行的监督检查工作，作为航天一院自我体制完善的重要工作和扭转航天一院被动局面的一个重要发力点，也是实施转型发展和建设新体系的重要工作。

8.6.2.2 产品质量保证“核心标准群”要解决的现实问题

当前航天标准化工作存在的问题主要三个方面：一是标准对建设一流企业和实现高质量发展的全面支撑不够；二是标准对型号质量提升和任务成功的保障支撑有待加强；三是标准对核心业务发展和市场竞争力提升的助推力度不足。

因此，“核心标准群”的内涵应在以下四个方面得到着重体现：一是聚焦和解决成败型产品、特性、操作等突出矛盾的重要手段；二是强化、规范、推动产品质量保证工作的重要发力点；三是质量提升和管理持续改进的实施途径与重要成果形式；四是示范引导后续产品质量保证系列标准的开发，牵引信息化、能力建设、工作转型等工作的重要载体。

8.6.2.3 完善产品质量保证核心标准群的意义

习近平总书记指出，“标准决定质量，有什么样的标准就有什么样的质量，只有高标准才有高质量”，这明确了新时代标准化的历史使命和地位，体现了一种战略眼光，也反映了时代的要求，是我们做好标准化工作的根本遵循。因此，建立运载火箭产品质量保证核心标准和保障核心业务具有重大战略意义。

（1）推动高质量发展

党的十九大报告提出了建设“科技强国”、“质量强国”和“航天强国”的战略目标。2017年，中共中央、国务院发布了《关于开展质量提升行动的指导意见》，对航天质量管理提出了更高的要求：

①推动高质量发展，要提升核心竞争力，必须标准先行。一流的标准是对标国际一流公司的根本体现，是实现航天强国的重要技术标志。

②持续高质量发展需要标准的支撑。面对激烈竞争，需要加速形成具有影响力的主导标准，实现市场占位和话语权，提升组织的竞争能力，实现可持续发展和基业长青。

③提出由“保成功、保交付、保增长”向“高质量保证成功、高效率完成任务、高效益推动航天强国和国防建设”转变的目标，提升质量和效率，需将总体的工作标准转化为支撑发展的核心标准。

（2）保证型号成功和任务完成

应对新时期规模发展的形势，必须完善质量管理体系标准，解决质量保证能力与任务需求的不匹配矛盾。

①任务不断增加，保证后续任务全部连续成功、按时交付的压力很大，要探索和完善工作流程，形成新的工作标准。

②成功背后仍然暴露出很多风险隐患。例如：过程控制不科学，产品质量问题层层凸显；风险辨识不到位，导致重大质量问题发生。因此，需要完善标准规范，通过标准规范的有效执行，实现对产品质量的科学约束和有效控制。

（3）完善质量文化

航天一院在秉承航天精神的同时，通过自身实践形成了以航天零缺陷理念和以零缺陷系统工程管理为特征的质量保证方法，零缺陷理念也深刻融入航天一院的组织文化。八条零缺陷理念既是航天一院质量文化的核心理念，也是文化层面的“核心标准”，需要通过标准的形式进一步固化并发扬光大。

8.6.3 产品质量保证核心标准群的构建

8.6.3.1 总体思路与实施途径

产品质量保证核心标准群构建的总体思路是以问题为导向，改变当前一些标准存在的“内容空泛” 的现状。例如：一些标准往往只有流程、职责和一般要求；一些标准要求宏观，理解执行上“模棱两可”，实操指导性不强。对一些工程实践上多年应用行之有效的标准加以改造，实现每个标准就是一本教程，是可实施的业务工作指南和工作要求。要通过增加案例，解决标准的有效性、实效性、可操作性问题。

产品质量保证核心标准群构建的实施途径是以《航天型号量化控制手册》（内含55个产品质量控制文件）为基础，分析标准存在的问题，以一线好的标准为基础，总结专项整顿好的做法，进行产品质量保证核心标准群工作的策划：一是内涵的提升；二是形式上提升到航天一院标准和集团公司标准（见图8–5）。

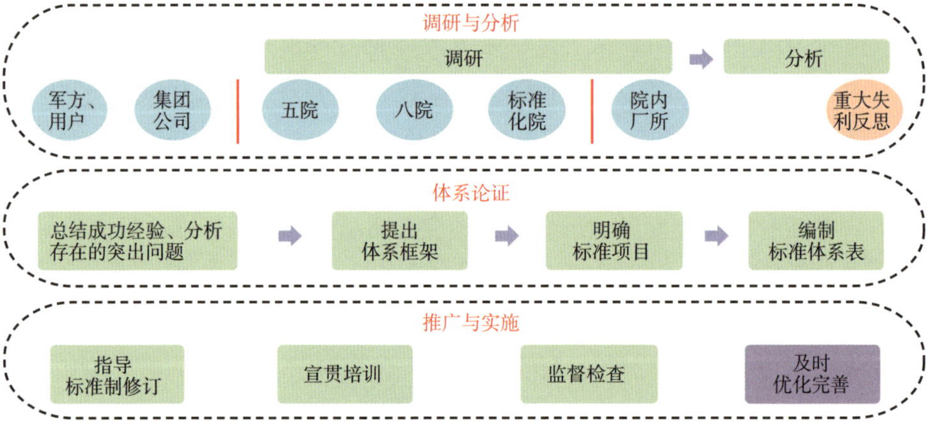

图8–5 型号产品质量保证核心标准群工作路线图

8.6.3.2 问题导向，分析差距

2017年专项整改和质量检查识别出标准存在五个方面的具体问题。

第一，影响成败的产品验收依据或标准不明确或缺失。发动机、火工品、惯性器件等影响成败的产品验收仍基于任务书的性能、功能，质量保证要求未针对性地转化为对产品的具体要求，未完全做到基于产品规范和过程控制规范的质量验收。产品验收细则、验收规范、过程控制规范、数据包规范等要求尚不规范和统一。

第二，供方认证手段单一。供方认证主要对质量管理体系开展符合性评价，没有针对产品特点提出过程控制、生产线能力要求，产品质量保证的要求不具体、不完整。

第三，“常见病”“多发病”没有得到有效遏制。阀门等零件十字交叉孔多余物问题，电连接器、继电器出现多余物等“常见病”“多发病”多发。

第四，先进的质量方法没有及时上升为标准。例如，技术风险分析、试验充分性分析、数据包管理等还停留在红头文件、手册阶段。

第五，针对产品质量保证要素的标准不健全。通用质量特性保证大纲及工作计划编制要求、产品质量保证技术支撑机构工作流程工作依据或标准不明确或缺失。

8.6.3.3 系统设计

（1）“核心标准”确定的原则

这里讲的标准有两类：一类是以工作准则为代表的工作标准，如“双五条”归零标准、设计准则、可靠性设计准则等，此类标准规定产品质量保证工作的主要原则要求；另一类是企业传统的标准和规范。判断其是否具有核心标准的地位，主要从以下几个维度去考虑：型号研制核心流程的控制，技术风险流程与要素的控制，产品质量保证要素与流程的控制，系统抓总落实的保证，一线关键过程的控制，解决当前突出问题。

（2）“核心标准”的定义

结合多年的研究实践，并汲取国内外其他行业对于“核心标准”的定义，我们赋予“运载火箭产品质量保证核心标准”的专属定义，即：以型号成功和组织成功为目标，以保障核心业务高质量发展为要务，以典型案例与准则相结合的产品手册为展现形式，支撑解决突出矛盾和问题，确保产品质量和工作质量，予以强制贯彻执行的一类标准，是对型号和组织连续成功起到决定性作用的标准，是航天一院标准体系的重要组成部分。

8.6.3.4 核心标准群的基本结构

航天一院科研生产是以总体设计、总装测试为主的哑铃形结构。发生的质量问题大部分源于外包产品质量控制不到位。为此，相关人员对标准体系进行了结构改进，在方法类标准的基础上补充规范类、过程管控类、产品质量保证实施指南类标准，确定了“运载火箭产品质量保证核心标准群”的体系框架（见图8–6）。

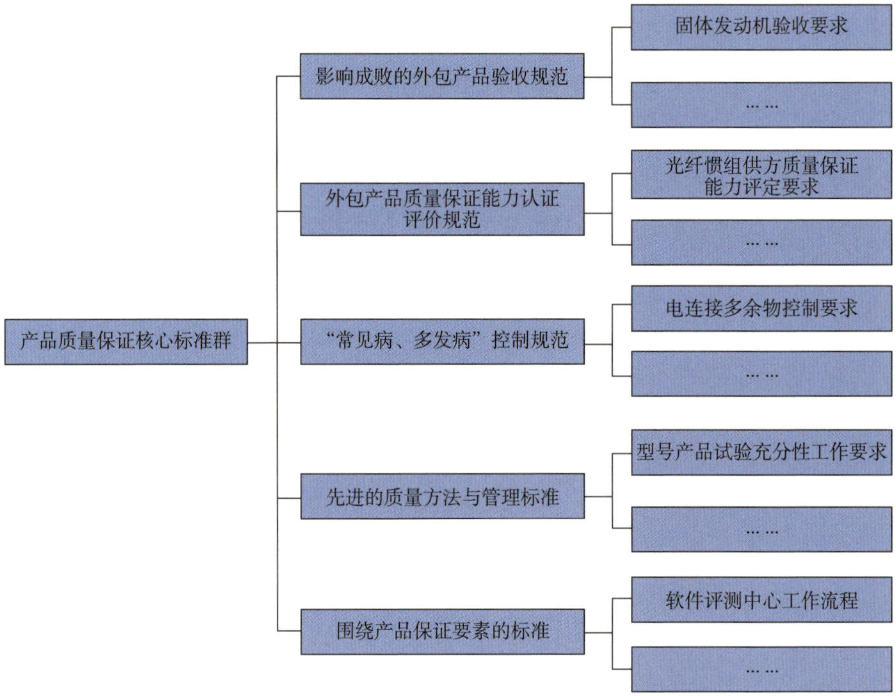

图8–6　运载火箭产品质量保证核心标准群的基本结构

“核心标准”的定义是动态的，反映了一个时期要解决的矛盾和突出问题，当前一个时期的“核心标准”主要分为以下三类。

（1）方法类标准

方法类标准主要是多年来经实践证明行之有效的质量方法与管理标准，包括质量问题归零管理要求、测试覆盖性要求、不可检测项目识别与控制要求、单点故障模式识别与控制要求、飞行成功数据包络分析要求、技术风险管理要求、产品数据包管理要求、数据驱动工作实施指南等24项标准，其基本组成见图8–7。

（2）示范性标准

示范性标准涵盖产品验收、失效模式控制、过程控制、能力评定等把关环节。

①影响成败的外包产品的验收标准，包括型号外包产品过程质量控制及验收管理要求，固体发动机、液体发动机、火工品、惯性器件、计算机、印制板等产品的验收标准，共计8 项标准，基本组成见图8–8。

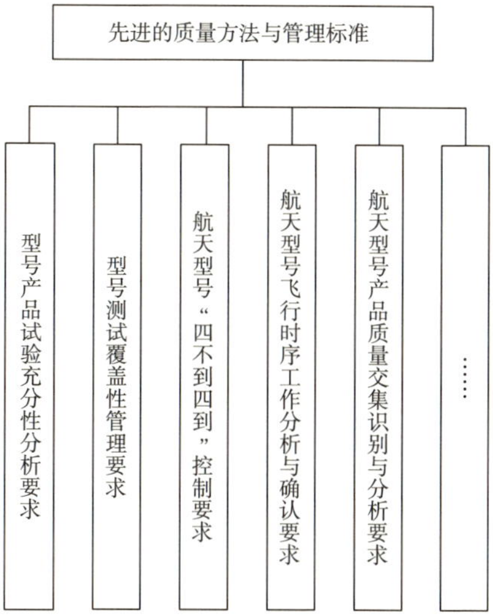

图8–7　核心标准群中的方法类标准

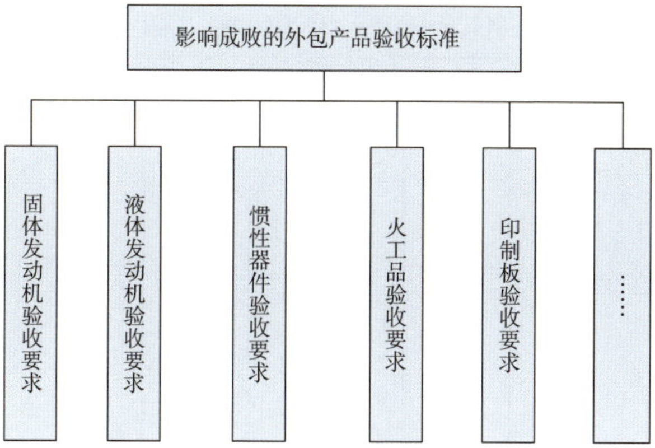

图8–8　关键产品标准或验收规范类标准

②“常见病”“多发病”控制标准，包括运载火箭、液体火箭动力系统、电连接器多余物控制标准，拧紧力矩控制标准，防差错要求，极性规定及检查等过程控制标准，共计6项标准，基本组成见图8–9。

③外包产品质量保证能力认证评价标准，包括火工装置、惯性器件、固体发动机产品及关键的机械加工专业协作等产品或过程的质量保证能力认证评价标准，共计6项标准，基本组成见图8–10。

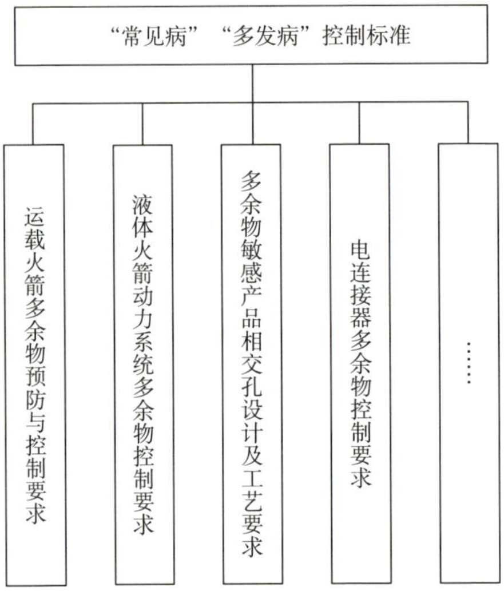

图8–9　针对常见失效模式的控制标准

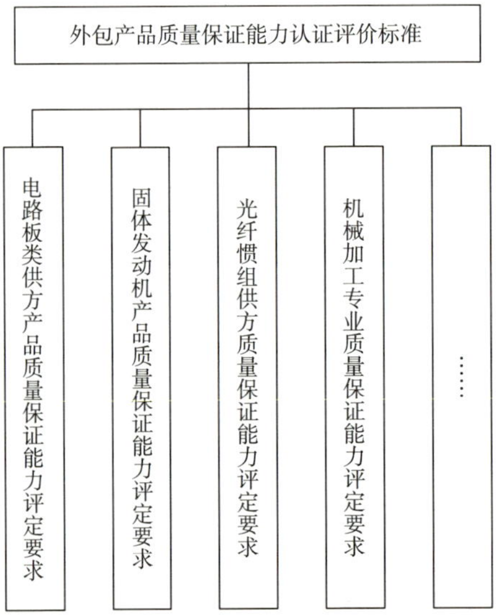

图8–10　核心标准群中的供应链认证标准

（3）产品质量保证实施指南类标准

产品质量保证实施指南类标准主要涉及产品质量保证要素工作机制、工作流程的标准，如产品质量保证大纲编写要求、产品保证各个要素大纲、通用质量特性保证大纲及工作计划编制要求、产品保证技术支撑机构工作流程等，共计38项标准，基本组成见图8–11。

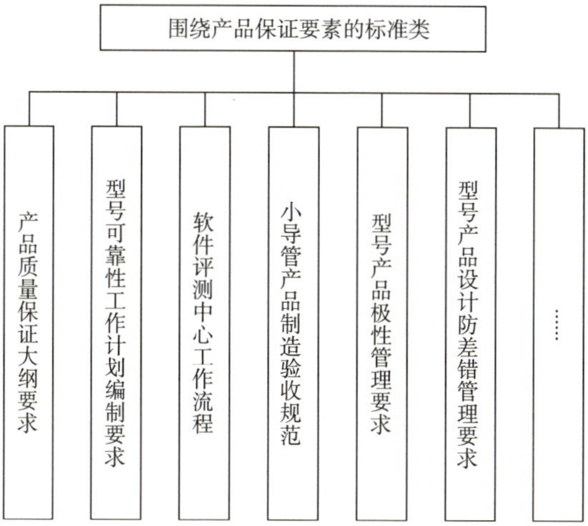

图8–11　核心标准群中与要素相关的标准

航天一院聚焦影响成功的关键产品，分析在运载火箭产品质量保证方面存在的标准贯彻实施中“横向不一致”“纵向不贯通”的问题，创新提出建立运载火箭产品质量保证核心标准群的实施思路，围绕影响飞行成败的关键产品过程控制和验收规范、关键供应商的质量保证能力认证评价标准、基础和关键产品质量提升及风险识别与控制等方面，梳理国军标、行业标准中最为重要的标准，结合多年实践，补齐航天一院核心产品质量保证要素与方法标准的缺失，并融合各级标准，遴选出82项标准纳入核心标准群，有效解决了以往在产品质量管理上标准缺失、标准落后、标准可操作性差等突出问题。运载火箭产品质量保证核心标准群的建立与实施，进一步强化、规范、推动了质量保证工作，推进了质量保证创新的理念、方法向标准的及时转化与升级，带动了产品质量保证能力的提升，解决了一些制约成功的关键问题，逐步夯实了成功的基础。

9 逻辑方法、试验与分析方法

方法就是为了达到某一目的而采取的路径、步骤、手段、工具等，常常展现为一种操作的程序。方法是认识和实践活动的派生物或副产品，多是隐性的、暗含的，需要经过反思、挖掘、总结和提炼。当把方法作为对象进行研究时，就出现了所谓的方法理论。在认识和实践活动中，实现某一目的的方法并不是唯一的，但其中必有一种方法是最适合或效率最高的。因此，适用性和效率性理应成为评价方法的基本标准，应当有意识地研究方法。

作为人类认识和改造事物的程序，方法与人们的目的性活动密不可分。随着认识和实践的深化，人们会不断地创造出新成果、新方法。因此，方法总是处于发展演化之中，往往具有鲜明的特殊性、经验性、实用性和时代性，概括和提炼新方法是一项长期的历史任务。做任何事情都有一定的方法，只是人们的自觉程度不同而已。就方法及其使用而言，没有最好，只有更好；好的方法可以事半功倍，差的方法往往事倍功半。

科学研究与技术开发是从低级到高级、由简单到复杂、从个别到一般、由经验到理论的发展过程。按照适用范围与普遍性程度，可以把研究方法划分为三个层次：适用于某些学科领域的特殊方法，适用于科学技术众多领域的一般方法，适用于认识与实践活动各领域的普遍方法。按照运用方法解决问题的灵活程度，可以把方法划分为规范性方法与启发性方法。前者多是在解决常规问题的基础上发展起来的成熟方法，它对症下药，流程相对稳定，可以确保解决问题；后者则是指有助于非常规问题解决的一系列方法，它可以起到开阔思路、活跃思想、激发创造力的作用，但针对性差，流程及其使用灵活，不能确保解决问题。方法从来就不是唯一的，启发性方法更是如此，这就是法无定法的道理。

在解决一系列型号研制的难题及质量问题的进程中，中国航天人形成和运用了行之有效的方法体系：第一个层次是问题观，属认识论，是基本的思想方法。第二个层次是认识问题、解决问题的基本逻辑方法，也属思想方法的范畴。以上这两种方法都具属于普遍适用的启发性方法，也是我们认识问题、解决问题所应当遵循的基本原则。第三个层次是解决质量问题的基本的形式化的工作流程或工作方法，或称为结构化的方法，如归零等。

9.1 逻辑方法

9.1.1 分析与综合

分析与综合是辩证思维的基本范畴与方法。所谓分析，就是在思维中把认识对象分解为不同的组成部分或方面，从中找出构成这一认识对象的基础部分或本质方面，即把事物各部分联系在一起的东西。辩证分析的目的绝不仅仅是从事物中分解出不同的方面，把它们一一罗列出来，而是要进一步从中找出本质的方面，找出能把各方面联系起来、能说明各方面的基础或核心的东西。综合是同分析相对立的方法，通常被看作把整体分解为各个因素再组合成一个整体的思维活动。综合绝不是把各部分、各组成因素机械地装配在一起，而是在思维中把对象的各个本质的方面按其内在联系有机地结合成一个统一的整体。

分析和综合是暴露矛盾和认识矛盾的方法，是建立在调查研究基础上的矛盾分析方法。分析的过程就是揭露矛盾和认识矛盾的过程，也就是说，通过调查研究发现矛盾，并对矛盾的各个方面进行深入的研究，掌握它们的具体特点以及矛盾各方面的特殊性。而所谓综合，就是暴露事物发展过程中的矛盾在总体上、相互联结上的特殊性，即弄清每一对矛盾双方的相互关系、每一对矛盾在事物的发展过程中所处的地位、各对矛盾之间的具体关系等，从而完整、具体地认识事物，评价解决问题的正确性。

分析和综合不是人们头脑中自由创造的产物，它的客观基础是事物的辩证联系和过程在思维中的再现。由于客观事物是复杂多样的，因此在思维中就有必要和可能对它们进行分析。由于客观事物具有统一性，因此在思维中就有必要和可能对它们进行综合。由于客观世界的各种事物既相互区别又相互联系，构成事物矛盾的两个方面既相互对立又相互统一，因此才有可能对它们进行分析（思维中的分解）和综合（思维中的统一）。

分析与综合又相互依赖。一方面，综合必须以分析为基础，没有分析就没有综合。只有对客观对象进行周密的分析，对事物的各个部分、各对矛盾的各个方面有了清楚的认识，才能在这个基础上进行全面的综合。另一方面，综合是分析的前导，没有综合的引导也就难于展开有效的分析。在分析之前，人们对客观对象总要有一个整体观念或理论框架，正是在这个整体观念的指导下才能展开有条理的分析，否则分析就无从下手，而这个整体性观念正是以前进行某种综合的成果。当然，开始的整体知识与分析后得出的综合知识在深度或广度上是有本质区别的。在辩证思维中，人们总是分析中有综合、综合中有分析，纯粹的分析与综合都是不存在的。同时，分析达到一定的程度后，思维的行程就会倒转过来，转化为综合；而综合得到一定的成果之后，又要展开进一步的分析。分析和综合相互转化、互动共进的过程，也就是认识不断发展、逐步深化的过程。

分析和综合方法广泛适用于航天工程系统的研制，航天人参考国内外运载火箭的主要技术水平、有效载荷发展趋势等，综合确定火箭的运载能力、可靠性、经济性等主要技术指标。例如，在确定火箭重量指标时，需要与有关系统协商确定，如控制系统、测量和外安系统等重量主要取决于国内研制水平，而发动机重量则与推力有关。在确定分系统的重量后，就需要进行综合，得出全箭的结构重量。同样，在进行全箭可靠性分配时也会采用分析和综合的方法，根据总的可靠性要求，分别分配控制、动力、箭体结构、分离等系统的可靠性指标，再进行逐级验证，这又是一个综合的过程。

分析方法与分析技术广泛用于分析质量问题的机理和原因，以及提高质量可靠性的相关工作，主要通过分析找到影响质量与可靠性的因素。如运用FMEA方法，系统地分析零件、元器件、设备、分系统、系统等各层次产品所有可能的、潜在的故障模式，逐一分析故障原因及后果，发现设计、生产中的薄弱环节，采取有针对性的预防措施。这既能缩短产品的研制周期，又能减少研制费用，保证产品的固有可靠性，并能有效识别和控制风险。运用FTA方法，可寻找导致系统故障或灾难性危险事件（顶事件）发生的所有原因或原因组合，在具有基础数据时，求出顶事件发生的概率及其他定量指标。同时，在出现质量问题后，也可运用FTA分析方法寻找复杂系统发生故障的具体原因或根本原因。

系统综合更是航天系统设计、研制单位不可或缺的重要技术。例如，火箭控制系统设计中包括系统设计和产品设计两大类，其中，系统设计中包括控制算法设计、电气系统设计、测试发射功能设计，产品设计包括硬件产品设计（如电路设计、结构设计）以及软件设计（如应用软件设计、操作系统设计）等。软件规模的日益增加改变了传统的以硬件主导的航天型号研制流程和模式，因此，系统综合的重要性越来越明显，即在深入分析的基础上合理划分各组成部分并分配功能，最终将它们结合成有机整体。作为一种重要的设计方法，系统综合或系统集成技术在解决复杂系统问题中发挥着越来越重要的作用。

9.1.2 归纳与演绎

归纳，就是从个别事实上升到一般的结论、概念；演绎，就是从一般原理、概念推演到个别的结论。归纳是从个别到特殊、从特殊到一般的思维运动。人类的认识发展就是由个别、特殊到一般，再由一般到特殊、个别的不断循环、不断深化的过程。因此，归纳和演绎是统一认识过程中目的性和方向性互相反对、作用截然不同而又相互联系的两种思维方式。

归纳和演绎的统一性表现在：一是归纳是演绎的基础，是演绎的补充。演绎在从一般到个别的运动中不能为自己准备好作为出发点的一般原则，归纳的意义就在于通过对个别事物的观察、研究概括出一般性的结论或知识原则，这既是归纳的终点，又是演绎的起点。因此，没有归纳就没有演绎，演绎中包含着归纳的结果，演绎一刻也不能离开归纳。二是演绎是归纳的前导，是归纳的补充。归纳必须由演绎为它提供理论根据或背景。人们在进行归纳时，总是在通过演绎所获得的一定的理论观点指导下进行的，并不是毫无目的和方向的。也就是说，演绎为归纳提供了理论根据，归纳当中实际上已经包含从一般到个别的演绎过程。同时，归纳所得出的结论还不是充分可靠的，必须通过演绎来检验、修正和补充。因为归纳所依据的经验材料数量总是有限的，而从中抽取、概括、归纳出的一般结论应适用于同类的无限多的个别事物，归纳法本身无法解决这个有限和无限的矛盾，所以需要借助演绎检验这个一般结论的可靠性。还有，归纳虽然能够从事物的个性中抽取出共性，但却不能说明事物个性的变化发展，这就需要由演绎来补充。所以，没有演绎也就没有归纳，归纳中包含着演绎，归纳一刻也离不开演绎。

归纳和演绎的对立统一关系是客观事物中个性与共性对立统一关系的反映。由于客观事物中存在着个性和共性的联系与差别，才有可能对它们进行归纳（由个别到一般）和演绎（由一般到个别）。因此，归纳和演绎是建立在客观基础之上的辩证逻辑思维方法，在科学研究中两者互动递进，相得益彰。

归纳与演绎广泛适用于航天质量管理过程的各个环节。例如，在火箭某次飞行试验中，通过二级尾舱的摄像装置发现了二级发动机泵漏管异常摆动，故障是由泵漏管下端卡箍紧固件失效造成的。根据泵漏管卡箍中螺栓和螺母材料30CrMnSiA在高温环境下会发生“锌脆”断裂这一基本规律，推断出本次失效的原因，将材料更换为不锈钢1Cr18Ni9Ti后，可靠性得到了提高。

成功数据包络分析方法就是归纳与演绎方法在航天系统中的应用的典型。该方法采集经过飞行试验或地面试验验证成功的若干产品数据所构成的数据范围，数据范围所涉及的若干产品称为子样，单个数据称为样值，数据的最大样值与最小样值作为包络范围的边界值。这就是对每次成功规律的归纳与总结，形成标志型号飞行成功数据的一般规律。成功子样的不断丰富，有助于科学、规范地确定系统中每个零部组件、单机、系统的具体功能和性能指标，这一过程就是演绎。通过成功子样数据包络分析，设计人员可以针对设计指标、设计工艺性等方面存在的隐患或问题开展设计改进工作；工艺人员可以针对产品合格率低、质量一致性差等方面存在的隐患或问题，开展工艺改进工作。通过对超出成功子样包络线的数据分析，可以进一步查找产品存在的质量隐患。

9.1.3 类比

类比就是通过联想，把具有一定相似性的两个不同的事物进行比较，从两个事物的一个或多个相同或相似点推演出其他的相同或相似点，从而对新事物的一些未知属性做出推断。在认识活动中，人们往往先依靠类比方法探路，再通过逻辑推理弥合逻辑链条的断点。辩证唯物主义指出，事物是普遍联系的，总是处在这样或那样的联系之中，完全孤立的事物是不存在的。这种联系的表现方式总是多种多样的，其中一个事物与其他事物之间具有的相似性可以为认识新事物或创造新事物提供帮助，将这种相似性的比较方法运用于发明创造或解决问题，就形成了类比方法。

类比方法有三个特点：一是探索性。类比方法常用于对未知事物或已知事物的未知属性的探究，很大程度上是一种猜测，正确性需要进一步验证。二是引导性。在对未知进行探索时，人们常常缺乏明确的方向和路径，如果在探索中能找到可以类比的对象和属性，就能帮助人们发现可能的方向，从而引导研究者朝着可能的方向和目标前进。三是预见性。运用类比方法可以寻找到在未知领域前进的方向和目标，对目标的追求和实现会产生种种预见，预见到通过努力能否达到目标，或达到目标需要创造什么条件等。四是或然性。类比是基于事物之间的普遍联系和相似性的一种逻辑推理形式，既可以“由特殊到特殊”，也可以“由一般到一般”，但它的结论并不具有必然性，而是或然的。

类比方法的逻辑基础就是比较，运作机制的原理为异质同化和同质异化。异质同化是指在创造发明新事物时借助现有事物的知识进行分析研究，找出待创造事物和现有事物之间的相同点或相似点的过程。类比方法中的比较是在两个不同事物之间展开的。所谓异质，是指两个不同的事物，其中之一是待创造的事物，另一个则是现有的事物；同化就是找出两个不同事物之间的相同点或相似点。同质异化是指把决定现有事物与待创造事物的相同点或相似点的原理、结构、形状等运用于发明创造过程，创造出具有该相同点或相似点的新事物。在运用类比方法时，这两个方面缺一不可。异质同化是前提和基础，同质异化是发明创造的关键环节。一个新事物的创造发明必须把这两个方面结合起来，运用辩证统一的观点分析和解决问题。

为了提高类比方法的可靠性，发挥它在认识和实践活动中的有效作用，应当遵循三项原则：一是类比对象间相似或相同的属性越多，其结论的可信度就越高。类比的过程实际上包含归纳和演绎，这就要求被类比事物的相似或相同的属性在数量上尽可能多一些，涵盖面尽可能广一些，从而容易发现事物之间的联系。二是类比要尽量做到类比事物之间的共同属性是事物的本质属性。许多类比之所以错误，就在于类比的共同属性不是事物的本质属性，从而把推理引入歧途。三是不仅要关注类比事物之间的属性相似，更要重视类比事物之间的关系相似。事实上，仅仅根据两类对象的相似性而进行的简单推演，并不能反映对象之间的本质联系。类比并不要求类比事物的属性完全相似，而只要求类比事物属性之间的关系相似，反映了类比事物更深层次的内部联系，这样的类比结论才具有更大的可靠性。

在火箭研制过程的各个环节，类比方法都发挥着重要作用。例如，在需求分析和可行性方案论证中所使用到的设计方法就有类比方法。中国重型火箭的起飞规模就可以类比国外主要的重型火箭，如美国土星V、航天飞机、战神V和俄罗斯的能源号。土星V火箭起飞规模为2946t，航天飞机为2041t，战神V为3705t，能源号为2220t。通过对这些火箭技术方案的详细类比，研究其应用背景，比较技术的优劣，来确定中国重型火箭的起飞规模。

历史记录统计法是航天系统工程常用的比对方法。使用该方法进行比对的过程为：从本型号或其他可参比型号以往一定周期内成功或失败的历史事件中搜集全过程环节相关风险数据，然后对数据进行有效的系统分析和筛选，再使用概率统计方法进行整理，形成各环节对应的风险源或风险识别范畴信息；同时，附以发生概率、严酷度等相关事件属性，再将目标风险分析项目与之进行比对式逐一排查，从而对可能的风险源因素进行识别、分析和控制。某箭体部段设计采用复合材料研制，并采用热压罐工艺成型。研制前，主管技术人员通常按以往类似型号产品的研制经验，结合发生概率和严重程度，按工艺流程对该产品进行工艺可实现性和可靠性分析，查找可能存在的隐性风险源因素（见表9–1）；进而采取预防控制措施，包括设计和工艺优化改进、辅助装备保证等，来保证产品的质量。

表9–1　复合材料典型制造流程风险清单检查表

工艺过程	风险因素	严重程度	发生概率
原材料准备	原材料风险 树脂配比偏差	严重 复合材料对原材料性能要求高，其性能直接影响到制品性能 树脂配比为关键工艺参数，工艺参数的偏差会导致固化不完全等致命问题	可能
模具准备	模具结构、尺寸偏差	严重 模具是产品结构实现的基础，模具的质量直接影响产品性能	很少
下料	下料尺寸、数量、规格不符合工艺要求	严重 复合材料制品主要由料片层叠而成，其规格、尺寸和数量直接影响最终产品的结构形状和尺寸	可能
铺层	铺层工艺设计错误 铺层操作错误	灾难 作为特殊过程，关键部位的铺层质量对固化的产品性能有直接影响	可能
固化	固化设备故障 设备参数偏离固化工艺参数	灾难 树脂基体的固化历程对固化后内部质量有直接影响	可能
脱模	脱模困难	轻度	可能

9.2 试验方法

9.2.1 科学实验与技术试验

科学研究和工程技术活动是人类认识和变革自然界的两种主要活动。科学实验是科学研究的基本方法，技术试验是工程技术活动的基本方法之一。航天探索实践活动既包括科学研究活动，也包括工程技术活动，其中以工程技术活动为主，因此，在型号研制过程中会综合运用上述两种方法。

9.2.1.1 科学实验

首先，从自然科学的分类看科学试验的内涵。科学分为四个部分：科学事实或对自然现象的发现，对科学事实的试探性解释或对自然现象背后原因的猜测，以这些解释或猜测为前提、基础推演出的有关定律、公式、结论或预言等，对这些定律、公式、结论或预言等的检验。其中，第一部分是科学的基础，第二部分是科学的核心，第三部分是科学的推论，第四部分是科学的证明。科学的四个组成部分相互联系、相互制约、相互依存，共同构成一个不可分割的有机整体。科学的第一部分和第四部分必须借助感性认识（观察和实验方法），而第二部分和第三部分必须依赖逻辑推理（归纳、演绎、分析、综合、类比等方法）。

科学观察和科学实验都是科学认识中的感性直观方法，都以认识自然为直接目的，同时也是检验科学假说、形成科学理论的实践基础，二者互相联系、互为补充。但是，观察是在自然发生的条件下展开的，单纯通过观察方法发现自然现象或获得科学事实有许多局限性，甚至有重大缺陷。而科学实验方法则不同，它本质上是人们根据一定的科学研究目的、运用一定的物质手段（科学仪器和设备）、在人为控制或变革客观事物的条件下考察自然过程、获取科学事实的方法。因此，它可以克服观察方法的许多局限性，使获得的感性材料更丰富、更精确、更可靠，并且能排除次要因素的干扰，更快揭示出研究对象的本质；此外，它还能发挥人的主观能动性、创造性和对自然条件的控制力，揭示极端条件下物质运动的规律，提供更多发现新事物、新现象的机会。因此，从观察方法到实验方法的发展，标志着经验认识方法的进步和科学认识水平的提高。

实验具有和生产实践相同的直接现实性，并具有生产实践所不具有的某些优越性，因而具有特殊的认识论价值。实验方法具有下述四个显著的特点：

第一，简化和纯化自然现象。马克思说："自然科学家力求用实验再现出最纯真的自然现象。"任何一个生产过程和自然事物，都有多种多样的功能或属性，它们彼此紧密相连，同时又与环境相互作用和影响。因此，单靠笼统的直观感受不能认识事物的规律。在实验过程中，人们可以利用各种手段把所研究的对象从多种复杂的联系中分离出来，排除各种次要的、偶然的、附属的因素，突出某些主要因素，使事物的发展变化过程以简化的、纯粹的状态呈现出来，从而正确地认识它。

第二，强化和再现自然现象。由于实验过程是在人为控制的条件下展开的，因而可以使被观察的对象重复出现，以便核对以往的实验结果，从而保证观测资料和数据的准确性。在实验过程中，人们还能利用各种实验手段、科学仪器和设备，使某些物理过程在人为控制的条件下得到定向强化，创造出在自然状态下难以出现的特殊条件，如超高温、超低温、超高压、超真空、超强磁场、超导电性等，从而发现前所未有的具有重大意义的新事实。

第三，延缓或加速自然过程。在自然界中，有些现象的发生过程十分短暂、转瞬即逝，或者相当漫长，甚至以千年来计。但是，在实验过程中，人们可以使用实验方法控制实验条件，使它延缓、减慢，或加速、变快，从而把研究周期控制在一定范围内，以便进行深入研究。

第四，是一种经济可靠的认识和变革自然的方法。人类对自然界的认识是一种不断摸索、反复实践的过程，往往要经历多次失败以后才能获得成功。实验方法相对于生产实践来说规模较小、周期较短、费用较少，对环境及人身安全的影响也比生产活动更易于控制。

培根说："实验是科学之母。"一直以来，实验是科学研究人员发现和探索科学之道的主要手段。在自然科学的发展过程中，实验扮演了十分重要的角色。实验方法的特点决定了它在科学研究与技术开发过程中具有越来越重要的作用，以至于已发展成为一个相对独立的社会实践领域。"实践—认识—实践"是人类认识的一般公式。实验的作用就体现在作为"实践"的环节上。具体地说，实验方法对科学技术发展的重要作用主要表现在：一是实验是检验（证明或反驳）科学假说和理论的真理性标准，是证明科学知识的主要手段。真理是客观事物及其规律的正确反映，即主观认识与客观实际相一致。要判别认识是否是真理，只有通过科学实验或生产实践，在实验过程中赋予理论假设直接现实性的品格，向人们提供无可置疑的事实，使人们据以判明理论假设的真伪对错。二是实验是获得新假说、新理论的直接来源，是发展科学知识的手段。实验直接指向研究对象，积极干预事物和现象的进程，能提供新鲜的事实材料，形成新假说和新理论的经验基础，甚至指明新的科学发现与技术发明之路，成为获得有关外部世界一切知识的基础。因此，可以说一部科学技术发展史就是一部人类不断实验的历史。实验总是不断推进人们的科学认识与技术研发，没有实验所揭示的新事实、新现象，无法凭空建构出一个新的理论体系，或者创造出一个全新的技术系统。

随着现代自然科学的飞速发展，实验方法的种类日益增多，内容十分广泛。广义地说，科学实验可分为实物实验和思想实验；按实验中量与质的关系，实验方法可以划分为定性实验、定量实验和结构分析实验。

实验的一般程序如下：首先，根据要求进行实验的构思与设计，这是决定实验成败的首要环节。它包括确定实验原理、选择实验材料、选择或研制适用的仪器设备、选择实验类型、确定对有关实验条件的控制等。其次，在实验过程中，精心操作、细致观察和准确记录。再次，对实验结果的分析整理，确定所获得的经验事实。最后，对实验结果做出理论概括与解释。这一过程如图9–1所示。

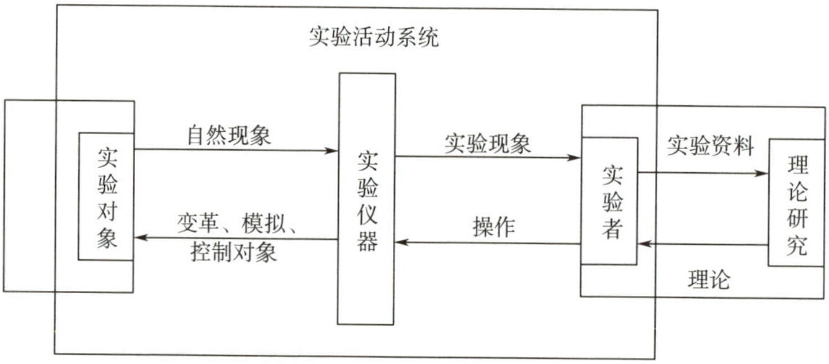

图9–1　实验系统结构图

技术是通过改造环境以实现特定目标的特定方法。技术具有以下三个要素：

第一，条件性。技术是有条件的，或者说是有特定环境要求的。一种技术必然是在一个或几个明确的或默示的条件规定下的特定环境内有效的方法。世界是客观的，科学规律是客观的、有条件的，技术必须符合科学规律才能发挥作用，显然要受到客观环境的制约，只有在特定条件下才能起作用。技术的条件性要求我们在应用技术时认真考察我们的目标环境是否适合这项技术的应用。

第二，抽象性。技术是总结出来的一种方法，不是活动，源于实践活动又高于实践活动。技术对环境的要求是随着人们认识的深入而变化的，人们对技术的认识需要一个过程。技术抽象性要求我们在应用技术时必须有意识地把技术和实际联系起来，并注意到任何总结出来的技术都不是一成不变的，有待我们进一步完善。

第三，目的性。技术之所以不同于科学，是因为技术是为了满足人类某种需要的行动方法。技术是有目的的，是以人为本的，技术的价值也正在于此，有目的的行为方法才带有技术意义。技术的目的性要求我们在应用技术时要认识到我们应用这种技术除了造成我们想要的结果，还会有一些我们不在意的结果，而这些结果产生的影响可能对我们有间接的意义。另外，相同或相似的技术方法可以用在不同的目的中，这提示我们技术的可迁移性，因而我们在解决特定问题时可以到其他活动的技术方法中寻求灵感。

9.2.1.2 技术试验

技术试验是指在技术方案建构、设计和实施过程中，为了确认和提高技术成果的功能效用或技术经济水平，在人为控制和干预的条件下，对技术对象进行分析和考察的一种实践活动和研究方法。

技术试验在技术创造过程中的地位与科学实验在科学研究过程中的地位相当。与科学观察相比，两者都不是在自然发生条件下，而是在人为控制和干预的条件下进行的。科学实验的研究对象是自然事物，而技术试验的研究对象只是人工创造物，包括人们拟定的规划、设计和研制出的机器设备等。科学实验主要表现为从客观到主观、从实践到理论的认识过程；技术试验则是从主观到客观、从理论向实践的转化过程。科学实验是为了揭示自然事物、现象和过程的本质与规律而创立相应的科学理论；技术试验则是为了探索科学理论实际应用的条件、途径和形式以获得新的技术发明或验证某种技术应用的正确性。尽管技术试验同实际应用的联系比科学实验更密切，但也只是实际应用的预备阶段，为试制和实际应用奠定基础。技术试验是试探性与验证性的统一，往往能为技术研发与推广应用开辟出新的途径。

技术试验是从技术方案到现实技术形态的中介或桥梁，是检验、修正和完善技术构思与设计的重要手段。技术试验在技术发明、技术革新、技术推广等活动中，不仅是对技术成功与否的验证，更是发现问题、探究规律、优化技术的关键，对于推进技术认识的发展、完善技术设计与制造工艺有不可替代的作用。

技术试验过程大致可分为试验设计、试验操作和试验数据的分析处理三个基本阶段。其中，试验设计居于核心地位。试验设计不仅要明确试验的目的、任务、内容和类型，选配相应的测试仪器，而且还要确定恰当的试验步骤和试验方法，力求对所处理的因素进行合理的安排，从而用较少的试验次数和最低的人力、物力、财力消耗实现预期的试验结果。在技术试验过程中，不同的试验目的、内容和性质往往要求不同的试验类型及其方法。即使是同一个复杂的试验项目，试验步骤或阶段不同，所要求的试验方法也不尽相同。因此，应根据试验项目的具体特点、步骤和阶段选取不同类型的试验方法。技术试验方法的种类很多，可以按照不同的依据对其进行划分：

第一，性能试验与对比试验。性能试验是为了定性或定量地认识某一部件、工艺或产品的功用而安排的试验，如对材料的强度、塑性、抗腐蚀性的试验，对宇航产品耐受空间辐射、原子氧侵蚀、高温、低温能力的试验等。性能试验常常需要在某种极限条件下进行（如破坏性试验），或者需要经历一个较长的试验时间（如寿命试验），并要求具备相应的测试手段。性能试验往往需要通过对比试验的方式进行。对比试验就是为了确定多种方案或产品的优劣而精心安排的，试验结果可作为评价和选择技术的重要依据。

第二，析因试验。析因试验就是通过技术试验分析和确定导致技术后果的原因。在技术系统的构建过程中，常常会产生这样或那样的结果，这些结果符合或偏离预定的技术目标和技术功能。通过析因试验探寻导致某一结果的原因，有助于人们有针对性地采取措施，强化、减弱或消除这一结果，从而改进技术方案与设计，使技术功能得到改善或提高。技术的开发或运行是一个涉及众多因素的复杂过程，某一结果的出现往往是由多种因素综合作用的。因此，在析因试验中应善于全面、系统地分析导致某一结果的机理和因素，抓住其中的主要或关键环节。

第三，中间试验。中间试验也称中试生产试验，是为了把实验室技术成果转化为实际应用而进行的试验，处于从实验室技术到工业化技术发展的中间环节。一般地说，实验室研究的规模狭小，条件控制严格，操作精细，结论的精确度较高；而生产环境的规模大，要求不严格，可变因素多，过程复杂。实验室技术成果一旦投入生产或扩大规模，条件发生改变，就会出现种种问题和预料不到的情况。因此，不能把实验室技术成果简单地移植到工业生产环境之中。为了摸清在推广应用过程中可能出现的问题，就需要以更接近于生产规模的实际条件进行反复试验。

第四，模拟试验。模拟试验又称模型试验，是以模型替代原型而进行的技术试验，然后再将模型试验结果适当地推演和应用到原型上。在这一过程中，模型是创造原型的手段，完善原型则是进行模型试验的目的。模拟试验本质上属于间接试验，事物之间的相似性是该方法的客观基础。模拟试验方法适用于技术创造过程的诸多环节。

运载器综合体现了当今科学技术的成就，代表着航空、航天技术先进的成果应用，是高投入、高技术、知识密集的工程系统，在设计、制造、试验、发射和飞行过程中都将面临许多难题，因而要求从事该领域的科学研究与工程技术人员充分运用科学实验方法与技术试验方法。

科学家达·芬奇指出："科学如果不从实验中产生，并以一种清晰实验结束，便是毫无用处的、充满荒谬的，因为实验乃是确定性之母。"科学研究与工程技术人员不仅要充分认识实验在科学方法上的重要性，而且要不遗余力身体力行，从事各种实验活动，获得更多的科学事实，指导科学与工程技术问题的认知与解决。

导弹液体推进剂晃动问题的解决是通过科学实验取得科学成果的成功案例之一。"木星"导弹前两次发射均以失败告终。其中，首飞失利归咎于发动机羽流烧坏了伺服机构控制电缆。此后第二次发射再次失利，原因定位于"液体推进剂晃动和控制系统之间的动态耦合导致控制系统饱和，箭体在最大动压时失去了控制"。前一个问题通过在燃气发生器尾气排出箭体处设置防护罩得到有效解决；然而第二个问题在理论方面及相关的实验方法上是一项新兴技术，该问题成为促进研究人员开展深入科学研究和发展相关实验技术的契机。为此，首先利用"木星"的液氧推进剂贮箱进行演示实验：将贮箱放置在有轨电车上，贮箱内加满水，通过驱动电车与轨道上的固定障碍物进行猛烈的撞击，由此激发液体的动力学响应。摄像机记录下了这些运动，并可由此推导出等效的晃动质量和频率，将其应用在控制反馈仿真中，最终通过“啤酒罐”“鼠笼框”的结构形式成功实现防晃的目的，并且在实验的基础上形成了液体推进剂在晃动条件下其动力学行为的演变理论，为液体运载火箭推进剂贮箱的结构设计提供了理论指导。

技术试验关系到技术系统的质量、功能和水平，是技术方法论的重要内容之一。技术试验可以为技术方案建构、工程技术设计和样品试制提供事实根据，验证它们的科学性、可行性与可靠性，发现设计制造过程中的缺陷，改进工艺和产品。工程技术对象十分复杂，影响因素众多，在常态下有的特征或缺陷不易显现，有的造价昂贵，定型后更改代价高昂。只有在设计过程中运用巧妙的试验来强化、干预或模拟对象，才能形成技术制造或控制的最佳方案。

由于技术试验在技术活动中是必不可少的环节，因而在重大技术研发的各个阶段都需要试验。技术试验作为航天领域中最基本的研制活动、环节和常用方法之一，尤其是作为宇航和武器系统全生命周期过程中的重要质量保证方法之一，正在发挥着越来越重要的作用，例如：火箭研制过程中的重要一环就是试验验证；电气系统需要通过综合试验、匹配试验和发动机点火试验验证，并经过出厂测试验证；新研火箭更需要开展分离试验、动力系统试车、模态试验、静力试验等大型试验。

航天型号在进入工程研制阶段之前都要经过一个预先研究时期，这一时期的研究活动集中体现了科学实验与技术试验两种方法综合运用的重要意义。这一时期，在基础科学研究阶段通过科学实验获得的科学原理开始转向应用研究；技术基本原理开始被用于发明活动；通过实验室研究，验证各独立元素并分析预测；基础部件或原理样机在实验室进行试验；部件或部件级原理样机在相关环境下进行试验。预先研究时期进行的科研活动的显著特点就是通过实验方法进行理论研究，完成从客观到主观、从实践到理论的认识过程，并通过试验方法不断验证、修正理论，完成从主观到客观、从理论向实践的转化过程。预研阶段是航天型号进入工程研制的基础储备阶段。图9-2展示了某材料在航天型号应用前开展的主要实验和试验活动，即从材料研究、材料应用研究、材料成型技术研究、材料防护技术研究到产品加工技术研究的一个复杂过程，是一个不断进行试验验证的过程。

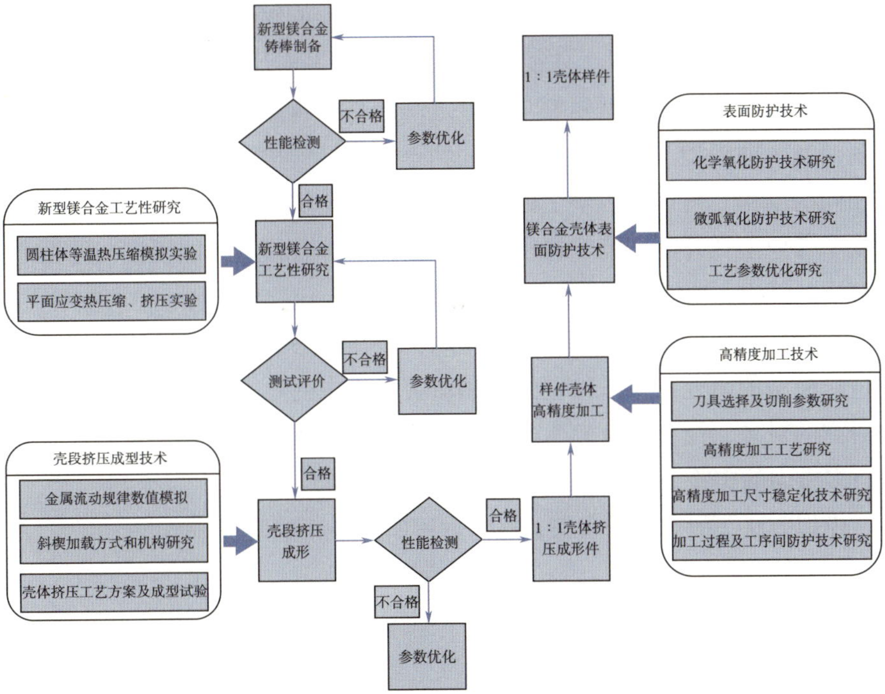

图9–2　镁合金大型薄壁壳体成型研制流程

9.2.2　工程模拟与仿真方法

天地环境的差异始终存在，模拟方法是从事航天工程研制最基本的方法之一。模拟方法就是根据相似原理，用模型代替被研究对象（原型）进行实验；实验手段只直接作用于模型而不直接作用于原型，再将模型实验的结果推演到原型上，用模型逼近原型，从而达到认识原型的目的。模拟方法是逻辑思维方法的一种特有形式，它化繁为简，把复杂的实际问题转化为理想的简单问题。在这里，模型舍弃了原型的一些次要的细节、非本质的联系，以简化和理想化的形式再现原型的各种复杂结构、功能和联系，是连接理论和应用的桥梁。模拟方法的逻辑基础是类比推理，客观基础是物质世界的统一性。尽管事物千姿百态、千差万别，但它们却存在着某些相同或相似的属性或结构。

在模拟试验中，模型有人工构造的事物，也有直接选取的自然事物。代替原型的模型必须具备三个条件：一是模型与原型之间在物理特性上或在结构上、功能上具有某种相似关系；二是在研究过程中，模型能够被当作原型的替代物进行实验；三是利用模型进行模拟试验能够得到关于原型的基本信息。只有具备这三个条件，才能运用模拟方法展开对原型的研究。

在模拟试验中，根据模型与原型之间的相似特点，可以把模型划分为：物理模型，即模型与原型具有相同的物理性质；同构模型，即模型与原型具有相同的结构，可以是数学上的同构，也可以是实物上的同构；功能模型，即模型与原型在外部功能、运行方面相类似；综合模型，即模型与原型之间在基质、结构、功能等方面都具有相似性。

在模拟试验中，模型起着双重作用：一是作为研究的手段，人们建立并通过对模型的研究，得出与它处于相似关系之中的原型的重要信息；二是作为研究的对象，模型中所发生的变化不依赖人的意志而存在，人们可以对它进行多方面的实验、观测，描述它的反应和变化。

模拟方法一般有五个步骤，这一过程如图9–3所示。

①明确要解决的问题。

②掌握研究对象的资料。

③建立理想模型，即根据科学事实、经验材料和科学理论，运用科学抽象的方法，在思维中构造出来一种高度抽象的理想化模型。

④在模型上进行模拟试验，即通过对理想模型的试验操作，直接获取模型的形态、结构、特性、本质和规律。

⑤把模型的研究结果外推到原型上，即把对模型的研究结果转移、推演到实际的研究对象中，以揭示原型的本质和规律，达到以模型近似反映原型的目的。

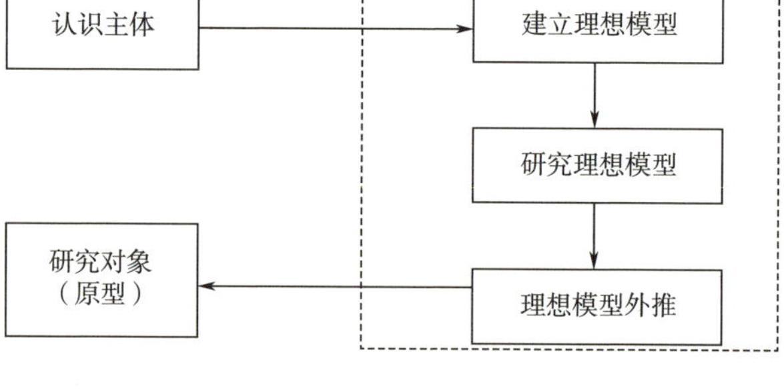

图9–3 模拟方法的基本步骤

模拟方法在型号设计中的应用十分广泛。火箭姿控系统设计中火箭的动力学方程就是从原型到模型的直接应用。火箭在飞行过程中会受到多种干扰，包括气动力、推力和控制力，同时还需要考虑到推进剂晃动和弹性振动的影响，飞行过程中复杂的特性都要通过动力学方程来表示。作为数学模型，动力学方程和真实原型相比，对输入条件、非线性的内容进行了简化，但仍然能够表征火箭飞行过程中的主要特性。根据姿控动力学方程设计出来的控制参数也通过了飞行试验验证，可以满足任务要求。除了姿控专业外，弹道、制导、分离计算、动特性计算、晃动分析、气动特性计算等都使用了从原型到模型的模拟方法。

随着数字化技术的不断发展，数值仿真法在航天型号研制中得到广泛应用。通过建模和仿真，能较容易地获得和真实操作基本符合的环境，虚拟复制产品或过程。采用建模和仿真能够发现系统或过程中存在的问题，降低产品寿命周期内各种活动的风险和费用。一般采用专业的建模软件进行产品建模，通过计算机建立虚拟的产品，然后通过专业分析软件进行产品加工、装配过程模拟，发现加工及装配过程中存在的干涉、不协调等问题，并加以优化改进。图9-4为火箭产品数字化仿真示例。

同样，数值仿真法也广泛应用于航天型号产品的制造过程中。例如，某型号三通半球体的结构和尺寸如图9-5所示，坯料材料为退火态铝合金，厚度为4mm。半球体采用拉伸成形，要求试件内外表面不得有皱折、裂纹及划痕。零件左右两个直径为228mm的对称孔，是在直径408mm的半球体基础上通过电磁脉冲成形得到的。

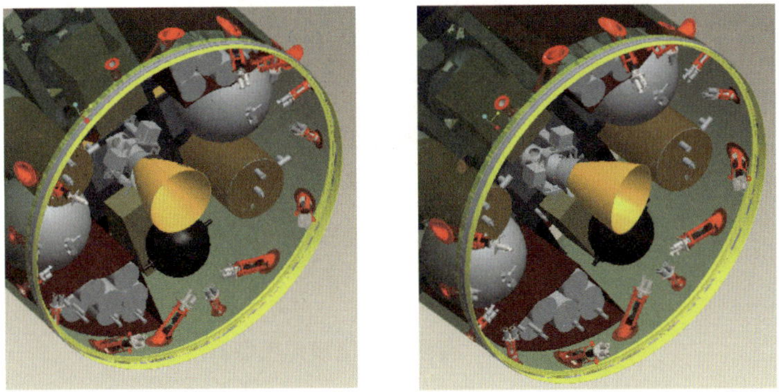

图9-4　发动机喷管双向摇摆数字化模拟干涉检查

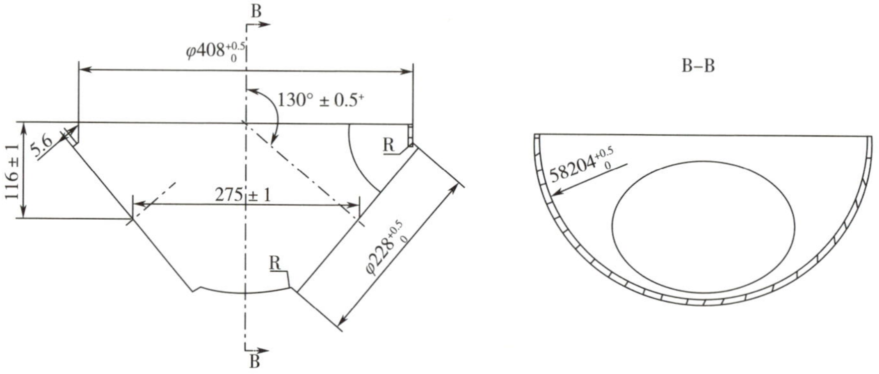

图9–5　三通半球体结构和尺寸

三通半球采用拉伸成形工艺。由于球面成形存在较大的悬空区，凸模和板料贴合的过程中存在较大的悬空。由于缺乏环向约束，该材料易失稳起皱，产生褶皱，造成材料的流动能力大大减弱；进一步成形时，坯料与凹模的摩擦加剧，坯料减薄严重甚至破裂。利用仿真技术对三通半球成形过程进行模拟仿真，可以有效解决这一问题。

首先，运用动态显式分析软件建立零件有限元模型（见图9–6）。

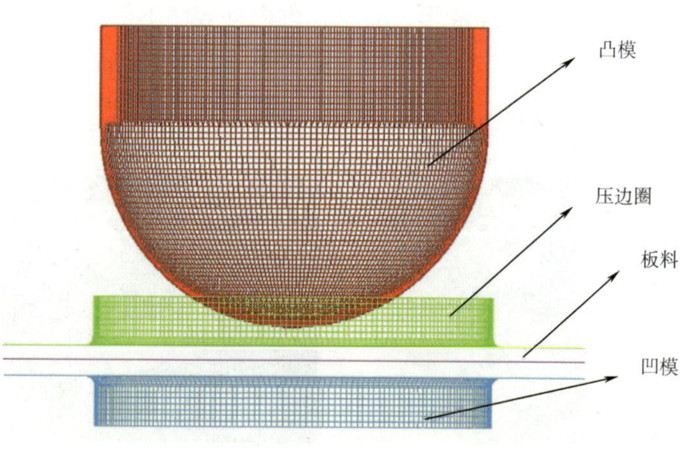

图9–6　有限元数值模拟模型

其次，应用有限元软件对三通半球拉深成形过程进行仿真，采用普通拉伸成形。受结构限制，钣金仿真成形结果如图9–7所示。零件边缘出现大量的褶皱，与产品图样也有较大差别，弯曲不满足设计要求，成形风险较大。

最后，为改进成形质量，需要附加额外的约束，才能保证半球壳体的成形质量。因此，在凹模型腔、板料下面通以高压液体，即板材充液拉伸技术。采用有限元软件再次进行充液拉伸成形，成形的零件如图9-8所示，零件具有成型面圆滑、尺寸精度高、表面质量好等优点，满足了产品设计要求。

图9-7 普通拉深

图9-8 充液拉深

通过建模与仿真方法，容易发现三通半球体零件普通拉伸成形方法的缺陷；改进工艺后可以满足零件成形需求，降低了产品在生产过程中的技术风险。

综上所述，科学实验与技术试验的运用在航天领域具有重要的实践意义，二者的综合运用充分体现了“客观—主观—客观”及“实践—理论—实践”的科学认识与转化闭环增长机制。

9.3 故障树分析

故障分析的方法一般分为工程分析、失效分析和统计分析等。工程分析是根据工程原理和经验，通过计算、仿真和故障模拟试验等方式，对故障产生的原因和机理进行分析，在分析时，充分利用FMEA/FMECA的结果，运用故障树分析（FTA）方法，以查明故障模式和原因之间的逻辑关系。失效分析利用观察、测试、理化分析、解剖、X射线检查、电子扫描显微镜观测等方法，研究物质结构、工艺过程可能产生的缺陷，分析导致这种缺陷的机理和过程，即运用失效物理的手段确定失效的机理，查找故障的原因。其中，故障树分析作为一种通用的分析方法，广泛应用于产品的可靠性分析和产品故障的归零过程中。

FTA是一种系统化的、详细的调查故障的方法，是工程分析的重要手段。故障树所涉及的各种故障事件可包括硬件故障、软件故障、人的失误、环境影响等各种故障因素，以及人员伤亡、财产损失、设备损坏、环境严重污染等事故的各种危险因素。它运用演绎法寻找导致某种故障的各种可能原因，自上而下逐级寻找故障模式的原因，通过一系列中间事件查明底事件代表的最基本的原因，构造一个连接故障因果关系的逻辑结构图，即故障树。通常我们认为这是一种查找质量问题根原因的一种方法。

9.3.1 故障树的概念

FTA是以一个故障（异常）事件或灾难性的系统危险，即顶事件作为分析的目标，通过自上而下严格地按层次进行因果逻辑分析，逐层找出故障事件必要且充分的直接原因，最终找出导致顶事件发生的所有原因和原因组合，实现定性分析。当有基础数据时，也可计算出顶事件发生的概率和底事件重要度的指标，进行定量分析。其中，顶事件是FTA中所关心的最后结果事件，位于故障树的顶端，是输出事件。底事件是故障树中仅导致其他事件的原因事件，位于故障树的底端，是输入事件。故障树分析参见《故障树分析指南》（GJB/Z 768A—1998），相关术语定义如下。

9.3.1.1 故障树

以系统所不希望发生的、作为系统失效判据的一个事件（顶事件）为分析目标，通过逐层向下推溯所有可能的原因，每层推溯其直接原因，从而找出系统内可能存在的硬件失效、软件差错、人为失误和环境影响等各种因素（底事件）与系统失效（顶事件）之间的逻辑关系，并用逻辑门符号连成一个倒立的树状图形，这就是故障树。故障树是一种特殊的倒立树状逻辑因果关系图，它用事件符号、逻辑门符号和转移符号描述系统中各种事件之间的因果关系。逻辑门的输入事件是输出事件的“因”，逻辑门的输出事件是输入事件的“果”。

9.3.1.2 正规故障树

正规故障树是将制好的故障树中各种特殊事件与特殊门进行转换或删减，变成仅含有底事件（包括基本事件和未探明事件）、结果事件以及

"与"、"或"逻辑门的故障树。

把普通故障树转换为正规故障树的过程称作故障树的正规化。

9.3.1.3 割集

割集是指导致故障树顶事件发生的若干底事件的集合，如果这些底事件都发生将导致顶事件发生。

最小割集是底事件的数目不能再减少的割集，即在该最小割集中任意去掉一个底事件之后，剩下的底事件集合就不再是割集。

当最小割集中所包含的底事件数目个数为1时，称为一阶最小割集，其他阶数的割集定义以此类推。

一阶割集代表了系统中的单点故障。

9.3.1.4 故障与失效

故障是指产品或产品的一部分不能执行规定的功能（一个或多个）的状态，失效是指产品丧失完成规定功能的能力的事件。

通常，故障用于可维修产品，失效用于不可维修产品。实际应用中，特别是对硬件产品而言，故障与失效很难区分，所以一般统称故障。

9.3.1.5 单点故障

单点故障是指会引起系统故障而且没有冗余或替代的操作程序作为补救的产品故障。

9.3.1.6 寿命剖面

寿命剖面指产品从交付（或配套靶场）到寿命终结或退出使用这段时间内所经历的全部事件和环境的时序描述。

寿命剖面说明了产品在整个寿命周期经历的事件（如装卸、运输、储存、检测、维修、部署、执行任务等）以及每个事件的顺序、持续时间、环境和工作方式。

9.3.1.7 任务剖面

任务剖面指产品在完成规定任务这段时间内所经历的事件和环境的时序描述。

任务剖面一般应包括产品的工作状态、任务期间可修产品的维修方案、产品工作的时间、产品所处环境（外加的与诱发的）的时间与顺序、任务成功或严重故障的定义。

9.3.1.8 事件、逻辑门、符号约定

FTA过程中用到的主要事件符号清单见表9-2，主要逻辑门和转移符号清单见表9-3。

表9-2 FTA主要事件符号清单

类别	事件符号	定义	说明
底事件	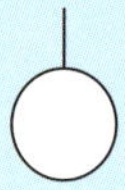	基本事件	在给定的故障树分析中无须探明其发生原因的底事件，在故障树中不再向下发展，只能作为逻辑门的输入事件
		人为故障	人为故障，指误操作或工作人员的疏忽等
	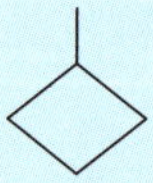	未探明事件	原则上应进一步探明其原因但暂时不必或者不能探明其原因的底事件；也表示事件可能发生但是概率较小、无需再进一步分析的故障事件，在FTA中一般忽略不计
结果事件	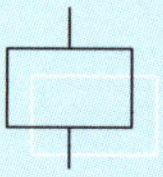	中间事件	由其他事件或事件组合所导致的事件，位于故障树中底事件和顶事件之间
	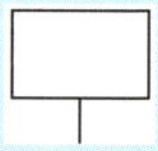	顶事件	位于故障树的顶端，总是故障树中逻辑门的输出事件，而不是输入事件
特殊事件	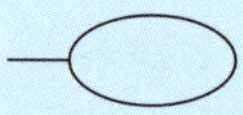	条件事件	用于对逻辑门进行附加的限制。为区分人的失误事件和其他故障事件，可采用虚线表示人的失误事件
	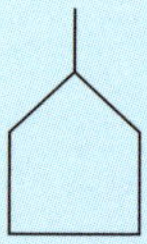	开关事件	在正常工作条件下必然发生或必然不发生的特殊事件

在运用FTA方法时，应做一些准备工作，通常包括：

第一，熟悉产品：熟悉产品的设计说明书、原理图、运行规程、维修规程和有关资料，掌握产品的功能、结构、接口、环境条件，辨明人的因素和软件对产品的影响，辨识产品的各种工作模式，辨识各种故障事件等。

第二，确定分析目的：同一个产品，如果分析目的不同，则建立的故障树也各不相同。例如：如果关注对象是硬件故障，则可以忽略人的因素；如果关注对象是内部故障，则可以忽略外部事件等。

第三，确定故障判据：根据产品的功能和性能要求确定产品的故障判据，它是确定各级故障事件的基础，只有故障判据确切，才能辨明什么是故障，从而才能确定导致故障的全部直接原因。

运用FTA开展故障分析工作，通常应包括以下步骤：

①故障树建造。

②故障树规范化、简化和模块分解。

③定性分析。

④如果可能，进行定量分析。

⑤多状态故障的处理。

⑥故障树分析报告的编写。

表9-3　FTA主要逻辑门、转移符号清单

逻辑门、符号	定义	说　明
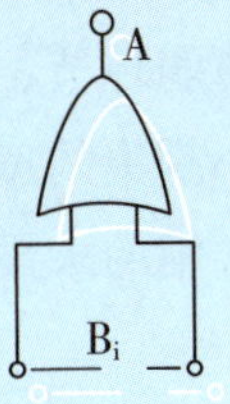	或门	当输入事件Bi中至少有一个发生时，则输出事件A发生
	与门	当所有输入事件Bi同时发生时，则输出事件A发生

续表

逻辑门、符号	定义	说　明
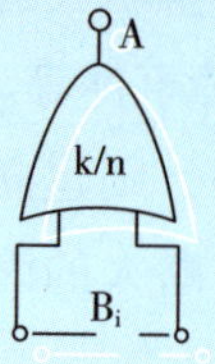	表决门	当n个输入事件B_1，…，B_n中有k个或k以上的事件发生时，输出事件A发生（$1\leqslant k\leqslant n$）
	非门	表示输出事件B是输入事件A的逆事件或对立事件
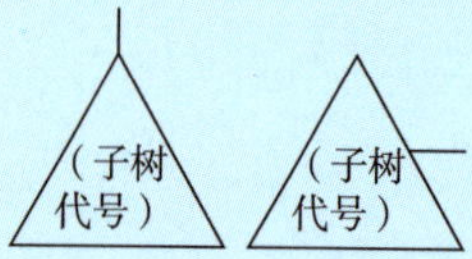	相同转移符号	转移符号表示子故障树的转移，为避免相同的子故障树重复绘制，或大型故障树在绘制过程中需要移页，采用转移符号可以使图形简明。它包括转入（左图）和转出（右图），表示从原故障树某处转入和子故障树转出到某处

在画出故障树之后，可以利用布尔代数法对故障树进行分析，包括定性分析和定量分析两种方法。

（1）定性分析

故障树定性分析的目的在于寻找顶事件发生的原因事件或原因事件的组合，即识别导致顶事件发生的所有故障模式，找出设计的薄弱环节，以便改进设计。故障树的定性分析过程就是找出故障树的全部最小割集的过程，这些最小割集是所有可能导致顶事件发生的底事件的组合，常用的求最小割集的方法有下行法和上行法，其所得结果是一样的。

下行法的特点是根据故障树的实际结构，从顶事件开始逐级向下寻查，找出割集。上行法是从底事件开始，自下而上逐步进行事件集合运算，将或门输出事件表示为输入事件的并，将与门输出事件表示为输入事件的交。这样根据故障树的逻辑关系逐层深入，并利用布尔代数规则进行运算并简化，算到最后求得最小割集。最小割集的运算现在可用软件工具进行运算。图9-9所示的故障树的最小割集为｛X1｝、｛X2｝、｛X5｝、｛X6｝、

{X3，X4}。

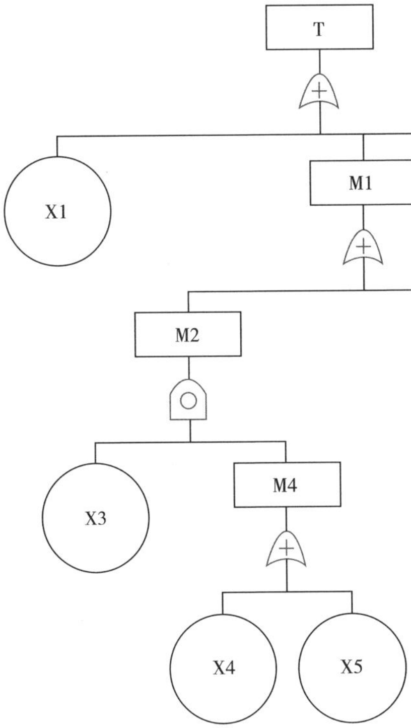

图9-9 故障树样例

最小割集是导致顶事件发生的基本事件的组合，求出最小割集后，如果数据足够，能够给出故障树中各个底事件发生的概率，可进一步做定量分析。数据不足时，可做定性比较，以此为基础从设计上分析，对薄弱的环节采取措施。定性的比较原则是最小割集所含底事件数目越少越重要，尤其注意单一事件的最小割集，在不同割集中出现次数越多的底事件越重要。因此，按照重要度分析，事件的排序为：

X1=X2=X5=X6＞X3=X4

（2）定量分析

故障树定量分析的任务就是计算和估计顶事件发生的概率。计算顶事件的故障概率原理是很简单的，关键是掌握基本事件的失效数据。以图9-9为例进行定量分析，设基本事件X1、X2、X3、X4、X5、X6发生的概率分别为q_1、q_2、q_3、q_4、q_5、q_6。则顶事件发生的概率为：

$$P(T)=q_1+q_2+q_3q_4+q_5+q_6$$

9.3.2 故障树分析常见问题

9.3.2.1 对FTA建树方法掌握不到位，建树不规范

故障树的建立一般包括确定故障顶事件，通过由上而下的故障因果逻辑分析，逐层找出导致故障事件产生的必要而充分的直接原因，最终找出导致顶事件发生的所有原因和原因组合，这样就形成一棵以顶事件为“根”、中间事件为“节”、底事件为“叶”的故障树。按此建树过程，通过检查质量问题技术归零报告中的故障树，目前设计人员在建树过程存在的不规范问题具体表现在以下几个方面：

第一，顶事件定义不准确，造成故障树分析边界不清。例如，本意希望分析“电路开关合上后电动机不转”，但由于省略，将事件表达为“电动机不转”，如此得到不同的两棵故障树（见图9-10和图9-11）。

第二，建树过程缺少中间事件，直接寻找到底事件。故障树演绎过程中首先寻找的是直接原因事件而不是基本原因事件。但是，在部分具体质量问题归零过程中，由于在问题排查过程中通过故障现象、排查分析等已经对问题原因、机理有了比较清楚地了解，所以在建树过程中往往会把中间事件省略。图9-12所示的例子缺少中间事件。但是，从故障树建树规范性上应该按照故障树演绎过程补充中间事件。

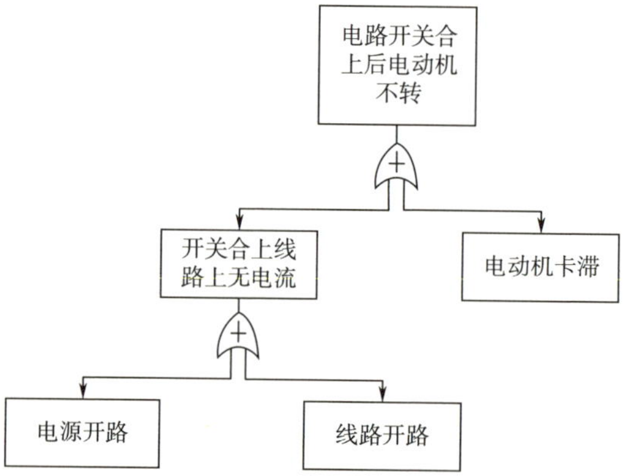

图9-10 以“电路开关合上后电动机不转”为顶事件之故障树

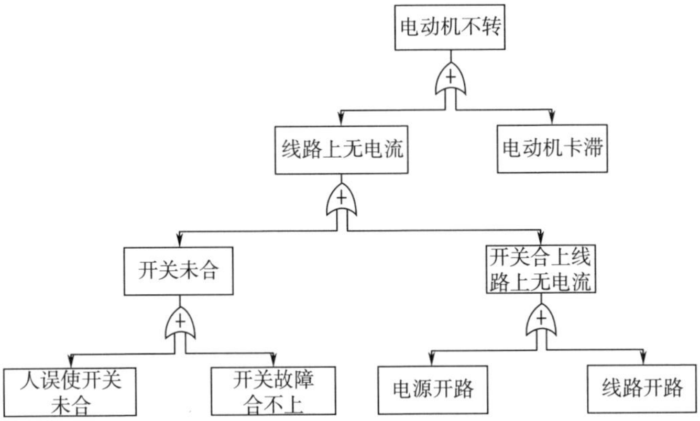

图9-11 以“电动机不转”为顶事件之故障树

第三，没有明确的故障模式，顶事件出现了异常，底事件还是各种异常，得出因为“异常”所以“异常”的逻辑关系。例如，对图9-12的缺少中间事件的不规范的故障树，就表达成图9-13的形式。这种故障树相当普遍，本质上反映了工作不认真的问题，把故障树分析当成一种形式，随便找几个底事件，然后通过质量复查证明其他底事件都可以排除，于是就有了故障定位。

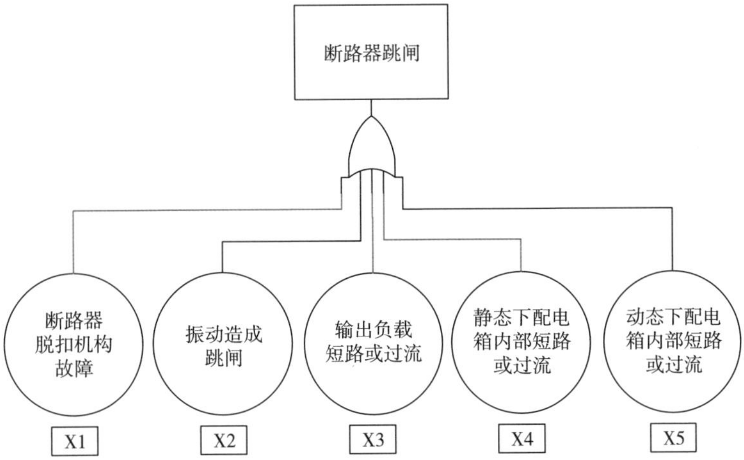

图9-12 某断路器跳闸故障树

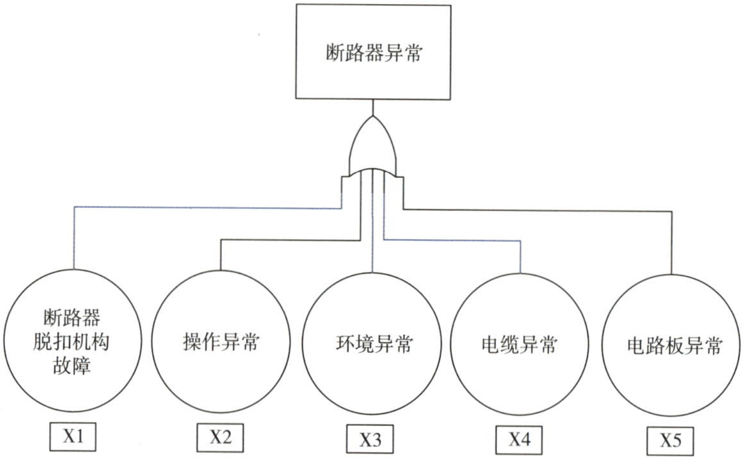

图9–13　没有明确故障模式和中间事件的故障树

9.3.2.2　底事件不具体、不见底

底事件是在特定的故障树分析中无须探明其发生原因的底事件。在工程应用中，FTA分解到底的衡量标准有两个：一是无法再进一步分解；二是系统从质量保证角度认为分解到该环节可以受控。一般以无法分解为原则，从顶事件到底事件，故障树阶数越多，表明对故障的分析程度越深，对技术的认知程度越深。

在实际应用中，底事件分解还未完全见底，如图9–12中“动态下配电箱内部短路或过流”不能算为底事件，还可从电缆防护、固定等方面分解底事件。

针对这两方面问题，对断路器跳闸故障树进行了完善，完善后的故障树见图9–14。

9.3.2.3　缺乏故障树定性、定量分析

故障树分析包括定性分析和定量分析。定性分析就是寻找导致顶事件发生的原因和原因组合，即找出全部最小割集和一阶最小割集。通过定性分析找到最小割集，在设计中降低最小割集中底事件的发生概率，则顶事件发生概率就会降低，即提高了系统的可靠性。一阶最小割集也就是单点故障，因此在系统设计时在一阶最小割集所在层次或更高层次增加与门也就提高了系统的可靠性。

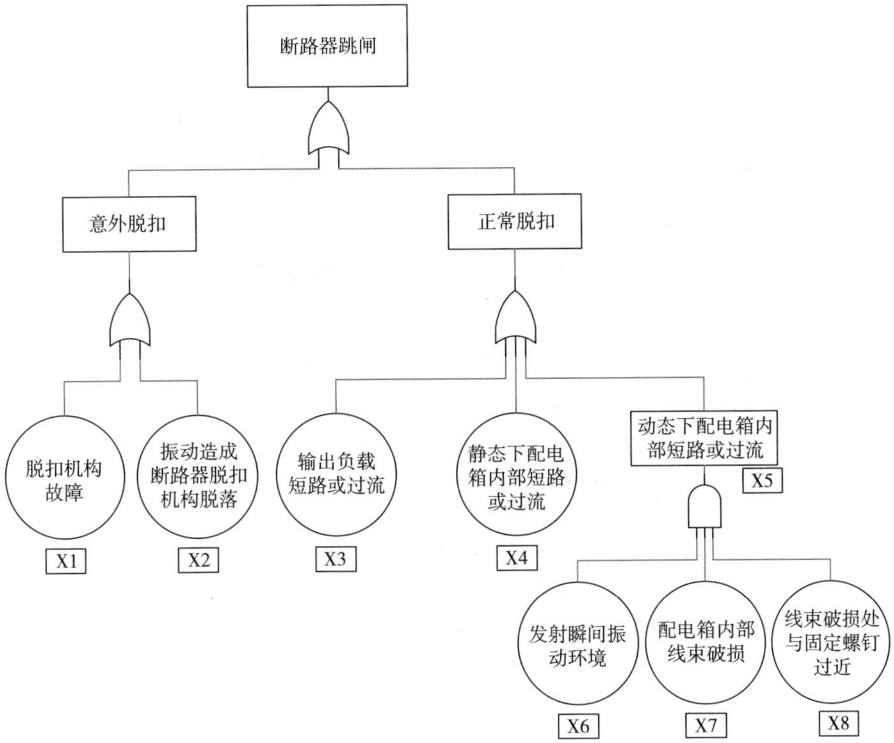

图9–14　完善后某断路器跳闸故障树

定量分析是根据故障树的逻辑门关系，从顶事件要求的发生概率逐层推导至各底事件的发生概率，以明确各底事件的安全性要求或由各底事件发生概率计算出顶事件发生概率，以判断顶事件是否符合规定的安全性要求。

目前故障树定性和定量分析没有广泛应用，已逐步在推广定性分析，定量分析基本没有开展。

9.3.3　密封电磁继电器故障树分析

9.3.3.1　密封电磁继电器结构及功能

密封电磁继电器是外壳密封有触点的继电器。电磁继电器的工作原理是当线圈通电后，在轭铁、铁心、衔铁及气隙等组成的磁路内产生磁通，由此产生电磁吸力，使可动的衔铁吸向铁心，衔铁的运动带动推动杆推动簧片运动，从而使触点系统断开、闭合或转换被控电路。密封电磁继电器的结构主要由接触系统、电磁系统和密封系统三个部分组成，某型密封电磁继电器如

图9-15所示。

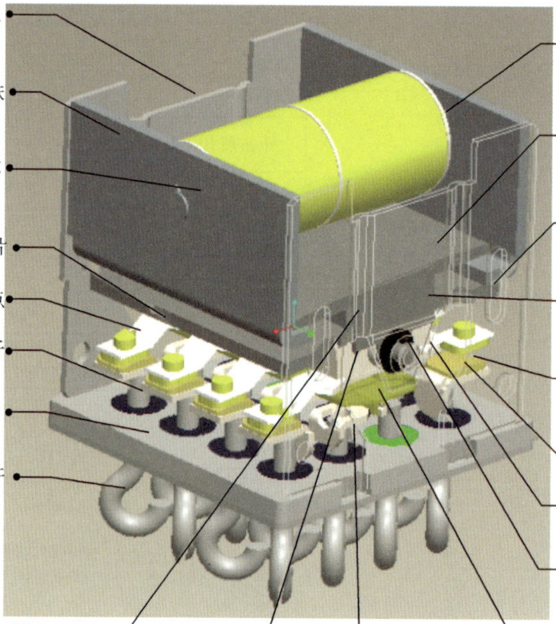

图9-15　某型电磁继电器结构图

（1）接触系统

接触系统是继电器的输出部分，也是继电器完成功能的执行机构，直接闭合或断开被控电路，接触系统的好坏直接影响功能水平，是继电器的关键部件。继电器的可靠性和寿命长短很大程度上取决于接触系统的工作情况。

接触系统主要由一组或两组以上的触点组、驱动系统和反力系统等组成。触点组又分为动合、动断、转换触点组等。每个触点组至少由两个接触簧片组成，铆有触点的簧片称为接触簧片，触点有动触点和静触点，因此簧片分为静簧片和动簧片，这些簧片可以是刚性的，也可以是弹性的。电子设备中使用的继电器触点簧片，特别是动簧片，大都是弹性簧片，弹性簧片的作用除导电外还可以产生触点压力和触点跟踪。

驱动系统是指将衔铁动能传递给接触系统的组件。驱动方式分为直接驱动和推动杆驱动两种，直接驱动是将动簧片直接固定于衔铁上，推动杆驱动是通过焊接于衔铁上的推动杆驱动动簧片，目前广泛应用推动杆驱动方式。

返回系统是继电器的激励量小于或等于释放值后促使继电器衔铁返回到初始状态的组件。返回系统分为弹簧（或簧片）返回和永久磁铁返回式。弹簧返回应用最广，结构简单，易于加工，返回力可调。永久磁铁返回的优点是衔铁在初始位置上有较大的保持力，能承受较强的振动和冲击，在吸合过程中它的反力逐渐减小而不是增大，故动作安匝（动作时通过线圈的电流与圈数的乘积）可相应减小。其缺点是两个气隙的保持力不易平衡，返回力不易调整，永久磁铁在装配过程中易吸附磁性微粒，故不能用于敞开式继电器。

（2）电磁系统

电磁系统是继电器的输入部分，是将输入信号转换成电磁吸力以驱动接触部分的机构，要设计体积小、重量轻、低功耗的产品，关键是设计好一个高效率的电磁系统。

电磁系统包括线圈、铁芯、衔铁、扼铁、工作气隙、支撑架等主要零件。线圈由漆包线绕制而成，是电流产生磁场的主要部分，铁芯、扼铁、衔铁构成低磁阻的磁通路，把线圈中产生的磁能集中到工作气隙中，从而提高继电器的灵敏度，降低线圈功耗。铁芯的作用是集中线圈产生的磁通，提高磁导和磁场强度。扼铁的作用是给出一条磁阻最小的闭合磁路，同时支承衔铁或其他零组件。衔铁除起导磁作用外，本身还是一个可动部件，担负着带动驱动机构，从而推动接触系统、完成切换电路的任务。工作气隙是供衔铁运动和电磁系统执行预定功能需贮存、释放磁场能量的磁间隙，它是电磁系统中不可缺少的组成部分之一。支架是限定衔铁位置和运动方式的组件。

（3）密封系统

继电器的密封部分可以防止空气中灰尘、有害气体及水汽对继电器内部的污染，以提高继电器在恶劣气候环境下的适应性和工作可靠性。

密封部分主要包括底座、玻璃绝缘子、密封罩壳。底座由底板、引出杆和玻璃绝缘子封接而成，不仅连接继电器内外电路，支撑接触系统及电磁系统，还起着与密封罩壳一起密封整个继电器的作用，它的质量好坏在很大程度上影响着继电器的性能。玻璃绝缘子的封接强度和密封泄漏率应符合一定的考核标准，引出杆不得由于接线或拆线过程中的机械振动力作用而转动或松动，引出杆镀层要有良好的接触性能。密封罩壳应具有足够的机械强度，能够经受得住装载、运输、储存和安装过程的应力，而无损坏或零件变形。

9.3.3.2 密封电磁继电器的技术要求

为了衡量继电器是否能够满足技术标准，在其出厂之前要进行严格的检测，这样不仅可以筛选出失效的产品，分析质量的优劣，而且可以通过分析失效数据解决设计和生产过程中存在的问题，为新产品的设计和生产提供改进依据。继电器的检查要求如下：

①外观尺寸。外观检查主要看继电器外观是否清洁、整齐，外壳有无损伤，玻璃绝缘子是否断裂，引出杆是否弯曲，外形尺寸及安装尺寸要符合要求等。可用目测法或10倍放大镜按产品标准要求进行外观检查。

②密封性。对于密封电磁继电器要检查密封性，粗检可采用加压液体气泡法，对于密封要求严格的采用氦质谱检漏法。

③引出杆强度，包括拉力和弯曲强度。引出杆以及与继电器本体的连接在正常装配或修理过程中应能经受轴向拉力和弯曲而不松动或折断。测试要求弯曲方向应使折线在较宽的一面上，并垂直于引出杆的轴线，拉力应符合产品标准所规定的数值。

④直流电阻，指线圈的直流电阻，用惠斯通电桥法或继电器测试仪测试。

⑤接触电阻。接触电阻是继电器开关触点间的电阻，采用电阻测试仪或伏–安法测试。

⑥绝缘电阻。绝缘电阻是指各不相连接的导电部分之间在规定条件下的直流电阻，在外加一定直流电压时所呈现的电阻值是保证继电器“开”功能的一个很重要指标，当测得的绝缘电阻值低于技术指标要求的值时，继电器判为失效。应该在继电器处于激励和额定励磁状态下，用兆欧表对所有绝缘部分进行测试。

⑦介质耐压。继电器所用的绝缘材料及各零部件之间应能承受在一定时间内的过电压而无击穿、闪络和过大漏电流。应用产生频率为45~65Hz的正弦波、容量不小于500W的试验设备进行测试，测试过程中应不发生火花放电、飞弧、电晕等击穿现象。

⑧吸合释放电压。吸合释放电压是保证产品在多种环境条件下能够正常工作的电压，吸合电压是产品动作时的最低电压，释放电压是产品释放时的

最高电压。当吸合释放电压超出其所规定的范围时，被判为失效。

⑨时间参数。时间参数主要包括吸合时间、释放时间和回跳时间。吸合时间是指自线圈通电开始到触点达到工作状态所需的时间，线圈通以额定工作电压。释放时间是从线圈断电开始到所有触点恢复到释放状态所需的时间。回跳时间是指触点闭合或断开时触点不规则通断现象所包括的时间，不包括短弧、动态接触电阻的时间。当继电器的时间参数超出其相应的规定值时，判为继电器失效，采用数字式时间测试仪或示波器进行测试。

⑩振动。将继电器牢固地固定在振动台上进行测试，频率范围与加速度值按产品技术条件规定，在整个试验过程中，对所有触点进行监测，以发现触点是否有超过规定的抖动时间。振动试验后，继电器应无零件松动和机械损坏，其参数不大于技术条件规定值，主要指吸合电压和释放电压。

⑪温度。继电器在规定的温度极限环境下应工作正常。测试时，将继电器放入高温箱或低温箱内，逐渐升温或降温到规定值，保持2h，然后通过引出线，根据产品技术条件规定测试各项参数，一般测吸合释放电压等。测试完毕后，把继电器从箱内取出，使其恢复到室温，再测试技术条件规定的各项参数。

⑫湿度。继电器长期在温湿环境下，绝缘电阻应仍然满足技术指标规定值。相对湿度的测试可采用于湿球水银温度计或热电偶干湿球计。

⑬低气压。继电器在规定的低气压条件下应能够正常工作。测试时，将继电器置于低气压箱中，按技术条件要求，使箱内大气压降低到规定值，在此时通过测试引出线，测量继电器处于释放状态和额定励磁状态下的抗电强度，使用慢扫描长余辉示波器来观察触点间有无持续电弧存在。

⑭微粒噪声检查（PIND）。检查继电器内部是否有多余物，零部件是否松动。使用PIND检测仪，有粒子波形则继电器内部有多余物，超过50%的机械波形出现说明继电器内部有部件松动。

⑮冲击响应。将继电器固定在冲击台上，在三个互相垂直的恶劣工作位置上进行测试。冲击台的加速度调整到产品技术条件规定的值，冲击脉冲时间一般为10ms左右。在每一个位置按照冲击规定的次数进行检测，并检测继电器处于激励或额定励磁状态下触点是否抖动。

⑯冲击强度。这项测试用于检测继电器结构能否抵抗机械冲击力的破坏作用以及经冲击后能否恢复其工作能力。与冲击响应相同，只是冲击加速度

大些和冲击次数要多些。

9.3.4 密封电磁继电器故障树分析

对某型密封电磁继电器历史质量问题以及筛选检测数据进行分析，得出此继电器的关键失效模式为接触电阻增大、触点粘连、吸合电压高、释放电压低、绝缘电阻下降等模式。

密封电磁继电器的故障树定性分析的目的在于寻找导致密封电磁继电器故障的原因及原因的组合，识别导致其发生的所有故障模式。

故障树的建立工作要求建树者对于系统及其各个组成部分有透彻的了解，建树是多次反复、逐步深入、完善的过程。从分析某型密封器的产品结构树开始，图9–15所示的某型密封电磁继电器结构树如图9–16所示。

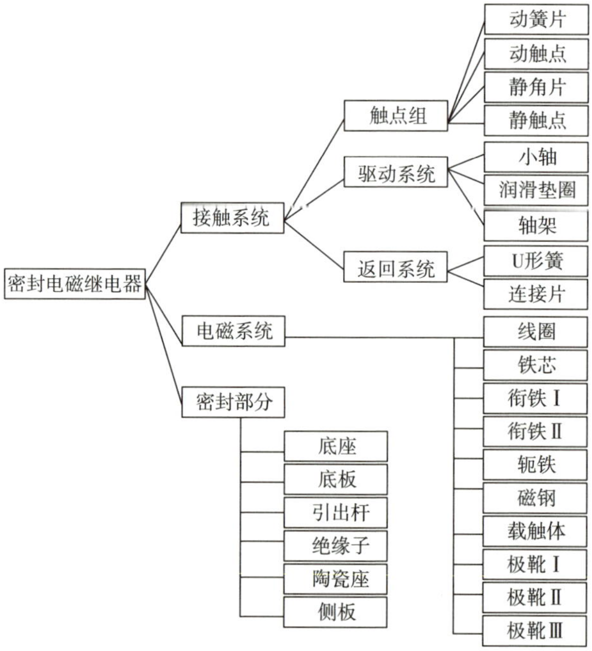

图9–16　某型电磁继电器产品结构图

按照产品结构树，根据失效模式的逻辑关系建立故障树。利用上行法求密封电磁继电器故障树的最小割集，根据故障树的逻辑关系，并用布尔代数规则进行运算并简化，算到最后便得到最小割集。

9.3.4.1 接触电阻增大故障树分析

接触电阻增大的故障树如图9-17、图9-18、图9-19、图9-20所示。

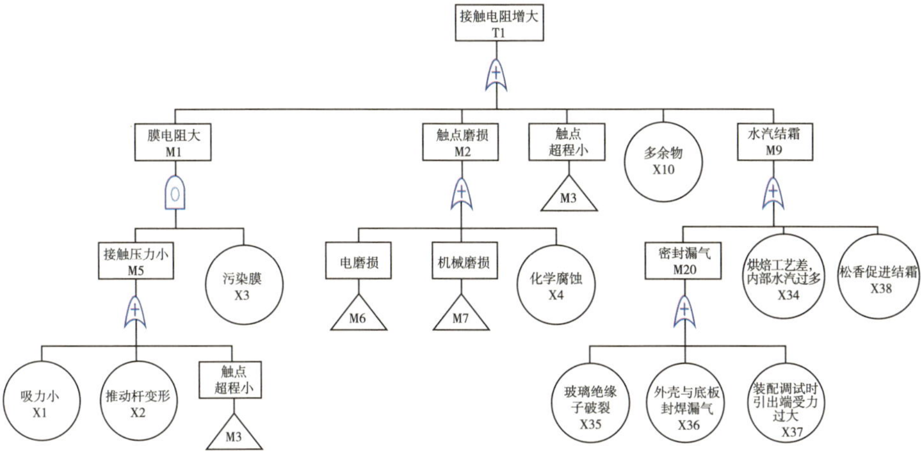

图9-17 接触电阻增大故障树

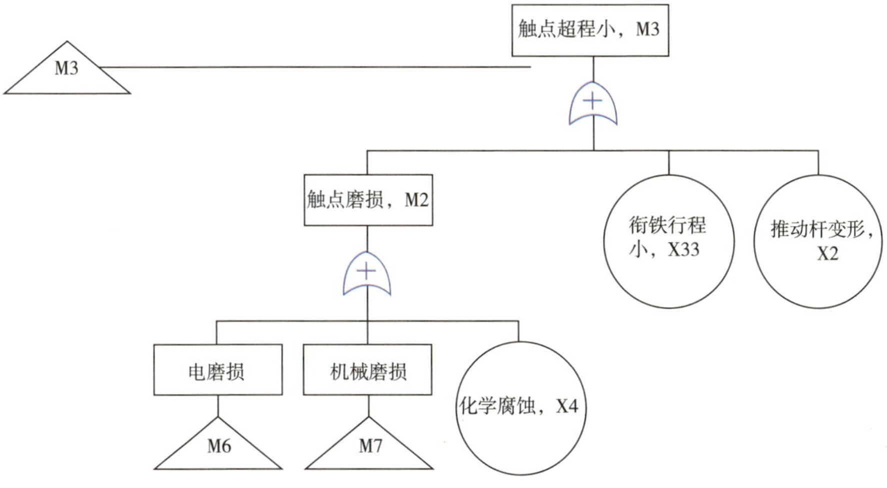

图9-18 触点超程小故障子树

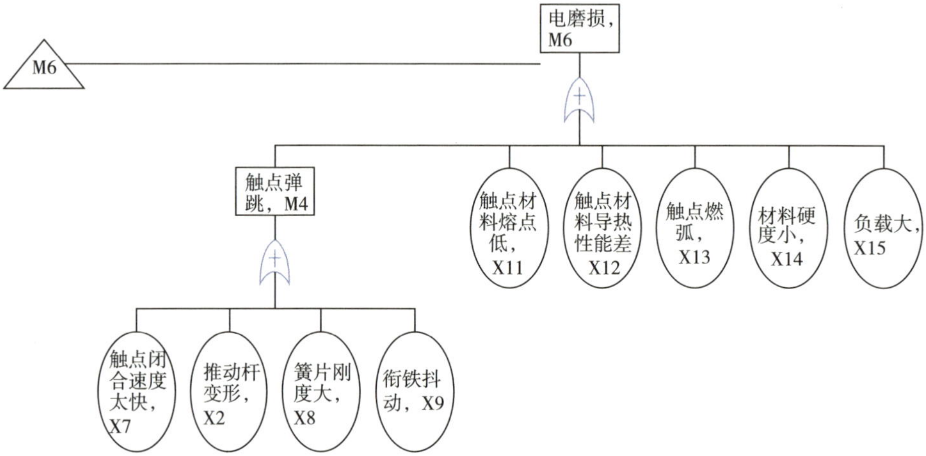

图9–19　电磨损故障子树

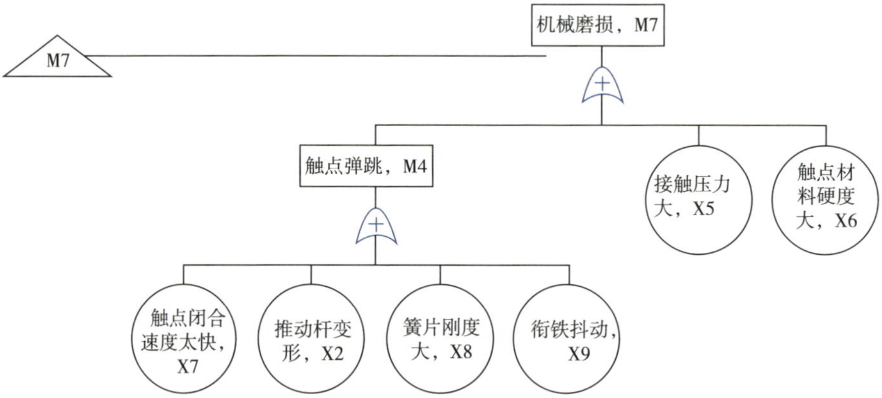

图9–20　机械磨损故障子树

故障树结构如表9–4所示。

表9–4　接触电阻增大故障树结构表

顺序号	节点名称	事件编码	事件名称
1	接触电阻增大	T1	
1.1	膜电阻大	M1	
1.1.1	接触压力小	M5	
1.1.1.1	吸力小	X1	吸力小

续表

顺序号	节点名称	事件编码	事件名称
1.1.1.2	推动杆变形	X2	推动杆变形
1.1.1.3	触点超程小	M3	
1.1.1.3.1	触点磨损	M2	
1.1.1.3.1.1	电磨损	M6	
1.1.1.3.1.1.1	触点弹跳	M4	
1.1.1.3.1.1.1.1	触点闭合速度太快	X7	触点闭合速度太快
1.1.1.3.1.1.1.2	推动杆变形	X2	推动杆变形
1.1.1.3.1.1.1.3	簧片刚度大	X8	簧片刚度大
1.1.1.3.1.1.1.4	衔铁抖动	X9	衔铁抖动
1.1.1.3.1.1.2	触点材料熔点低	X11	触点材料熔点低
1.1.1.3.1.1.3	触点材料导热性能差	X12	触点材料导热性能差
1.1.1.3.1.1.4	触点燃弧	X13	触点燃弧
1.1.1.3.1.1.5	材料硬度小	X14	材料硬度小
1.1.1.3.1.1.6	负载大	X15	负载大
1.1.1.3.1.2	机械磨损	M7	
1.1.1.3.1.2.1	触点弹跳	M4	
1.1.1.3.1.2.1.1	触点闭合速度太快	X7	触点闭合速度太快
1.1.1.3.1.2.1.2	推动杆变形	X2	推动杆变形
1.1.1.3.1.2.1.3	簧片刚度大	X8	簧片刚度大
1.1.1.3.1.2.1.4	衔铁抖动	X9	衔铁抖动
1.1.1.3.1.2.2	接触压力大	X5	接触压力大
1.1.1.3.1.2.3	触点材料硬度大	X6	触点材料硬度大
1.1.1.3.1.3	化学腐蚀	X4	化学腐蚀
1.1.1.3.2	衔铁行程小	X33	衔铁行程小
1.1.1.3.3	推动杆变形	X2	推动杆变形
1.1.2	污染膜	X3	污染膜

续表

顺序号	节点名称	事件编码	事件名称
1.2	触点磨损	M2	
1.2.1	电磨损	M6	
1.2.1.1	触点弹跳	M4	
1.2.1.1.1	触点闭合速度太快	X7	触点闭合速度太快
1.2.1.1.2	推动杆变形	X2	推动杆变形
1.2.1.1.3	簧片刚度大	X8	簧片刚度大
1.2.1.1.4	衔铁抖动	X9	衔铁抖动
1.2.1.2	触点材料熔点低	X11	触点材料熔点低
1.2.1.3	触点材料导热性能差	X12	触点材料导热性能差
1.2.1.4	触点燃弧	X13	触点燃弧
1.2.1.5	材料硬度小	X14	材料硬度小
1.2.1.6	负载大	X15	负载大
1.2.2	机械磨损	M7	
1.2.2.1	触点弹跳	M4	
1.2.2.1.1	触点闭合速度太快	X7	触点闭合速度太快
1.2.2.1.2	推动杆变形	X2	推动杆变形
1.2.2.1.3	簧片刚度大	X8	簧片刚度大
1.2.2.1.4	衔铁抖动	X9	衔铁抖动
1.2.2.2	接触压力大	X5	接触压力大
1.2.2.3	触点材料硬度大	X6	触点材料硬度大
1.2.3	化学腐蚀	X4	化学腐蚀
1.3	触点超程小	M3	
1.3.1	触点超程小	M9	
1.3.1.1	触点磨损	M2	
1.3.1.1.1	电磨损	M6	
1.3.1.1.1.1	触点弹跳	M4	
1.3.1.1.1.1.1	触点闭合速度太快	X7	触点闭合速度太快

续表

顺序号	节点名称	事件编码	事件名称
1.3.1.1.1.1.2	推动杆变形	X2	推动杆变形
1.3.1.1.1.1.3	簧片刚度大	X8	簧片刚度大
1.3.1.1.1.1.4	衔铁抖动	X9	衔铁抖动
1.3.1.1.1.2	触点材料熔点低	X11	触点材料熔点低
1.3.1.1.1.3	触点材料导热性能差	X12	触点材料导热性能差
1.3.1.1.1.4	触点燃弧	X13	触点燃弧
1.3.1.1.1.5	材料硬度小	X14	材料硬度小
1.3.1.1.1.6	负载大	X15	负载大
1.3.1.1.2	机械磨损	M7	
1.3.1.1.2.1	触点弹跳	M4	
1.3.1.1.2.1.1	触点闭合速度太快	X7	触点闭合速度太快
1.3.1.1.2.1.2	推动杆变形	X2	推动杆变形
1.3.1.1.2.1.3	簧片刚度大	X8	簧片刚度大
1.3.1.1.2.1.4	衔铁抖动	X9	衔铁抖动
1.3.1.1.2.2	接触压力大	X5	接触压力大
1.3.1.1.2.3	触点材料硬度大	X6	触点材料硬度大
1.3.1.1.3	化学腐蚀	X4	化学腐蚀
1.3.1.2	衔铁行程小	X33	衔铁行程小
1.3.1.3	推动杆变形	X2	推动杆变形
1.4	多余物	X10	多余物
1.5	水汽结霜	M9	
1.5.1	密封漏气	M20	
1.5.1.1	玻璃绝缘子破裂	X35	玻璃绝缘子破裂
1.5.1.2	外壳与底板封焊漏气	X36	外壳与底板封焊漏气
1.5.1.3	装配调试时引出端受力过大	X37	装配调试时引出端受力过大
1.5.2	烘焙工艺差，内部水汽过多	X34	烘焙工艺差，内部水汽过多
1.5.3	松香促进结霜	X38	松香促进结霜

接触电阻增大的最小割集计算如表9–5所示。

表9–5　接触电阻增大最小割集清单

序号	割集事件
1	X2
2	X4
3	X5
4	X6
5	X7
6	X8
7	X9
8	X10
9	X11
10	X12
11	X13
12	X14
13	X15
14	X33
15	X34
16	X35
17	X36
18	X37
19	X38
20	X3,X1

各事件的重要度如表9–6所示。

表9–6　接触电阻增大事件重要度排序表

事件编码	事件名称
第一类	
X1	吸力小
第二类	
X3	污染膜

续表

事件编码	事件名称
第三类	
X2	推动杆变形
X4	化学腐蚀
X5	接触压力大
X6	触点材料硬度大
X7	触点闭合速度太快
X8	簧片刚度大
X9	衔铁抖动
X10	多余物
X11	触点材料熔点低
X12	触点材料导热性能差
X13	触点燃弧
X14	材料硬度小
X15	负载大
X33	衔铁行程小
X34	烘焙工艺差，内部水汽过多
X35	玻璃绝缘子破裂
X36	外壳与底板封焊漏气
X37	装配调试时引出端受力过大
X38	松香促进结霜

9.3.4.2 触点粘连故障树分析

触点粘连的故障树如图9-21、图9-22所示。

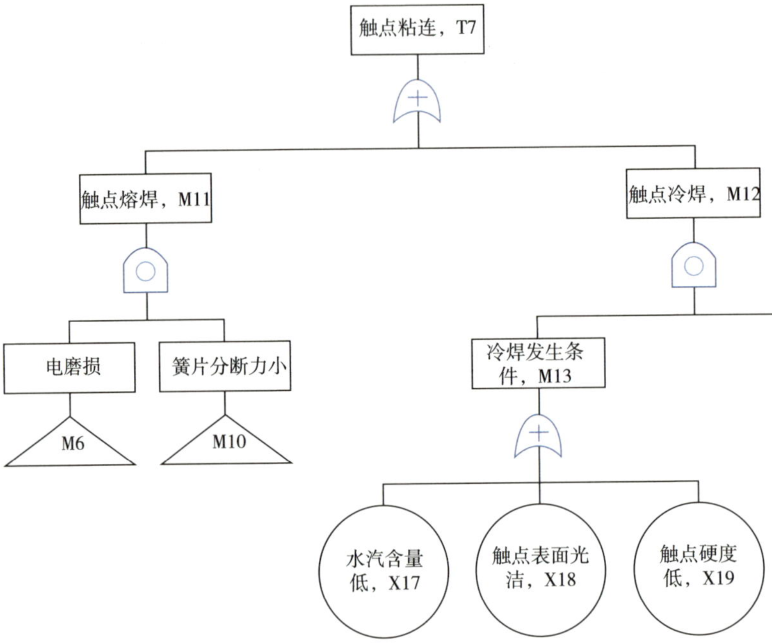

图9–21　触点粘连故障树

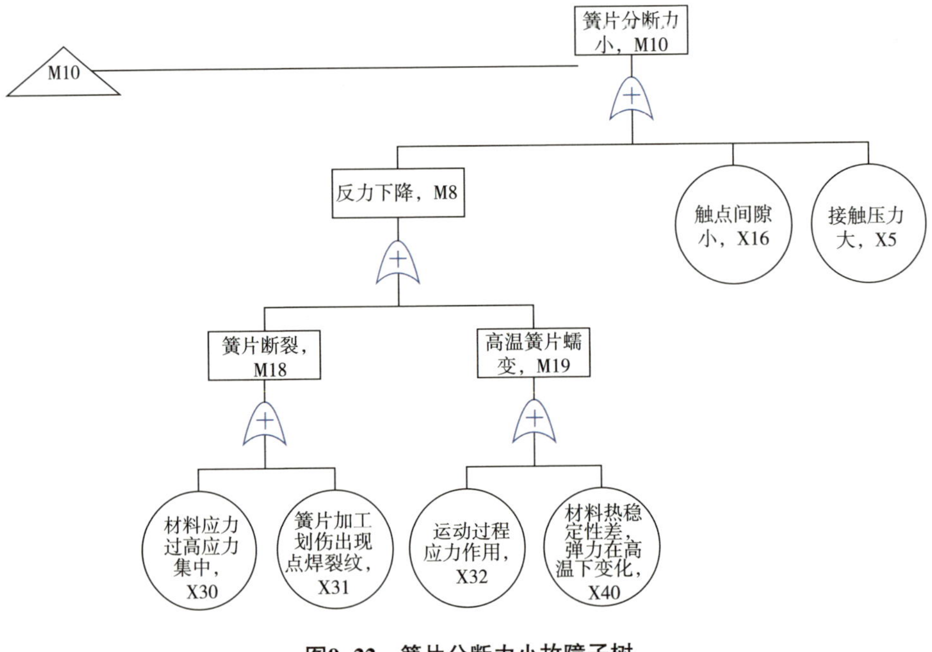

图9–22　簧片分断力小故障子树

故障树结构如表9–7所示。

表9–7 触点粘连故障树结构表

顺序号	节点名称	事件编码	事件名称
1	触点粘连	T7	
1.1	触点熔焊	M11	
1.2	触点冷焊	M12	
1.1.1	电磨损	M6	
1.1.2	簧片分断力小	M10	
1.2.1	冷焊发生条件	M13	
1.2.2	簧片分断力小	M10	
1.2.1.1	水汽含量低	X17	水汽含量低
1.2.1.2	触点表面光洁	X18	触点表面光洁
1.2.1.3	触点硬度低	X19	触点硬度低
1.1.1.1	触点弹跳	M4	
1.1.1.2	触点材料熔点低	X11	触点材料熔点低
1.1.1.3	触点材料导热性能差	X12	触点材料导热性能差
1.1.1.4	触点燃弧	X13	触点燃弧
1.1.1.5	材料硬度小	X14	材料硬度小
1.1.1.6	负载大	X15	负载大
1.1.1.1.1	触点闭合速度太快	X7	触点闭合速度太快
1.1.1.1.2	推动杆变形	X2	推动杆变形
1.1.1.1.3	簧片刚度大	X8	簧片刚度大
1.1.1.1.4	衔铁抖动	X9	衔铁抖动
1.2.2.1	触点间隙小	X16	触点间隙小
1.2.2.2	接触压力大	X5	接触压力大
1.2.2.3	反力下降	M8	
1.2.2.3.1	簧片断裂	M18	
1.2.2.3.2	高温簧片蠕变	M19	
1.2.2.3.1.1	材料应力过高，应力集中	X30	材料应力过高，应力集中

续表

顺序号	节点名称	事件编码	事件名称
1.2.2.3.1.2	簧片加工划伤出现点焊裂纹	X31	簧片加工划伤出现点焊裂纹
1.2.2.3.2.1	运动过程应力作用	X32	运动过程应力作用
1.2.2.3.2.2	材料热稳定性差，弹力在高温下变化	X40	材料热稳定性差，弹力在高温下变化
1.1.2.1	触点间隙小	X16	触点间隙小
1.1.2.2	接触压力大	X5	接触压力大
1.1.2.3	反力下降	M8	
1.1.2.3.1	簧片断裂	M18	
1.1.2.3.2	高温簧片蠕变	M19	
1.1.2.3.1.1	材料应力过高，应力集中	X30	材料应力过高，应力集中
1.1.2.3.1.2	簧片加工划伤出现点焊裂纹	X31	簧片加工划伤出现点焊裂纹
1.1.2.3.2.1	运动过程应力作用	X32	运动过程应力作用
1.1.2.3.2.2	材料热稳定性差，弹力在高温下变化	X40	材料热稳定性差，弹力在高温下变化

触点粘连的最小割集计算如表9-8所示。

表9-8 触点粘连最小割集清单

序号	割集事件
1	X7，X40
2	X2，X40
3	X8，X40
4	X8，X40
5	X11，X40
6	X12，X40
7	X13，X40
8	X14，X40
9	X15，X40
10	X7，X16

续表

序号	割集事件
11	X2，X16
12	X8，X16
13	X8，X16
14	X11，X16
15	X12，X16
16	X13，X16
17	X14，X16
18	X15，X16
19	X7，X5
20	X2，X5
21	X8，X5
22	X8，X5
23	X11，X5
24	X12，X5
25	X13，X5
26	X14，X5
27	X15，X5
28	X7，X31
29	X2，X31
30	X8，X31
31	X8，X31
32	X11，X31
33	X12，X31
34	X13，X31
35	X14，X31
36	X15，X31
37	X7，X32
38	X2，X32

续表

序号	割集事件
39	X8，X32
40	X8，X32
41	X11，X32
42	X12，X32
43	X13，X32
44	X14，X32
45	X15，X32
46	X7，X30
47	X2，X30
48	X8，X30
49	X8，X30
50	X11，X30
51	X12，X30
52	X13，X30
53	X14，X30
54	X15，X30
55	X17，X40
56	X18，X40
57	X18，X40
58	X17，X16
59	X18，X16
60	X18，X16
61	X17，X5
62	X18，X5
63	X18，X5
64	X17，X31
65	X18，X31
66	X18，X31
67	X17，X32

续表

序号	割集事件
68	X18，X32
69	X18，X32
70	X17，X30
71	X18，X30
72	X18，X30

各事件的重要度如表9–9所示。

表9–9 触点粘连事件重要度排序表

事件编码	事件名称
第一类	
X30	材料应力过高应力集中
X31	簧片加工划伤出现点焊裂纹
X32	运动过程应力作用
X40	材料热稳定性差，弹力在高温下变化
X16	触点间隙小
X5	接触压力大
第二类	
X7	触点闭合速度太快
X2	推动杆变形
X8	簧片刚度大
X9	衔铁抖动
X11	触点材料熔点低
X12	触点材料导热性能差
X13	触点燃弧
X14	材料硬度小
X15	负载大
X17	水汽含量低
X18	触点表面光洁
X19	触点硬度低

除了故障树分析外，事件树分析法（event tree analysis，ETA）是安全系统工程中常用的一种演绎推理分析方法，它在给定的一个初因事件的前提下分析此初因事件可能导致的各种事件序列的结果，从而可以评价系统的可靠性和安全性，起源于决策树分析（decision tree analysis，DTA）。事件树分析法通常用于安全系统的事故分析和系统的可靠性分析。目前作为一种标准的分析方法在安全工作领域的危险源辨识和安全决策中得到了应用，但在航天工程领域的应用尚不多见。

9.4 失效物理分析

9.4.1 失效物理分析与失效模式

失效物理是可靠性技术发展的一个新阶段，是可靠性工程的一个重要领域。随着产品可靠性不断地提高，传统的基于数理统计方法的可靠性预计、分析、试验和过程控制的研究效率逐渐下降，而以理化分析为基础，从本质上探究产品的不可靠因素，从而为产品的研制、生产、使用提供科学的信息与依据的物理学与可靠性相结合的学科正在焕发青春。一些专家认为，现今可靠性建模的重点应放在以失效物理代替传统经验方法之上，与传统方法基于经验数据的模型不同，基于失效物理的方法试图确切建立失效物理的模型，基于实证的逻辑揭示了失效的本质，因而在航天工程中获得了广泛的应用，失效物理分析是质量问题归零的基础手段与学科。

失效分析就是当产品丧失规定的功能或性能，即发生失效时围绕产品失效模式、失效原因、失效机理、失效性质等方面进行系统分析，得出揭示失效本质、规律的结论，为避免失效的发生提供借鉴。

失效分析对象按其复杂程度可分为全系统（如弹、箭、星、船）、分系统（如箭体结构、推进系统、控制系统等）、子系统、机械产品（燃料贮箱、有效载荷支架）和电子产品（电子整机）、部组件（如共底、密封组件）和单板、零件和元器件等六级。在失效分析领域，通常将失效分析的对象划分为机械产品（分解为零件）和电子产品（分解为元器件）两大类。

机械产品中常见的失效模式包括断裂、腐蚀和磨损失效（见表9-10）。

表9-10 机械产品常见失效模式

1	变形	弹性变形
		塑性变形
		黏弹性变形
		蠕变
2	断裂	塑性断裂
		疲劳断裂
		脆性断裂
3	磨损	磨粒磨损
		粘着磨损
		疲劳磨损
		冲蚀磨损
		微动磨损
		变形磨损
4	腐蚀	化学腐蚀
		电化学腐蚀
		老化（非金属）
5	热损伤	熔化
		过烧
		过热
		蒸发
		迁移
		热冲击
		烧蚀
6	电损伤	电击穿
		静电
		放电
		雷击
		电侵蚀
		电腐蚀
		电磨损

续表

7	污染	固态物质沾污
		液态物质沾污
		气态物质沾污
8	辐射损伤	/
9	泄漏	裂纹
		密封失效
		多余物
		腐蚀
		材料工艺缺陷
10	功能丧失	弹性丧失
		磁性丧失
		不动作
		记忆丧失

通常电子设备的失效模式与电子元器件具有一致性。电子元器件常见的失效模式主要为功能失效（包括开路、短路等）和参数退化（包括绝缘下降、参数漂移等），由于电子元器件种类繁多，失效模式也相对复杂。根据电子元器件的简单分类，可以将其失效模式归纳为表9–11的分类。

表9–11　电子元器件常见失效模式

电子元器件	失效模式	
半导体器件	功能失效	短路
		开路
		机械缺陷（如管壳锈蚀、封装材料开裂）等
	参数退化	耐压下降
		漏电流增大
		热阻增大
		绝缘下降等

续表

电子元器件		失效模式	
元件	阻容感元件	功能失效	短路
			开路
			外引线断裂等
		参数退化	容值增大、下降
			阻值增大、下降等
	机电元件（电磁继电器、电连接器等）	功能失效	常闭点开路
			常开点短路
			不动作等
		参数退化	绝缘下降
			接触电阻增大等

失效原因是引起失效的主要条件、因素，失效原因的判断通常是整个失效分析的核心和关键，对于确定失效机理、提出预防措施等均有重要意义。失效原因的判断是建立在失效模式判断基础上的，然而失效原因的确定相当复杂，其复杂性表现在失效原因的必然性、多样性、相关性、可变性和偶然性。

失效机理即引起失效的物理、化学变化本质，微观过程可以追溯到原子、分子尺度和结构的变化。失效机理是对失效的内在本质、必然性和规律性的研究，是对失效内在本质认识的理论提高和升华。

失效性质是引起失效的宏观原因，如本质失效（产品自身原因引起的失效）、误用失效（使用不当引起的产品失效）、从属失效（其他产品首先失效引起的失效）等。

失效分析的作用可以概括为以下四点。

第一，查明的失效原因和失效机理，为质量问题归零提供依据。

第二，查明影响产品可靠性的相关物理模式、缺陷模式，以及缺陷形成、扩展规律、影响因素和约束条件，提升对技术问题本质的认知程度。

第三，查明产品在研制生产中出现的质量问题的失效性质、影响程度，为技术、管理科学决策提供依据。

第四，查明航天产品在研制生产中出现的质量问题的失效原因和主要影响因素的重要程度，为认定质量问题责任方和各责任方的责任权重提供依据。

9.4.2 失效分析流程与方法

失效分析工作的基本流程包括技术流程和管理流程。具体到一项失效分析任务，应根据失效产品的具体类型、失效模式、失效背景和失效分析要求，在通用程序的基础上做适当补充或删减。失效分析程序的设定应遵循从系统到个体、从整体到局部、从表面到内部、从宏观到微观、从现象到本质、从普遍到特殊的原则。图9-23为失效分析技术流程示意图。

失效分析是一门技术难度大、涉及面广、综合性、时效性强的分析技术，方法的选择对失效分析结论具有重要影响。常用的失效分析方法主要包括以下几类。

9.4.2.1 逻辑推理法

逻辑推理法是指对各种现象、测试数据和试验结果，依据科学理论进行系统逻辑分析的方法。这种方法论据充分，推理严谨，是一般通用方法。进行逻辑推理，就是从已有的知识推出未知的知识，也就是从一个或几个已知的判断推出另一个新的判断。

常见的逻辑推理有三种：一是演绎推理，即前提与结论之间有必然性联系的推理；二是归纳推理，即前提与结论之间有或然性联系的推理；三是类比推理，即在失效分析中观察到两个失效事件在许多特征上都相同，便推出它们在其他方面也相同的推理。

9.4.2.2 排除法

排除法是指在故障树分析的基础上列出所有可能因素，根据观察和测试结果逐一排除的方法。排除法一般在多因素、历史背景复杂或不清楚、数据不充足条件下使用。

在失效分析时，首先根据失效现象、失效模式，尽可能地找出与失效状态相关的全部原因，找出引发失效的直接原因和间接原因，列出可能导致失效发生的故障树。然后根据现场调查的原始数据、材料和有关的分析要求（如环境条件、运行工作应力和时间等），并与相关资料、历史经验和安全等知识相结合，逐一排除可能性很小的相关因素，变多因素为少因素、单因素来分析。最终，确定导致失效发生的原因。

9.4.2.3 试验求证法

试验求证法是指对特殊现象或某种观点进行深入系统的试验和分析，使某种失效现象、机理或结论得到重复和验证的方法。该方法一般在出现意见分歧或对某种现象无法解释时使用。

在实际失效分析中，会出现下列两种情况：第一种情况是现场被破坏，失效件的完整性、真实性已丧失，失效分析对象失去了分析利用的价值；第二种情况是重大特殊案例，现象特殊、复杂，虽然经过深入细致的试验和分析，结论是可信的，但为了充分说服责任方，对失效现象进行模拟验证。但失效件已被解剖分析，需采用同品种、规格、等级的产品作为试验件，通过一系列的模拟试验，使失效现象再现。

9.4.2.4 系统综合法

系统综合法是指将上述几种方法综合使用的方法。该方法一般在对重大失效和特殊案例分析时使用。

在对实际案例进行失效分析时，往往用到的不只是其中的一种分析方法，通常会综合运用几种失效分析方法（见图9–23）。

9.4.3 失效分析技术

随着科技的发展，航天型号产品上大量使用了新材料、新品元器件。失效分析的技术也随之不断发展、进步，根据失效分析的要求，选用适当的分析技术，充分利用各种失效分析技术的特点和优势，既可以加快失效分析的进度，又能提高失效分析的成功率。常用的失效分析技术可以概括为以下几类。

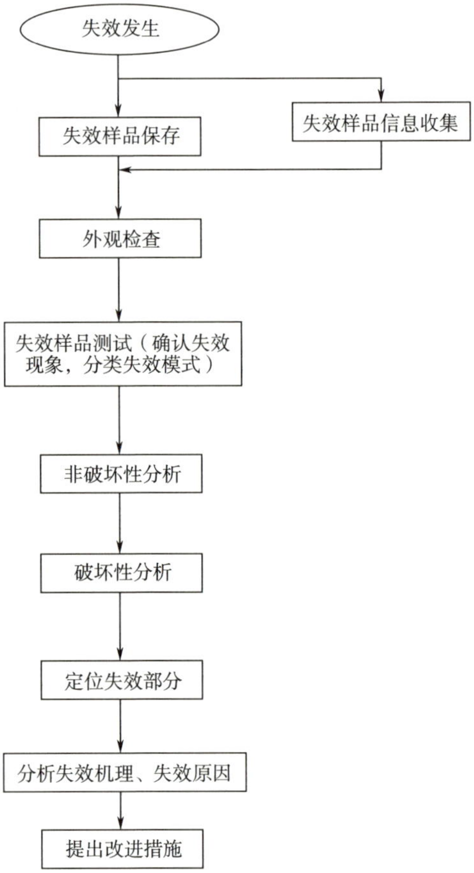

图9–23　失效分析技术流程示意图

9.4.3.1　失效现象的验证技术

失效现象的验证技术的使用过程通常为：主要针对失效的电子元器件，利用万用表、自动电桥、漏电流测试仪、晶体管图示仪以及集成电路的功能测试台等常规电子测试设备，通过对失效电子元器件功能、参数、引线间特性和结特性的测试，证实电子元器件的失效现象；通过失效样品与良品的测试差异确定电子元器件失效与自身物理性能的关系和失效部位、原因等的可能范围，并用来确定后续的失效分析方法。因此，失效现象的验证技术将直接影响失效分析结论的正确性。

9.4.3.2 宏观观察技术（宏观痕迹分析技术）

宏观观察技术的使用过程通常为：利用光学显微镜，以失效件的形貌异常点作为分析对象，对电子元器件启封前的外观进行检查，对启封后的电子元器件内部形貌观察等，也包括对机械产品断口宏观形貌的观察、表面痕迹的分析等。图9–24为利用体视显微镜观察到的继电器外表面银离子迁移形貌。用于宏观观察的光学显微镜的放大倍数虽然一般不高，往往为几倍到几十倍，但是这类显微镜的景深较大，同时利用光学的照射，可以很直观地对失效件进行观察，容易发现失效件的异常形貌点。

图9–24 利用体视显微镜观察的图片

9.4.3.3 失效件解剖、启封技术

运用失效件解剖、启封技术的目的是对元器件进行微观的内部检查和必要的内部测试，对机械产品的失效部位进一步观察。解剖的基本方法分为机械方法和化学方法两种，常用的解剖技术有封装（外壳）开封、表层剥离和剖面制取技术。在对失效件进行解剖、启封时，既不能破坏原有的失效现象，也不能引入新的失效模式。因此，失效件的解剖、启封技术对于失效分析来说尤为重要。图9–25为一只塑封电路利用化学方法启封后的形貌。

图9–25 塑封电路启封后形貌

9.4.3.4 微观分析技术

常用的微观分析技术有：扫描电子显微镜（图9–26为利用扫描电子显微镜观察到的银离子迁移形貌）的显微分析技术，以形貌异常点作为分析对象，其形貌放大能力为几倍到数十万倍，可以对失效件（断口、芯片等）的界面和表面等进行观察；利用金相显微镜观察的技术，可以对失效件的微观组织形貌进行观察；此外，还有用于失效定位和失效验证的电子束测试分析技术、表面微区组分分析的俄歇电子能谱分析技术、样品组分（元素、分子等）离子微探针（二次离子质谱仪）分析技术、样品成分分析的X射线能谱分析技术、离子束（卢瑟福背散射、核反应和离子感生X射线）分析技术等。

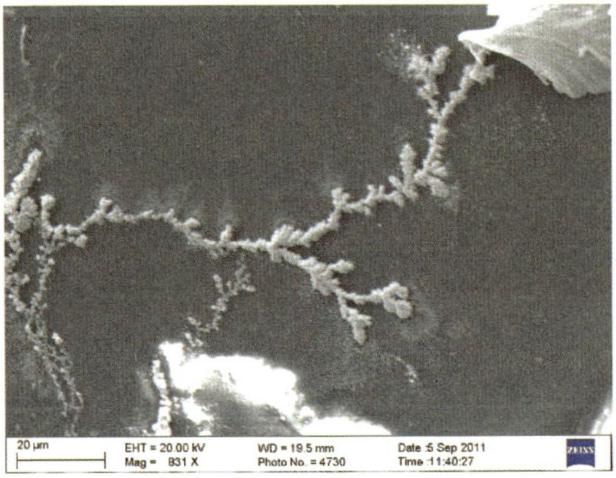

图9–26 利用扫描电子显微镜观察的图片

9.4.3.5 常规理化测试技术

常规理化测试技术主要针对机械产品的失效分析。为了得到正确的失效结论，往往需要对失效件以及与失效件同批次的一些产品进行理化性能测试，如力学性能测试、化学成分分析等。

目前，失效分析的主要发展趋势表现在两个方面：一是失效分析技术不断进步，包括红外显微镜分析技术、红外热像分析技术、液晶热点检测技术、扫描声学显微镜分析技术、X光检查分析技术、电性能测试分析和元器件的解剖技术等。此外，随着集成电路（IC）技术的发展，能够适应IC技术发展需求的聚焦离子束（FIB）、反应离子腐蚀（RIE）、电子束测试（EBT）、扫描探针显微（SPM）和荧光微热像（FMI）等新的失效分析技术，在深亚微米器件的分析和微细加工等方面发挥了非常重要的作用。二是失效分析机理的研究不断深入。由于超大规模集成电路（VLSI）集成度一直遵循“摩尔定律”，以每18个月翻一番的速度急剧增加，目前一个芯片上集成的电路元件数早已超过一个亿，这种发展趋势正在使VLSI在电子设备中扮演的角色从器件芯片转变为系统芯片（SOC）；与此同时，深亚微米的VLSI工艺特征尺寸已达到0.18μm以下，在特征尺寸不断缩小、集成度和芯片面积以及实际功耗不断增加的情况下，物理极限的逼近使影响VLSI可靠性的各种失效机理效应敏感度增强。因此，国际上针对深亚微米/超深亚微米VLSI主要失效机理的可靠性研究一直在不断深入，并且把针对VLSI主要失效机理的晶片级和封装级可靠性评价测试结构的开发和应用纳入其质量保证计划，可靠性模拟在可靠性设计与评估中的应用也日益增多。此外，故障模拟仿真再现工作在一些大型的事故调查过程中已经得到应用，并已经成为失效分析的一种重要辅助手段。

9.4.4　失效分析案例

质量问题归零过程应尊重失效分析提供的客观证据，以下案例供参考。

9.4.4.1　电子元器件

案例1：金属膜电阻器——电阻膜腐蚀开路（见图9–27）。

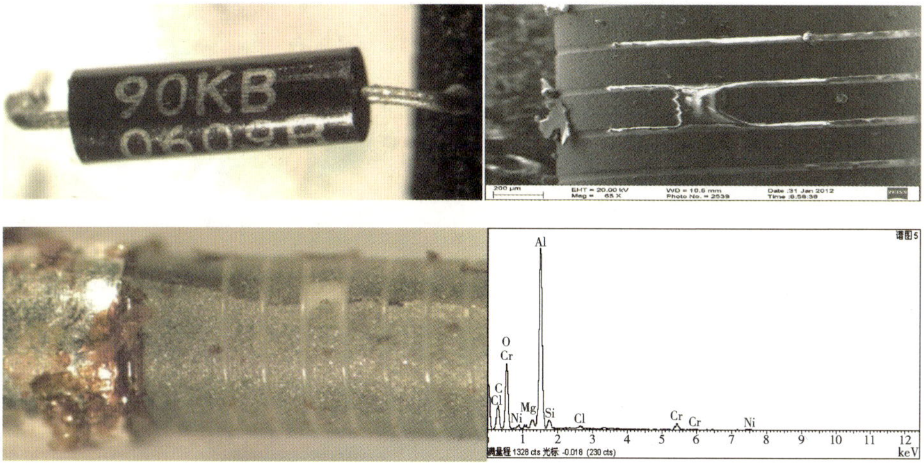

图9–27　金属膜电阻器及其腐蚀形貌、电子显微镜形貌及成分

案例2：金属箔电阻器——带状引线断裂开路（见图9–28）。

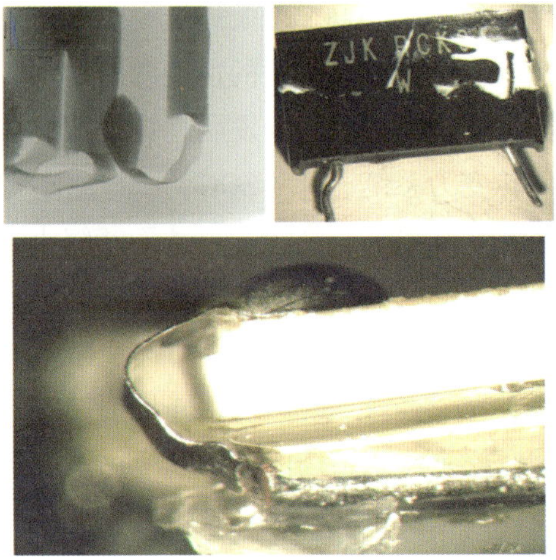

图9-28　金属膜电阻器及其内部引线断裂形貌及X光检查形貌

案例3：片式厚膜电阻器——正面电极与电阻膜交界位置内的引出电极腐蚀（见图9-29）。

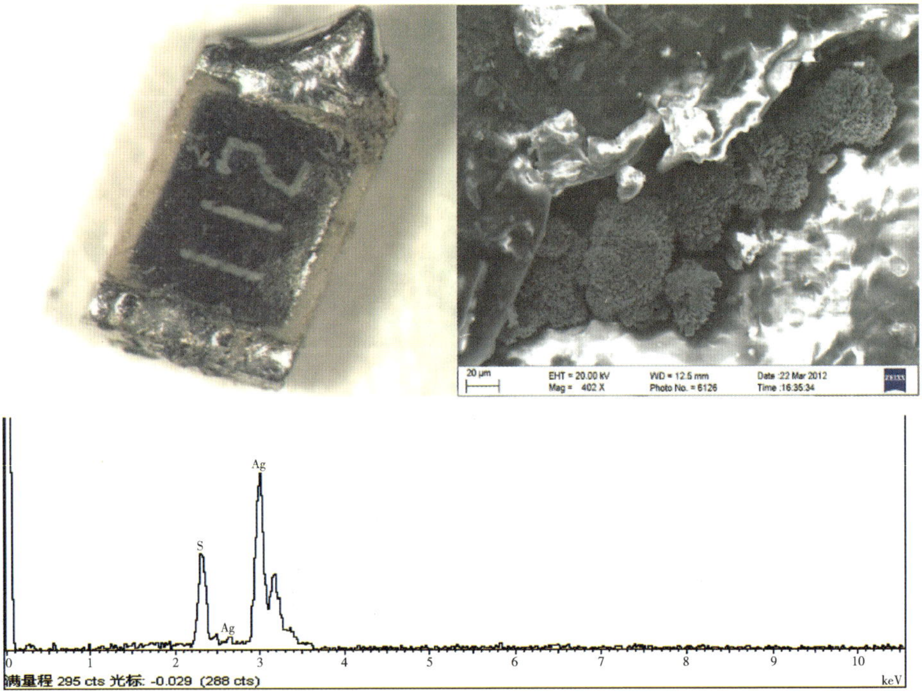

图9-29　片式厚膜电阻器腐蚀形貌及其电子显微镜检查形貌

案例4：片式厚膜电阻器——过流烧毁并引起瓷体断裂（见图9–30）。

图9–30　片式厚膜电阻器及其过流烧毁的断裂形貌

案例5：片式多层瓷介电容器——受外力引起瓷体开裂（见图9–31）。

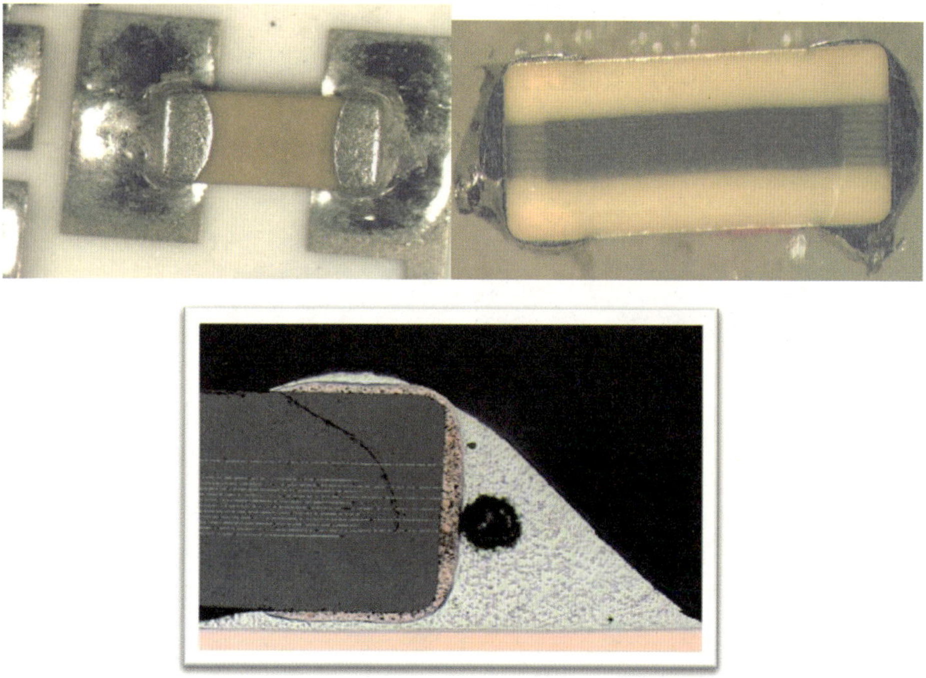

图9–31　片式多层瓷介电容器及其金相断裂形貌

案例6：有引线片式多层瓷介电容器——电容器焊接时引起内部焊点熔化、焊料流淌（见图9–32）。

图9–32　有引线片式瓷介电容器及其焊点熔化形貌

案例7：片式固体钽电容器——介质层缺陷引起击穿短路（见图9–33）。

图9–33　片式固体钽电容器及其介质击穿形貌

案例8：片式钽电容器——壳体受潮产生“爆米花”现象导致开裂（见图9–34）。

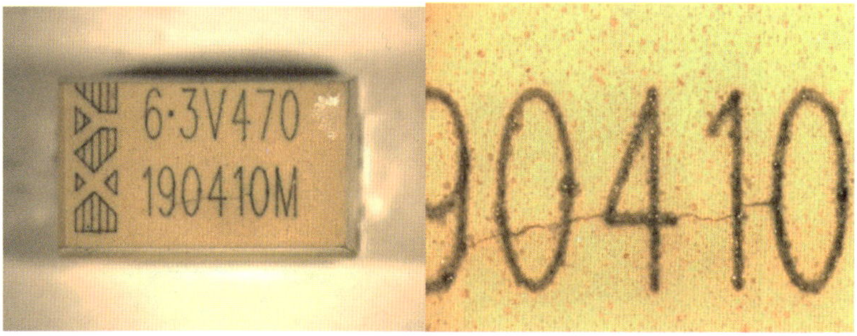

图9–34 片式钽电容器壳体受潮、受热引起的开裂

案例9：电磁继电器——线圈引出线疲劳断裂（见图9–35）。

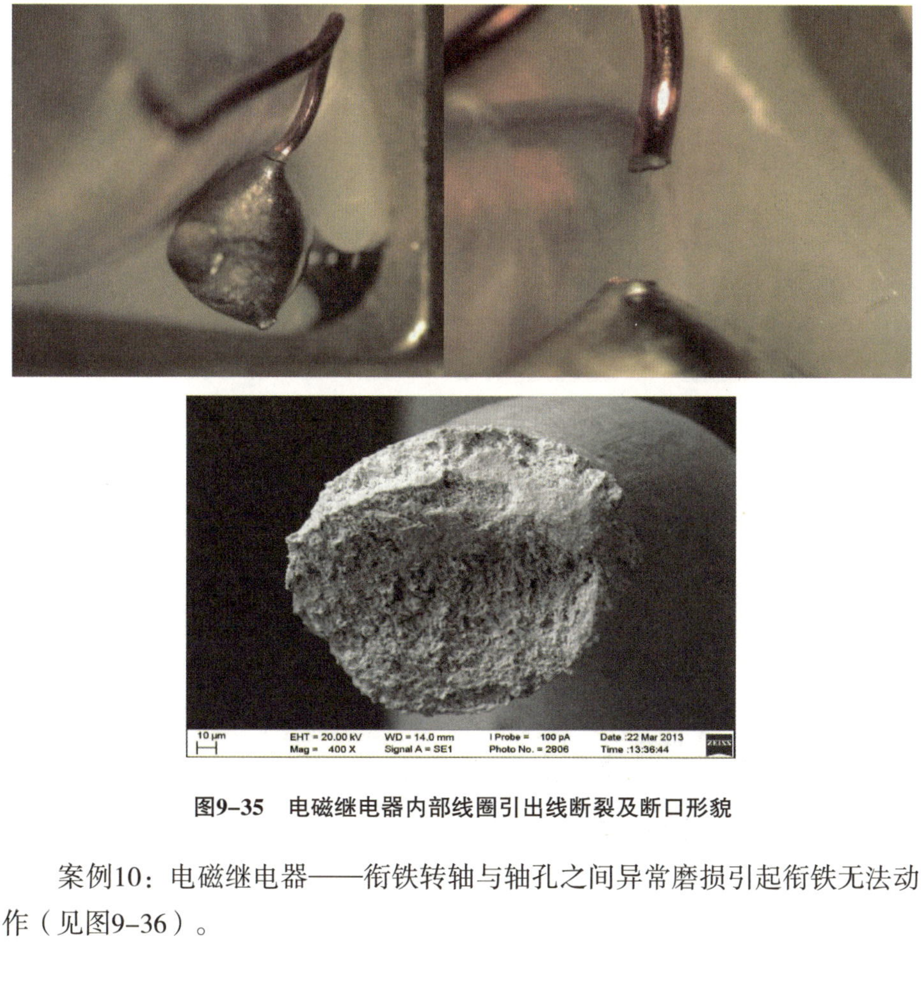

图9–35 电磁继电器内部线圈引出线断裂及断口形貌

案例10：电磁继电器——衔铁转轴与轴孔之间异常磨损引起衔铁无法动作（见图9–36）。

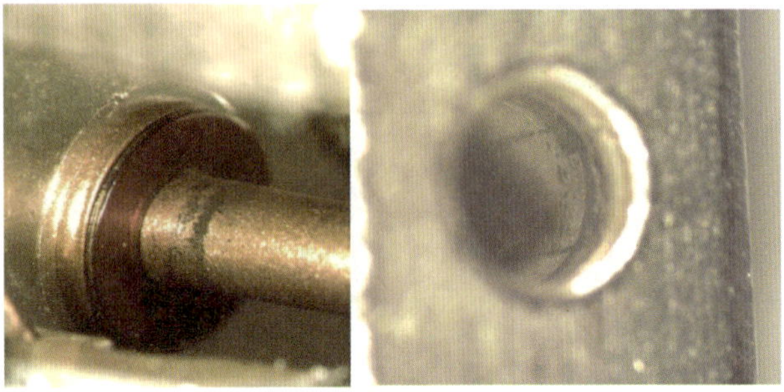

图9-36　电磁继电器衔铁转轴与轴孔的磨损形貌

案例11：电磁继电器——玻璃绝缘子外表面银迁移引起绝缘电阻下降（见图9-37）。

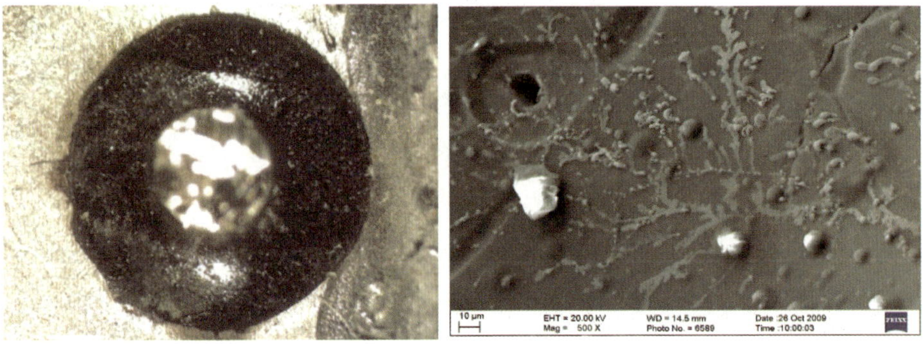

图9-37　电磁继电器引出端子表面银离子迁移形貌

案例12：安全保护器两点引线柱焊料处有锡晶须生长引起短路（见图9-38）。

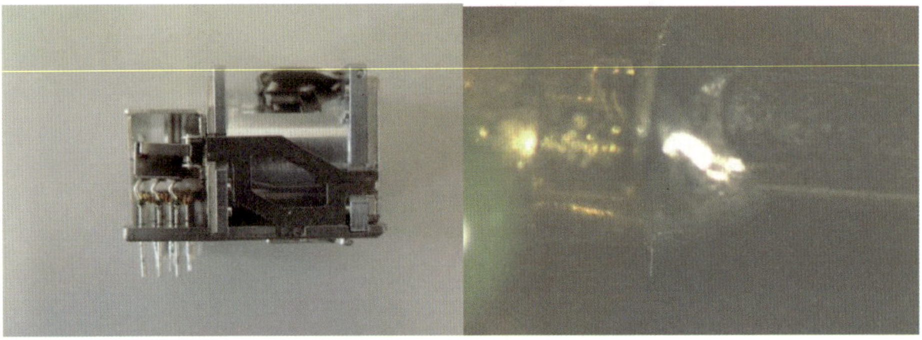

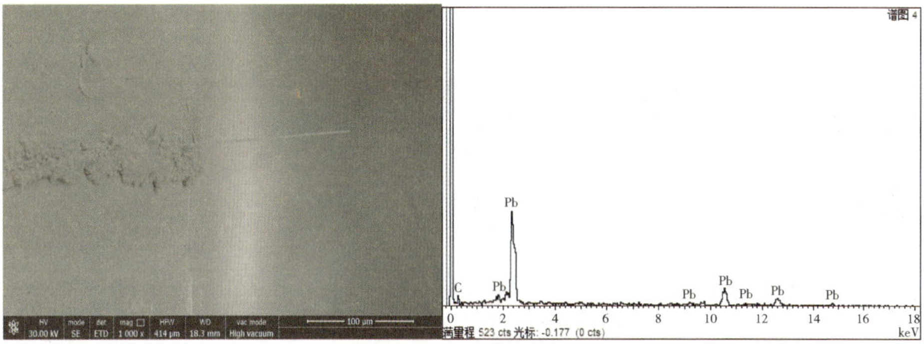

图9-38　安全保护器引线柱生长锡须形貌

案例13：电连接器——插孔未收口引起打火烧毁（见图9-39）。

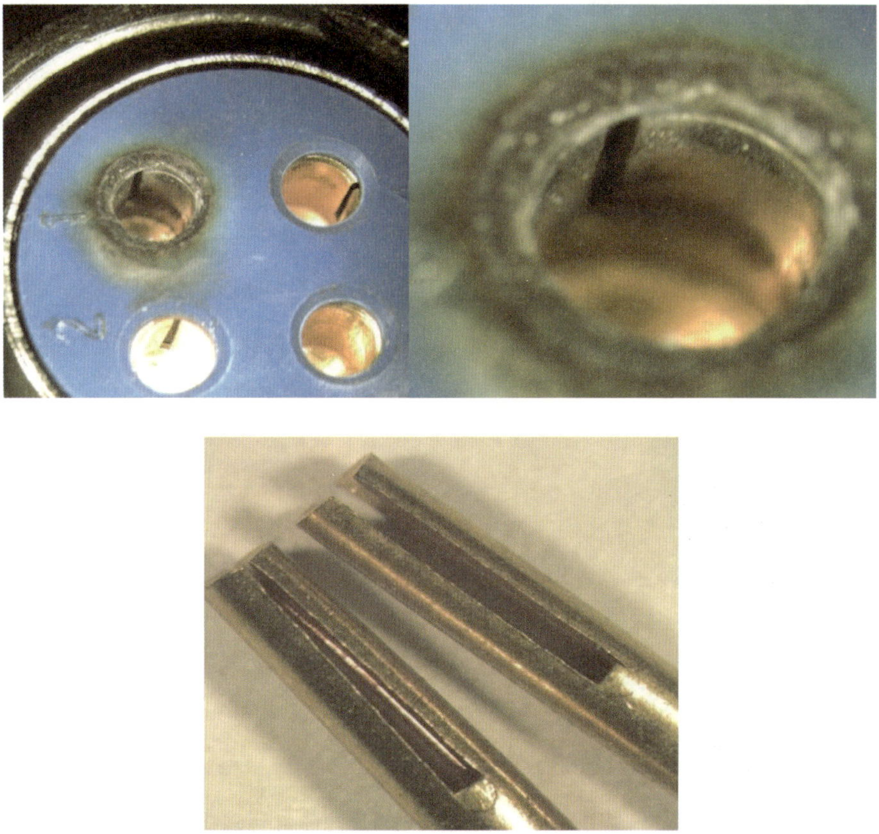

图9-39　电连接器插孔未收口引起接触不良出现打火形貌

案例14：电连接器——插针装配不当引起短路（见图9-40）。

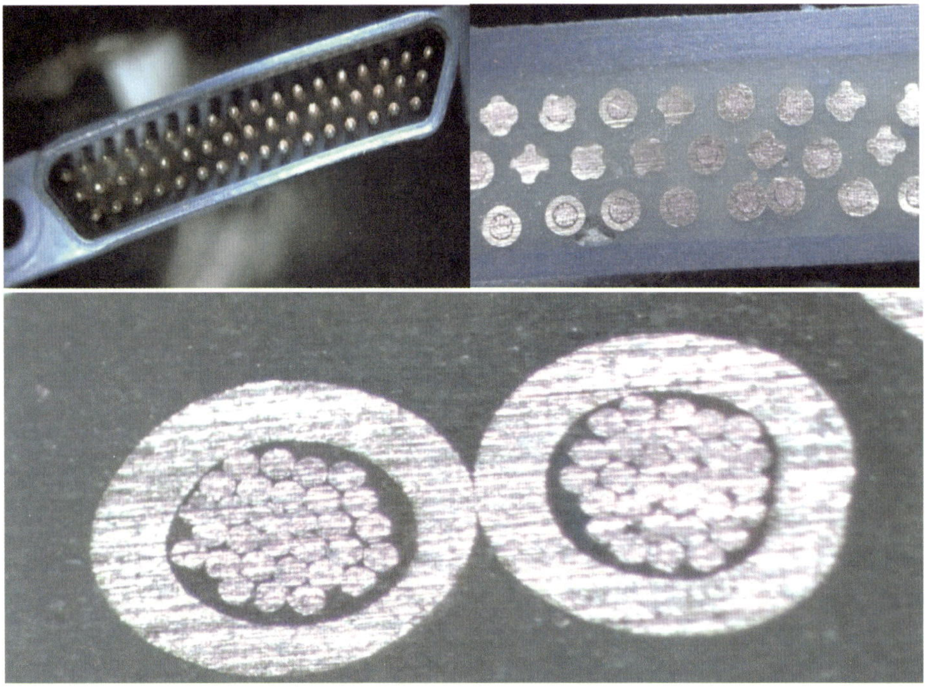

图9-40　电连接器装配不当引起接触对短路形貌

案例15：电连接器——插针腐蚀引起绝缘电阻下降（见图9-41）。

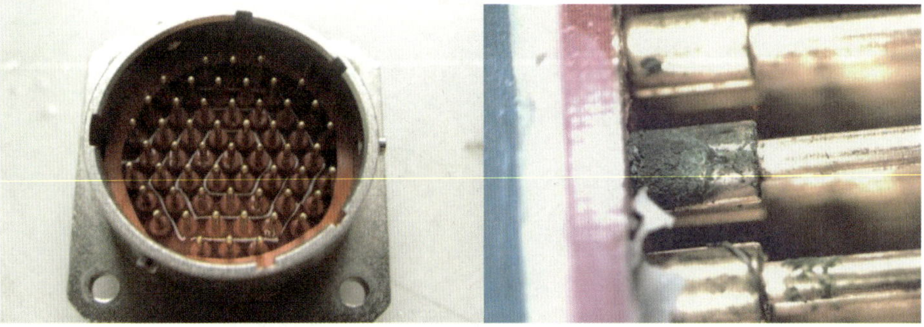

图9-41　电连接器插针腐蚀形貌

案例16：肖特基二极管——内部芯片表面Ni迁移引起漏电（见图9-42）。

图9-42　肖特基二极管芯片表面离子迁移形貌

案例17：达林顿管——内部陶瓷基板安装偏斜引起低温下导带与壳体之间搭接短路（见图9-43）。

图9-43　达林顿管内部基板安装偏斜导致其导带与壳体短路

案例18：三极管——内部引线及芯片铝条腐蚀引起开路（见图9-44）。

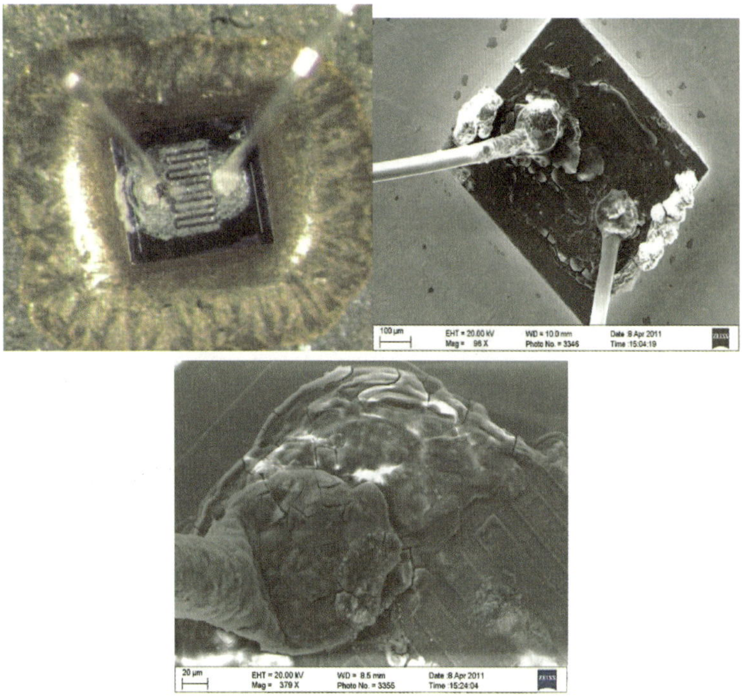

图9-44　三极管芯片内部腐蚀形貌

案例19：数字电路——密封破坏引起器件内部内引线腐蚀开路（见图9-45）。

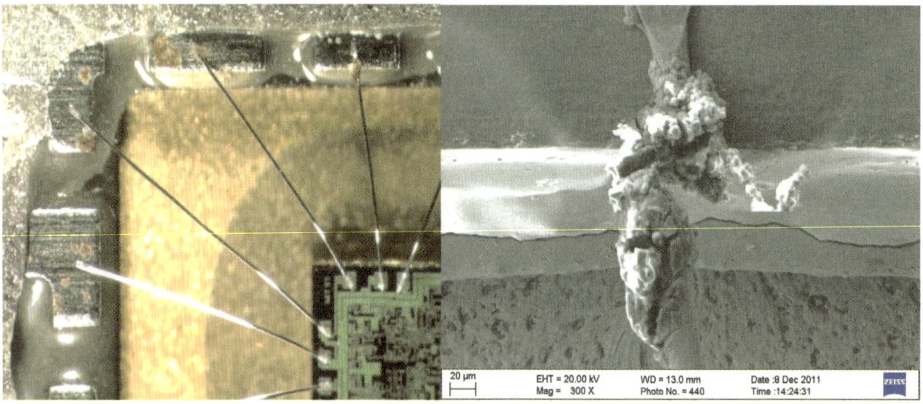

图9-45　数字电路内部腐蚀形貌

案例20：数字电路——管壳上金镀层厚度过厚形成金属间化合物引起Au-Al键合脱开开路（见图9-46）。

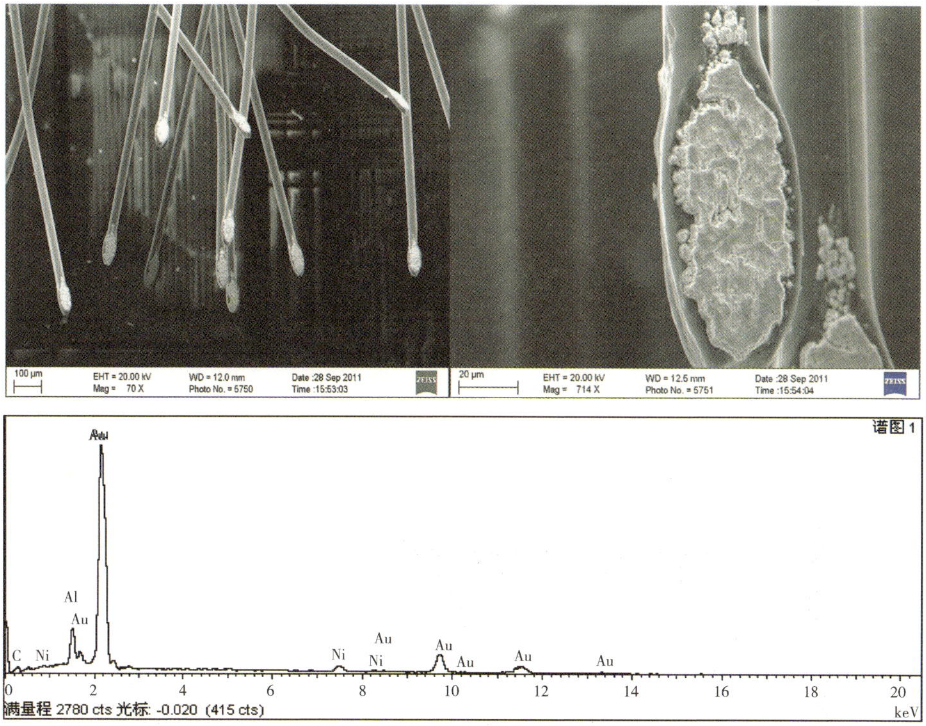

图9-46　数字电路内部金铝键合脱开形貌

案例21：专用光电变换器——芯片表面银迁移引起漏电（见图9-47）。

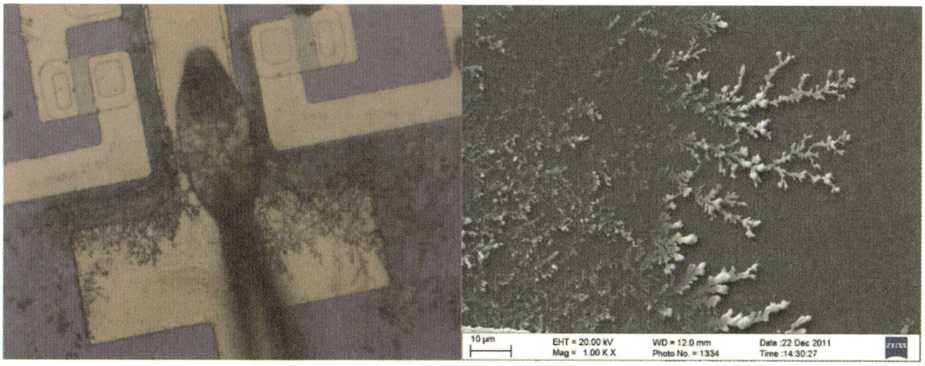

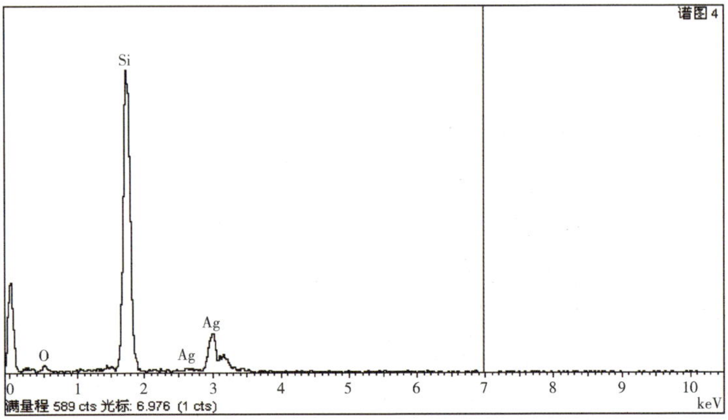

图9–47　专用光电变换器内部芯片表面离子迁移形貌

案例22：DC/DC转换器——内部陶瓷基板背面金属化附着力差引起基板脱落并使输入端引出线断裂（见图9–48）。

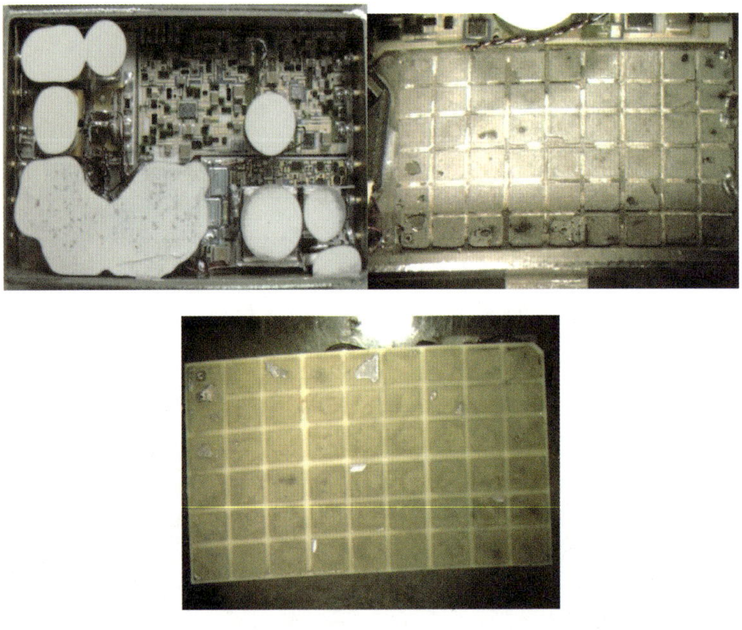

图9–48　DC/DC变换器基板脱落并引起输入引出线断裂形貌

案例23：混合电路——内部金属多余物引起短路失效（见图9–49）。

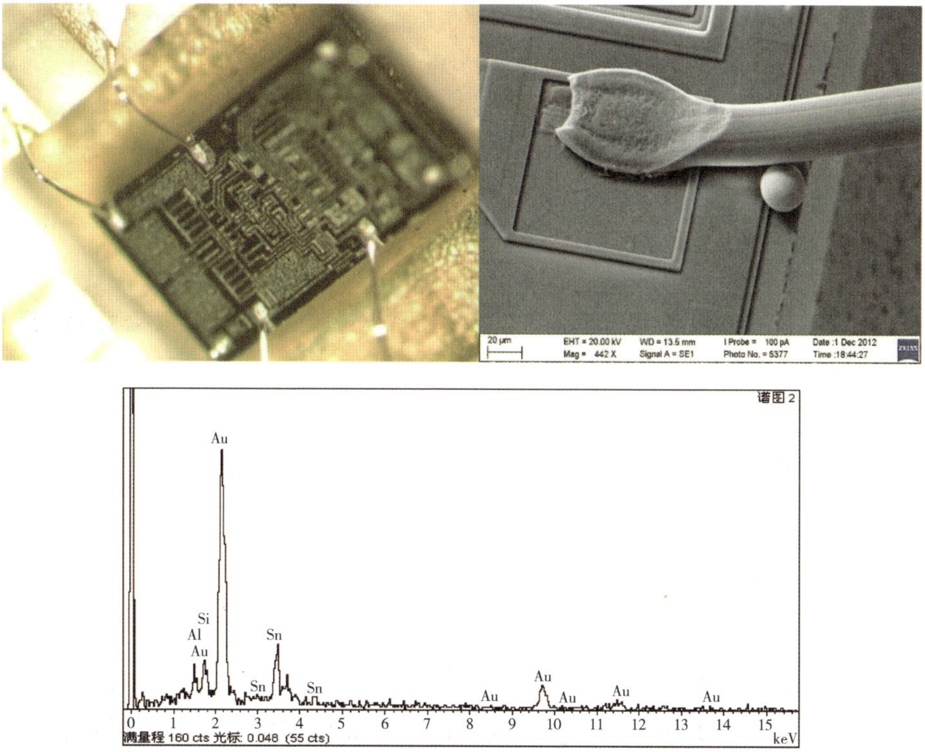

图9–49 混合电路内部多余物引起短路失效的形貌

9.4.4.2 材料与结构件失效

（1）蠕变变形

某阀门阀芯密封圈在长时间高压作用下发生蠕变变形及塑性撕裂，导致与金属骨架结合面破坏，引起泄漏（见图9–50）。

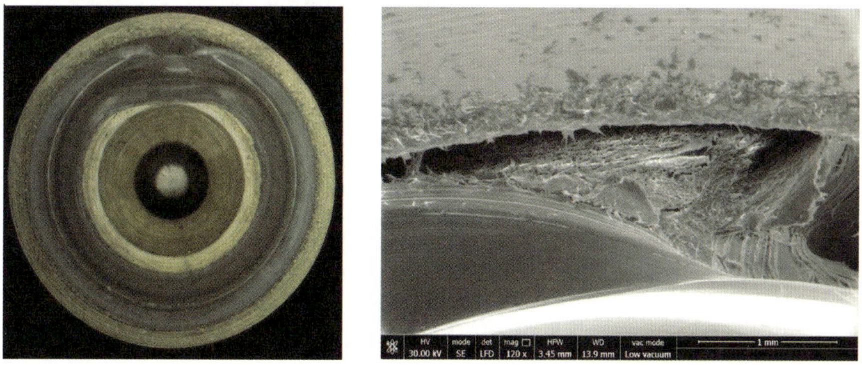

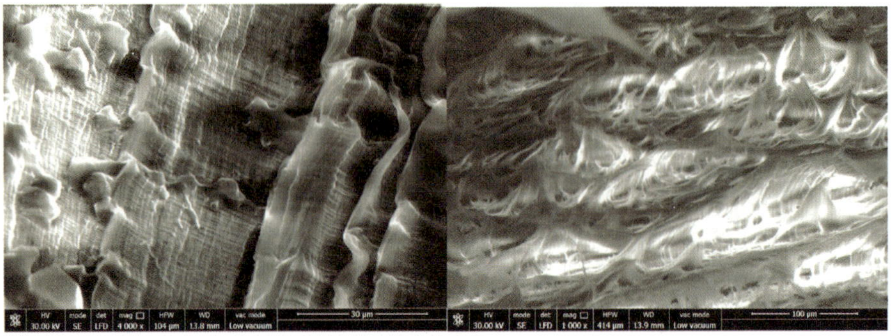

图9–50　氟塑料密封圈蠕变变形形貌及显微形貌

（2）塑性断裂

塑性断裂又称过载断裂，当工作载荷超过金属构件危险界面所能承受的极限载荷时，构件发生的断裂称为塑性断裂（见图9–51）。对于宏观的塑性断裂来说，其断口一般可以看到三个特征区：纤维区、放射区及剪切唇。

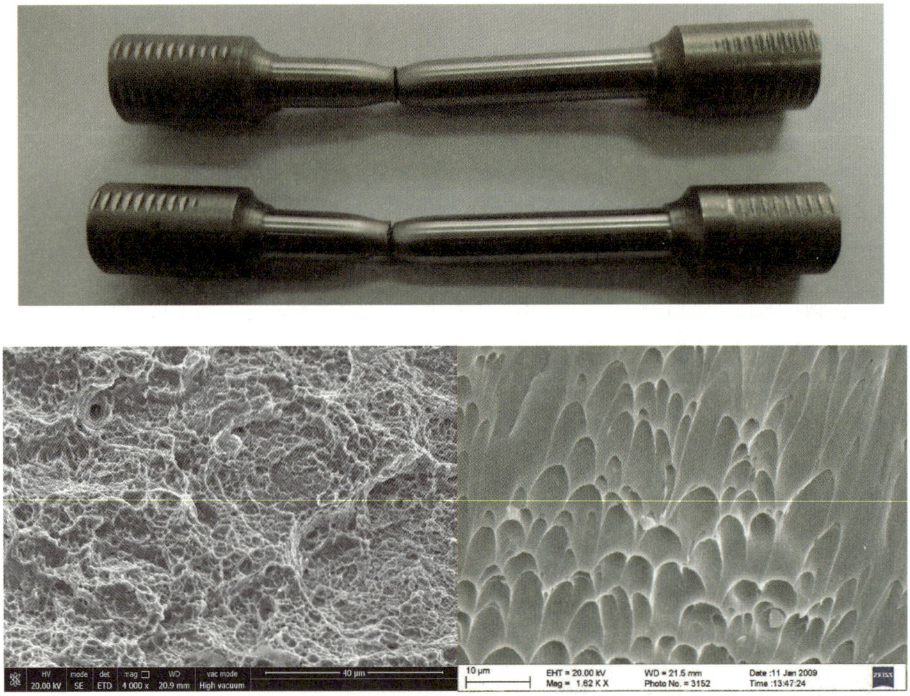

图9–51　金属塑性断裂形貌

（3）脆性断裂

脆性断裂是指所用材料的韧塑性不足而发生的断裂，通常断口具有沿晶的形貌（见图9–52）。除材料选择问题外，一般有以下几种情况：制造过程工艺控制不到位，例如淬火回火钢中的回火脆性；加热过程发生过热和过烧，冷却过程中发生石墨化析出，第二相脆性质点沿晶析出等；不正确的环境使材料变脆，例如冷脆金属低温脆断及腐蚀介质的作用等引起脆断。

图9–52　脆性断裂的断口形貌

（4）应力腐蚀断裂

应力腐蚀断裂（SCC）　是应力与腐蚀介质协同作用引起的金属断裂现象，是一种典型的延迟断裂，可以在低于材料强度的应力水平下发生。应力腐蚀是应力与腐蚀耦合作用的结果，腐蚀性介质在一定的环境（温湿度）和时间条件下与金属材料仅发生轻微的腐蚀作用，但应力（一般为拉应力）加速了其电化学反应进程，形成应力腐蚀。

例如，“U”形管所用材料为50CrVA，断口及附近的内表面存在严重的腐蚀形貌（Cl、S元素）、断口主要呈沿晶断口形貌，断口附近存在沿晶微裂纹，具有典型的应力腐蚀特征（见图9–53）。

（5）回火脆性断裂

回火脆性断裂是淬火钢回火后产生的脆化断裂现象。根据产生脆性断裂的回火温度范围，可分为低温回火脆性断裂和高温回火脆性断裂。

2Cr13Ni2的齿板的冲击性能仅为标准要求的30%，断口呈沿晶氧化形貌（见图9–54）。

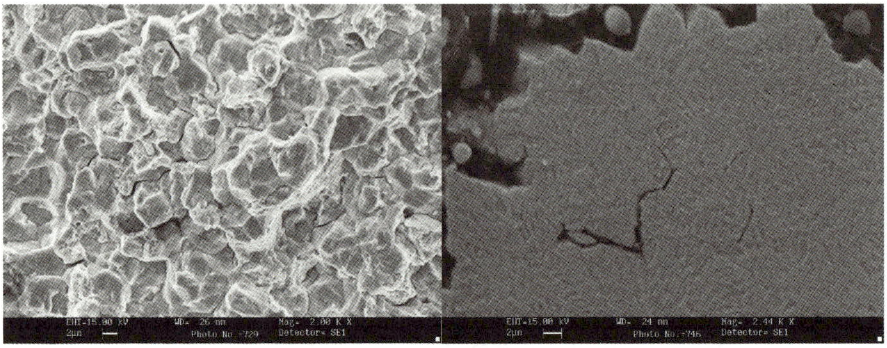

图9–53　U形管断口及金相形貌

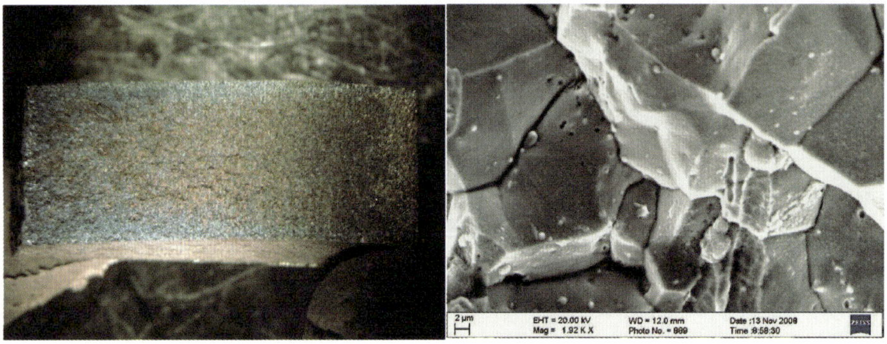

图9–54　齿板断口宏观和微观形貌

（6）锌脆

燃烧室所用材料为45CrMoNiVA硬度HRC50 装配螺钉表面镀锌，低压爆破漏水，源区主要呈沿晶形貌，并有较多的二次裂纹存在，晶面上可见较多的微孔，源区及附近区域存在较多的Zn元素，具有延迟断裂断口特征。安装和修平的加工过程中螺孔区域会受到一定的高温作用，使低熔点的锌原子扩散到钢的晶界或晶格空穴中，导致晶界弱化、脆化，在安装应力的作用下发生锌脆，形成微裂纹损伤（见图9–55）。

（7）疲劳断裂

疲劳断裂是工程中常见的一种断裂模式，它是结构或机器零件在外载荷交变作用下产生的一种破坏现象，通常在构件中应力集中的部位形成微小裂纹，然后逐渐扩展引起的整个构件破坏，是从一个裂纹萌生到扩展的过程，从微观来看，疲劳断裂从晶粒滑移开始，直至整个结构破坏，是从原子尺度发展到宏观结构尺度的问题。疲劳弧线及疲劳条带是其典型特征（见图9–56）。

图9–55 燃烧室锌脆沿晶形貌

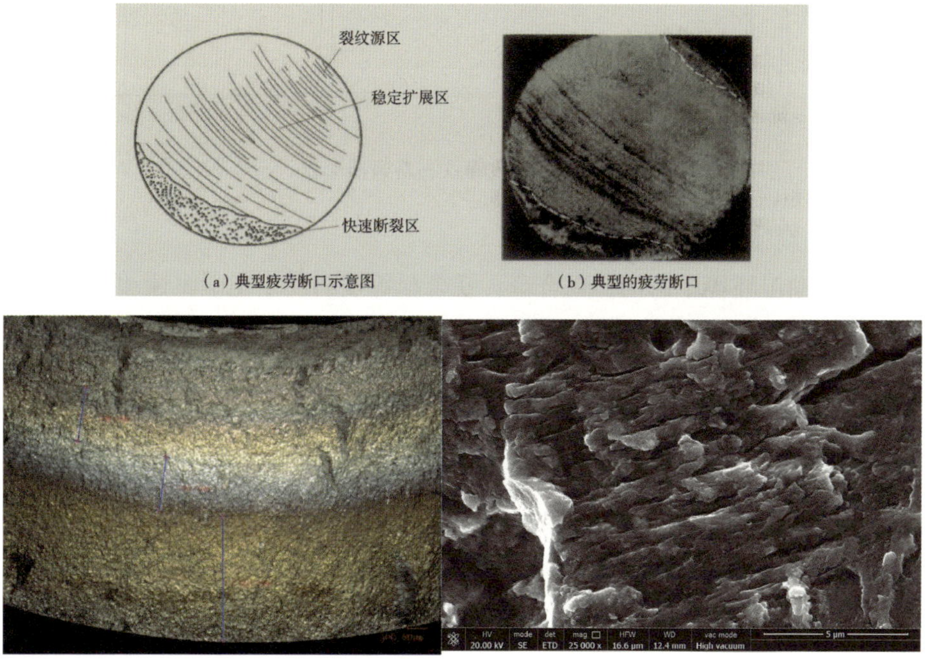

（a）典型疲劳断口示意图　（b）典型的疲劳断口

图9–56 典型疲劳弧线及疲劳条带形貌

（8）黏着磨损

黏着磨损是磨损破坏中最常见的一种破坏形式，常见于螺栓与螺母等机械紧固件及动摩擦副，表现是匹配副发生卡滞，机理是黏着磨损，典型形貌包括变形、物质转移堆积、焊合等（见图9–57）。

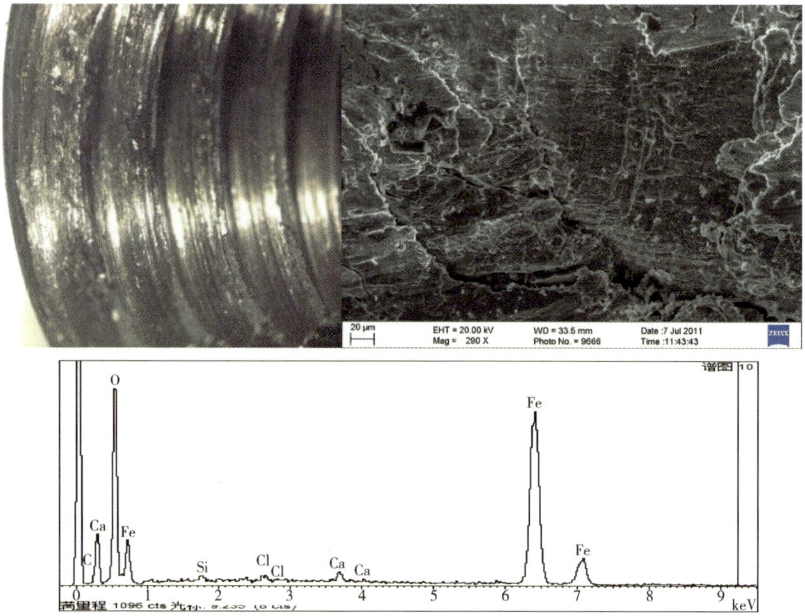

图9–57　螺栓螺纹黏着磨损形貌

（9）腐蚀

处于潮湿环境中的钢、铝合金、镁合金等极易发生化学腐蚀和电化学腐蚀。Q235水套在使用仅1个月后焊缝部位出现开裂，裂纹处严重锈蚀，表明基体已经发生了腐蚀，裂纹断面存在较厚的腐蚀产物（泥纹状），有腐蚀性介质Cl^-富集（见图9–58）。

（10）过烧

铸造铝合金ZL–S424底座在变截面处开裂，断面呈土豆状沿晶形貌，组织可见晶界加粗呈白亮色，晶界间可见三角晶，为典型的过烧形貌（见图9–59）。

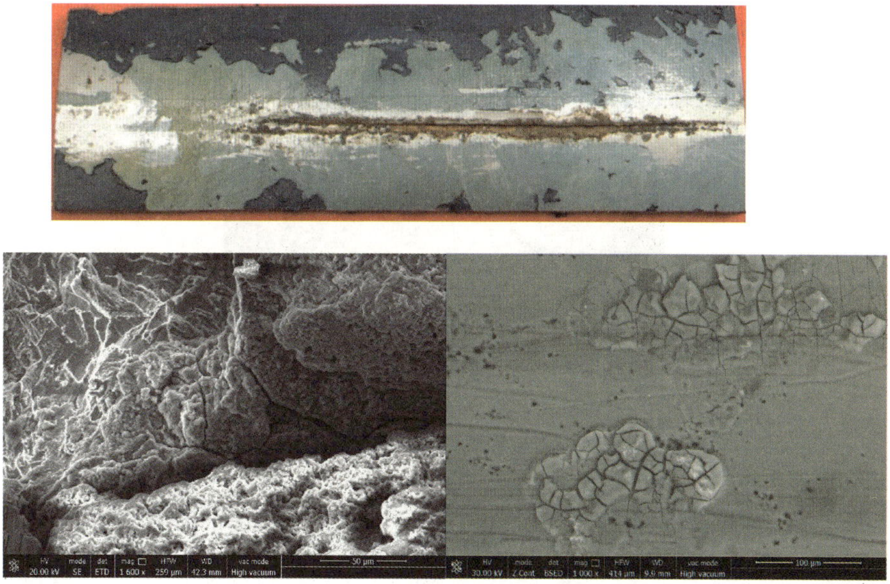

图9–58 水套焊缝腐蚀及电化学腐蚀形貌

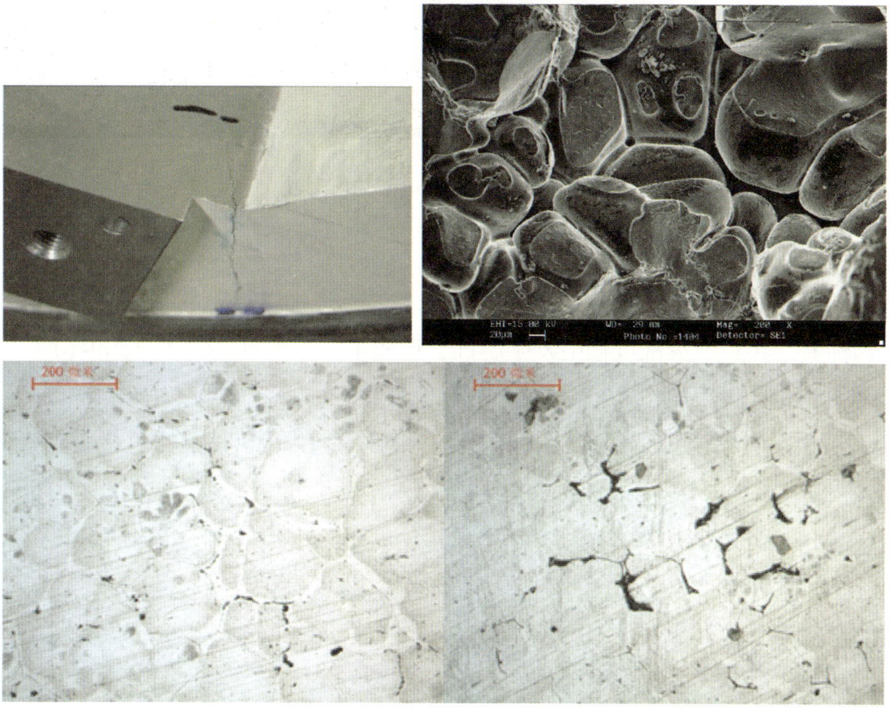

图9–59 过烧断口及组织形貌

（11）电弧损伤

活塞杆与导向套进行氩弧焊装配，焊缝附近电弧灼伤，表面金属呈熔融再结晶的铸态形貌（见图9–60）。

图9–60　金属表面电弧灼伤形貌

（12）异金属夹杂

不锈钢壳体电渣重熔过程中有碳素钢混入，经加工后暴露于表面，由于其耐蚀性差，在超声清洗过程中发生腐蚀，形成了宏观可见缺陷（见图9–61）。

（13）壳体渗漏

铝合金壳体出现低压渗漏，原因是材料中存在贯穿壁厚的氧化膜夹杂缺陷（见图9–62）。

（14）多余物导致渗漏

活门出现渗漏，经分解发现在非金属密封面上存在一金属不锈钢屑，导致密封失效（见图9–63）。

（15）橡胶O形圈老化

橡胶O形圈在使用时发生开裂导致渗漏，与其使用环境中存在高速运动及低温环境有关（见图9–64）。

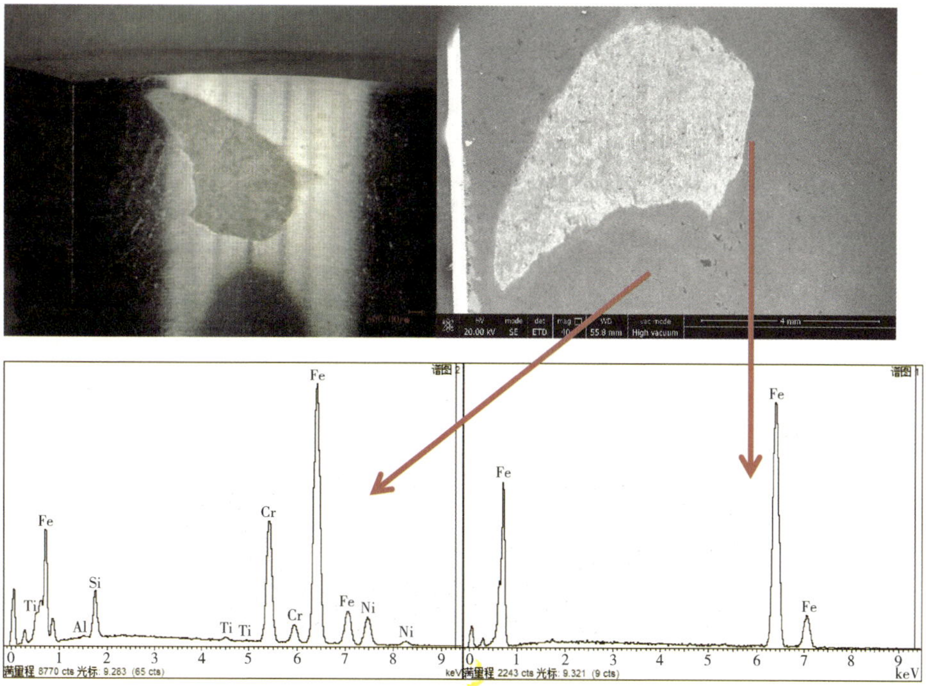

图9–61 不锈钢中混入碳素钢

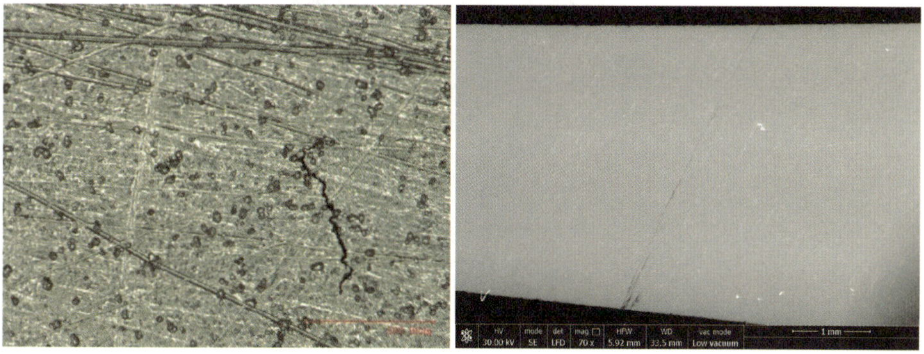

图9–62 壳体母材氧化膜形貌

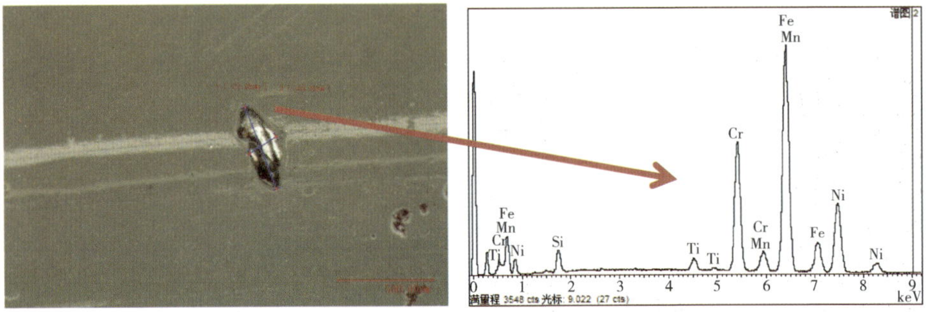

图9-63　活阀非金属密封面上的金属多余物形貌

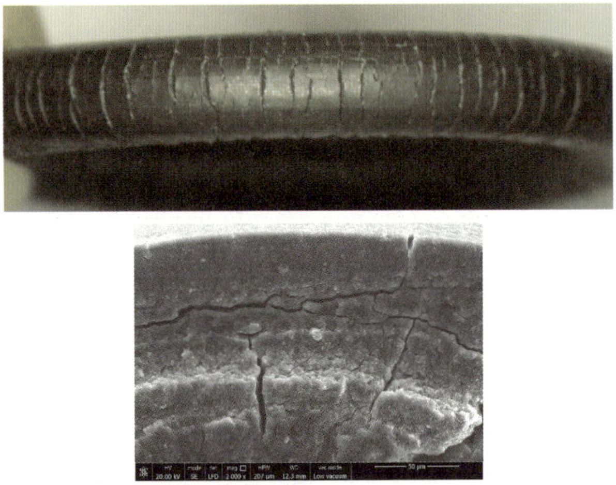

图9-64　O形圈老化裂纹及断口形貌

参考文献

[1] 曲立，姚红，王璐.5S演变历程探析[J].中国质量，2021（7）.

[2] 杨继国，魏鑫珂.“鞍钢宪法”对西方企业“管理革命”的影响研究[J].中共四川省委省级机关党校学报，2013（1）.

[3] 张萍.批判性思维理论与实践[M].北京：人民出版社，2019.

[4] 罗清旭.批判性思维理论及其测评技术研究[D].南京：南京师范大学，2002.

[5] 罗洁.先进高强钢氢脆的研究进展[J].机械工程材料，2015（8）.

[6] 李金桂.电镀氢脆故障及应对措施[J].材料保护，2006（8）.

[7] 李西颜.分级加载试验评定氢脆敏感性研究[J].宇航材料工艺，2017（6）.

[8] 李博.控制超高强度钢零件电镀渗氢预防氢脆发生的方法[J].新技术新工艺，2015（9）.

[9] 南云道彦.钢的氢脆的新研究方向[J].热处理，2010（3）.

[10] 刘昌奎.30CrMnSiA螺栓断裂原因分析[J].失效分析与预防，2008（5）.

[11] 张磊.空间真空环境下密封电磁继电器的触点失效研究[J].航天器环境工程，2012，29（3）：320–322.

[12] 王稚惠.密封电磁继电器的可靠性及触点粘结失效分析[D].哈尔滨：哈尔滨工业大学，2007.

[13] 张陶，刘智卿.航天质量问题归零管理的历史追溯和发展[J].质量与可靠性,2012（3）：24–26.

[14] 谷长超，胡云，洪东跑，等.基于质量问题归零信息的航天可靠性知识管理模式[J].航天工业管理,2019（4）：15–20.

[15] 李京苑，荆泉，李新宇.从问题的系统认识抓起：质量问题归零新“五条”归零原则[J].质量探索,2013（9）：42–44.

[16] 侯建国.质量问题“双归零”与不合格品管理关系研究[J].质量与可靠性，2018（6）：36–39.

[17] 荆泉，李京苑，余仿春.对质量问题线索表及举一反三基线的认识和实践[J].质量与可靠性，2013（5）：29–33.

[18] 刘博龙，丛杨，胡云，等.解构“洋葱”与认别“冰山”：质量问题如何彻底归零[J].质量与可靠性，2020（5）：44–49.

[19] 刘博龙，丛杨，胡云，等.国外载人航天重大失利的启示[J].质量与可靠性，2021（1）：59–63.

[20] 韩天.世界航天史上的重大灾难[J].质量与可靠性，2003（5）：52.

[21] 赵春国.海恩法则和墨菲定律[J].安全、健康和环境，2009（1）：51.

[22] 张春.组织能力的冰山模型研究[J].经营管理者，2011（23）：14–15.

[23] 赵耀.探析“冰山”下的潜能[J].人力资源，2008（17）：36–39.

[24] 余佳平.基于洋葱理论的科技创新人才素质模型的构建[J].人力资源管理，2014（2）：90–92.

[25] 吴春其.应用8D方法解决问题的实践要点[J].标准科学，2012（3）：56–59.

[26] 比约恩·安德森，汤姆·费格豪.根原因分析：实用的问题解决方法[J].贾宣东，李文成，译，中国卫生质量管理，2016，23（1）：128–129.

[27] 李晗.丰田问题解决方案在一汽吉林汽车有限公司的应用研究[D].天津：天津大学，2009.

[28] 温敏，李志娟，邱晓毅，等.以TBP解决问题和培养人才[J].现代班组,2020（5）：14.

[29] 丛杨，卢欣，许春来，等.运载火箭产品质量保证核心标准的构建[J].质量与可靠性，2021（2）：40–45.

[30] 李京苑，杨凡，王帅，等.航天型号共振问题的危害性分析及措施研究[J].质量与可靠性，2018（6）：19–22.

[31] 李京苑，胡云.对实现运载火箭连续成功的思考[J].质量与可靠性，2018（3）：32–36.

[32] 李洪.把成功作为信仰：航天工程质量管理[M].北京：首都经济贸易大学出版社，2015.

[33] 李京苑，周颖，许春来，等.航天之路：航天一院发展质量技术、探索系统成功科学路径[J].中国质量，2015（7）：23–25.

[34] 傅殿戈.“三老四严，四个一样”：从工作标准到心理契约[J].中外企

业文化,2006（9）：44–46.

[35] 刘 爽.“三老四严”的来历[J].石油知识，2017（3）：31.

[36] 田丰.论问题的哲学[J].学术研究，2012（11）：1–7.

[37] 李思民.问题,问题观,问题风格[J].天津商学院学报，2005,25（4）：50–55.

[38] 张掌然.问题论[D].武汉：武汉大学，2005.

[39] 佚名.推广“郝建秀工作法”[N].青岛日报，2021–07–01（3）.

[40]] 范芸.《考工记》“物联性”思想研究与实践[D].西安：陕西科技大学，2013.

[41] 姜波,刘学华.丰田问题解决法的构建及其实施探析[J].探讨与研究，2017（10）：129–135.

[42] 袁东.虽败犹荣，力挽狂澜的阿波罗13号太空营救行动[J].卫星与网络,2018（8）：58–66.

[43] 庞之浩.坎坷曲折的“阿波罗”载人登月之路[J].国际太空，2019（7）：19–24.

[44] 黄志澄.SpaceX开创颠覆性创新的新模式[J].卫星与网络，2020（11）：17–19.

[45] 佚名.“第一性原理”帮助马斯克不断成功？[J].中国机电工业，2018（3）：38–39.

[46] 车俊斌.从李冰治水之道谈当代工程管理[J].中国工程咨询,2013（5）：61–63.

[47] 林定夷.问题学之探究[M].广州：中山大学出版社，2016.

[48] OJT解决方案股份有限公司.丰田工作法：丰田的工作哲学与方法大全[M].朱悦玮，译.北京：北京时代华文书局，2016.

[49] 赵成.基于 8D 的多品种小批量生产企业质量改善研究[D].沈阳：沈阳航空航天大学，2012.

[50] 佚名.马斯克自述：我成功的秘诀是什么[EB/OL].[2020–08–24].https：//ishare.ifeng.com/c/s/7zCgKi5DTM9.

[51] 范宇恒.不锈钢微观组织结构对其氢脆性能的影响[D].合肥：中国科学技术大学，2019.

[52] 宋阳阳.不同氢条件下预应变对304奥氏体不锈钢氢脆影响的研究[D].

杭州：浙江工业大学，2019.

[53] 王洪海.高强度低合金钢氢脆预防措施[J].石油化工设备,2018,47（5）：48–55.

[54] 唐铭鸿.5S管理起源于中国考探[J].知识经济，2009（7）：6–10.

[55] 高亚军.Vivado从此开始[M].北京：电子工业出版社，2017.

[56] 吴厚航.FPGA时序约束与分析[M].北京：清华大学出版社，2022.

[57] 何宾.Xilinx FPGA权威设计指南：Vivado 2014集成开发环境[M].北京：电子工业出版社，2015.

后 记

2015年国际标准化组织发布了质量问题归零的国际标准ISO 18238，标志着在我国航天领域广泛应用的质量方法得到国际认可，这是我国首次将具有中国特色的航天管理最佳实践推向国际，是我国向国际输出质量管理成功经验的重要成果。尽管航天质量问题归零的方法得到了国内外的一致认可，但系统地介绍航天质量问题归零的概念、方法和实践的书籍不多。编写本书的目的就是要系统全面地介绍航天质量问题归零提出的实践背景、文化背景、管理方法和工程实践，进一步促进归零工作的有效开展。

这本书面向质量问题归零实践发展过程，系统总结了中国运载火箭技术研究院60多年来在解决质量问题方面的认识与实践，探索了质量问题归零的思想、理念、标准、原则和方法，阐述了质量问题归零产生于中国航天自力更生发展的大背景，产生于航天精神和“零缺陷”质量文化这个基础。“双五条”归零标准体现了中国航天“严慎细实”的工作作风，“双五条”归零原则体现了中国航天面向用户、面向产品、面向过程、面向组织全要素管理的质量实践。质量问题归零是以成功目标和问题为导向的质量工作方法，其实践推动了航天质量工作方法创新、体系创新、知识创新和“追求卓越”的理念，推进了基础性问题的系统解决，这些都是中国航天事业实现持续成功的基础和关键。

本书的编写分工和主要撰稿人分别是：

绪论：李京苑，胡云，荆泉，张华，刘大亮，王立炜；第一章：李京苑，刘博龙，胡云，李宇，王辉，许春来，杨雪辉，董丽云，张陶，张虹，张国锋，苏红；第二章：李京苑，李国春，张聪，谭振，胡云，王辉，贾文英，许春来，张陶，王立炜；第三章：李京苑，刘博龙，胡云，卢欣，龙雪丹，李克勤，刘铭，杨凡；第四章：卢欣，胡云，李京苑，荆泉，贾文英，杨瑶，史兆华，谷长超，王书武，宋阳，马晓东，王立炜；第五章：金健，李京苑，刘琦，安立辉，张瑞，赵钺，王业强，李咏梅，沈汝澄，温中亮，李丹，李森，张广兴；第六章：林桂芳，岳海，郭晓慧，阳徽，李京苑，杨彬，王宝，刘波，常清；第七章：阳徽，郭晓慧，林桂芳，李京苑，王宝，刘波，常清；第八章：卢欣，胡云，许春来，李京苑，傅浩杰，周颖，杨慧，苏红，陈海波，覃艺，张晓丽，温中亮，张晖；第九章：许春来，胡云，朱春金，胡会能，韩露，李京苑，熊盛阳，陈金存，范舟，杨慧，陈智勇，杜俊鹏。李京苑负责全书的策划、编写、审校。

本书作为我国航天质量问题归零工作经验的总结探索，在编写过程中力求做到结构完整、概念准确、阐述清楚，但限于编写水平，本书内容难免有疏漏和不妥之处，恳请广大读者批评指正。

2021年8月